KB262091

**도서출판 대장간**은
쇠를 달구어 연장을 만들듯이
생각을 다듬어 기독교 가치관을
바르게 세우는 곳입니다.

**대장간**이란 이름에는
사라져가는 복음의 능력을 되살리고,
낡은 것을 새롭게 풀무질하며, 잘못된 것을
바로 세우겠다는 의지가 담겨져 있습니다.

www.daejanggan.org

Copyright ⓒ Friesen, Duane K.

Original published in English under the title ;
　　CHRISTIAN PEACEMAKING & INTERNATIONAL CONFLICT :
　　a realist*pacifist* perspective
　　by Friesen, Duane K.
　　　published by Herald Press, 616 Walnut Avenue, Scottdale PA 15683, USA
All rights reserved.

Used and translated by the permission of Herald Press
Korean Edition Copyright ⓒ 2012 Daejanggan Publisher. in Daejeon, South Korea.

# 정의와 비폭력으로 여는 평화

**지은이**　　듀에인 프리즌　Duane K. Friesen
**옮긴이**　　박종금
**초판발행**　2012년 4월 13일

**펴낸이**　　배용하
**책임편집**　박민서
**교열교정**　이승은, 서동욱
**등록**　　　제364-2008-000013호
**펴낸곳**　　도서출판 대장간
　　　　　　www.daejanggan.org
　　　　　　대전광역시 동구 삼성동 285-16
　　　　　　전화 (042) 673-7424 전송 (042) 623-1424

**ISBN**　　　978-89-7071-257-4

이 책은 저작권법에 의해 보호를 받는 출판물입니다.
이 책의 한국어판 저작권은 Herald Press와 독점 계약한 대장간에 있습니다.

 값 15,000원

# 정의와 비폭력으로 여는 평화

## 국제 갈등과 기독교적 실천

듀에인 프리즌 지음

박 종 금 옮김

# CHRISTIAN PEACEMAKING & INTERNATIONAL CONFLICT

## a realist*pacifist* perspective

Duane K. Friesen

# 목차



## 1부 전망

### 1장 들어가는 말


### 2장 평화만들기 신학의 전제와 관점


## 2부 신앙 공동체의 신학적 관점

### 3장 신학적 관점 1: 창조와 죄


### 4장 신학적 관점 2: 구속 그리고 종말적 희망

C O N T E N T S

# 서문

　이 책을 읽는 독자들은 나 같은 사람의 서문이 불필요하다는 것을 곧 알게 될 것이다. 그 이유는 이 책 자체가 진지하면서도 성숙한 저자의 작품이라는 것을 너무나 분명히 보여주기 때문이다. 이 책에서 프리즌 교수는 많은 서로 다른 문제를 다루면서도 방향성이 있고 담백하며, 간결하게 저술하고 있다. 이는 자신이 말하려는 주제를 잘 간파하고 있는 사람들의 특징이다. 그러므로 내가 여기에 서문을 쓰는 이유는 메노나이트 교단의 아류이면서 기독교 주류 쪽과 여전히 가까운 관계 속에 있는 내 서문을 보고, 독자들이 평화주의자들과 그들의 저작에 대해 가진 나쁜 선입견을 극복할 수 있지 않을까 하는 희망에서이다.

　나 역시 오랫동안 가지고 있었던 그러한 선입견을 과도하게 비판하고자 하는 의도는 없다. 라인홀드 니버Reinhold Niebuhr의 사상에 영향을 받은 나는, 별생각 없이 평화주의는 비록 신학적으로 정당화될 수 있을지는 모르지만 명료한 사회적, 정지적 윤리를 떠받칠 수는 없다고 에단했있다. 이러한 선입견은 다른 사람이 아니라 평화주의자들 본인들에 의해서 종종 공고해지는데, 이는 평화주의자들이 다양한 방법으로 자신들의 정치적 무관심을 하나의 덕으로 바꾸어 놓으려고 하기 때문이다. 사실 이 때문에 그들이 정치적 책임을 지닌 우리 같은 이들이 지속적으로 '정직' 하도록 돕기는 하지만 말이다. 결과적으로 기독교 주류에 속해 있는 우리 대부분은 평화주의자들의 사명에 대한 순수함을 높이 사지만, 평화주의자들이 보여준

'지적인 진지함'의 부족 때문에 이들의 전통적 관점으로 글을 쓴 사람들을 무시하는 것이 정당하다고 느꼈었다. 평화주의자들은 우리가 '이상적 유형'이 필요할 때에만 잠시 주목하는 게토ghetto로 여겨졌었다.

프리즌의 책은 이렇게 평화주의자들을 무시하는 주류 세력들의 오만함에 항거하여 전쟁을 선포하는 것과 같다. 자신을 '현실주의적 평화주의자'로 부르는 프리즌은 게토로 분류되기를 거절한다. 그는 자신이 평화주의자로 헌신한 것 때문에 정치적 분석을 제공하지 못한다거나 그 사실이 정치활동가가 될 수 없게 하는 것이 아니라고 강하게 항변한다. 평화주의자들이 국제정치학과 자신들의 신학적·윤리적 입장의 접촉점을 제공하는 데 실패한 적은 없다. 프리즌은 정확히 이 작업을 시작한 것이다. 그래서 이 책은 일부 주요한 국제관계 가설들에 대한 잘 짜인 비평으로 시작하고 있다. 국가 간 협력관계의 본질을 강조하는 이론들에 근거해서 프리즌은 우세한 힘의 모델이 국제관계의 본질에 대한 우리의 이해를 어떻게 왜곡하는가를 보여준다.

비범한 재능을 지닌 프리즌은 신학적이면서도 사회과학적 자료들을 이용해서 더 평화로운 세상에 사는 것이 유토피아적 꿈이 아니라 실현 가능한 대안임을 주장한다. 문제는 더욱 더 평화로운 세상에 사는 것이 실현 불가능한 것이 아니라 우리의 상상력이 거짓 '현실주의' 때문에 그러한 희망을 버리도록 오랫동안 훈련되어왔다는 것이다.

그러므로 프리즌의 이 책은 우리의 상상력을 폭력적 대안들의 '필요성'에서 자유롭게 하는 일련의 사고의 확장 연습이다. 프리즌은 한 법규만으로도 전쟁을 비합법화 할 방법들을 제안함으로써 전쟁을 피할 수 있는 길목으로 우리를 인도한다. 그는 이것이 하루아침에 이루어지지 않을 것임을 알고 있다. 하지만, 그렇다고 시작해서도 안 된다는 것을 의미하는 것도 아니라고 주장한다.

프리즌은 또한 정의를 사수하려는 시도들이 우리로 하여금 꼼짝없이 폭력에 호소하도록 할 것이므로 정의와 평화는 양립할 수 없다는 주장을 정면으로 공격한다. 폭력으로 쟁취한 '정의'가 무엇을 의미하는가에 대한 가정들에 이의를 제기하면서, 그는 정의로운 공동체의 본질에 대한 새로운 한 관점을 가질 수 있도록 돕는다. 그는 정의와 평화가 대조를 이루고 있다기보다는 어떤 정의의 이론도 어려운 이들을 돕는 공동체의 행위를 대치할 수 없다는 것을 우리에게 상기시킴으로써 평화가 정의로 이어지는 길을 제공하고 있다는 것을 보여준다.

나는 이 책의 '현실적' 측면을 강조해왔다. 왜냐하면, 이 현실적 측면은 흔히 간과되고 있는 평화주의자의 관점이기 때문이다. 하지만, 저자가 지닌 평화주의의 신학적 근거를 얼마나 흡입력 있게 설명하고 있는가를 간과하는 것 또한 커다란 실수가 될 것이다. 실제로 이 책의 위력은 신학적·사회적 분석을 능숙하게 종합한 데서 나오기 때문이다. 그렇게 함으로써 이 책은 평화주의자 뿐 아니라 그리스도인이면서 전쟁을 대안으로 여겨왔던 사람들에게도 커다란 도전이 된다. 자신들이 평화 이루기에 충분히 헌신하고 있다고 생각하는 평화주의자들에게는 편안함을 주지 않을 것이다. 오히려 그는 우리가 분명하게 평화주의자로 공언함에도, 사실은 타인에게 행하는 폭력을 은연중 받아들이도록 하는 많은 방식을 인식하도록 촉구한다.

바라기는 이 책이 마침내 오랜 숙원이었던 소위 '평화 교회'와 주류 기독교 사이의 대화를 이끌어내게 되기를 원한다. 프리즌은 평화주의자들이 계속해서 도전받았던 일, 즉 어떻게 평화주의자의 헌신이 현실 정치에 유효할 수 있느냐는 도전을 실제로 이루어냈다. 과거의 평화주의 사상가들이 불공정하게 도외시되었던 것과 마찬가지로 이제도 그가 도외시된다면 이는 우리 자신이 상상하고는 폭력의 필요성에 사로잡혀 있기 때문일 것이다.

스탠리 하우어워스
교수(듀크대학교 신학윤리학)

**Stanley Hauerwas**  전쟁을 비롯한 모든 폭력을 죄로 규정하여 반대하는 기독교 평화주의를 주장하였다. 이라크전쟁을 성전이라고 한 감리교도 조시 부시 전 대통령을 하나님의 이름 함부로 부르는 신성모독자라고 비판하는 등 미국 보수 기독교계의 폭력성과 부도덕함을 지적하였다. 2001년 미국 타임지는 그를 "미국 최고의 신학자"로 호평했으며 인문학 분야 최고의 영예인 "기포드 강좌"의 강연자로 선정(200~2001년)되었다. 한국에 소개된 책으로는 『십자가 위의 예수』, 『하나님의 나그네 된 백성』, 『주여, 기도를 가르치소서』, 『교회됨』 등이 있다.

# 기독교 평화안내서 서문

이 책은 기독교 평화안내서Christian Peace Shelf의 새로운 방향을 대표한다. 최근까지 대부분 출판물은 성서적 평화주의에 대한 설명과 권고, 역사상 평화주의자들의 실례, 군사개입과 전쟁비용과 같은 문제들을 해결하기위한 평화윤리와 관련된 조약들 그리고 평화만들기를 신학 이론화 하는 것이 주를 이루었다. 이러한 사항들은 우리가 말하는 "기독교 평화 윤리와 적용을 고취하기"라는 목적에 부합하는 유용한 것이었지만, 대체로 제시된 "적용 안"은 개인의 윤리적 결정 혹은 교회공동체 생활에 장려할만한사항 정도로 제한되어왔다.

하지만, 이제 우리는 국제 정치학의 영역으로 들어가서 감히 세계질서의 난제들을 해결하고자 평화주의자 윤리를 적용할 것을 제안하는 책을출판하게 되었다. 이 책은 신학적 기초와 윤리적 원리들 그리고 사회기구들이 새로운 밀접한 관계를 갖도록 격려한다.

이 책에서 프리즌은 정통 신앙과 함께 중요한 과학적 지식을 제시한다.이러한 학문적 배경은 그가 이러한 임무에 적격자임을 보여준다. 그는 신학과 윤리학 그리고 사회과학에 정통해 있으면서, 신학적 분석에서 구체적 사례와 영성에 대한 고려로 능숙하게 글을 써가고 있다.

프리즌은 이 책이 출판되었을 때 직면할 수 있는 위험들을 잘 알고 있다. 그와 상반된 논리를 가진 편의 공격과 함께, 다분히 정치적인 비평들이 그를 단순하다느니, 순진하다느니, 이상주의자라고 비난할 것이다. 또한, 전통적인 분리주의적 평화주의에 근거하는 많은 사람이 세계의 전쟁을 종식하는 데 그가 관여할 바가 아니라고 주장할 것이다.

그러나 시대는 이와 같은 책을 요구한다. 정치적으로든 신학적으로든 기존의 "현실주의"는 지구를 붕괴시키고 있다. 아마 우리는 지금 알버트 아인슈타인이 원자시대 초기에 요청했던 '현실적 평화주의'를 새로운 사상思想의 실례로 인식할 준비가 되어 있을 것이다.

기독교평화안내서 편집부의 일원으로 오랫동안 섬겨온 나는 우리가 프리즌의 책을 추천하게 되어 너무나 기쁘다. 이는 기본적인 신학적 확신들을 우리 시대의 공공의 의제로 적용시키는 새로운 단계가 도래했음을 의미한다. 이 책은 모범이 되며, 예언적이고, 기독교적 지혜에 깊이 뿌리를 두고 있으며, 지구촌의 안녕을 염려하는 사람 누구나 진지한 연구할 때 필요한 책이다.

버크홀더 J. B. Burkholder<br>고센, 인디아

# 저자 서문

이 책이 나오기까지 도움을 준 많은 사람과 기관에 감사를 표하고 싶다. 이 책의 부족함과 결함은 나 자신의 부족임을 잘 알고 있다. 하지만, 지금 더욱이 깨닫게 된 사실은 이 프로젝트를 탄생시키고 열매를 거두기까지의 과정을 뒤돌아보면서 인간은 함께 사는 존재라는 것이다.

처음 이 연구의 시작은 1973년 캔자스 노스 뉴톤의 베델 칼리지 내 평화 연구 프로그램 개발의 책임자가 되면서부터였다. 이 연구과정에서 평화강좌를 연속으로 계획하게 되었는데, 나는 이 대학의 중심 주제로 평화 만들기를 부각시키는 팀의 일원이었다. 대학은 이러한 목표를 이루려고 미 연방 정부의 "고등교육발전기금"FIPE으로부터 연구비를 받았다. 평화 강좌와 고등교육발전기금으로 정말 중요한 인물들, 즉 많은 학자와 활동가를 대학 캠퍼스로 모실 수 있었다. 도로시 데이Dorothy Day, 폴 바어Paul Wehr, 엘리스 보울딩Elise Boulding, 칼 도이치Karl Deutsch, 탐 스토니어Tom Stonier, 필립 베이건Philip Berrigan, 케네스 보울딩Kenneth Boulding, 로이드 듀마스Lloyd Dumas, 한나 뉴컴브Hanna Newcombe, 리타드 멕소레이Richard McSorley, 다닐로 돌치Danilo Dolci 등 그 외의 여러 인사를 모셨었다.

동시에 나는 평화연구, 교육, 개발 컨소시엄COPRED에서 활동하기 시작했는데, 이 활동 과정에서 평화 관련 학자들, 교수들, 활동가들과 교류를 나눴다. 이 책의 많은 부분은 이들 학자와의 대화와 그들의 저서를 읽은 결과물이다.

나는 특별히 윌리암 키니William Keeney에게 고마움을 표하고 싶은데, 그는 평화연구 프로그램이 시작될 당시 베델 대학의 학장이었다. 그는 평화

연구 프로그램의 동료로 FIPE의 행정적 처리를 담당했고, 수년 동안 COPRED의 실행이사Executive Director로 섬겼다. 그때는 COPRED 본부가 베델 대학에 있을 때였다. 빌은 수년 동안 평화와 정의의 문제에 대해 나와 긴밀한 대화를 해온 동료다. 그는 이 책의 초고를 모두 읽고 충고를 아끼지 않았다.

나는 1976년부터 1977년에 걸쳐 이 책을 썼는데, 당시에는 베델 대학을 떠나 미네소타의 칼리지빌에 있는 신학과 문화 연구를 위한 에큐메니컬 연구소Ecumenical Institute for Theological and Cultural Research에서 안식년을 보내고 있었다. 이곳에서 여유로우면서도 고무되어 있던 동료 학자들과 생각을 나누었던 것에 감사한다. 또한 그해에 나는 인디애나의 엘카트에 있는 연합 메노나이트 성서 신학교Associated Mennonite Biblical Seminaries의 학생 및 교수진들과 의견을 교환할 기회를 가졌다. 요더John H. Yoder는 그때 이 책의 초고를 읽고 나서 말할 수 없는 고견을 주었다. 나는 메노나이트 총회의 평화부Peace Section of the Mennonite Central Committee가 지명해서 헤럴드사의Herald Press 평화안내서 시리즈Peace Shelf Series 출판을 위해 수많은 책을 검토해준 이들에게 감사하다. 테드 쿤츠Ted Koontz, 존 버크홀더John R. Burkholder, 존 스토너John Stoner가 원고를 읽고 조언을 아끼지 않았다. 편집자인 리타드 커프만Richard Kauffman은 졸저를 다듬고자 얼마나 부지런히 일해 주었는지 모른다.

수년 동안 베델 대학의 많은 동료 교수가 대화상대가 되어주었고, 자극과 영감을 불어넣어 주었다. 베델 대학의 학생들은 나의 강의를 듣고, 이 책의 내 생각들에 대해 토론하는 수고를 마다하지 않았다. 나는 이들의 인내에 감사하고 그들과 나누었던 대화가 너무나도 즐거운 나만의 특권이었음을 고백하지 않을 수 없다. 특별히 두 학생이 직접적인 도움을 주었는데, 듀안 고센Duane Goossen (캔자스 하원의원으로 입법 의원이 된)과 엘리자베스 슈미트Elizabeth Schmidt(리프 신학대에서 대학원 과정 중인)이다. 이 두 학생은 9장의 많은 부분을 써 주었다.

이 책의 여러 단계에서 중요한 도움을 주었던 수많은 사람에게 감사한다. 로빈 크랙 레이머Robin Craig Reimer는 원고와 참고목록을 정리해주었다. 베리 바텔Barry Bartel은 교정과 색인부분을 맡아주었고, 메리 레지어Mary Regier와 데비 플리킨저Debbie Flickinger 그리고 신시아 고어젠Cynthia Goerzen은 원고를 수정하고 발전시킬 때마다 타이핑하는 수고를 해 주었다.

무엇보다도 내 가족은 이 프로젝트가 진행되는 수년 동안 나에게 용기와 영감과 기쁨의 근원이 되었다. 지난 15년간 가까이할 수 있는 특권을 누렸던 확대 가족과 나의 아내와 딸들에게도 감사를 표한다. 아내 엘리자베스는 몇 시간 동안이고 나의 아이디어를 들어주었고, 원고를 읽고 부드러운 비평을 아끼지 않았다. 나는 딸 앤에게 감사한다. 앤은 이 책의 표지 디자인을 해 주었고, 앤과 사라는 이 프로젝트가 진행되는 동안 어엿한 청년으로 자라주었다. 나는 우리 세대가 우리 아이들에게 파멸 직전인 세상이 아니라 더 평화롭고 정의로운 세상을 남겨주게 되기를 기도한다.

# 1부

전망
# THE PERSPECTIVE

# 1장

## 들어가는 **말**

### A. 문제 진술

기독교적 관점은 우리가 어떻게 국제적 갈등을 해석하고 반응하도록 돕는가? 전쟁과 불의가 지배하는 것이 현실인 이 세계에서 화평케 하는 자peacemaker가 된다는 것은 무엇을 의미하는가? 대부분 사람은 전쟁을 인간이 지닌 영원한 특징이라고 인식하고 있으며, 그 전쟁은 대부분 정부가 합법화하고 준비하며, 또 정치가들이 대외정책을 발전시킬 때 가장 몰두하는 일 중의 하나라는 사실을 그리스도인은 어떻게 이해할 것인가? 인간을 가난한 자와 부자라는 요지부동의 사회 양상으로 나누는 불평등과 압제를 우리는 묵묵히 따라야 하는가?

### B. 현실주의적 평화주의자의 관점

나는 이 문제에 대한 나의 접근 방식을 '현실주의자'와 '평화주의자'의 관점으로 정의한다. 어떤 이들은 이러한 두 용어가 본질적으로 상반되는 개념이라고 생각한다. 평화와 정의를 이루거나 보존하는 수단으로 폭력을 반대하는 평화주의자 관점은 이상적이거나 비현실적이라고 여겨진다. 어떤 종류의 평화주의는 전형적인 이상주의와 부합하고, 현실감이 부족한 것은 사실이다. 이는 인간의 본성과 제도들에 대한 순진하고, 낙관적인 가정들 때문이다. 하지만, 나는 한 가지 다른 평화주의 유형을 주장하고 싶다. 이는 우리가 사는 세상에 적용 가능한 것으로, 윤리적일뿐만 아니라 또한 실제적이며, 인류가 살아남는데 필수적인 접근법이라고 믿는다. '현실주의자'는 두 가지 의미가 있다. 첫째는 이기적인 자아중심주의나 정치경제 시스템을 통한 착취와 같은 인간의 죄의 본질을 진지하게 받아들이는 평화주의를 의미한다. 둘째는 정치적이고 또, 인간이 만든 제도 안에서 실제적이고 경제적이며 정치적인 문제들을 해결하고자 평화윤리의 적용점을 모색하는 평화주의자다.

나는 지난 20년 동안 나에게 지대한 영향을 미쳐왔던 인류 사상의 세 가지 전통을 기초로 나 자신의 관점을 만들어왔다. 첫째는 성서의 평화주의 전통과 역사상의 평화 교회 그리고 간디Mohandas K. Gandhi나 킹목사 Martin L. King와 같은 이들의 정치적 비폭력 운동이다. 둘째는 성 어거스틴 St. Augustine과 폴 램지Paul Ramsey, 그리고 랠프 포터Ralph Potter에 이르는 정의로운 전쟁의 전통이다. 셋째는 지난 30년 동안의 평화 연구 전통을 들 수 있다. 인간의 갈등의 역사와 갈등이 평화적으로 해결된 방법에 관한 수많은 사회과학자의 연구와 조사가 그것이다. 이 세 가지 사상의 흐름은 나에게 깊은 영향을 미쳤는데, 문제에 대한 통찰뿐 아니라 국제적 갈등에 대한 해결책을 제시해 주었다. 이 세 가지 사상의 흐름 사이 및 그 내부에 중요한 갈등들이 분명히 존재하지만, 이 책은 세 가지 전통에서 국제적 갈등을 해결할 단서들을 찾았다.

## C. 평화만들기를 위한 갈등해결 접근법: 정의와 비폭력을 견지함

'평화'라는 말은 지극히 모호한 개념이다. 이 말은 미국 공군의 모토인 "평화는 우리의 직업"에도 나온다. 대부분 군 전략가는 자신들이 펴는 정책의 목표가 평화라고 주장한다. 그런데 평화주의자들은 평화를 근본적으로 다른 방식으로 이해해왔다. 즉, 평화란 하나의 이데올로기로서 폭력 사용의 위협이 완전히 제거된 상태라고 이해했다. 또한, 마르크스주의자들은 평화를 계급이 없는 사회적 · 경제적 상황을 언급하려고 사용했다. 헨리 키신저Jenry Kissinger, 리 둑 토Le Duc Tho, 안와르 사다트Anwar Sadat 메나헴 베긴Menachem Begin등은 모두 노벨 평화상을 받은 이들이다.

우리는 두 가지 대조되는 평화의 관점을 넓은 의미에서 정의해볼 수 있는데, 이 두 관점은 굳이 상반될 이유가 없이 다만 다른 사항에 강조를 두고 있을 뿐이다. 그 첫 번째 관점은 로랜드 바인톤Roland Bainton이 팍스 로마나Pax Romana★ 로 묘사한 것으로, 즉 전쟁이 없고, 단체와 개인들 사이의 적대감도 없는 평화 개념이다. 이것은 아마도 평화에 관한 가장 일상적인 개념일 것이다. 예를 들어 이 관점에 의하면 중동의 이스라엘과 이집트 사이와 베트남 그리고 도시 지역의 게토에 이미 평화는 이루어졌다. 폭력적 갈등이 종식되었기 때문이다. 핸리 키신저와 리 둑 토 같은 사람은 이러한 종류의 평화를 가져온 공로로 노벨 평화상을 받았다.

바인톤은 두 번째 종류의 평화 개념을 히브리의 샬롬shalom의 개념으로 설명한다. 샬롬은 정의와 공의가 존재하는 상황을 일컫는다.1) 팍스 로마나와 샬롬 사이의 대조는 킹 목사의 유명한 연설문에서 분명히 드러난다. "평화는 단순히 긴장이 없어지는 것이 아니다. 평화는 정의와 형세애가 실재하는 것이다"2) 팍스와 샬롬의 구분은 미국의 인종 간 갈등의 본질을 조명해준다. 누군가 50년대에 평화로운(팍스) 관계가 흑백 인종 사이에 있었다고 주장할 수 있을지 모르겠다. 흑 · 백 개인이든, 그룹이든 두 인종 사이에 직접적인 폭력이 상대적으로 없었기 때문에 말이다. 하지만, 우리는 소위 50년대의 평화로운 관계 너머에는 착취하고 착취당하는 관계의 시스

---

★옮긴이주 : 팍스 로마나Pax Romana – 로마의 지배에 의한 평화, 강대국에 약소국에 강요하는 평화

템이 있어서 샬롬을 이루어내는 데 실패했다는 것을 알고 있다.

적극적인 의미로의 평화에 대한 정의는 성서의 지배적인 관점이다. 왜냐하면, 구약 성서의 예언자들에게 샬롬은 전쟁이나 폭력이 없는 상태가 아니라 공의와 정의가 이루어지는 사회적 환경적 조건이었기 때문이다. 평화는 일반적인 사회의 평안을 위한 하나의 조건이다. 이러한 평화는 예레미야서에 잘 나타나있는데, 예레미야는 바빌론 유수기의 유대인들이 자신들이 사는 도시의 평안(샬롬)을 찾으라고 말한다. "… 너희가 칼을 보지 아니하겠고 기근은 너희에게 이르지 아니할 것이라 내가 이곳에서 너희에게 확실한 평강을 주리라"렘14:13 호세아 역시 샬롬의 상황을 그리고 있는데, 그 안에서 새들과 짐승들조차 이 샬롬을 누리고 있음을 알 수 있다.

> 그날에는 내가 그들을 위하여 들짐승과 공중의 새와 땅의 곤충과 더불어 언약을 맺으며 또 이 땅에서 활과 칼을 꺾어 전쟁을 없이하고 그들로 평안히 눕게 하리라 내가 네게 장가 들어 영원히 살되 공의와 정의와 은총과 긍휼히 여김으로 네게 장가 들며 호2:18~19

신약성서에서 이와 비슷한 환상을 말하고 있는데, 그때의 평화는 이미 도래한 현실이면서 미래의 희망이다. 요한계시록은 "옛 질서는 사라지고" 없는 새 예루살렘을 그리고 있으며, 에베소서 기자에게 새 질서는 새 공동체에서 실현되는 것이었다.

> 그리스도는 우리의 평화이십니다. 그리스도께서는 유대 사람과 이방 사람이 양쪽으로 갈려 있는 것을 하나로 만드신 분이십니다. 그는 유대 사람과 이방 사람 사이에 가르는 담을 자기 몸으로 허무셔서, 원수 된 것을 없애셔서, 여러 가지 조문으로 된 계명의 율법을 폐하셨습니다. 그것은 이 둘을 자기 안에서

하나의 새 사람으로 만드셔서, 평화를 이루시고, 원수된 것을 십자가로 소멸하시고 십자가로 이 둘을 한 몸으로 만드셔서 하나님과 화해시키려는 것입니다. 엡2:14~16

바울은 "이 모든 것은 하나님께로부터 옵니다. 하나님께서는 그리스도를 내세우셔서 우리를 자기와 화해하게 하시고 또 우리에게 화해의 직분을 맡겨 주셨습니다."고후5:18라고 고백하고 있고, 산상설교에서 예수님은 "평화를 이루는 사람은 복이 있다. 그들이 하나님의 자녀라고 불릴 것이다."마5:9라고 말씀하신다. 이와 같은 성서의 관점으로 볼 때, 평화는 희망이면서 미래에 대한 비전이며, 현재의 임무이며, 화해의 사역이다.

평화에 대한 통전적인 관점이 없으면 평화를 추구하는 데 환상을 좇거나 실패하는 원인이 된다. 평화는 비폭력적인 과정을 통해 갈등을 해결하는 화해의 수단이면서 사회의 정의와 환경을 통합하는 목적이 있다. 강조점을 사회의 정의를 배제하고 분명한 물리적 폭력이 결여된 소극적 평화에 둔다면, 사람들은 불공평한 사회적 조건들을 수용하도록 강요하는 억압과 분쟁을 조정하는 정책들을 추구하게 될 것이다. 때때로 평화주의자들은 정의를 이끌어내는 조건들과 과정들을 충분히 견지하는 데 실패하고는 분명한 물리적 폭력과 전쟁을 막아야 한다는 염려에 압도되어 있다. 다른 한편으로 사회 변화를 위한 비폭력적 수단을 모색하기를 그만두고 압제로부터의 해방과 정의라는 목표를 강조하는 것은 수단과 목적의 중요한 관계를 인지하지 못하도록 한다. "평화는 평화로"는 베티 윌리암스Betty williams와 마이레드 코리건Mairead Corrigan이 아일랜드에서 시작한 피스피플peace people의 모토가 되었다. 이들은 이 운동을 통해 평화는 폭력적 수단으로 획득될 수 있다고 주장하는 사람들에게서 자신들을 구분했다.

그러므로 평화는 다음의 두 가지 항으로 정의될 수 있을 것이다. 첫째,

정의라는 목적과 둘째, 그 정의를 이루어내기 위한 수단으로써의 비폭력이다. 정의justice란 격변의 시기에 필연적으로 일어나는 혼란을 잠재우는 질서유지가 평화롭다는 전제가 아니라, 평화의 일꾼peacemaker의 목적을 정의내릴 수 있어야 한다. 비교적 안전하고 안락한 삶을 사는 사람들은 질서를 보존하려는 경향이 있다. 그러나 정의는 사회 한 구성원의 입장보다는 행동방식을 결정해야 한다. 우리는 우리가 발 딛고 사는 이 불완전한 세상에서 하나의 행동방식을 선택하는데, 이때 두 가지 행동방식이 정의의 개념에 상충하는 것 같으면 비록 혼란이 일겠지만, 사회의 시스템을 바꾸는 것을 고려해야 한다. 때로는 질서를 보존하는 것이 바람직할 수도 있다. 물론 대부분은 사회정의에 대한 우리의 이해에 달렸는데, 이에 대해서는 5장에서 다룰 것이다. 이 관계를 다음과 같은 도식으로 그려볼 수 있을 것이다.

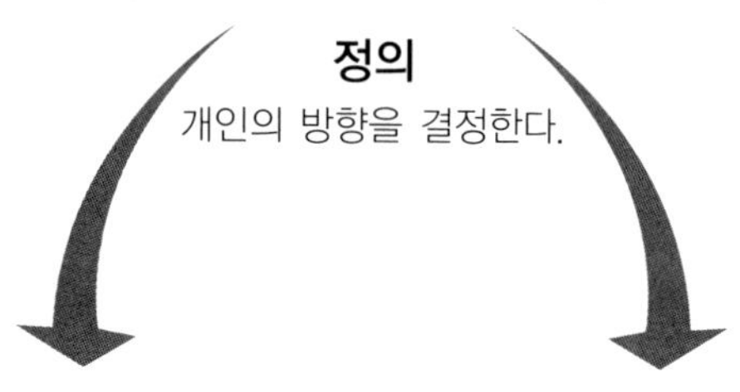


평화를 정의하는 데 또 다른 변수는 목표를 얻고자 사용되는 수단들이다. 이는 아주 간단히 폭력적 행동과 비폭력 행동으로 구분할 수 있다. 이와 같은 용어들은 6장에서 더 명확하게 다루어질 것이다. 나는 "폭력"이라

는 말을 개인이나 단체에 반하여 일어나는 의도적이고 분명한 물리적 손
상이나 상해를 가리키는 말로 사용할 것이다. 만일 우리가 목표변수와 수
단변수를 관련시켜본다면, 평화 만들기의 본질을 네 가지 개념으로 정의
해볼 수 있을 것이다. 나는 "정의"라는 말을 앞의 도식에서 가운데에 넣었
는데, 이는 정의가 사회의 시스템을 변화시켜야 할지 사회의 시스템 안에
서 질서를 유지할지를 결정하는 기본 윤리 규범임을 표시하기 위해서다.

목표 방향

| 수단 방향 | | 시스템 유지 | 시스템 변화 |
|---|---|---|---|
| | **폭력적 행동** | **유형1.** 피할 수 없는 갈등을 끝내고자 혹은 한 사회 내에서나 국가 간의 정의로운 질서를 보존하거나 회복하고자 폭력을 사용함 | **유형2.** 단체와 국가 간 관계를 변화시켜 정의롭고 공평한 관계가 되도록 하는 것과 같은 근본적인 구조적 변화를 위해 폭력 행동을 사용함 |
| | **비폭력 행동** | **유형3.** 적대를 중지하고 원래의 정의로운 사회질서를 회복하고자 비폭력 행동 수단을 사용함 | **유형4.** 단체와 국가 간 관계를 변화시켜 정의롭고 공평한 관계가 이루어지는 사회의 근본적 구조 변화를 위해 비폭력 행동을 사용함 |

위 도표에 나타난 각각의 입장은 평화의 본질에 다가가는 선형적 접근
법과 어떻게 평화가 이루어지는가를 설명해준다. 대부분 사람이 평화를
얻는 길은 유형1과 2를 통해서, 곧 사회 체제를 유지하거나 변화시키고자
폭력을 사용하거나 폭력으로 위협하는 것이 가능하다고 생각한다. 나는
다음 장에서 도표상의 두 입장이 윤리적으로뿐 아니라 신학적으로도 부적
절하며, 비현실적이면서도 정치적으로 대단히 위험하다는 것을 보여줄 것
이다. 갈등과 불의함에 대해 보다 더 창조적이고 상상력이 풍부한 해결책

들이 탐구돼야 한다. 인류가 이 지구에서 미래를 가지려면 말이다.

### 유형1: 폭력적 수단을 통한 체제 유지

이 유형에서는 지금도 변화하는 국제 체제가 기본적으로 안정된 평화를 이루기 위한 뼈대라고 여긴다. 체제를 수정하는 일이 일어날 수는 있지만, 이것은 오직 국가의 통수권과 자국의 이익이라는 기본적인 기정사실들을 분명히 인식하고 있을 때만 가능하다고 본다. 왜냐하면, 전쟁은 일반적으로 자국에 이익이 있을 때는 일어나지 않으며, 국제 시스템은 분명한 적의를 피하려고 엄청난 노력을 기울이기 때문이다. 그렇다면, 평화하기 위한 최소한의 조건은 무엇이 있을까? 국가들이 자국의 이익을 위해 움직이고 있다는 가정에서는 다른 나라의 협박이나 위협 혹은 제제는 항상 존재한다. 그러므로 평화를 유지하는 일은 강력한 군사 방어 체제가 필요하고, 이 체제는 국가들이 다른 나라들을 이용하지 못하도록 견제한다. 군사력이 약하다는 것은 위험한 것이다. 왜냐하면, 군사력 약화는 다른 나라의 침략을 불러올 것이기 때문이다. 이러한 해석은 초강대국들이 최근에 군비를 증강하고 있다는 사실과 그들이 평화를 '튼튼히' 지켜내기 위해서 약소국들에 무기를 팔고 있다는 사실로 입증된다.

이러한 가정하에 일을 하는 사람들은 국제 체제를 '현실적'으로 평가할 수 있으며 그 체제 안에 자국을 끼워 넣을 수 있는 전문 학자들과 행동가들을 훈련하려고 한다. 미국의 대학과 전문학교가 개설하고 있는 국제관계 연구 프로그램의 대다수는 이러한 가정을 가지고 진행한다. 만일 전쟁이 일어나면 이들 전문가는 자국의 이익을 보호하는 방식으로 적대감을 해결하도록 노력해야 한다.

"정의로운 전쟁" 이론이 갖는 윤리적 전통은 기본적으로 이러한 가정이 뼈대가 되어 작용한다.3) 세계는 죄로 부패했고, 이 현실은 인간이 만든 정치적·경제적 제도 안에 드러난다. 정의로운 전쟁 이론은 이러한 죄의 조건들과 관련 있는 윤리사상 시스템이다. 폭력을 사용하는 것은 이기적인 자기만족이 지배하는 세상에서 유감스럽고도 불행한 일이다. 정의로운 전쟁 이론은 정의와 함께 평화를 가져오려면 폭력을 사용할 수도 있다는 조건을 규정하기 위한 윤리 지침 시스템이다.

### 유형2: 폭력 수단을 통한 체제 변화

이 유형은 체제를 근본부터 바꿀 것을 제안한다. 하지만, 사회와 경제 변화를 거부하는 견고한 정치세력, 경제세력을 다루려면 폭력을 사용해야 한다는 목표가 있다. 전통적인 마르크스 레닌 이론이 이 유형을 국제적 규모로 적용한 사례이기는 하지만, 통상적으로 유형 2를 국제적 규모에 적용하지는 않는다. 그래서 평화 만들기는 주로 국가들 내부 상황에 적용한다. 특히 개발 국가들에서는 더욱 그렇다. 오늘날 이 혁명 전통은 아시아, 아프리카, 라틴 아메리카에서 일어나는 다양한 해방 운동들을 뒷받침하고 있다. 교회와의 관계에서 볼 때, 정의로운 혁명이라는 윤리적 전통은 보편적인 종교개혁 이후의 현상으로 칼빈주의의 신정주의 비전으로 나타난다. 특히 청교도 우익과 가장 최근으로는 해방신학에서 더욱 그렇다.4)

유형1과 2가 가진 신학적·윤리적 난제들 외에, 기독교의 관점에서 볼 때 이 유형들은 방법과 목적이 저음부터 필요와 연관되어 있다는 것을 잘 평가하지 못하고 있다. 일단 폭력을 사용하면, 이 폭력이 사회의 체제 안에서 지속한다는 사실을 분명히 이해하지 못한 상태에서 폭력이 '선한' 결말을 가져올 수 있다고 가정하는 것이다. 유형 1과 2는 둘 다 평화를 가져오기 위한다는 선한 의도가 있다. 대신에 두 유형은 오늘날 사람들이 직면한, 위태로운 상황을 불러오는 폭력적 체제를 지속시킨다.

이제 유형 1과 2보다 더 창조적으로 평화를 이루는 방법을 생각해야 할 때이다. 그러한 생각과 행위의 전통은 실제 존재한다. 다만,  역사를 뒤돌아볼 때 소수의 사람들만이 그러한 전통을 견지해왔을 뿐, 대부분 사람은 이러한 역사를 알지도 못한다. 대부분 정치가와 외교관은 평화를 추구하면서도 이러한 대안들을 생각하지 못하고 있다. 이러한 평화만들기 전통을 알아야 하는 대부분 그리스도인을 포함해서 일반 대중은 그 가능성조차도 무시하고 있다. 다음 장들은 유형 3과 4로 표현되는 평화만드는 방법을 윤리적 · 신학적 · 실용적으로 상세히 설명하고 변호하고 있다.

### 유형3: 질서체제를 유지하기 위한 비폭력의 방법들

이 유형은 정의로운 질서 체제를 유지하는 방법으로 비폭력의 방법들을 사용한다. 갈등해결을 위한 비폭력 방법들은 갈등 당사자인 개인이나 단체의 이익추구로 일어나는 적대감과 그 원인들을 제거할 수 있다. 유형 3에 대한 연구와 행동 모델은 갈등 해결을 도울 수 있는 화해자 혹은 제3의 중재자가 고려해봄직하다.

이 유형은 국가 방위를 위한 비폭력 전략과 기술에 변용해볼 수 있다. 진 샤프Gean Sharp와 아담 로버츠Adam Roberts는 많은 저서에서 비폭력이 방어 체제 역할을 감당하고 있다고 적고 있다.5) 스칸디나비아 반도의 일부 국가들은 방위비 일부를 이러한 연구에 할당하고 있다. 노르웨이는 2차 세계대전 당시 나치에 저항하는 비폭력 기술들을 사용했었다. 체코슬로바키아 또한 1968년 러시아가 침략하자 이에 대항해 비폭력 전술을 사용했는데, 이것은 아주 흥미로운 사례 연구가 되고 있다. 이러한 사례에서 비폭력 방법은 다른 나라를 침략하고 착취하고 파괴하는 침략자들에 항거해서 체제를 보존했다.

기독교 평화주의 가운데 16세기 아나뱁티스트재침례교도의 전통은 이 유형 3을 변용한 것이다. 이 유형은 인간이 만든 제도들이 죄된 본성을 갖는다는 유형 1의 가정을 일반적으로 인정한다. 하지만, 이러한 전통에 서 있는 평화주의자들은 사랑과 자비를 실천하고 어떤 식으로든 인간에게 해를 입히지 않는 다른 윤리를 증거해야 한다고 믿는다. 이 평화만들기 유형은 전쟁이나 전쟁 비용을 내는 것을 의식적으로 반대함으로써 폭력과 연합하는 것을 거부하며, 자비를 드러낼 수 있는 다른 형태의 봉사 방법을 찾는다. 아나뱁티스트들은 자신들의 평화 윤리는 믿음 때문에 기꺼이 고난을 감수하는 소수만이 실천할 수 있다고 믿었다. 그래서 많은 사람이 이러한 유형을 종종 "물러서는" 유형이라고 생각한다. 하지만, 이 유형을 따르는 이들의 행동은 다원주의 사회와 민주주의 발전에 공헌했음이 확실하다.

유형 3의 평화주의는 소위 이상주의자 혹은 공동생활을 하는 그룹들이 사회와는 동떨어진 사회적 생활양식과 배경을 발전시키는 가운데에 잘 드러난다. 때때로 이러한 분리는 사회와 마찰을 피하려고 신중하게 고려한다. 그러나 이렇게 신중하게 고려해서 사회 체제에서 물러서는 것도 사회 질서에는 장기적인 영향을 미칠 수 있는데, 이러한 모델이나 실례가 이 사실을 증거하고 있다.

### 유형 4: 체제의 변화를 위해 비폭력 방법들을 사용함

4번째 평화만들기 유형은 비폭력 행동으로 사회 정의를 이루기 위해 근본적인 체제의 변화를 일으키는 것을 목표로 한다. 이 입장은 기존의 제제와의 갈등은 최소화하면서 이미 세워진 체제적인 과정들을 사용해 점진적으로 오랫동안 변화를 지속시키는 것에서부터, 사회 체제와 날카로운 갈등 관계를 피하지 않으면서 변화를 위해서는 평상적이지 않은, 법의 범위를 벗어나는 행동도 사용하는 것까지도 고려한다.

무장해제 계획이나 세계 질서를 이루는 국제적 체제 혹은 지구촌의 체제를 발전시키는 일은 보통 점진적인 변화를 가져오는 장기간의 프로그램이 있어야 한다. 그 해석에서 다양한 평가를 받은 이른바 20세기 초의 자유 평화주의는 아마도 이러한 분류에 속할 것이다. 보통 자유 평화주의는 각국이 더욱 이타적인 태도를 보이도록 교육할 수 있다고 낙관적으로 생각하는 것 때문에 비판을 받고 있다. 하지만, 국제 체제를 변화시키려 할 때 일어나는 문제에 대해 보다 더 현실적인 관점을 취해야 한다.

톰 스토니어Tom Stonier와 케네스 보울딩Kenneth Boulding은 전쟁을 어떤 사회적 조건들을 이미 가진 인간들이 만들어낸 사회 제도로 보고 있다. 스토니어는 제도로써의 노예제가 실제로 사라진 것과 같이, 제도로써의 전쟁도 점차 갈등 해결 방법으로는 받아들여지지 않게 될 것이라고 말한다. 이것은 단체들 사이의 갈등이 계속 되고 이러한 갈등을 해결할 다른 방법들이 필요하기 때문에 각국이 더 이타적이 되도록 교육할 필요가 있다는 것을 의미하지는 않는다. 오히려 인류의 생존과 국가의 이익을 위해 전쟁 그 자체를 근절해야 한다는 것을 의미한다. 보울딩은 다음과 같이 말하고 있다.

인간은 전쟁을 없애야 한다는 문제에 직면해 있다. 그리고 이것은 유일하고도 전례가 없는 20세기만의 문제이다. 문명의 시대에in the age of civilization 전쟁은 고착된 사회 제도였고 전 인류에게 참을만한 것이었다. 하지만, 20세기에는 일방적인 자국의 방위만을 목적으로 하는 국제관계 체제는 무너지고 있다. 왜냐하면, 근본적인 체제의 요소들이 변화하고 있고, 그래서 전쟁이 참을 수 없는 것이 되고 있기 때문이다.6)

보울딩은 일부 진지한 사상가들이 인간성 자체를 보아서는 이러한 문제를 해결할 수 없다고 믿고 있음을 알고 있다. 사실 그 자신은 온건한 낙관주의자이다. 해결책은 각국이 갑자기 이타적이 될 수 있어서가 아니라,

자국의 이익을 벗어나 문제를 해결해야 할 필요 때문에 가능헤질 것이다.

점진적인 변화는 자발적인 연합과 공동작업으로 일어나는데, 자발적으로 이루어진 체제를 통해 힘은 일종의 사회적 응집력이 되어 사회 제도에 압박을 가할 수 있게 된다. 공동작업을 통해서 사람들은 자신의 창조적인 에너지를 적용해서 갈등을 해결할 수 있는 대안 제도를 만들어낼 수 있다.7) 비폭력을 지향하는 행동은 간디와 킹 목사가 취했던 방법으로 폭력 혁명을 대체할 수 있는 가장 잘 알려진 비폭력적 사회 변화 방식이다. 사회변화를 일으키는 이러한 행동 방식의 역할에 대해 많은 연구가 있었다. 역사가들은 사회 변화에 미치는 폭력의 역할에 초점을 두었었지만, 진 샤프와 죠지 라케이George Lakey와 같은 사람들은 비폭력 전략들이 근본적인 사회 변화를 일으키는 데 종종 주도적인 역할을 한다고 주장한다.8) 비평가들은 때때로 비폭력 행동 이론이 변화 가능성에 대해 순진할 정도로 긍정적이라고 비판한다. 간디와 킹 목사는 악한 제도들에 타협하지 않고 오랜 투쟁을 이끌면서 그 고통을 견뎌야 했다. 그래서 그들은 말하기를 비폭력 행동주의자들은 길고도 험난한 투쟁이 있음을 각오하고 영적으로 자신들을 준비해야 한다고 말한다.

유형 3과 4가 기독교적 관점에서 나왔기 때문에, 구약 성서 예언서들과 신약성서 복음서에서 볼 수 있는 샬롬에 대한 종말적 비전은 중요한 자원이다. 온 땅이 평화롭게 되는 것이 복적이다. 비록 그리스도인은 자신들이 불완전한 세상에 살고 있다는 것을 알아 차려야 하지만 말이다. 하지만, 그리스도인은 마치 미래가 이미 여기에 있는 것처럼 살아야 하고, 그 미래를 실제적인 사회적·정치적 행동으로 옮겨 살아내야 한다. 문제는 바울 사도가 여성의 역할에 대해 말한 것과 다르지 않다. 남성과 여성을 동등하게 보는 생각은 갈라디아서 3장 28절에 잘 나와 있는 바와 같이, "남자도 없고 여자도 없다." 하지만, 바울 사도는 이러한 생각을 가부장적인 당시의 사회 상황에 적용해야 했다. 어떻게 이렇게 자유롭게 하는 새로운 생각이 타락한 사회 질서 안에 나타날 수 있는가? 이와 또 다른 문제인 노예제도에 대해서 바울 사도는 도망친 노예인 오네시모Onesimus가 그 주인에게로 돌아갈 것과 그 주인은 오네시모를 그리스도 안에 있는 한 형제처럼 동등하게 대할 것을 권고하고 있다. 최근의 역사는 교회가 노예제도에 대한 성서의 관점을 이해하고 있다는 것을 보여주는데, 노예제도를 반대하고 있다는 것이 그 증거이다. 마찬가지로 교회는 여성의 역할에 대해 말하는 갈라디아서 3장 28절의 권고를 더욱 더 충실하게 발전시키고 있다. 그러나 샬롬을 종말적 비전으로 보고 이를 전쟁이라는 문제 상황에 적용하려는 시도는 시작조차 못 하고 있다.

그리스도인들은 자신들이 앞서 말한 네 가지 유형 모두와는 거리를 두고 있다는 것을 안다. 그렇지만, 이 책의 목적은 그리스도인들이 지금 가진 생각과 행함의 이유와 방법을 묘사하고 분석하는 데 그치는 것이 아니다. 오히려 유형 3, 4가 말하는 방법이 20세기를 사는 그리스도인의 삶이 추구해야 할 적절한 평화만들기 방법이 되는 이유와 방법을 보여주는 것이다. 샬롬에 대한 종말적 비전을 목표이자 방법으로 삼기 위해 샬롬의 영적 · 지적 자원들을 활용하고, 이 비전을 전쟁과 불평등이라는 문제에 적용하는 것이 20세기 교회의 사명이다. 이 비전은 순진한 낙관주의는 피하고 유형 1이 강조하는 인간의 죄라는 현실적 상황을 고려해야 한다. 또한, 불평등한 사회 구조와 유형 2가 강조하는 근본적 변화가 필요하다는 사실을 심각하게 받아들여야 한다. 그러나 이러한 사항들은 유형 3과 4가 취하는 비폭력 생활양식의 관점에서 다루어야 한다. 이러한 목적을 향해 가면서 교회는 평화에 대한 성서와 기독교 전통의 유산을 배울 수 있을 뿐 아니라 최근에 개발된 평화적인 갈등해결 방법을 배울 수 있다.

## D. 논쟁의 개요

기독교 평화만들기가 제자리를 찾으려면 신학과 윤리, 경험, 정신, 실제 그리고 전략이라는 요소들이 잘 조화를 이룬 데서 오는 사상이 필요하다. 평화주의자들의 저서들이 갖는 약점은 자신들의 입장을 '조직적'이면서 완전하게 말로 표현하고 있지 못하다는 것이다. 어떤 책들은 기독교 입장을 공교한 신학적이며 윤리적인 근거를 들어 설명하고 있지만, 평화주의를 어떻게 국제 정책에 적용할 것인가를 보여주지는 못한다. 반면 어떤 책들은 특정한 정치 전략들을 주장하면서도 신학적 · 윤리적 타당성을 제시하지 못하고 있다. 이들 평화주의자의 저작에서 발견되는 가장 심각한 약점은 신학적 · 윤리적 틀과 국제정치를 현실적 이해와 잘 관련짓지 못한다는 것이다. 이 책은 두 학문을 조화시켜 보려는 데 특별히 신경을 썼다. 그래서 우리는 국제정치학을 중점적으로 연구하는 사회과학과 그 관련 연구에 참여했을 뿐 아니라 정치사상과 관련 있는 신학적 · 윤리적 전통들을 깊이 고찰해 보았다.

하나의 정치철학을 발전시킬 때마다 우리는 우리가 누구인가, 우리는 누구에게 말하고 있는가 그리고 우리의 생각이 실제로 이루어지는 배경의 본질은 무엇인가, 라는 전제들을 갖게 된다. 우리가 어떻게 국제 체제를 보는가는 아주 대단히 중요하다. 2장은 국제 체제를 국가 간의 관계망으로 보는 관점이 어떻게 전통적인 힘의 균형 관점보다 더 이 세상을 잘 기술할 뿐 아니라 기독교 가치와 잘 맞는지를 보여주고 있다. 국가 간 관계망 모델은 종합적 시각뿐 아니라 장기간에 걸친 사고를 필요로 한다. 이 두 차원은 국가에 대한 충성을 초월해서 보편적 가치를 주장하는, 국가를 넘어서는 공동체로서의 교회를 이루는 일과도 조화를 이룬다.

이와 같은 전후 관계를 고려한 판단은 인간성과 역사 그리고 인간이 만들어낸 제도를 바라보는 신학적이고 철학적인 관점과 긴밀한 관계에 있다. 3장과 4장은 우리가 가진 세상에 대한 관점과 현재 일어나는 일을 해석하는 방법이 역사와 인간사에 관계하시는 하나님 그리고 하나님의 피조물로써 우리가 하는 일의 의미를 아는 데 무엇보다 중요한 시각을 부여한다는 점을 보여준다. 3장에서는 신학의 임무를 기술할 것이고, 창조와 죄에 관한 교리로서 평화와 정의의 문제를 살펴볼 것이다. 4장에서는 이러한 문제들을 구원과 종말 교리의 측면에서 살펴볼 것이다.

우리는 수단과 목적, 어떠한 행동이 옳고 그른지, 또 어떤 목표와 가치가 생성되는지에 대해서 윤리적 판단을 한다. 이러한 윤리적 판단은 신학적 관점에 근거하기는 하지만, 윤리와 관계가 있다고 여겨지는 경험 자료에 영향을 주기도 하고 영향을 받기도 한다. 5장은 정의의 개념을 상세히 설명하고, 6장은 비폭력의 개념을 설명하고 있다. 6장은 정당한 폭력 이론들을 비평하고 있다.

이러한 분석의 단계로 일반적인 방향을 정한 후 후반부 세 장에서는 더욱 실제적인 접근으로 결론을 내렸다. 7장은 전쟁을 방지하기 위해서 정책들이 추구해야 할 바를 제시하고, 8장은 보편적으로 지지를 받는 몇몇 특정한 행동 유형을 간단히 설명하고 있다. 마지막 9장은 영적 자원들과 공동체 구조를 기술하고 있다. 이는 악과 갈등으로 점철된 세상에서 평화만들기라는 기독교 사역을 지속해나가는 데 필요한 자원들이다.

# 2장

## 평화만들기 신학의 **전제와 관점**

우리가 누구인지, 누구에게 말하는지 그리고 우리의 사고思考에 미치는 시간과 장소라는 배경을 어떻게 정의하는지가 국제 갈등 문제를 다루는 방식을 결정한다고 해도 지나치지 않다. 전통적으로 국제 갈등은 네 가지 가정 위에 서 있다고 믿었다. 첫째, 예를 들어 대통령이나 수상과 같은 정책입안자들이 국제 문제를 좌지우지하는 주요한 인물들이라는 가정이다. 둘째는, 민족 국가는 현실적으로 이미 지배적인 국제 체제이며, 그 역할은 자국의 이익을 보호하는 것이라는 가정이다. 비록 무엇이 자국의 이익인지에 관해서는 다양한 의견들이 있지만 말이다. 셋째는, 강력한 군사력이 국가의 안전을 보장하는 데에 필수불가결하다는 가정이다. 넷째는, 즉각적이면서도 단기적인 정책을 고려하는 것이 장기적 정책보다 낫다는 가성이다.

이 네 가지 가정들은 필수불가결한 관계에 있다. 이 가정들은 세계를 설명하고 있을 뿐 아니라 정책 입안자들이 취할 가능성들을 규정하고 있다. 만일 세계가 전통주의자들이 믿는 것과 같이 움직이고 있다면, 세상에 대한 이들의 관점에서 일련의 규정된 행동 유형들이 나타날 것이다. 자국의 이익을 보호하고자 군사적 위협 혹은 무력사용을 가장 주요한 관심사로 생각하는 국가의 원수에게 힘power이 있다고 생각한다면, 국가의 대외 정책은 국가 안전보장을 최우선으로 하여 결정될 것이다.

국제 문제에 대해 글을 쓰는 대부분 기독교 윤리학자는 자신들의 윤리 사상이 위에서 기술한 관점들을 가지고 권력을 행사하는 위치에 있는 대통령, 국무장관, 수상들과 같은 정책입안자들에게 영향을 주어야 한다고 생각해왔다. 이러한 사고는 국제 관계에 대해 말할 내용과 말해야 하는 내용을 상당 부분 결정한다. 이러한 '궁정 신학자들' court theologians의 방향성은 윤리적 반영이 협의적 시간 구조 안에서 나타나도록 영향을 준다. 두 번째로 이들 궁정 신학자들은 자신들의 생각을 수정해서, 자국의 이익을 최우선으로 생각하는 정책입안자들의 현실적인 생각에 맞춘다. 그래서 윤리적 반영이 정책 입안자들에게 더 현실적으로 보이도록, 국가주의나 동족주의와 같은 더 협소한 자국일변도 주의로 수정된다. 이러한 방향은 전체 조망을 어렵게 하고 멀리 내다보는 국제주의자internationalist를 생산해내지 못한다. 세 번째로 이 관점은 현재의 국제 체제 구조를 수용하는 것에서 시작되는데, 이는 대부분 정치가가 기존의 구조 안에서 움직이기 때문이다. 국제 체제에 안에서 일어나는 근본적인 체제의 변화에 대한 의문들은 일어나지 않고, 전통적인 국민국가 구조, 주권에 대한 개념, 힘의 균형이 사고를 지배한다. 이와 같은 이른바 현실적 관점은 1950년대와 1960년대에 국제 문제에 대한 기독교 윤리 사상의 주류를 이루었었다.

## A. 정치 모델들: 초국가적 네트워크 대 힘의 균형

현실주의자들의 사상 학교는 국제 체제에 대한 힘의 균형 모델에 기초하는데, 이 국제체제 안에서 국제 정치를 이끄는 실제 세력들은 강력하고 비교적 균형 잡힌 국민국가들이다. 이 유형은 국제 체제를 자국의 이익과 주권을 보호하려는 관심사를 가지고 상호작용하는 다수의 국민국가로 본다. 각국은 한편으로 타국의 위협과 공격에서 안전을 지켜내고자 자국의 힘을 배양할 방법을 모색하면서, 다른 한편으로는 자국의 힘을 강화하려고 싸우는 각국들 사이에서, 국익을 얻어내고자 힘을 증대시킬 방법을 찾는다. 퀸시 라이트Quincy Wright는 말하기를, 이 두 권리는 1500년대부터 2차 세계대전까지 세계를 지배해온 "두 개의 양립할 수 없는 세계 정치 게임 구호"라고 했다.1) 그러한 체제 내에서 전쟁은 유행했던 것이다.

힘의 균형 이론에서 국민국가는 국제 체제가 평형을 이루는 것을 목표로 한다. 그래서 어떤 나라도 군사력으로 그러한 평형 상태를 교란시킬 절대 비교 우위의 힘을 가질 수 없게 하는 것이다. 이러한 평형을 유지하고자 각국은 군사력을 통해 자국의 힘을 유지하려고 하고, 물론 적대국 또한, 그들과 마찬가지로 군비확대 경쟁을 하게 된다. 또한, 적대국에 함께 대항하고자 다른 나라들과 동맹을 맺기도 한다. 물론 이 또한, 동맹 적대국들을 불러오고 서로 타국의 힘을 점검하면서 결국 양극 체제가 발달한다. 평형을 유지하는 또 다른 방법은 각국이 집단적인 안전 체제를 발전시키는 것이다. 모든 나라가 공격을 당하는 나라가 어떤 나라든 돕기로 합의하는 그런 체제 말이다.

국제연맹 형성의 근간이 되는 원리이기도 한 집단적 안전 체제는 사실 안정적이지 않다. 이는 이 체제가 1차 대전 후의 책임을 패전국들, 특히 독일에 지우려고 했기 때문이다. 독일이 이탈리아와 일본과 같은 나라와 동맹을 맺어 현실을 받아들이기를 거부하고, 그 현실을 바꿀 자국의 힘을 증대하려고 했던 것은 불가피한 일이었다. 그래서 국제연맹 창설 10년이 지나지 않아 국가들의 평형상태는 다시 위기에 봉착했다. 현 상태를 유지하려는 나라들과 현 상태를 변화시켜보려는 나라들 사이에 투쟁이 일어났다. 퀸시 라이트에 의하면, 자국의 이익 증대를 위해 힘을 유지하려는 것은 "힘의 균형 이론이 갖는 본래의 모순"이며 "영원한 안정을 주지 못하

는” 이유다.[2]

힘의 균형 모델을 따르면, 전쟁이 불가피한 이유는 국가 간 이익을 위해 다투고 지도자들이 국가의 힘을 오판하며, 한 나라나 동맹국에 힘이 집중되기 때문이다. 이 모델에서 평화는 힘과 힘을 견제할 수 있는 군사력을 통해 이루어진다. 하지만, 이 체제에서는 전쟁이 방지되는 대신, 퀸시 라이트가 지적한 것과 같이 본래 불안정해서 결국 빈번하게 전쟁이 일어나게 된다.

국제 관계를 힘의 균형 모델로 설명하는 것에 대해 두 가지 비판이 있다. 하나는 국제 관계의 본질을 기술하는 모델로는 부적당하다는 것이고, 다른 하나는 무엇이 평화를 가져오고 전쟁을 막을 수 있는지에 대한 이 관점의 시각이 완전히 잘못됐다는 것이다. 왜냐하면, 이 체제는 불안을 증대하고 평화를 위협하는 군비경쟁을 일으키기 때문이다.

세계는 정치 동맹이나 적대 동맹국들 사이의 균형 잡힌 힘의 관계라는 말로는 더는 이해할 수 없다. 비록 이러한 힘의 균형 이미지가 미국과 소련이라는 두 양극 관계를 설명할지는 몰라도 중국에 적용할 수는 없다. 중국은 미국이나 소련과 같은 세계 대국은 아니지만, 아시아의 강국인 것은 사실이다. 이러한 힘의 균형 모델은 또한, 서유럽이나 일본에 적용할 수도 없다. 서유럽과 일본은 군사력이 아니라 경제력 측면에서 상당한 경쟁력을 갖고 있다. 현재 150국이 넘는 대부분 나라가 어떤 유형이든 힘의 균형 전략 안에 들어 있지 않고, 같은 태도를 취하지도 않으며, 미국-소련이라는 양극 체제의 영향을 받지도 않는다. 일반적으로 각국은 강대국들과 경제교류를 시작할 때, 다른 강대국들과의 관계가 위험에 빠질 것을 두려워하지는 않는다. 동유럽 국가들은 여전히 소련의 지배 아래 있다고 할 수 있고, 타이완이나 한국, 필리핀, 태국 등과 같은 동아시아 국가들은 극동에 미치는 미국의 힘 때문에 제한을 받는다. 하지만, 베트남전은 극동에서 힘의 균형 개념이 얼마나 제한적인가를 분명하게 보여주었다. 비록 미국이 중국에 비견하는 힘의 균형이라고 생각하면서 베트남에 참전했지만, 베트남전은 미국이나 중국, 소련과는 전혀 상관이 없는 지엽적인 요인들이 종전을 이끌어냈다. 중동이나 제3세계에서 일어나는 많은 분쟁 가운데 실제 위험은 바로 강대국이 개입할지 모른다는 것이다. 반면 전쟁으로 인한 파괴가 얼마나 참혹한지를 잘 아는 그들은 18, 19세기와 20세기 초반까지 유럽 국가들의 특징이었던 극단적으로 힘의 균형을 이루기 위해 분쟁하는 것에 전심을 기울이지 않게 되었다. 이것이 콩고, 인도네시아, 나이지리아, 인도–파키스탄 등에서 일어난 유혈 분쟁에 강대국의 군사력이 개입하지 않은 이유다. 옛날의 힘의 균형 체제에서는 지극히 기대할 수 있었던 개입이었음에도 말이다.

지난 40년 동안 국제 체제에 일어났던 근본적 변화를 가장 잘 설명해주는 것은 서유럽이다. 비록 서유럽이 17세기부터 20세기 초반까지 주요한 전쟁 발발 지역이었지만, 이제 유럽은 경제적으로 연합하고 있어서 프랑스, 독일, 영국이 서로에게 선전포고를 할 가능성은 희박하다. 로버트 코헨Robert Keohane과 조셉 나이Joseph Nye는 다음과 같이 쓰고 있다.

특별히 산업화되고 다원화된 국가들에서 안전 영역이 확대하고 있음을 볼 수 있다. 즉, 일반적으로 공격받으리라는 두려움은 삼소하고, 서로를 공격하게 될 것이라는 두려움은 사실상 존재하지 않게 되는 것이다. 프랑스는 전방위tous azimuts 전략을 포기했는데, 당시에는 진지하게 고려하지 않았지만, 드골de Gaulle 대통령이 주창했던 전략이었다. 캐나다는 미국에게 선전포고하려던 계획을 1세기 전에 포기했고, 영국과 독일은 더는 서로에게 위협이 된다고 느끼지 않는다. 각국이 상호 영향을 미치는 강한 결속력이 이들 나라 사이에 존재하지만 대부분 이 국가들에서 힘은 정책의 방편으로써 중요하지 않거나 관계

가 없다.3)

　국가들 사이의 이러한 근본적인 관계 변화는 코헨과 나이와 같은 또 다른 그룹의 국제 관계 이론가들이 이전의 힘의 균형 모델을 바꾸는 계기가 되었다. 이들은 세상을 하나의 세계적인 체제로 보았는데, 이 체제 안에서 국민국가들은 하나의 행위자들actor의 조합이다. 자연과 문화, 경제와 정치를 넘어서서 많은 나라가 자기 완성적self-contained 독립적 행위자들로서 국민국가의 관점에 이의를 제기한다.4)

　사람들이 이 세상이 기본적으로 자기 완성적 국민국가로 이루어져 있다고 믿으며, 이 국민국가가 하나의 자기 완성적 힘의 단위로 작용하고 있다고 생각하는 한, 이들 단위 사이에 일어나는 분쟁을 해결할 제도로서 전쟁은 피할 수 없다. 반대로 통화通貨 안정을 목적으로 하는 초국가적 기관들이 구축하는 초국가적 무역망, 통신망, 교통망, 기술망, 자원망, 의존망들이 서로 긴밀하게 연관되어 있음을 보면 볼수록, 전쟁이 분쟁을 해결할 수 있는 적절하고 불가피한 수단이라고 보기가 더욱 어려워진다. 국가들은 자국의 복지와 생존을 위해 서로 의존하게 되어서 적국과 전쟁에 돌입하는 것은 자국의 이익 차원에서 보면 그저 너무 큰 희생일 것이다. 리차드 바넷Richard Barnet은 어떻게 이처럼 뒤얽힌 경제관계가 이념을 뛰어넘는가를 설명하고 있다.

　뒤얽힌 경제 관계가 이념의 벽을 넘는 것을 잘 보여주는 그림은 석유와 천연가스를 운반하는 송유관 체제이다. 루마니아는 현재 이스라엘의 송유관을 통해 이란에서 엄청난 양의 석유를 수입하고 있다. 이 이스라엘 송유관은 주 도관導管인데, 이를 통해 이란의 석유가 유럽으로 흘러간다. 이것은 소련의 독립성을 상징할 뿐 아니라 루마니아가 이스라엘과 좋은 관계를 유지하는 동유럽의 한 국가가 되도록 하는 데 결정적인 역할을 했다. 정보에 정통한 유럽 석유상들은 소련이 이스라엘의 송유관을 통해 석유를 공급받고 있다고 주장한다. 1960년대 초에 소련은 자체적으로 송유관 체제를 만들기 시작했다. 첫 번째 송유관은 체코슬로바키아로 가는 것이었고, 다음은 우정 송유관Friendship Pipeline이라고 알려진 소련의 석유매장지에서 동독과 발트해 연안의 항구로 가는 것이었다. 소련은 이 첫 번째 체코송유관을 연장해서 1970년대에 서유럽에 석유와 천연가스를 공급했다.(이 송유관은 체코슬로바키아에 있었기 때문에 서독에 석유를 판매할 때 동독을 고려할 필요가 없었다.) 또한, 이 송유관의 한 분관分管은 북유럽을 향하고 있었다. 제2의 우정 송유관은 시베리아의 새 석유매장지와 서유럽을 연결했다. 수년 동안 소련은 이 송유관 조직을 통해 서유럽에 석유를 팔았고, 서유럽경제에 한층 중요한 위치를 갖게 되었다.[5]

세계의 거대한 양 진영의 충돌은 1982년에 분명해졌는데, 당시 레이건Ronald Reagan 대통령은 서유럽과 소련의 기술적인 협력을 막아 시베리아에서 서유럽으로 가는 천연가스 송유관을 만들지 못하도록 하고자 했다. 레이건은 이념적 차이를 지닌 국민국가들 사이에 장벽들을 세우는 옛 세계의 이미지를 이용하려 했지만, 기술과 경제가 상호의존으로 나아가는 역사의 흐름을 정지시킬 수는 없었다.

이러한 상호의존이 증가하사 전쟁에 호소하는 일은 짐차 커다란 대가를 요구하게 되고, 쉽게 일어나지 않게 되었다. 구 유럽의 힘의 균형 체제에서 전쟁은 평화를 대체하는 것으로 받아들일 만한 것이었다. 요즘이라면 사소한 일로 간주되었을 문제들로도 당시의 국가들은 전쟁을 했다. 오늘날 미국과 일본 그리고 서유럽 국가들 사이의 전쟁은 전혀 불가능하다. 그 이유는 너무 큰 대가를 요구하기 때문이다. 전쟁이 가져다줄 것 같은 수익은 이른바 국지전이 초래할 파괴에 비하면 너무나 미미하다. 비교적 평화로운 경쟁 전략을 통해 국가의 이익을 추구하는 것이 훨씬 낫다. 일본 대사를 지냈던 미국의 에드윈 라이샤워Edwin Reischauer는 다음과 같이 말하고 있다.

18, 19세기 유럽의 상황과는 달리 군사 강국들은 전쟁이 평화를 대체할 수 있는 대안이라고는 더는 생각하지 않으며, 아주 긴박하고 평상적이지 않은 상황에서만 전쟁을 진지하게 고려하고 있다. 그래서 이 강대국들의 힘의 균형은 매우 견고하다. 이는 평범함과는 거리가 먼 홍수나 지진과 같은 대재앙에 견줄만한 어떤 사건, 곧 균형을 깨고 결국은 전쟁에 돌입하게 하는 강대국의 거대한 힘의 이동이다.6)

라이샤워는 다음과 같이 덧붙이고 있다.

군사력과 교전행위는 … 국제 관계의 국면들을 축소하고, 다른 문제들이 더욱 더 중요하게 떠오르기 시작한다. 국지전은 세계의 저개발 국가들에서 끊임없이 일어날 것이다. 하지만, 강대국 사이의 전쟁 위협은 점점 약해져 가는 듯하다. 만일 이것이 사실이라면 현재 우리가 군사력에 그토록 집중하는 것은 다소 시대에 뒤떨어진 반응일 것이다. 이는 더욱 더 심각한 문제에서 우리의 주의와 노력을 돌리는 위험천만한 일이다.7)

소련과 미국, 이스라엘과 아랍 국가들이 자국의 이익과 군사력과 같은 전통적 유형에 따라 움직이는 것은 사실이다. 이러한 면에서 전통적인 힘의 균형모델은 일부의 국제적 움직임을 설명하고 있다. 문제는 이러한 국가들의 지도자들이 세계를 불안정하게 하고 결국 전쟁으로 이끌 수 있는 이미지들에 갇혀 있다는 점이다. 위험스러운 점은 정치 지도자들이 계속해서 과거의 이미지와 힘의 균형 유형들을 가지고 대외 정책을 수행한다는 점인데, 그들은 결국 상호 의존이라는 가능한 유형을 알지 못하는 것이다.

정치 지도자들은 아주 다른 세상에 살았던 선생들에게 배운 기억이나 이미지에 근거해서 사건들에 반응하고 행동한다. 이렇게 대외정책을 결정하는 문제점 가운데 하나는 어떻게 그 귀환반응을 체제로 종합해서 하나의 사회 체제가 세계 곳곳에서 일어나는 변화들에 대처할 수 있는가이다.

불행히도, 미국의 대외정책은 여전히 힘의 균형정치라는 면에서 실행된다. 그 안에서 군사력은 여전히 주요한 힘의 척도다. 한때 거의 모든 국제전의 중심이었던 서유럽은 이제 경제적으로 너무나 서로에게 의존하기 때문에 각국이 서로 대항해 전쟁을 발발시킨다는 것은 상상하기조차 어렵다. 사실상 초국가적 요인들이 유럽 국가들의 움직임을 설명하는 원인이 되어가고 있으며 국가적 요인들은 점점 덜 중요해지고 있다. 이러한 현상은 국제적 차원으로 주권을 이양하지 않고 일어나고 있다.

브루스 러셋Bruce Russet은 유럽공동시장European Common Market을 가리켜 경제와 문화가 통합된 실례라고 지적하고 있다.

이러한 경제와 문화의 통합은 전통적인 국민국가 간 관계를 진부한 것으로 만들어버린다. 지역의 조직은 그 지역 내의 분생 가능성을 실제로 줄이는 긍정적 가치를 가지고 있으며 동시에 그 지역 내의 사회와 경제 통합을 촉진한다. 세계 차원의 통합을 이룰 준비나 그럴만한 힘이 아직 없는 세상에서 이와 같은 지역적 통합은 전쟁 가능성을 줄이고, 초국가적인 정치와 경제 연합을 지향하는 첫 발걸음이다.8)

비록 국민국가가 아직도 국제정치에서는 강력한 행위자actors이지만, 경제적 요인들이 정치적 요인들보다 더욱 중요해지기 시작하고 있다. 이러한 사실은 레스터 브라운Lester Brown이 『국경 없는 세계』*World Without Borders*에서 설명하고 있으며, 리차드 바넷Richard Barnet과 로날드 뮬러 Ronald Mueller가 『지구촌의 확대:다국적 기업의 힘』 *Global Reach: the Power of Multinational Corporations*에서 지적한 것이다. 다국적기업global corporations은 세계적 규모에 집중하고 있다. 거대한 이윤과 세계 시장점유율이 높아가는 것이 성공이다. IBM 세계무역회사IBM World Trade Corporation의 사장은 "한 나라를 다른 나라와 분리하는 장벽들은, 적도 선이 별 의미가 없는 것과 같이 현실적 의미가 없다"고 했다. 조지 볼George Ball에 따르면, 세계의 기업은

> 정치사상에 앞서서 일을 계획하고 실행하고 있다. 현대적 개념으로 현대의 요구들을 충족시키는 것이다. 국민국가는 이제 구식이 되어버렸고 우리가 사는 현재의 복잡한 세상으로 편입되어 버렸다.9)

볼과 IBN 사장의 말이 과장일지는 모르지만, 급격한 세계 변화에 대한 느낌은 잘 전달하고 있다. 물론 다국적 기업이 국가 간 전쟁을 억제하기는 하지만, 다른 문제들이 일어나는 것은 사실이다. 이에 대해서는 5장에서 다루겠다.

법률기구들legal structures, 자원봉사자 연합회voluntary Associations, 종교단체처럼 국가를 초월한 기관과 같은 초국가 네트워크들 또한, 국민국가 경계를 초월하며, 국가의 정책이 이러한 기구들을 통제하지 못한다. 교회는 국제정치에 나타나는 이러한 초국가 연합체 중의 하나다. 교황이 산아제한이나 낙태에 대해 가진 생각은 세계 곳곳의 가톨릭 신자들에게 영향을 미친다. 가톨릭을 국교로 삼는 몇몇 국민국가의 정책과는 상관없이 말이

다. 베트남전 중에 소수의 그리스도인이 초국가적 관점을 효과적으로 대변하며 종전에 의미 있는 영향을 미쳤다고 생각한다. 적어도 이들 소수 그리스도인의 의견과 행동이 미국 국민들이 아무런 저항도 없이 정책을 수행하도록 가만 놔두지는 않았던 것 같다. 또한, 이들에게 전 세계 곳곳에서 많은 그리스도인과 타종교인들에게서 지지가 쏟아졌고, 현대의 통신 기술이 이러한 초국가 네트워크를 가능하게 했다.

## B. 힘의 개념들: 다수의 합의 대 군사력의 우세

세계정치를 보는 전통적인 힘의 균형 모델에서 힘은 주로 군사력이다. 힘은 이 힘을 이용해 정치적 목적을 달성할 수 있는 국가의 수뇌들에게 있는 것이라고 생각했다. 그렇게 보면 국제문제를 어떻게 다룰지 결정하는 이들은 각국의 수뇌들이다. 타당성을 얻으려고 전통적인 기독교 윤리학자들은 국가의 수장들이 받아들일 수 있는 용어를 가지고 윤리적으로 사유하려 한다.

국민국가의 지도자들이 세계문제의 행로에 영향을 미치는 힘을 가졌지만, 이 힘은 아주 상대적이고 보통 생각하는 것보다 제한적이다. 아무리 전체주의 국가라 할지라도 모든 국가의 숨은 힘은 실제로는 공공연하든, 수동적이든 국민들의 합의에 있다. 칼 더치Karl Deutsch는 지적하기를 "자발적이지만 습관적일 수 있는 대중의 묵종은, 보이지 않지만 모든 정부 권력의 실제 토대다."10)

'민중'의 힘은 이란에서 일어나는 최근의 변화에서 잘 드러난다. 이란 국왕 샤Shah는 미국의 대량 군사 지원을 받았지만, 권좌를 유지할 수 없었다. 이는 민중이 거국적으로, 비폭력적으로 그의 권력에 저항했기 때문이다. 이와 같은 이란의 상황은 민중의 힘이 정치적 혁명들을 이루어내는 수많은 사례 가운데 하나일 뿐이다. 진 샤프는 『비폭력 행동의 정치학』*The*

*Politics of Nonviolent Action*에서 민중의 힘이 미친 사례를 수없이 제시하고 있다. 샤프는 두 유형의 힘을 비교하고 있다. 한 유형은 시민들이 계급구조의 정점에 있는 사람들의 결정과 선한 의지에 의존한다고 본다. 이 관점에서 보면, 힘은 완전히 통제되어monolithic 권력 구조의 정점에 있는 소수의 사람에게만 존재한다. 이 힘은 자체적으로 영구적이며 증가한다. 통치자들이 자발적으로 자신들의 권력을 제한하지 않는 한, 이 힘은 이들보다 더 거대하고 압도적인 물리력으로만 통제하고 점검할 수 있다. 전쟁은 이러한 관점에서 가능하다.

두 번째 유형은 정부가 민중에 의존한다는 관점이다. 이때의 힘은 다원적이며 깨지기 쉬운데, 이는 힘이 힘의 증대를 추구하는 많은 그룹에 의존하고 있기 때문이다. 이 관점에서 정부 권력은 정부가 통치하는 민중들의 합의에 제한을 받는다. 국민은 정부가 제시하는 행동강령에 합의하기를 거부하거나 정부가 제시하지 않는 행동을 실행함으로써 정부를 제한하고, 통제하며, 변화시킬 수 있다. 수많은 사람이 이러한 힘을 사용한다면, 통치자들의 행위를 변화시키거나, 심지어는 정부를 전복시키는 데에도 무시무시한 영향을 미칠 것이다. 이러한 경우에 힘은 기대와는 반대로 행동하고 복종하지 않고 반항하기 때문에, 마침내는 비폭력적 방법을 이끌어낼 수 있다.11)

이 연구가 가정하는 것은 힘이 정치가나 국제문제의 행로에 영향을 미치는 수많은 행동가, 혹은 국가의 수뇌에게 있지 않고 민중에게 있다고 보는 것이다. 그래서 이 연구가 목표로 하는 청중은 보통 국제문제에 영향을 미칠 수 있는 사람이다. 이는 그들이 행동가의 한 유형인 정치가에게 영향을 줄 수 있기 때문이 아니라 그들 스스로가 행동가이기 때문이다. 경제기구들과 다른 비정부 조직들의 구성원으로서 말이다. 예를 들어, 로날드 레이건 대통령은 이념을 넘어서 천연가스 공급자들이 기술적?경제적으로 연합하는 것을 막을 힘이 없었다. 경제적·기술적 요인들이 더욱 더 중요한 요인들이었기 때문이었다. 지미 카터Jimmy Carter 대통령이 시행한 곡물수출금지는 충분히 효과가 없었고 다만 미국의 밀 재배 농부들과 소련 사이의 진행 중이던 무역관계에 짧은 휴지기만 남겼을 뿐이었다. 캔자스의 밀 재배 농부들은 국제정치 분야의 행동가다. 막강한 권리를 행사하는 수많은 유사한 경제 주체들actors은 세계에서 일어나는 사건들의 행로에 너무나 결정적이어서 국민국가의 수장들은 더는 구식이 되어버린 힘의 정치를 추구할 수 없을 것이다.

## C. 시간과 공간: 장기적이고 세계적인 관점 대 단기적이고 국가적인 관점

힘의 균형 모델을 지지하는 사람들은 단기적 관점에서 생각한다. 주로 국가적인 관점이라 할 수 있다. 초국가적 네트워크 모델을 지지하는 이들은 전쟁과 경제 불평등에 대한 해결책을 장기적 관점과 거대한 구조에서 바라본다. 이러한 모델에서만이 군비확대 경쟁이나 전쟁이 아닌 대안을 창조적으로 생각할 수 있다.

전쟁을 대체할 것을 찾는 것만이 의미 있는 질문이다. 만일 우리가 장기적인 세계적 관점에서 문제를 바라본다면 말이다. 만일 장기적 관점을 취하면 현대의 전쟁이 유용한 정책이라고 생각하기는 어려울 것이다. 정치 지도자들은 종종 더 나은 장기적 접근을 알고 있으면서도 즉각적인 단기 반응에 묶이는 함정에 빠진다. 현대의 전쟁은 너무나 파괴적이어서 국가 정책의 도구로 전쟁을 도발하는 것은 전쟁을 이용해 획득하려는 바로 그 이익을 잃게 만든다. 케네스 보울딩은 "미사일과 핵탄두는 핵을 가지지 않는 국민국가들을 황무지로 만들 가능성이 많은데, 이는 화약이 봉건시대의 귀족과 성벽으로 둘러싸인 도시를 그렇게 만들었던 것과 같다"라고 말했다.12) 장기적 사고는 우리를 파괴적인 폭력과 불평등에 묶어두는 현재의 함정들에서 벗어날 수 있는 유일한 길이다.

힘의 균형 관점은 세계를 바라보는 이 유형의 관점이 태초부터 사실이었고 앞으로도 사실일 것이라고 가정한다. 힘의 균형 관점이 갖는 역설은 현재의 체제가 어떻게 작동하는가에서 현실은 어떠한가로 일반화한다는 것이다. 마치 현 체제가 이 관점에 대한 일종의 보편적 필연성을 갖는 듯 말이다. 이 관점은 국제 체제가 시대를 거듭해 변화시켜온 방식에 대한 역사적 관점을 취하는 데 실패했기 때문에, 국민국가가 대세를 이루는 현시대를 국제 정치가 항상 취했고, 앞으로도 변함없이 취할 방식이라고 본다.

때로는, 힘의 균형 시각은 인간 본성상 전쟁이 불가피하다고 보는 일반적 이론들을 가지고, 국제 체제에 대한 단기 사고를 지지함으로써 정당성을 갖는다. 현재의 국제 체제는 결국 나라들 사이에 전쟁을 불러오는 군비 확대 경쟁을 양산한다. 신학자들은 이 체제를 인간 본성이 갖는 근본적 결함으로 설명한다. 만일 이것이 진실이라면 인류는 같은 죄를 계속해서 반복하는 절망스러운 존재이다. 이 관점은 성 어거스틴, 마틴 루터에게서 분명히 드러나며 폴 램지와 같은 현대 신학자로 이어진다. 신학자들은 창세기 기사의 첫 이야기가, 전쟁이 타락의 결과라는 사실을 상징적으로 보여준다고 해석한다. 타락의 결과로 가인은 아우 아벨을 죽이게 된다. 이 폭력은 인류가 거주하는 도시 안에 영원히 깃들어 있어서, 하나님은 이 땅 위에 당신의 왕국을 세우시는 종말의 때에 하나님의 도성이 임할 때까지 인류는 폭력을 절대로 극복하지 못할 것이다. 바벨탑 이야기는 인간의 언어와 문화, 정치 체제의 다원화는 인류에게 하나님의 저주라는 것을 상징적으로 말해준다. 타락한 인류가 영원히 서로 이해하지 못하고 갈등하도록 던져졌다. 폴 램지가 지적하는 것과 같이 국가와 전쟁이라는 기구는 힘으로 힘을 견제하고자 한다. 하나님은 이러한 행위를 하나님의 은총을 배

신하는 행위로 규정하신다.13)

이 관점에서 전쟁과 같이 타락이 가져온 결과를 극복할 수 있는 유일한 길은 하나님이 은혜로 인간의 문제에 개입하셔서 하나님과 인간의 관계를 바꾸고, 결국 인간 서로의 관계도 바꾸어놓는 것이다. 루터는 진실한 기독교이라면 칼의 힘으로 삶을 규정하는 국가가 필요하지 않을 것이라고 주장한다. 사랑이 그들 사이를 지배하기 때문에 그렇다는 것이다. 하지만, 어거스틴은 지적하기를 밀과 가라지는 이 세상에서 늘 함께 하며 진정한 그리스도인이 자신의 태도와 행위를 새롭게 한다 하더라도 그리스도인과 불신자들은 칼의 힘이 등등한 세상 도시에서 협력해서 질서를 유지해야 한다고 말한다. 모든 인류가 회심하고 그들의 삶이 사랑의 사귐으로 변할 때까지 전쟁은 인간 역사에서 피할 수 없는 요소일 것이다.

일부 정치학 이론가들은 이와 비슷한 관점을 취하고 있다. 마키아벨리 Machiavelli는 "민간 제도들에 관해 글을 써왔던 사람들이 모두 입증하는 것은 한 나라를 세우고 법 체제를 갖추려는 사람은 누구나 모든 인간은 악하며 기꺼이 자신의 악한 본성대로 살 준비가 되어 있다는 가정에서 출발해야 한다는 것이다"라고 주장한다.14) 정치 그룹 간의 관계는 일종의 권력 투쟁 게임이다. 이 게임은 어떤 점에서 전쟁으로 끝날 가능성이 아주 크다. 토마스 홉스Thomas Hobbes는 이와 비슷하게 "인류의 보편 타락으로 힘과 또 다른 힘을 끊임없이, 쉼도 없이 쫓는 욕망이 생겼다. 이는 오식 죽음으로만 끝난다"라고 주장한다.15) 인간의 자연 상태는 초월적 권위의 제한을 받지 않는다면 "모든 사람이 다른 모든 사람을 대적하는 전쟁이 될 것이다."16) 홉스주의 시각은 다른 문제를 일으키는데, 즉 인간의 본성인 폭력이 어떤 특정한 국가 내에서는 제한될 수는 있지만 모든 국가가 굴복해서 국가 간의 폭력을 제한할 수 있는 그런 권위는 없기 때문이다. 이러한 권위의 부재로 국가들은 전쟁을 피할 수 없다.

집단 폭력이 필요하다는 생각은 일부 심리학자와 인성학자들이 인정해왔었다. 프로이드Freud와 그의 제자들은 집단 폭력이 죽음이나 파괴 본능을 아주 약간 확장한 것뿐이라고 주장했다. 일부 인성학자들은 전쟁을 인간의 생리적 본성의 확장이라고 생각했다. 인간은 동물의 왕국에서 볼 수 있는 공격성과 세력권 의식이라는 유전형질을 근본적으로 갖고 있다.

이러한 관점은 저명한 인성학자인 콘라드 로렌즈Konrad Lorenz가 처음 제시했고, 안토니 스토Anthony Storr가 발전시켰으며, 로버트 아드레이Robert Ardrey와 데스몬드 모리스Desmond Morris가 대중화했다. 이 관점에 따르면, 인간은 두 가지 면에서 동물과 다르다. 우선, 인간은 자연적 상태에서는 무기를 갖고 있지 않으므로 지능을 사용해 투쟁 본능을 드러내는 파괴무기를 만든다. 둘째로, 인간은 동물 종들이 자신을 스스로 보호하기 위해 발동하는 종내種內 살상 금지를 따르지 않는다.

일부 비평가들은 로렌즈가 폭력적 다툼을 피할 수 없는 것을 인간의 생물학적 본성으로 여겨 그것을 정당화했다고 비난한다. 이에 대해 로렌즈 자신은 인간들 사이의 다툼은 승화시키고, 제거하고, 또 덜 파괴적으로 돌릴 수 있다고 주장할지 모르겠다. 로렌즈는 게임과 운동 경기들이 인간 안의 투쟁 본능을 의식화ritualize하는 방법들이라고 생각했다. 로렌즈의 사상을 대중화한 아드레이와 모리스는 전쟁에 "무한한 정당성"을 부여했다고 비판받는다. 1968년 로버트 아드레이는 『세력권 충돌』*The Territorial Imperative*이라는 책을 통해 로렌즈를 널리 알렸다.

베트남전이 최고조에 달했던 기간에 이루어진 또 다른 갤럽 조사Gallup Poll는 "조사에 응한 많은 사람이 전쟁은 인간 본성상 피할 수 없으며 그런 본성을 없애려 하는 것은 무의미하다고 느꼈다"고 전한다.[17] 그렇다고 이 조사가 아드레이와 유사한 관점을 견지하는 많은 미국인에게 영향을 미쳤다고 말하는 것은 아니다. 오히려 전쟁 중에 이루어진 조사에서 전쟁을 피할 수 없는 인간 본성의 표현이라고 보는 시각이 사실은 사람들이 전쟁을 정당화하는 방법일 수 있다는 것을 말해준다.

인간의 본성이라고 전쟁을 설명하는 것은 그것이 신학적이든, 생물학적이든, 심리학적이든 혹은 정치적 이론들이든 모두 문제가 있다. 이는 지나친 일반화이며 역사적 관점이 부족하다. 이러한 이론들은 인간의 행동이 때로 전쟁으로 표현되는 이유를 설명할 수 없고, 어째서 어떤 국가들은 전쟁을 선택하지만 어떤 국가들은 그러지 않는지를 설명할 수 없다. 인간의 본성이라는 측면에서 전쟁을 설명하는 것은 인간 본성에 대한 선험적 개념을 포함하고 있다. 이 개념을 받아들이는 사람들은 자신들이 믿는 진실을 최고의 가치로 여기면서 어디에서나 항상 그 진리가 참 진리임을 입증하는 행동방식을 찾는다.

죄와 전쟁을 인간 역사 구조에서 필수적이고도 영속적인 요소로 일반화함으로써 보편적인 죄성이 반드시 전쟁으로 표현되어야 하는지를 물을 수 없게 되었다. 예를 들어, 죄와 물리적 폭력은 인간의 죄에 대한 표현이다. 신학적으로 모든 인간은 죄인이라고 말할 수는 있겠지만, 대부분 사람이 자신의 죄성을 범죄나 물리적 폭력으로 드러내지는 않는다. 그렇게 죄성을 드러내는 일은 특정한 조건 아래에서만 일어난다. 그러므로 중요한 질문은 전쟁이라는 제도에 드러나는 인간의 죄성은 어떤 조건 아래에서 일어나는가이다. 노예제도, 결투, 교수형, 자경단自警團★ 그리고 선생은 특정한 어떤 조건 아래에서 인간의 죄가 드러난 모습이다. 질문은 이러한 조건들이 인간의 역사에서 항구적인지 아니면 지나가는 단계에 지나지 않는가에 관한 것이다. 만일 전쟁이 국제 체제 내부의 특정한 조건에서만 일어난다면, 우리는 그 조건들을 규정하고 전쟁이 일어날 수도 없고, 일어나지

---

★옮긴이주 : 자경단自警團 – 일정한 지역 내의 민간인들이 도둑이나 화재 따위로부터 스스로를 지키기 위하여 조직한 경비 단체

도 않을 조건들을 창출할 수단을 취해야 한다.

국제 체제와 초국가적 경제주체들의 네트워크를 추구하는 움직임은 전쟁을 억제하는 조건들을 창출하는 듯하다. 적어도 유럽 쪽에서는 그렇다. 존 베넷John Bennett와 하비 세이퍼트Harvey Seifert는 지금까지 내가 주장했던 바를 잘 요약해서 말해주고 있다.

> 모든 잡다하고 결정론적인 인간 죄에 대한 관점은 틀렸다. 우리는 원리들에서 국제관계에서 무엇이 가능하고 무엇이 불가능한지에 대해 특별한 결론을 도출해낼 수 없다.18)

노예제도와 남성 우위와 같이 인간 죄성이 드러난 제도들에서 볼 수 있는 유사점은 전쟁을 인간의 본성으로 설명하려는 것을 비판하고, 더 장기적 관점이 필요하다는 우리의 주장을 뒷받침해준다. 특별한 상황에서 노예제도는 인간 죄성의 표출이다. 1세기에 로마 제국 내의 노예 제도는 항구적이고 불가피한 제도처럼 보였다. 사도 바울과 초기 그리스도인들은 이 노예제도를 폐지하자고 제안하지 않았다. 바울은 주인과 노예가 이 노예제도 안에서 그들 각자의 역할을 행사하면서도 어떻게 서로에게 그리스도인으로 관계할 수 있는가를 기술하고 있다. 후에 교부들은 이 노예제도와 자연법을 죄의 상황에 맞게 수정했다는 의미로 만민법jus gentium이라고 불렀다. 결국, 수세기 뒤에 노예제도 폐지는 중요한 문제로 부각되기 시작했다.

이러한 사고의 변화는 두 가지 중요한 이유 때문에 일어난다. 우선은 경제 여건들이 점점 변화해서 노예의 노동보다 기계를 사용하는 편이 더 효율적이었다는 것 그리고 두 번째로 심리학적·신학적으로 노예제도를 정당화했던 체제가 그 정당성을 의심받고 서서히 침식하기 시작했다는 점이다. 우리는 이 두 요인 간의 복잡한 상호작용 안으로 들어갈 수는 없다. 기본적으로 노예제도는 폐지되었고, 대부분 사람이 부당하다고 생각한다. 사람들은 예전에 그랬던 것처럼, 노예제도가 인간 역사를 구성하는 영원한 한 모습이라고 생각하지 않는다. 우리는 인류가 엄청난 진보를 이루어 냈다거나 오늘날 인류가 덜 악하다고 주장하는 것이 아니다. 인간의 학대는 여러 모양을 지녔다. 아마 노예제도보다 더 끔찍할 수 있을지도 모르겠다. 하지만, 노예제도는 폐지되었고, 인간 역사에서 지나가는 단계였을 뿐이었다. 이 특정한 제도는 인간의 죄가 피할 수 없이 표현된 것이 아니었다.

우리는 성 역할 문제에 대해서도 유사점을 끌어낼 수 있다. 지난 수 세기 동안 많은 사람은 여성들이 학대받고 있다는 것을 잘 알고 있었다. 전통주의자들은 구약성서에서 볼 수 있는 가부장적 구조가 하나님이 정하신 영원한 창조의 법칙이라고 주장해왔다. 하지만, 현대의 많은 사람은 이러한 가부장적 구조가 일시적이고 지역적으로 이루어졌으며, 인간 본성이 갖는 항구적 모습은 아니라고 주장할 것이다.

전쟁에 대한 우리의 생각은 아직 변하지 않았다. 폴 램지는 이 시대의 개신교 윤리학자로서 전쟁은 불가피하다고 주장한다. 비록 자신이 정당한 전쟁 이론을 발전시키고 특정한 윤리적 표준에 근거해서 전쟁을 제한하려고 시도했지만, 전쟁 자체는 이 땅 위의 도시에서는 불가피하다고 보았다. 램지는 세계기독교교회협의회the World Council of Churches의 연구서인 『원자 시대의 그리스도인과 전쟁 방지』*Christians and Prevention of Was in an Atomic Age*를 비판했는데, 이것이 "드러내지 않는 평화주의"라는 이유였다. 램지는 이 문서가 비현실적이면서도 잘못하여 전쟁을 예방할 수 있다는 희망을 준다고 말한다. 램지에게 적절한 질문은 어떻게 전쟁을 제한해서 공정하게 전쟁이 이루어지는가이다.

램지의 입장은 다른 모든 정의로운 전쟁을 주장하는 전통과 마찬가지로 인간과 정치적 권위의 본성에 대한 특정한 신학적 신념들에 근거한다. 램지는 헬무트 틸리케Helmut Thielicke의 루터교적 입장을 인용한다. 틸리케는 하나님이 정부를 세우신 것은 이해할 수 없는 하나님 은총의 역사이며, 이에 의해서 국가의 전횡적이고 무제한적인 권력이 제한된다고 보았다. 세계의 여러 나라는 대립하는 체제를 통해 서로서로 통치하게 되는데, 이대립하는 체제 안에서 힘은 그보다 더 강력한 힘이 제한한다. 이러한 태고부터의 인간성의 분열은 "제도가 제시하는 선한 말들"로 극복될 수도, 그렇게 되어서도 안 된다. 그러므로 램지에게 전쟁은 하나님이 당신의 헤아릴 수 없는 은총으로, 힘으로 힘을 견제하려고 제정한 것이다.

전쟁은 여성의 도전을 허락하지 않는 남성우월주의보다도 더 견고한가? 하나님이 인치셨다는 말인가? 우리는 이 두 사안에 대해 인간의 긴 역사 가운데 한 특정한 시간과 장소에 나타났던 특정한 제도인 것을 종교적 정당성의 잣대로 다루려고 하지는 않은가? 가부장적 사회구조가 합법화된다면 이러한 구조들이 지속될 것이고, 마찬가지로 전쟁을 하나님이 제정하신 제도라고 주장한다면 전쟁 또한 지속될 것이다. 그러므로 가부장적 구조가 보편적 필요성을 갖지 못한다고 인식하기 시작하면, 우리는 또한 전쟁에 대해서도 같은 주장을 할 수 있을 것이다.

## D. 시민: 하나님의 자비를 인식하는 관점

국제정치학에 관한 한 가지 관점은 경험적 관찰과 가치 판단을 조합하는 것이다. "가치"관점은 특히 우리가 우리 자신과 동일시하는 사람들에 투영된다. 힘의 균형 모델에서는 먼저 국가와 국가의 수장을 동일시한다. 나는 이미 이러한 관점이 경험에 기초해서 볼 때 왜 부적절한지를 설명했다. 나는 이 책을 쓸 때, 마음에 세 가지 기본 가치를 가지고 있었다. 하나는 그리스도인으로서의 정체성인데, 하나님께서는 이 세상에서 특별한 사명을 이루고자 교회 공동체를 주셨다는 것이다. 다음은 그리스도인은 미국이나 다른 어떤 나라의 시민이기에 앞서 세계의 시민으로 부름 받았다고 본다. 마지막으로 지극히 작은 자들에게 영향을 미치는 정책과 제안에 그리스도인이 관심을 쏟는 것이 세상을 이롭게 한다고 보았다. 이 세 가지 가치는 밀접한 관계가 있다. 교회는 하나님이 국가라는 장벽을 초월해서 이 세상의 가난하고 약한 자들을 대신해서 말하고 행동하라고 부르신 공동체다.

'그리스도인' 과 '교회' 라는 말은 모호하면서도 오해의 소지가 많은 말이다. 우리는 이 말들이 의미하는 바를 명확히 하려고 한다. 나는 교회가 자신들은 절대적으로 의로우며 다른 사람들이 가진 세계관과 도덕 기준을 바꾸도록 곧 회심하도록 해야 한다고 말하는, 소수의 예외적인 사람들의 모임이라고 말하는 것이 아니다. 또 제도적인 관료주의와 회원 목록을 갖춘 주류 교단이라고 말하는 것도 아니다.

나는 교회에 대한 신학적 정의, 곧 하나의 표준적인 관점을 말하고 싶은 것이다. 이 관점에서 교회는 세상을 향해 가지고 계신 하나님의 목적에 순종해 사람들에게 좋은 소식, 곧 전쟁과 착취에 찌들어 고통받는 사람들과 슬픔 가운데 있는 이들에게 정의와 평화의 좋은 소식을 전하는 곳이다. 교회의 일원이 된다는 것은 인류를 내표해서 말하고 행동하는 것이며, 인간의 삶을 더욱 인간답게 할 수 있도록 연민을 가지고 말하고 행동한다는 것을 의미한다. 우리는 오늘날 교회가 국가주의적 체제를 초월해서 국제 정치에 보다 보편적인 가치들을 제시할 수 있는 기회를 가지고 있다. 한 몸 된 우주적 교회의 활동적인 일원이 됨으로써 다른 사람들의 관점을 고려할 뿐 아니라 한 사회의 구성원으로 가졌던 편향된 가치를 극복해야 한다. 교회는 더욱 더 보편적인 의식을 갖고 협소한 국가주의적 관점을 극복할 가능성을 가지고 있다.

하지만, 그리스도인이 되는 것은 배타적인 정체성을 갖는 것이 아니다. 그리스도인의 정체성은 인도주의의 관심사들과 다른 종교적 관점들과 겹쳐진다. 이 책에서 나는 예수 그리스도 안에서 하나님의 사랑으로 인간을 바라볼 때, 내가 이해하는 평화와 정의라는 비전이 어떠해야 하는지를 나누기 원한다. 나는 인도주의자, 무신론자, 다른 종교가들이 이 요청에서 떨어져 있기를 원치 않는다. 오히려 이 책을 통해 인간 삶의 의미와 목적에 대해 끊임없이 대화할 수 있고, 서로에 대해 나누고, 서로 배울 수 있는 대화가 가능케 되기를 바란다.

그리스도인이 된다는 것, 예수 그리스도의 제자가 된다는 것은 자신이 모든 사람과 결속되어 있음을 선언하는 것을 의미한다. 본회퍼Dietrich Bonhoeffer가 말한 것처럼 예수 그리스도는 "타자를 위한 인간"이셨기 때문이다. 타인을 위한 이러한 행동과 선언은 어떤 인생을 살아가든지 모든 그리스도인에게 최우선으로 하는 사명이다. 우리 앞에 놓인 의무는 어떻게 그리스도인들이 자신들을 이 세상의 시민으로 볼 수 있도록 정의하는가 하는 것이다. 가난한 자와 슬픈 자, 학대받는 자, 고아와 과부를 대신해서 말하고 행동하도록 특별하게 부르심 받은 시민으로 말이다.

# 2부

# 신앙 공동체의 신학적 관점

# A THEOLOGICAL PERSPECTIVE FOR THE COMMUNITY OF FAITH

# 3장

## 신학적 관점 1 : **창조와 죄**

## A. 신학의 본질과 임무

3장의 목표는 기독교 신학이 평화만들기를 어떻게 조명하는지를 기술하는 것이다. 하나님이 세상과 관계하시는 방법을 설명해주는 한 관점이 어떻게 불평등과 폭력이 난무한 세상을 헤쳐나갈 수 있도록 우리를 도울 수 있는가? 그리스도 안에 드러난 하나님의 계시라는 관점에 서 있으면서, 평화만들기의 방향과 그 형태를 이해하는 평화의 일꾼이 된다는 것은 무엇을 의미하는가?

신학은 특정한 시각으로 문제를 바라보는 방식이자 하나의 관점이다. 기독교 신학은 예수 그리스도의 실재를 인생의 궁극적 결정 요인이라고 여기면서 이 세상과 세상에 일어나는 사건을 바라본다. 기독교 신학은 두 가지 관점에서 예수 그리스도를 받아들인다. 예수 그리스도는 궁극적 실체가 되시는 하나님이 형상을 입고 오신 분이다. 또한, 동시에 그분은 완전함을 지닌 인간이시다. 인간의 삶과 책임을 일차원적 견지에서, 즉 인간적 아니면 자연적이라는 관점으로 이해하는 인본주의와 자연주의와는 대조적으로 기독교 신학은 하나님의 실제성으로 인생을 바라볼 것을 주장한다.

구약의 예언자 아모스는 신학하는 방법의 모델이다. 아모스는 국제 정치에 무슨 일이 일어나는지를 잘 알고 있었다. 아모스는 국가들 사이와 그 내부에 일어나는 상호작용을 분명하고도 상세하게 전하고 있다. 유대인이 에돔으로 추방되고, 길르앗 농지가 침탈을 당하고, 도시와 에돔 왕의 뼈는 불탄다. 이스라엘의 부자들은 가난한 자를 속이고 에돔에서는 왕족 일가를 전복하고자 하는 폭력이 있고, 이스라엘은 호화스러운 부자들이 있지만, 가난한 자에 대해서는 둔감해진다. 이러한 모든 정치적 사회적 현실들은 일차원적 견지에서 보고 있지 않다. 오히려 하나님이 정의와 의와 자비를 요구하시고, 자신에게 순종하지 않는 나라들을 심판하신다는 의미로 해석하고 있다. 아모스는 정치적 현안을 자세히 관찰했고, 초월적 실재이신 하나님이 모든 나라 위에 계신 주±이시며 정의와 의를 좇아 각 나라를 심판하실 것이라는 사실에 아주 민감했다.

신학자는 아모스를 모델로 해서 지금 세계에서 일어나는 일들을 성서에 비추어 볼 수 있어야 한다. 라틴 아메리카에서 일어나는 혁명과 폭력, 군사 강국들이 벌이는 군비확대 경쟁, 아프리카의 가뭄과 기아를 말이다. 또한, 신학자는 역사상 일어났던 하나님의 심판과 은혜로운 개입을 보여주는 성서의 이야기를 현재 사건과 연관해서 해석해야 한다. 정통 기독교 신학은 이 두 세계 간의 계속되는 대화라 할 수 있다.

성서는 기독교 신학에서 중요하다. 왜냐하면, 성서는 역사상 드러난 중요한 하나님의 행위를 증거하고 있기 때문이며, 그 사건들은 신앙 공동체의 방향을 결정하는 중요한 핵심이기 때문이다. '그리스도인'이 된다는 것은 실제이신 하나님이 더는 그럴 수 없는 방식으로 자신을 계시한 사건인 그리스도 사건으로 성서를 보는 것을 의미한다. '그리스도인'의 관점으로 볼 때, 그리스도 사건은 전 인류의 구원 역사를 해석하는 열쇠이다.

하지만, 이 사건은 아브라함으로 시작하는 역사상에 드러난 하나님의 구원 사역의 견지에서 보지 않고는 적절히 이해할 수 없다는 것을 덧붙여야 하겠다. 그리스도 사건을 수위에 두는 것은 우리가 정경의 다른 차원들이나 그리스도 사건을 해석하는 교회의 역사를 무시하려는 것이 아니다.[1] 기독교 윤리학은 구속의 드라마를 다루는데, 이는 그리스도 사건에 이르러 끝이 난다. 기독교 윤리학은 성서 전체를 관통하여 흐르고 있으며, 교회 전통이 해석하는 그리스도 사건을 정점에 두면서 그 구속의 드라마를 다루고 있다.

성서는 권위가 있다. 이는 성서가 오늘 우리의 경험을 해석할 수 있도록 돕기 때문이다. 성서는 인간의 정치·경제·사회적 삶을 이해하는 풍부한 근거를 제공한다. 고대에 쓰인 책들을 모아놓은 이 성서는 지금도 우리에게 중요하다. 왜냐하면, 성서의 통찰력이 계속해서 인간의 경험을 해석할 수 있도록 우리를 돕기 때문이다. 아브라함과 예수 그리스도의 하나님은 세상을 창조하셨고, 인간의 문제에 은혜로 개입하시면서 세상의 악을 이기시기 원하신다. 그분은 오늘날 우리가 우리의 삶이 의미 있기를 간구할 때 경험하는 하나님과 똑같은 하나님이다. 만일 성서가 오늘을 사는 우리의 삶을 해석할 수 없다면, 권위 있는 통찰의 근원이지도 않을 뿐 아니라 그럴 수도 없을 것이다.

우리는 세계의 정치와 경제를 이해하는 관점을 제공하는 성서의 역할을 때로 잘못 이해한다. 성서가 권위가 있는 것은 우리가 인간의 경험을 해석할 수 있도록 그 경험을 조명해주기 때문이다. 성서가 제공하는 통찰에는 상관없이 우리 자신이 성서에 권위를 부여하기로 했기 때문이 아니라는 말이다. 일부 그리스도인들은 먼저 우리가 성서의 절대적 권위를 굳게 믿어야 하고, 그런 후에 성서의 관점을 인간의 경험에 적용해야 한다고 말한다. 성서가 그 전체 내용을 신학적 고찰에 내어주는 듯 말이다. 이런 경우 현대 인간의 경험은 완전히 무시하고, 성서적 세계관에 맞추어야 한다. 또한, 이 관점은 현대 과학 이론이나 심리학 혹은 사회학이 성서와 부합하지 않으면, 이에 대한 이해 추구를 단념하도록 요구한다.

성서를 이렇게 보는 방법은 성서가 역사적 · 상황적 기록이라는 것을 고려할 수 없게 한다. 성서 각 권은 그 각각의 책을 썼던 사람들의 문화, 문제, 관점들을 반영하고 있다. 이들보다 수천 년이 지난 지금을 사는 우리는 그들과 완전히 똑같은 문화적 태도나 세계관을 받아들일 필요는 없다. 성서 해석자로서 우리의 임무는 성서에서 보여주는 인생에 대한 관점, 가치, 기본 논지들이 무엇인가를 구별하려고 노력하는 것이다. 그런 후에 우리는 이러한 가치들을 역사적 문화적 맥락에서 일어나는 새롭고도 상이한 상황에 적용하는 방법을 이해해야 한다. 이러한 과정에서 필연적으로 우리 자신의 문화 경험이 성서를 읽는 방법에 영향을 미친다. 성서의 절대적 권위를 고수하는 사람들은 현재의 특정한 관점으로 성서를 읽을 수밖에 없다. 우리 모두는 성서 해석자들이다. 누구도 완전하게 성서의 관점을 재현할 수 있다고 주장할 수는 없다.

사도 바울이 노예와 그 주인에게 상호 간의 관계를 권고하면서 언급한 윤리문제를 간략하게 분석하려고 한다. 이는 성서가 기독교 신학 윤리에 적절하게 사용되었음을 설명할 수 있는 한 방법이다. 바울은 노예 주인에게는 노예를 사랑하라고 권고하고, 노예에게는 그 주인을 존경하고 사랑하라고 권고한다. 이 둘의 관계는 이제 지배와 복종의 관계가 아니라 예수 그리스도의 사랑으로 변화되었다. 그리스도 안에서 "노예도 자유자도 없다."갈3:28 바울은 새로운 공동체인 교회 안에서 그리스도인들은 노예제도가 더는 존재하지 않은 것처럼 서로 대해야 한다고 말한다. 그렇지만, 바울은 노예제도 자체의 폐지를 주장하지는 않는다. 저자가 바울인지는 확실치 않지만, 바울의 경향을 따르는 골로새서는 노예들은 "모든 일에 땅의 주인들에게 복종하라"골3:22라고 권고한다. 도망친 노예인 오네시모는 주인 빌레몬에게 돌아가라는 권면을 받고, 빌레몬은 오네시모를 사랑으로 받아들이라는 권면을 받는다. 바울은 빌레몬에게 오네시모를 자유롭게 해주는 것과 같은 일을 하도록 권고하지 않는다. 오히려 그는 오네시모를 더는 그의 노예가 아닌 듯, 그리고 오네시모는 빌레몬을 노예로서가 아니라 사랑하는 마음으로 자발적으로 섬길 것을 권고한다.

이 구절이 의미하는 바를 현대적으로 해석할 때, 우리는 노예제도에 적용할 수 있는 기본적인 성서의 메시지와 바울의 권고가 던져진 사회문화적 배경을 이해해야 한다. 정의에 관한 성서의 메시지는 노예제도와는 완전히 반대된다. 하나님은 인간을 서로 동등하게 관계하도록 창조했다. 노예제도는 타락과 인간의 죄 때문에 생겨난 하나의 제도이다. 하나님은 역사 가운데 적극적으로 일하셔서 사람들을 노예에서 해방하신다. 이집트에서 노예였던 자신의 백성을 이끌어내신 것부터 "억눌린 사람들을 풀어주신"눅4:18 예수 그리스도의 강림에 이르기까지 말이다. 그래서 성서 전체의 메시지 맥락에서 볼 때, 노예제도는 그리스도가 이미 싸워 승리하신 "통치자들과 권세들" 중 하나이다.골2:13~15

바울시대의 사회문화적 배경에서 노예제도는 보편적이었다. 역사가 기번Gibbon의 예측에 따르면, 로마의 클라우디우스 황제 통치시기에는 자유인과 같은 수의 노예들이 있었던 듯하다.기원후 41-54년 로마에서 노예는 어떤 사적 권리도 없었고 잔인한 주인에게서 보호받지 못하는 물건처럼 여겨졌다. 노예는 주인의 아주 작은 변덕에도 죽을 수 있었다. 이러한 배경에서 바울이 빌레몬에게 그의 노예 오네시모를 형제로 대하라고 권고한 것은 참 놀랄만한 일이다. 오네시모는 그저 달아난 노예가 아니었다. 그가 주인의 소유를 훔친 것은 분명해 보인다.몬1:18~19 보통의 상황이었다면 오네시모의 목숨이 위험했을 것이다. 하지만, 오네시모와 빌레몬은 주 안에서 형제였고, 이 사실이 당시 세계가 보편적으로 받아들였던 관계와는 완전히 다른 관계를 요구했다.

그런데 바울은 어디에서도 노예제도의 폐지를 청원하고 있지 않다. 왜 그런가? 우리가 그 배경을 기억한다면 그 이유는 분명하다. 우선, 그런 요청은 수많은 노예가 존재하는 상황에서 볼 때, 너무나 이상주의적이고 비현실적으로 들렸을 것이다. 둘째로, 노예제도의 폐지는 유혈 혁명과 사회 변혁이 필요했을 것이다. 셋째로, 이 땅 위의 기독교 공동체가 사회의 변화에 영향을 미칠 충분한 힘을 갖고 있었을 리가 없다. 교회는 당시 아주 작은 소수 공동체였다. 그러므로 바울은 새로운 공동체인 교회 안에서 새로운 형태의 관계를 이룰 것을 촉구하고 있다. 교회는 인간의 공동체가 가질 수 있는 새로운 가능성에 대한 비전을 살아내야 한다. 그래서 세상에 빛과 증인이 되어야 한다.

일단 성서의 메시지가 무엇이며 당시의 사회문화적 배경에 잘 어울리는지를 분명히 알게 되면 우리 시대에 맞게 성서를 해석하는 일을 시작할 수 있다. 성서를 오용하는 경우는 바울이 살던 때와 똑같은 성서해석을 우리 시대에 적용하는 것이다. 우리가 사는 사회문화 배경은 바울이 살던 그때와는 전혀 다르다. 역설적이게도 가능한 것은, 예를 들어 바울의 권고를 가장 충실하게 현대에 적용하는 것, 즉 우리 시대에 바울의 사상을 문자적으로 적용하는 것은 가장 비신앙적이고 비성서적인 적용이 될 것이라는 점이다. 우리는 성서가 하나님의 사랑과 화해라는 구원의 메시지에 대해 오늘 우리의 상황에 무엇을 말하려 하는가를 물어야 한다. 바울의 상황에 무슨 말씀을 하셨던 가가 아니고 말이다.

바울의 시대와는 사회문화적 배경이 전혀 다른 현재에 신실함이란 무엇을 의미하는지를 구별해야 한다. 노예제도를 악으로 간주하고, 많은 사람이 제도라는 구조들을 경험하는 현 세계에서, 모든 사람이 악으로 여기는 제도를 저주하거나 바울의 권면을 그대로 모방하는 것은 그리 용기 있는 일도, 또 단순히 성서적이지도 않을 것이다.

오늘날에 맞게 바울을 해석한다면, 우리는 노예제도를 대체해 온 제도적 악과 압제의 여러 형태를 볼 수 있을 것이다. 경제적 착취, 부자들의 무분별한 소비, 인종주의, 빈부의 격차가 그것이다. 그러므로 바울을 시대에 맞게 잘 해석한다면, 우리는 다음과 같이 묻게 될 것이다. 노예제도와 유사한 억압이 존재하는 현대에 성서적인 복음 메시지를 어떻게 적용해야 하는가?

달리 말하면, 성서해석은 교회가 정치적·사회적 분석에 근거해 성서의 의미를 분별하는 것을 의미한다. 교회는 성령의 인도함을 받는 공동체로 바울이 그 시대에 말하려 했던 것을 이해하고, 바울이 처한 시대로 성서를 읽어야 할 뿐 아니라, 동시에 현재의 사회문화적 상황에서 하나님의 메시지는 무엇인지를 분별해내려고 노력해야 한다. 현재에서 과거로, 과거에서 현재로, 당시의 상황으로 성경을 읽는 것에서부터 현재 상황 속에서 성령의 인도함을 받는 공동체로, 역으로 성령의 인도함을 받는 현재의 공동체에서 당시의 상황으로 성서를 해석하는 등과 같은 서로 주고받음이 없다면 어떤 성서해석도 신실할 수가 없다. 성서적으로 말하면 가장 문자적으로 과거를 적용하는 것은 가장 신실하지 못한 것임이 드러날 것이다.[2]

요약하면 성서는 그리스도 사건으로 절정에 달하는 구원의 드라마라는 관점으로 이해하는 것이 신앙과 삶의 표준이지만, 오늘날 인간의 경험 또한, 성서 이해와 관련이 있다는 것이다. 일반적으로 인간 공동체의 일원으로서 우리는 세상적이고 인본주의적인 통찰에서 많은 진실을 얻을 수 있다. 변증법적 관계가 계시와 보편적 인간의 통찰력 사이에 존재한다. 곧 성서의 세계와 인간의 지식 사이에는 대화가 지금도 계속되고 있다. 계시는 인간의 경험을 조명하고 드러내며, 이해하는 방법 때문에 묵시적이라고 여겨진다. 정확히는 인간 경험을 설명하는 힘 때문에 계시적이다.

## B. 성서의 드라마

우리가 성서 이야기를 전체로써 본다면 성서는 인간의 경험을 해석하는 데 가장 유용하다. 네 가지 기본적인 성서의 주제는 사회정치적 현실을 대하는 그리스도인의 태도를 형성하는데, 이 네 가지 주제는 창조, 타락, 역사 가운데 드러난 하나님의 구원, 그리고 다가올 새 시대이다.

첫째, 인간의 사회적·제도적 삶은 인간이 하나님의 형상으로 창조된 결과다. 인간의 제도들은 본래 악하지 않았고, 인간의 속성으로 하나님 형상을 표현한 것이었다. 두 번째, 인간의 제도들은 죄 때문에 타락했다. 때로는 악마의 힘이 드러난 것으로 생각될 정도로 말이다. 세 번째, 하나님의 자비이다. 하나님이 인간의 삶에 개입하셔서 완전하게 하시고 인생을 창조하신 그 본래의 목적으로 회복하시는 것이다. 네 번째, 성서는 하나님이 모든 것을 회복하고 하나님의 나라가 완성될 때 이루어질 미래에 대한 비전을 가지고 있다. 창조, 타락, 구원, 종말론적 비전, 이것들은 기본적인 성서적 사고의 범주들이다.3)

이 네 가지 주제는 교회 역사에서 어떤 식으로든 모두 강조해온 주제이다. 하나님이 인간을 사회적 존재로 창조하셨고, 자신의 형상으로 창조하셔서 자연을 다스리도록 하셨다는 것을 강조하는 관점이 있다. 정치 구조는 인간이 사회적 동물이라는 의미가 자연스럽게 가져온 결과다. 아리스토텔레스Aristotle에게 인간은, 사회적 협력이라는 사회화 과정을 통해 자신이 처한 환경을 형성하고 변화시키는 존재다. 사회적 협력과 사회기관을 필요로 하는 환경의 변화 과정에서만이 인간은 자신이 이성적 존재라는 것을 깨닫는다. 토마스 아퀴나스Thomas Aquinas와 로마 가톨릭의 자연법 전통은 정치학에 관한 이러한 관점에 정통해 있다. 이 체제는 바오로 6세가

미국에서 행한 연설과 교황 요한 13세의 회칙回勅, **지상의평화**Pacem in Terris
의 근본 방향이다. 이 입장은 하나님이 창조 시에 주신 도덕적 이성이 정
의와 평화의 기본이라고 믿는다.

　정치학에 관한 두 번째 관점은 인간의 타락으로 시작된 정치적 권위는
하나님이 사회에 미치는 죄의 권세를 억제하고 다스리고자 하나님 자신이
제정한 교정제도라고 본다. 로마서 13장 1~17절은 예부터 이러한 입장을
지지하는 성서 본문이다. 이러한 시각을 가진 고전적 해석자 중 하나인 성
어거스틴은 국가를 이 세속 도시에서 악을 심판하고 선을 수호하는 주체
로 본다. 교회는 이 땅의 평화를 위해 국가와 합력해야 하며, 이는 하나님
의 도시가 가져올 천국의 평화가 종말을 알릴 때까지 이어져야 한다. 마틴
루터는 만일 모든 사람이 진정한 그리스도인이라면 정치 권위는 필요가
없을 것인데, 이는 타락한 세상에서 질서를 유지하려고 하나님이 국가를
제정하셨기 때문이라고 주장한다. 아나뱁티스트들은 국가는 이 세상을 위
해서, 즉 기독교 제자 공동체 외부에 있는 이들을 위해 하나님이 제정하신
것이라고 주장한다. 이 관점은 니버와 램지의 시각에 영향을 미쳤다. 그들
은 정치학이 타락의 질서 아래 놓여 본래부터, 그리고 불가피하게 권세와
강압적인 세력 아래에 놓이게 되었다고 보았다. 일반적으로 이러한 관점
들은 그 입장을 변호하려고 마키아벨리와 홉스의 비관적인 정치 이론들에
의지하고 있다.

　세 번째 관점은 하나님이 새로운 사회 질서와 공동체를 세우시려고 역
사 가운데 행하시는 구원사역의 관점에서 정치학을 보는 것이다. 하나의
새로운 사회 질서는 이집트에서 탈출한 노예들의 이야기인 출애굽과 시내
산에서 새 언약 공동체를 세우는 것 같은 사건을 통해 세워진다. 예수는
가난한 자와 학대받는 자들의 해방자눅4:18~19이시며, 교회는 노예와 자유
인이, 남자와 여자가, 유대인과 희랍인이 화해하여 함께 사는 한 새로운

사회정치 현실이다. 그리스도는 세상의 거대한 사회정치적 세력들인 "권세들" 위에 계신 주님이다. 이 관점은 칼빈주의적 청교도 유산에서 특히 잘 볼 수 있는데, 보다 혁명적인 사회변화 방식을 취하는 사람들의 특징이기도 하다. 가장 잘 알려져 있기로는 "해방신학" 운동이 있다.

네 번째 관점은 하나님이 완성하실 정의와 평화의 새로운 질서, 곧 도래할 새로운 시대의 관점에서 정치학을 보는 것이다. 이 종말론적 희망은 이사야와 호세아와 같은 구약성서의 예언자들에게 잘 나타난다. 이들이 갖는 평화의 새 언약에 대한 비전은 인간과 동물 모두를 포함하고 있다.호 2:18; 사2:2~4, 11:1~9 신약의 계시록은 이를 새로운 정치 질서를 가진 "거룩한 도시 새 예루살렘이 하나님 계신 하늘에서 내려온다. 마치 결혼식에 단장한 신부와 같다"계21:2라고 그리고 있다. 새 시대를 그리는 이와 같은 비전들은 보통 옛 정치 질서에 대한 심판의 비전과 밀접히 연관이 있다. 때로 새 시대에 대한 비전은 그리스도인의 정치적 소망을 지배한다. 17세기에 레블러스Levellers★, 디거스Diggers 그리고 퀘이커Quakers와 같은 좌파 성향의 청교도 그룹이 그들이다. 또 어느 시기에는 기존 질서에 대한 심판이 지배적일 때가 있는데, 이는 윌리암 스트링펠로우William Stingfellow와 아트 기시Art Gish의 급진적 관점들에 잘 반영되어 있다. 그들은 미국을 '몰락하는 바빌론'으로 인식했다.

이 각각의 관점들은 평화만들기화해의 신학을 이루어내는 데에 일정부분 공헌을 했지만, 그러나 그 자체로 기독교의 정치학 접근 방식을 왜곡할 수도 있다. 이 모든 관점은 성서에서 전통적 관점을 가져와서 인간의 경험에 통찰력을 제공하고 있다. 타당한 신학이라면 이런 관점들이 서로 연관되게 하는 통합된 시각을 제시할 수 있어야 한다.

---

★옮긴이주 : 레블러스(Levellers) - 수평파(水平派) · 평등파(平等派)라고도 한다. 장인(匠人) · 도제(徒弟) · 소생산자(小生産者) · 농민 등 소부르주아지의 이익을 주장한 정치적 당파이다.

## C. 창조: 인간제도의 선함 the goodness of human institutional life

제도들은 선하고 유용한 하나님이 만드신 창조질서의 한 모습이다. 제도는 우리의 삶에 안정성과 질서 그리고 규칙을 부여한다. 예를 들어, 정치 체제는 사람들이 자신의 삶을 통합하도록 돕고 한 집단의 일원으로서 목표를 성취할 수 있게 한다. 사람들은 체계를 세워 사회적 요구를 충족시키고자 제도를 만들어내야 한다. 예를 들면, 교통과 통신을 위해서는 차도, 고속도로, 우편제도를 만들고, 공공행정과 공익사업으로는 상하수도 시설, 화재와 홍수와 같은 재난을 대비한 응급구조시설을 두고 있다. 이러한 시설과 사업들을 사용하는 여부는 극히 작은 공동체에서라면 모든 공동체 회원의 통합된 의견으로 가능하다. 하지만, 보통은 체제화된 권위와 지도력이 필요하다. 그래야, 사람들은 집단이 추구해야 할 목표가 무엇인지, 어떤 임무를 수행해야 할지, 그리고 이를 위해서는 어떤 태도를 보일 것인지를 결정한다.

공익을 목표로 하는 공통의 목적을 이루려면 재원이 필요하고, 재원을 모으려면 세금과 같은 형태의 체제가 발달해야 한다. 그런데 추구해야 할 임무나, 세금으로 축적한 재원들을 어떻게 분배해야 할지에 대한 의견을 일치하기는 어렵다. 끊임없는 분쟁과 폭력을 피하기 원한다면, 공동체는 이럴 때 생길 수 있는 분쟁을 조정할 규직과 절자를 정한 제제를 분녕히 알고 있어야 한다.

또한, 규정과 제제 규약 체제가 필요한데, 이는 공동체 회원의 행동을 조정해서 그들 각자가 공동체의 목표를 이루고자 맡은 자신의 역할을 수행하기 위함이며, 증오와 폭력을 일으키는 방식으로 서로 침해하지 않도록 하기 위함이다. 한 공동체에서 물건과 재원, 서비스를 교환할 때, 사람들은 물물교환 체제나 물건과 노동력을 교환하기 위한 수단이 필요하다.

비교적 안정되고, 질서 있는 교역을 가능케 하는 경제 체제가 바람직할 것이다.

경제제도와 정치제도가 우리의 삶에 미치는 기능들을 말하자면 끝이 없을 것이다. 우리는 제도가 제공하는 질서와 안정을 선호하며, 인간의 삶에 필수적인 기능을 제공하는 제도에 의존한다. 제도는 보통 아주 거대한 위기가 이러한 제도를 붕괴시키고, 한 사회를 무질서와 혼란에 떨어지게 하기까지는 당연시된다.

비록 성서가 이러한 제도적 구조들을institutional structures 강조하지는 않지만, 성서 기자들은 이러한 제도를 중요한 것으로 여기고 있다고 생각된다. 이스라엘이라는 계약 공동체는 삶을 통합하고 조정하기 위한 공교한 규칙과 절차의 체제를 발달시켰다. 권위와 지도력 유형은 구약성서 시대의 공동체에서뿐만 아니라 초기 기독교 공동체에서도 중요하다. 요셉과 모세, 아론과 여호수아 그리고 사사들과 이스라엘의 수많은 왕, 느헤미야와 예수 그리고 그의 제자들인 베드로와 바울, 다른 사도들, 교회의 첫 집사들은 모두 권위를 지녔고, 인간의 제도 안에서 지도력을 행사했다.

신약교회는 로마서 13장에서 인간의 행동을 조정하는 국가의 긍정적 역할을 잘 알고 있다고 말한다. 통치 권위는 하나의 질서 체제를 제공하고, 그것은 사도 바울의 관점에서 볼 때, "선한 행위를 하는 자에게 두려움이 아니라, 너희의 선을 위한 하나님의 종"이다. 사도 바울은 당국자들과 갈등에 휩싸였을 때, 로마 시민권 곧 질서와 안정을 부여하는 인간의 제도적 규정에 호소했다. 교회 자체는 또한, 다양한 제도 구조를 발전시켰다. 가장 흥미로운 구조 중의 하나가 갈등 및 사회적 상식에서 벗어난 행동을 다루기 위한 분명한 절차였다.마18:15~18 신약성서는 노예와 주인 관계, 아내와 남편관계, 부모와 자녀 관계에서의 적절한 역할들을 가정에 관한 규정으로 잘 알려진 에베소서와 골로새서에서 묘사하고 있다.

현대의 신학은 역사를 향한 하나님의 목적 안에서 세워진 인간의 제도
적 삶이 그리스도의 말씀과 '권세' 혹은 '정사政社' 아래 있다고 본다. 권
세는 하나님의 창조 목적에서 나온다.

그리스도께서는 보이지 않는 하느님의 형상이시며 만물에 앞서 태어나신 분
이십니다. 그것은 하늘과 땅에 있는 만물, 곧 보이는 것은 물론이고 왕권과 주
권과 권세와 세력의 여러 천신들과 같은 보이지 않는 것까지도 모두 그분을
통해서 창조되었기 때문입니다. 만물은 그분을 통해서 그리고 그분을 위해서
창조되었습니다. 그분은 만물보다 앞서 계시고 만물은 그분으로 말미암아 존
속합니다.골1:15~17 공동번역

비록 신약성서의 많은 말씀이 권세가 인간 타락의 결과라고 보지만, 권
세는 본래 하나님의 선한 창조의 일부이다. 요더는 다음과 같이 말한다.

사회와 역사, 자연조차도 규칙성과 체제, 질서 없이는 하나님의 공급하심이
불가능하다. 우주는 끊임없이 새로운 하나님의 간섭이 임의로, 즉시로, 불규
칙적으로 떠받치는 것이 아니다. 우주는 너무나 질서정연하게, 그리고 "보기
에 좋게" 만들어졌다. 창조의 힘은 중재하는 방식으로 일한다. 모든 현상 세계
에 규칙을 부여하는 권세들에 의해서 말이다.4)

인간의 삶에 질서를 부여하시려는 하나님의 예비하심이라는 측면에서
인간제도가 갖는 긍정적인 역할은 창조 이야기인 창세기에 분명히 나타난
다.

인간은 근본적으로 사회적 동물이다. 하나님은 우리를 외롭고, 고립된
개별적 존재가 아니라 남자와 여자로 만드셨다.창1:28 여자는 남자가 이용

하는 도구가 아니라 동역자로 지음 받았다. "남자가 혼자 있는 것이 좋지 않으니 그를 돕는 사람, 곧 그에게 알맞은 짝을 만들어 주겠다."창2:18 아담은 이브를 "내 뼈 중의 뼈요, 내 살 중의 살"창2:23로 인지한다. 이 사회성은 결혼하는 두 사람의 연합의 기초창2:24로 단순한 기계적 목적만을 수행하지 않는다. 남자와 여자는 동역자로, 짝으로 부름 받았고, 서로 의존하며 서로 사랑하도록 부름 받았다. 이 둘은 더불어 사는 인간성co-humanity에서 떨어져서는 개별적 인간성을 완성할 수 없다.

이 더불어 사는 인간성은 하나님의 형상과도 연결되어 있다. "하나님이 당신의 형상대로 사람을 창조하셨으니 곧 하나님의 형상대로 사람을 창조하셨다. 하나님이 그들을 남자와 여자로 창조하셨다."창1:27~28 우리는 사회적 상호작용을 통해 지금의 우리가 된다. 하나님의 본성은 인간 삶이 지니는 관계의 질에 투영된다.5)

인간의 사회성은 상징들을 만들고 대화를 통해 상호작용할 인간의 능력으로 가능하게 되었다. 상징을 사용하는 인간의 능력 때문에 인간은 무엇보다도 창조에서 특별한 위치를 차지하게 된다. 하나님은 야생의 땅짐승과 날짐승을 "그 사람에게로 이끌고 오셔서, 그 사람이 그것들을 무엇이라고 하는지를 보셨다. 그 사람이 살아 있는 동물 하나하나를 이르는 것이 그대로 동물들의 이름이 되었다."창2:19 이것은 인간의 대단히 변별적인 자질로 시편 기자가 찬양하는 이유다. "주께서는 사람을 하나님보다 조금 못하게 지으시고, 그에게 영광과 존귀와 왕관을 씌워 주셨습니다."시8:5

이러한 기호를 사용하는 능력으로 인간은 인간의 삶에 질서를 부여하는 사회제도를 가진 문화를 창조할 수 있게 되었다. 다른 동물들은 문화나 제도를 창조하지 못한다. 동물들이 살아남기 위해 필요한 삶의 유형은 유전적인 요인들을 갖고 태어나든지 다른 동물에게서 직접 배우는 것이다. 상징을 사용하는 능력 때문에 우리는 행동 유형을 다양한 형태의 말, 글,

그림, 계획, 사법체계 같은 상징들로 표현할 수 있다. 이러한 유형들은 누구든 한 지역에서 다른 지역으로, 한 시기에서 다른 시기로 어떤 행위를 직접 관찰하지 않고도 모방할 수 있다. 상징이 행동 유형을 '기술한다.'

이 상징을 사용하는 능력 때문에 또한, 인류가 문화를 창조할 수 있다. 왜냐하면, 상징들을 사용해 인간은 시간을 묶어둘 수 있기 때문이다. 즉, 우리는 우리가 경험해보지 않은 과거에 영향을 받기도 하고, 아직 존재하지도 않는 대안들을 상상하면서 우리 자신을 미래로 투사한다. 우리는 상징들을 통해 장래 행동 계획을 자신에게 '기술하는' 능력을 갖추고 있다. 이 행동은 우리가 아직 실행한 것도 아니고 또한, 과거에 실행되었던 것도 아닌 행위로, 인간의 문화와 인간의 제도화된 삶을 가능하게 한다. 사람은 다른 사람과 협력하여 상상하고 계획하며 결국 우주에 새로운 어떤 것을 창조해낸다. 예를 들어, 종이 위에 건물을 그리는 건축가를 생각해보자. 건축설계가 그 건물 자체는 아니지만, 그것은 건축가에게 어떻게 해야 하는지를 말해준다. 비록 건축가가 그와 같은 건물을 전에 본 적이 없지만 말이다. 한 집단은 자신들의 임무를 완수하고자 일의 체계를 잡을 방법을 상상하거나 시각화할 수 있을 것이다. 머리로 그려본 모델이나 미래에 대한 상상을 근거로, 행동에 옮기기 전에 그러한 행동을 반드시 경험할 필요는 없다.

사회제도와 문화의 창조자로서 인산은 그들 안에 하나님의 형상을 반영하고 있다. 인간은 하나님과 함께 공동의 창조자이다. 인간은 문자 그대로 인간의 세상을 건설한다. 인간은 지금도 만들어져가는 세상에 하나님이 넣어두신 존재이다. 하나님의 형상대로 창조된 인간은 또한, 하나님과 함께하는 창조자의 의무도 가진다.

이 모두를 하나님은 "선하다"고 선포하신다. 첫째 창조 후 "하나님이 보시니 좋았더라"는 말씀은 다시, 또다시 반복된다. 인간을 창조하고, 창조물 내에서 인간에게 특별한 위치를 부여한 뒤에 이에 대한 기술은 절정에 달한다. "하나님이 손수 만드신 모든 것을 보시니, 보시기에 참 좋았다."창1:31

인간의 사회성이 갖는 근본적인 선함은 두 번째 창조 기사에서도 보인다. "남자와 그 아내가 둘 다 벌거벗고 있었으나, 부끄러워하지 않았다."창2:25 이것은 이들이 금단의 열매를 먹지 말라는 명령을 어긴 후 서로에게 향한 태도와 대조된다. "그러자 두 사람의 눈이 밝아져서, 자기들이 벗은 몸인 것을 알고"창3:7 또 잠시 후에 하나님이 아담에게 "너는 어디 있느냐?"라고 묻자 그는 다음과 같이 대답한다. "하나님께서 동산을 거니시는 소리를 제가 들었습니다. 저는 벗은 몸인 것이 두려워서 숨었습니다."창3:10 타락은 남자와 여자 그리고 하나님과 인간 사이에 불신과 소외를 가져왔다. 하지만, 하나님이 만드신 남성과 여성의 더불어 사는 인간성은 원래는 근본적으로 선했다. 불신과 소외는 사회적 인간이 되기 위한 필수요건이 아니며, 또한, 하나님과 공동창조자가 되어 제도와 문화를 창조하기 위한 필수 요소도 아니다.

창세기의 창조 기사는 성서 외적인 자료들에서 알게 된 인간의 사회성을 조명해주는 한 관점을 상징적으로 말해주고 있다.6) 인간의 사회적–상징적 본성은 창세기에서는 선한 것으로 그리고 신의 이미지와 같은 기능을 하는 것으로 그려지는데, 이는 또한, 인간의 경험을 해석하기 위한 기본적인 신학의 관점을 제시한다.

인간의 사회적·문화적 삶은 시간이라는 과정을 지나 발달한다. "인생의 모습이 더 복잡해짐에 따라 환경에 순응하려는 힘의 무게는 의식적 사고가 되고, 점점 자라서 결국 본능의 힘을 넘어서게 된다. 그리고는 결국 인간의 본능은 어떠한 행동이나 사고, 학습에도 의미를 갖지 못한다."7) 인간의 사고와 배움은 인간을 변별적이며 역사적이고 문화적인 존재로 만든다.

우리가 역사적·문화적 존재로 규정될수록 우리는 협력하고 우리 각자
의 노력을 조정할 필요가 더 많아진다. 가장 기초적인 형태의 정치행동은
인간의 사회행동 발달과 병행해서 나타난다고 보는 것이 합리적이다. 인
간이 인간을 다른 동물과 구별하는 표지로 언어를 가진 사회적 존재로 창
조되었다고 말하는 것은 인간을 정치적 존재로 생각하는 것과 같다. 시간
이 흐를수록 더욱 복잡해지는 문화를 창조하는 존재로서, 사회행동을 계
획하고, 조직하고 조정하는 일이 점점 더 인간 삶의 중심이 되어가고 있
다. 그래서 정치적 행위는 하나님이 창조하신 인간의 필수 요소이다. 달리
말하면, 생존과 창조성을 위해 인간의 사회생활을 조정하고, 구조화하며
조직하는 것이 인간이 된다는 의미의 필수 요소이다.

인간의 사회성은 두 사람의 너와 나 관계만으로 표현되거나, 서로 작은
단체에서 직면하여 아는 게마인샤프트리히Gemeinschaftlich−공동사회적 라고
말할 수도 없다. 인간의 사회성은 유형화된 제도적 관계patterned institutional
relationship라는 맥락 안에서, 또 그것을 통해 표현된다고 말할 수 있다. 개
개인은 인간의 거대한 공동노력의 일부분으로 그 역할과 기능을 수행한
다. 이렇게 조직된 인간의 노력이 더 복잡해질수록 사회행동 조직은 더 분
명하고 자각적이게 된다. 결국 어떤 사람은 지도력, 조직, 조화라는 규정
된 역할을 떠맡는다.

인간이 된다는 것은 타인들의 행위에 영향을 받고, 그들의 행동과 언어
의 방식을 따르는 것이다. 타인의 방식, 즉 언어와 습관, 태도, 비유, 의례,
동작들을 표현하는 방식을 따르는 것이다. 또 사회화된다는 것은 정해진
행동 유형을 갖게 된다는 것, 그래서 한 집단에 맞게 자신을 조정하고 그
방식을 따르는 것을 뜻한다. 이런 의미에서 행위는 결정된다. 이 관점에서
볼 때, 강압은 일종의 사회적 동물이 되어가는 모습이다. 완전히 부정적이

고 죄된 사회화의 국면이라고 만은 할 수 없다. "강압하다"coerce라는 말은 '함께, 공통의' 라는 라틴어 어원 "co"와 '닫다' 혹은 '함께 누르다' 라는 의미의 "arcere"의 합성어다. 사회화가 된다는 것은 더불어 눌려서 모양을 이루고 타인과 조화를 이루는 행위를 구조화하는 것이다.

지금까지의 분석은 평화만들기에 대한 오해를 피할 수 있는 관점을 제시해주는데, 이러한 오해는 평화주의자와 비평화주의자 모두가 지지해왔던 것이다. 이 오해 중 하나는 강압coercion과 폭력을 동일시하는 것이다. 일부 강압이 사람들에게 해로울 경우, 그 일부 형태는 폭력이 될 수가 있다. 이에 대해서는 6장에서 자세히 다룰 것이다. 하지만, 모든 사회생활에는 본래부터 악하지 않은 강압적인 요소가 있다. 약탈하는 강압이 아니라 인간의 사회 행동이 협력이라는 형태를 취하도록 "명령"하는 강압은 인간의 사회생활에 필수적이다. 인간이 사회적 동물이 된다는 의미가 무엇인지를 깊이 사고해보지 않은 창조신학은 자발적인 조화를 이루는 무정부주의자 전성시대가 가장 이상적이라고 믿는다. 무정부주의적 관점은 반 제도적이어서 평화를 만드는 신학에 실제적인 기준을 제시할 수 없다. 인간의 사회 생활이 자발적으로 조화를 이루고, 인간들 사이의 모든 관계가 얼굴을 마주하듯 직접적인 황금시대를 열려면 나–너 관계는 근본적으로 인간의 삶에 대해 반사회적인 관점일 수밖에 없다.

우리는 제도를 통해 우리의 삶에 질서를 부여할 의무가 있다. 이것은 인간의 문제들인 갈등과 불평등을 해결할 제도를 창출해야 하는 평화의 일꾼들에게는 절대 필수불가결한 의무다. 이것은 또한, 정치학이 타락이 가져온 제도라고만 이해되어서는 안 된다는 것을 의미한다. 만일 우리가 칼 도이치Karl Deusch의 정치학 정의인 "예견되는 강압 위협에 협력하는 자발적 습성을 통해 인간의 행동을 불완전하게 통제하는 것"8)을 취한다 하더라도 우리가 여타의 사회적 행동과는 본질적으로 다른, 더욱 더 타락한 형태의 사회적 행동을 묘사하는 것이 아니다. 도이치의 정의는 단순히 모든 사회 행동이 생득적인 자발적이고 그리고 강압적인 요소를 인정하고 있다.

혼란을 가져오는 또 다른 원인은 자유론과 결정론, 자치와 타율 등으로 나누는 이분법이다. 마치 이 둘이 근본적으로 대립하고 서로 상반된 실재인 것처럼 말이다. 이분법에 의하면 결과적으로 누군가가 자유로우려면(어떠한 강압에서도 자유로운), 어떠한 형태의 강압도 악할 뿐 아니라 강압은 인간 죄성의 표지라고 결론을 내려야 한다. 다시 한 번 말하지만, 이러한 혼란은 우리 자신을 사회적·역사적 존재로 이해하지 못하기 때문에 일어난다.

> 한편으로, 자유는 선先 예정predetermination을 수반한다. 결정한다는 것은 현 순간에 이루어지는 하나의 동작으로 미래의 사건이 결정된다는 것을 의미한다. … 만일 아버지의 결정이 그 아들의 장래를 상당 부분 형성하지 않는다면, 어떤 의미에서 아버지가 아들에 관해서 자유롭게 되겠는가? 다른 한편으로, 선 예정은 자유를 수반한다. "결정하다"는 "종결짓다"와 달리 제한을 두는 것을 의미한다. 미리 결정한다는 것은 사건 앞에 제한을 두는 것이다. 그래서 선 예정은 한 사건을 예상하고, 일어날 사건에 일정한 경계를 정하는 하나의 힘을 전제로 한다. 그런데 미래를 한정하는 그러한 힘은 정확히 자유가 의미하는 것이다.9)

그러므로 인간이 된다는 것은 또한, 구조적 결정을 자유롭게 내리는 것을 의미한다. 이와 같은 인간의 사회성 측면을 부정하는 정치학은 인간이 사회적 존재로 창조되었다는 것이 의미하는 바를 깨트린다. 정치학이 이러한 인간의 능력을 파괴하는 쪽으로 움직일 때, 우리는 타락의 정치학을 갖게 된다. 이때의 강압은 인간이 된다는 의미를 침해하며, 정치학은 "폭력적"이 된다. 창조 교리는 우리가 위압을 통해 일반적인 유형으로 변하고, 구조화된 행동을 하게 되는 사회적 동물인 동시에 동일한 환경을 창조하고, 구성하며, 수정하는 자유로운 존재, 곧 양극성을 지닌다는 사실을 확언해준다.

이마고 데이 imago dei 가 인간이 역사를 통해 자신을 창조한다는 의미로 정의된다면, 죄가 하나님의 형상을 그저 손상했는지, 아니면 완전히 파괴했는지를 묻는 오랜 질문은 무시할 수 있다. 인간이 존재하는 한 인간은 스스로 끊임없이 창조해나갈 것이고 하나님의 형상, 곧 자신의 역사성을 간직할 것이다.10)

그러므로 우리의 사회정치학적 본질은 본성적으로 악하지 않다. 이 사회정치학적 행동은 너무나 타락해서 매우 파괴적이고 악마적이 될 수 있지만, 정치학을 포함해서 삶은 어쩌면 선하다. 그러한 창조의 신학은 경험으로 아는 바를 확인해준다. 인간의 조직 생활은 질서를 부여하고 삶에 안정을 주는 일종의 선이다. 예견할 수 있는 문화의 유형이 없다면, 인생은 혼란스럽고 참아내기 지극히 어려운 것이 될 것이다.

## D. 죄: 제도 안에 사는 인간 삶의 파기

어떤 인간의 제도적 삶도 인간의 죄성으로 그 핵심이 영향을 받지 않은 바가 없다. 비록 우리가 경험하는 국면이 질서 있고 안정적이지만, 달리 말하면 제도의 선함을 반영하는 경험이 있기도 하지만, 또 다른 경험의 측면, 즉 폭력과 억압과 타락의 모습 또한, 있다.

우리는 인간의 제도에 속박당하는 경험을 한다. 개개인은 종종 악을 행하려는 의도를 갖지 않고 꽤 자비로우며 개인으로 행동할 때에는 "그리스도인"이 된다. 하지만, 제도 안에서는 인종주의, 폭력, 억압과 착취와 같은 악을 영속화하는 기능을 담당한다.[11]

인간의 문화 제도는 오랜 역사 발전의 산물이다. 예를 들어, 인종주의라는 악은 과거에 노예제도와 인종분리정책과 같은 형태로 나타났었고, 오늘날도 인간의 제도에 그 영향을 미치고 있다. 이와 같은 제도 아래 있던 사람들의 태도와 가치가 변화하고 있을 때조차도 말이다. 노예제도는 아프리카인들을 그들 문화에서 단절시키고, 가족과 언어와 문화의 뿌리를 잘라냈다. 흑인들은 외계 언어와 문화 속으로 내던져져서 인간이 아니라 재산으로 취급당했다. 수백 년 전에 일어난 사람에게 가해진 이 위해危害는 오늘날의 흑인들에게도 유해한 영향을 미친다. 흑인들은 자신들의 고유한 문화와 언어에서 떨어져 나왔다. 수십 년 동안 그들은 교육을 받지 못해서 새로운 문화의 언어를 읽을 수도 없었다. 이렇게 역사적으로 누적되어 온 영향으로 오늘날 흑인 아이들과 청년들은 영어를 읽고 쓰고 말하는 데 평균적으로 불리한 조건에 있다. 이러한 불리함은 거주 지역을 분리하고, 교육을 분리함으로써 더욱 강화된다.

이러한 인종 차별 형태는 사람들이 교묘하게 의도한 것이라기보다는 흑인과 백인의 문화가 분리되어 오랜 역사 동안 발달한 결과라고 볼 수 있다. 흑인들은 교육받지 못하고 언어가 유창하지 못해서 좋은 직업을 가질 수 있는 경쟁력이 없었고, 결국은 농업 인력과 같은 가장 취약한 직업을 갖게 되었다. 이러한 일자리마저 없어지면, 그들은 일자리를 찾아 도시로 갔다. 이들의 경제적 수준이 낮아서 게토에 제한적으로 살아야 했고 대부분 흑인 학생인 학교에 다녔다. 이렇게 교육상의 불이익은 계속되었다.

이것은 악순환이다. 이 전체 순환 구조에서 어떤 고용주나 교사나 부동산 업자도 의도적으로 흑인을 차별하는 것 같지는 않다. 하지만, 미국 사회의 누적된 구조적 장치가 미치는 영향은 흑인의 발전 가능성을 방해하는 유형을 강화한다. 계속되는 이러한 구조의 영향은 결국 두 개의 분열된 불평등한 사회를 만들어낸다. 더 가난하고, 덜 교육받고, 높은 실업률 사회 말이다.12)

구조적 혹은 제도적으로 악한 형태가 국가 간의 군비경쟁에도 분명히 나타난다. 두 국가의 지도자는 그 개인으로는 평화적이고 자비심이 많을지도 모르겠다. 서로에게 어떠한 악한 의도도 갖지 않을지도 모른다. 하지만, 이들이 평화적인 의도를 성명으로 발표한다 하더라도, 이 두 지도자는 계속해서 군비경쟁에서 앞서가기를 원할 것이며 적어도 같은 군사력을 가지려 할 것이다. 일단 군사우선정책이 시행되면 멈출 수 없다. 실제 이러한 제도가 대부분 불필요한 경우가 많다. 실제 국가들이 군비경쟁 행진을 바꾸기는 불가능하다. 왜냐하면, 경쟁국이 그 상황을 이용하려 할 것을 두려워하기 때문이다. 그래서 두 나라는 계속해서 군비를 확대한다. 그러지 말아야 할 때도 말이다.

더 나아가 지도자들은 국제적 흐름을 바꾸려는 데 합의할 때조차도 양국의 국내 정치가 주는 압력 때문에 군비확대라는 제도의 힘에 끌려갈 수밖에 없다. 사람들은 군의 발전을 위해 정부 지출에 의존하게 되고, 높은 군사비 지출이 안전을 위해 필요하다고 확신하게 되면, 더는 무기가 필요 없을 때에도 쉽게 태도를 바꾸지 않는다. 정치가들이 이러한 사람들의 두려움을 이용하기는 쉽다. 그래서 군비경쟁과 같은 제도의 힘은 계속된다. 더는 두려움과 불안전의 근거가 없을 때에도 말이다.

인간을 돕기로 의도되었던 제도들이 더는 하나님의 창조 목적을 위해 일하지 않게 되는 것이다.


로마서 8장 38절에는 이 제도가 우리를 하나님의 사랑에서 끊어놓으려고 한다고 말한다. 에베소서 2장 2절에서는 하나님의 사랑에서 떨어져 살아가는 사람들의 삶을 이 제도가 지배하고 있다고 한다. 골로새서 2장 20절에서는 제도가 인간을 그 법칙에 노예로 옭아매고 있다고 하며, 갈라디아서 4장 3절에서는 제도가 인간을 그 제도의 감독 아래 복종케 한다고 한다. 이 제도들은 우리 인간을 섬기는 것으로 창조되었지만, 이제는 우리의 주인이요, 보호자가 되어 버렸다.13)

근본적인 문제는 죄다. 기본적으로 죄는 하나님과의 사귐을 깨뜨리는 것임과 동시에 동료 인간과의 관계를 깨뜨리는 것이다. 창세기 3장에 나오는 뱀의 유혹에서 뱀은 하나님을 속이는 자로 묘사한다. 그에 따르면 폭군 하나님은 불합리한 명령을 자신의 창조물에게 내린 것이다. 뱀은 말한다. "너희는 절대로 죽지 않는다. 하나님은 너희가 그 나무 열매를 먹으면 너희의 눈이 밝아지고 하나님처럼 되어서, 선과 악을 알게 된다는 것을 아시고 그렇게 말씀하신 것이다."창3:4~5 이 본문은 에리히 프롬Eric Fromm이 타락을 최초의 진정한 인간의 행위요, 최초의 근본적인 인간적 자유의 표현이라고 해석하는 것이 옳은 듯 보이게 한다.

하나님의 명령에 불복종하는 것은 억압에서 자유를 의미한다. 인간이기 이전의 삶에 대한 무의식적 실존에서 인간의 차원으로 깨어나는 것이다. 권위자의 명령에 불복송하는 죄는 인간적 관점에서 긍정적으로 볼 때 인간 최초의 자유 행동이다. 다시 말해, 최초의 인간 행동이다. 신화에서 죄는 형식상으로는 지혜의 열매를 먹는 것으로 그려진다. 자유행동으로서 불순종이 이성의 기원이 된 것이다.14)

프롬의 해석은 설득력이 있다. 하지만, 하나님과 사람과의 근본 관계가 폭군과 노예 관계라는 가정에서만 그렇다. 창세기는 아주 다르게 해석한다. 우리는 하나님이 인간을 언어를 사용할 줄 아는 사회역사적 존재로 창조했음을 지적했다. 이것은 인간이 대안적 미래를 그려봄으로 시간을 초월할 수 있게 한다. 그 미래란 인간이 현재로 가져올 수 있는 것이다. 인간은 자유하려고 반역할 필요가 없다. 자유가 완전히 자율적 행위, 곧 완전히 자기주도적인 경우에만 자유로울 수 있는 그런 행동으로 여겨지지 않는다면 말이다. 자유에 관한 이러한 관점은 인간의 창조성이 자유를 가능케 하는 역사 환경이라는 맥락에 얼마나 의존하는지를 오해한 것이다. 우리는 유한자가 자신을 표현하는 말로, 하나님을 궁극적 한계(혹은 환경)라고 말할 수 있을 것이다. 하나님과 문화에 따라 창조되었다는 것은 우리가 지닌 창조성의 조건이다. 그러므로 하나님과 인간의 관계는 본래 폭군과 노예의 관계가 아니라 우정과 동료애를 나누는 사이였다. 따라서 인간이 자유하려고 반역했다는 프롬의 시각은 완전한 자기 주도적 행동이 가능하다고 보는 인간의 기만이다.15) 그러한 자유는 자유를 표현하려고 문화에 의존하지 않는 하나님 한 분에게만 가능하다. 자유하려고 반역해야 한다고 가정하는 것은 하나님과 같이 되려는 인간의 욕망, 인간의 타락을 그 자체로 보여주고 있다.

하나님은 폭군이 아니라 사랑하는 존재로, 곧 교제하기 위해 인간을 창조하신 존재로 인간과 관계한다. 하나님은 성경 전체의 이야기를 통해 반복해서 인간의 친구요, 인간과 교제하기 원하는 것이 기본적인 신의 태도라고 말씀하신다. 하나님은 이스라엘을 하나님의 백성으로 삼는 언약을 체결하신다. 하나님의 심판은 이스라엘과의 관계를 새롭게 하려는 하나님의 열심이라고 예언자들은 선포한다. 그리고 그리스도 안에서 하나님은 인간과 화해하시기 원하신다고 신약성경은 확언하고 있다. 이 모든 일은 인간을 향한 하나님의 사랑과 애정, 하나님이 인간과 교제하기 원하시고, 새롭게 하기 원하신다는 것을 지적한다. 타락은 정확히 하나님이 폭군이며, 따라서 우리가 진정한 인간이기 위한 유일한 방법은 우리 방식을 따라 독립적인 존재가 되고 자율적 존재가 되는 것, 그래서 마치 우리가 스스로 에게 법이 되어 우리 위에 계시는 궁극적 한계인 신과의 교제라는 의미에 서 행동할 필요가 없는 것처럼 행동하려는 인간의 환상을 만들어냈다.

하나님과의 교제를 거역한 인간의 반역은 인간의 사회적 관계에도 아주 의미 있는 결과를 가져왔다. 실제 창세기 이야기가 말하는 것처럼 유혹하는 자는 약속했다. 만일 인간이 나무의 열매를 먹으면 그들은 신과 같이 될 것이라고. 실제 그들은 과일을 따 먹는다. 그들은 하나님을 자신들 위해 군림하는 폭군으로 간주했기 때문에 그들은 자신들이 상상한 신과 같이 된다. 그들은 스스로 만든 우상을 신봉하기 시작한다. 리차드 마우 Richard Mouw는 이것을 다음과 같이 잘 표현하고 있다.

> 아담과 이브는 한 계획을 시행했다. 이 계획으로 그들은 신은 어떠하리라고 생각한 모델 곧 "너는 하나님이 될 것이다"라는 잘못된 모델을 따르기로 해본 다. 여기에서 우리는 칼빈이 『기독교강요』 첫 장에서 주장하는 중요한 면을 보게 된다. 하나님에 대한 지식과 자아에 대한 지식은 분리할 수 없다는 것이 다. 자연과 창조주의 동기에 대한 인간의 관점 변화는 자아의 이미지 변화를 의미한다. 아담과 이브는 사랑 많은 창조주 이미지에서 이기적인 폭군으로 "주권"에 대해 가신 개념을 바꾸고, 이후에 이러한 종류의 주권을 열망했 다.16)

하나님과의 교제는 깨졌다. 아담과 이브는 하나님에게서 자신들을 숨기고 이제 하나님을 폭군이라고 확신한다. 이어서 인간의 사회적 관계에도 영향이 미친다. 아담과 이브는 더는 서로 믿지 않는다. 이것은 그들이 서로의 알몸을 알아차렸다는 것으로 알 수 있다. 그들은 서로 신뢰할 수 없다. 왜냐하면, 하나님을 폭군이라는 우상과 일치함으로써 서로에 대해서 주군과 복종의 관계가 되었기 때문이다. 자범죄에 대한 심판으로 남자는 여자 위에 군림하는 주인이 되었고, 여자는 해산하는 고통을 당하는 저주를 받는다.<sup>창3:16</sup> 인간의 사회적 관계는 그 핵심이 오염된다. 우정으로 교제하던 관계는 주인과 복종의 관계로 바뀐다. 문화를 변혁하던 인간의 창조력은 고통과 슬픔으로 변한다. 땅조차도 이제는 근본적으로 바뀐다.<sup>창3:17~18</sup>

타락은 그래서 인간과 하나님과의 관계의 파괴인 동시에 인간들 사이의 사회적 관계의 파괴이다. 타락은 사회역사적 현실에도 나타난다. 더 나아가 이 타락은 한 개인의 나와 너 관계에서뿐 아니라 집합체인 제도적 현실에서도 나타난다.

피터 버거Peter Berger는 『거룩한 천개』*The Sacred Canopy*에서 세 가지 방식으로 이와 같은 창조적인 문화화 과정을 묘사하고 있다. 외재화, 내재화, 객관화가 그것이다. '외재화'라 함은 인간이 상징, 도구, 제도, 인공품들을 창조하는 것과 같은 다양한 방법으로 개인적으로, 또 집합적으로 자신을 표현하는 것을 말하며, 이러한 인공품들이 자신만의 객관적 위치를 갖게 되는 것을 객관화라고 한다. 한번 창조되면 문화의 부분이 되고 인간과 대조되는 객체가 된다. 그리고 인간을 창조하거나 영향을 미치는 객체나 세력이 된다. 우리는 언어, 제도, 기술, 규정된 역할과 관습으로 이루어진 문화 속에 태어난다. 그리고 우리는 이것들을 내재화하거나 승인하고 우리 자신에게 의미 있거나 유용한 것으로 받아들인다.

하지만, 타락은 하나님과 인간의 관계 그리고 인간과 인간의 관계가 근본적으로 파괴됨에 따라 인간의 제도도 오염되었다는 것을 의미한다. 이러한 결함들은 제도의 유형과 집단의 역할에 주입되고, 새로운 인간 세대 안으로 스며들어 내재화한다. 모든 제도는 죄에 오염된다. 처음에 교제와 우의를 위한 것이었던 인간의 관계는 이제 주인과 복종의 관계로 오염된다. 이 주인과 복종 관계는 가족관계에서 볼 수 있는데, 남성이 여성을 지배하고 부모가 아이들 위에 주인으로 군림하며, 전제군주와 복종과 같은 정치적 관계와 착취와 억압이라는 경제적 관계로 나타난다. 비록 인간의 죄성의 궁극적 원인은 하나님에 대한 반역이지만, 이 죄의 결과는 인간과 사회역사적 집단 안에 나타나는 것과 분리할 수 없다.

그러므로 구원의 의미는 사회역사적 구조의 변화와 떼어놓을 수 없다.17) 비록 우리는 변화해야 할 한 개별 인간이지만 우리는 또한, 제도 안에서 기능한다. 예를 들어, 아이들은 가족이나 주어진 환경이라는 조건 안에서 자라난다. 그 안에서 그들의 존엄성과 자아존중감은 사랑의 부재로 손상된다. 또 영양결핍이나 지적 자극이 부족한 경우 창조적 인간으로 발전하지 못하는 사회 환경 조건을 경험하고, 사회 구조 속에 드러난 인간의 죄의 결과로 고통스러워한다. 그러한 사람들은 불신과 증오를 배우며 자라서 사회적인 관계를 갖기가 어려우며 자신감이 부족해서 일할 때나 놀 때에 창조적으로 자신을 표현할 수 없다. 하나님과 다른 사람과의 깨어진 근본 관계를 회복하려면 내면의 태도가 변해야 할 뿐 아니라 처음에 손상을 끼쳤고 그 이후로 계속해서 굳어져 가는 구조가 근본적으로 변해야 한다.

교제의 단설은 여러 가시 방법으로 정지제도 안에 그리고 징치제도를 통해 드러난다. 인간이 만든 정치 제도들은 전혀 보편적이지 않다. 제도들은 지리적 영역을 필요로 하는 단순한 조건에 따라 조직된다. 이것 자체는 인간의 타락의 결과가 아니다.18) 문제는 이와 같은 특정한 사회정치적 동일성이 절대시 되어서 궁극적인 충성의 대상이 되는 것이다.

현대세계에서 특정한 인간 공동체를 절대화하는 것은 다른 집단원을 희생시키면서 "나의" 사람들을 우위에 둔다는 것을 의미한다. 우리가 가까운 사람들에게 특별한 의무를 가지고 있지만, 그 의무가 너무 중요해서 결과적으로 우리에게서 조금 더 먼 사람들에게 위해를 가해서는 안 된다. 국제전은 이러한 절대화가 표현된 한 형태이다. 다른 집단을 희생하면서 한 집단의 경제 이익을 보호하는 것 또한, 다른 형태의 범죄다. 한 인종이나 제한적인 종교 공동체 혹은 이상적 사회나 가족을 절대시하는 공동체는 그 외부 세계를 모두 무시하고 자신만의 작은 공동체로 국한되는 것을 편안히 여기는데, 이러한 것 또한, 이 우상숭배의 또 다른 형태이다.

특정한 집단을 우상화하는 일은 자칭 메시아적 주장을 하는 집단이나 이기주의적인 자기만족 추구, 자기 의에 가득 찬 분리주의자들에게서 볼 수 있다. "메시아니즘"(메시아주의)이란 우리에게 특정한 개인이나 집단이 궁극적 진리를 가졌으며 타인이나 집단에 자신의 진리를 강요할 권리와 의무를 가진다는 것을 의미한다. 메시아적 가정은 정치 제도가 갖는 특징인데, 특히 이 제도들이 종교적 상징이나 이에 상응하는 것들로 합법성을 지닐 때 그렇다. 아리아인의 우월성을 주장한 나치 신화, 공산주의가 미래에 도래할 것이라고 본 막시스트 신화, 하나님의 통치 아래에 있는 의로운 제국이라는 미국의 신화는 모두 우상숭배적인 메시아적 환상이다. 이 모든 메시아적 환상들은 타인이나 다른 집단에 자신들이 지닌 특정한 비전이 마치 보편적인 비전인 듯이 이들에게 강요하려고 파괴와 물리력을 행사하는 것을 정당화한다.

이러한 모든 조직이 행하는 폭력은 우선 "나는 하나님을 믿는다"라는 사도신경의 첫 구절을 침해한다. 메시아적 주장을 하는 사람들에게 "나는 하나님을 믿는다"라는 고백은 모든 나라 위에 계신 주님이 아니라 "나의" 사람들의 신, 그 신의 제도와 생활방식을 의미한다. 18, 19세기에 미국의 자기 의로 가득한 메시아주의는 그들이 생각한 "더 나은" 방식을 아메리카 원주민들에게 강요했고, 종국에는 아메리카 인디언의 삶을 파괴했다. 20

세기에 이러한 메시아적 자존감은 미국이 지구촌의 자유 수호자라는 표현으로 나타났고, 미국의 비전을 세계에 덧입혀야 하는 권리와 의무를 가졌다고 생각했다. 미국이 옳고 선하기 때문이라고 말이다. 마르크스주의자와 미국의 메시아주의는 무언가를 강요한다. 이는 자신들이 의로운 대의大義를 좇고 있다고 믿었기 때문이다. 바로 이점이 그들을 특히 위험한 존재로 만든다. 그들은 강제적인 도덕적 주장 아래로 자신의 이익이라는 가면을 쓰고 다른 사람들 위에 나의 사람들을 두고 절대시한다.

오직 만국의 하나님, 곧 그 안에서 모든 존재가 가치 있는 그분을 예배함으로써, 이러한 위험을 피할 수 있다. 하나님은 만물의 주인이자, 모든 인간의 창조주요, 모든 인간에게 문화를 창조할 능력을 주는 분이다. 하나님은 모든 사람이 타락으로 깨진 관계를 회복하기를 원하신다. 인간이 마음과 영혼과 정성을 다해 하나님을 사랑하기를 그만두자. 그들은 하나님에게서 돌이켜 우상 곧 만물보다 더 작은 자신이 창조한 신에게 돌아섰다. 이 우상의 이름으로는, 하나님의 관점으로 타인이나 자연 세계와 관계할 수 없게 되었다. 그보다는 오히려 창조세계나 인간의 공동체라는 특정한 차원에 대해 증오와 적의를 드러내는 특정한 구조로 관계하게 되었다. 타인이나 다른 집단에 위해를 가하는, 보통 특정한 선 혹은 선을 보호하려는 이유로 정당화하는 폭력은 인간의 차원에서 벌어지는 사회윤리적 문제가 아니라 근본적으로 특정한 것을 절대시하는 우상숭배라는 죄의 문제다.[19]

무엇보다도 인간 죄성의 깊이는 다음과 같은 방식으로 나타난다. 즉 인간은 자신이 보호하고 헌신하는 대상이 타인을 위해를 가해주었으면 한다고 믿으면서 스스로 기만한다. 실제 이러한 형태의 자기 정당화는 이해할 만한데, 이는 국가, 가족, 인종 집단, 다른 인간의 독특함은 인간을 존재하게 하는 선이기 때문이다. 하지만, 타인을 위해하는 것이 선하다거나 필요한 것처럼 정당화하면서 이러한 집단을 방어하거나 그 주장을 확장하려하는 것은 그 자체로 인간의 기만이며 타락의 결과다. 왜냐하면, 그러한 증오는 죄의 기능이며 하나님과 타인과의 관계가 깨어진 데서 오기 때문이다.

메시아주의는 자신을 속여, 악은 폭력으로 극복할 수 있으며, 강제력을 사용해서 새 시대를 여는 힘은 인간의 내면에 있다고 생각하게 한다. 이것은 착각이다. 왜냐하면, 소위 "선한 목적"을 이루려고 사용하는 바로 그 수단이 얼마나 그 목적을 타락시키는지를 알지 못하기 때문이다. 이것을 바꾸어 말하면, 수단이 제도화되어서, 곧 구조로 구체화되어서 간단히 사라지지 않고 자체의 세력과 힘을 가지는 것이다.

예를 들어, 1차 세계대전은 "모든 전쟁을 끝내기 위한 전쟁"으로 불공정한 전후 처리를 거치면서 2차 대전을 촉발하게 된다. 2차 대전은 "필수적인 전쟁"이라 불리며 기술 전쟁의 공포를 가져왔고 원자 폭탄 시대를 열었다. 냉전에 대한 태도와 냉전 정책을 실행하려고 서구사회가 취한 군사력의 필요성은 베트남전의 배경과 조건을 제공했다. 이러한 전쟁에서 군수산업단지라고 불리는 제도화된 구체적 구조가 엄청나게 성장해서 우리가 그 안에 정치적으로 경제적으로 매몰되게 되었다. 결국, 이 구조를 우리가 좌지우지하는 대신, 오히려 휘둘리는 것이다.

마찬가지로 폭력으로 압제자들을 전복하는 혁명 집단들은 새 시대에 새로운 압제자가 된다. 혁명의 정예들이 그 적수의 생명을 빼앗는 것을 허용하는 그 방식이 너무나 제도화되어 있어서 이 정예원들이 권력을 얻으면 '새로운' 구조적 폭력 방식은 불가피하게 된다. 언론 출판의 자유가 사라지고 조직화된 상반된 정치적 견해를 참아낼 수 없게 된다. 그래서 자끄 엘륄Jacque Ellul은 이렇게 말한다.

폭력의 첫 번째 법칙은 지속성이다 … 일단 사람이 한번 폭력을 사용하기 시작하면 절대 멈출 수 없다. 왜냐하면, 폭력은 다른 어떤 수단보다 너무나 쉽고 실용적이기 때문이다 … 일단 당신이 폭력이라는 방법을 선택하면, "여기까지, 더는 안 돼"라고 말하는 것이 불가능하다. 왜냐하면, 이미 당신이 휘두른 폭력의 희생자들이 이번에는 당신이 폭력을 사용하도록 자극하기 때문이다. 그리고 그것은 필수적으로 더 큰 폭력을 불러온다.[20]

구체적인 거대한 악의 구조에서 나오는 힘에 직면에서 인간은 반 메시아주의 곧 운명론, 절망에 빠져든다. 이러한 운명론은 현실도피, 자기만족이라는 이기주의 형태, 게으름, 나태, 탈출구가 없이 자신의 환경에 갇혀 있다고 느끼는 데서 오는 무력감 등으로 나타난다. 구체적인 악의 구조적 형태와 이러한 구조에 매몰되었다고 느끼는 사람들의 내재화된 태도 사이에는 하나의 상징적인 관계가 존재한다. 수동성, 허위의존성, 피압제자의 절망은 압제자의 위압적인 힘과 같은 죄라 할 수 있다.

이 절망의 다른 형태는 필요, 곧 출구가 없고 대안이 없는 현실이 폭력을 불러온다고 보는 것이다. '필요악' 인 폭력은 다른 자기 정당화와 자기기만이다. 필요성을 폭력의 근거로 정당화하는 것은 메시아주의와 같은 우상숭배의 다른 형태에 지나지 않는다. 메시아주의에서 우상은 우리 자신을 믿는 것이며 우리가 속한 공동체를 믿으며 그것을 일반화하려고 하는 것이었다. 염세주의에서는 하나님이 역사에 개입하셔서 인간의 구조를 변혁하시는 능력이 있으심을 믿지 못한다. 이것은 우상숭배다. 왜냐하면, 우리 자신의 가능성을 기대하는 대신 이제는 우리가 처한 상황에 절망하는 것을 제외하면 우리는 여전히 우리 자신을 신으로 보기 때문이다. 절망하는 염세주의는 부활을 가능케 하신 그분, 주인이신 하나님을 경배하지 않는다. 염세주의는 인간의 조건과 인간의 가능성을 생각한다. 이러한 관점은 하나님의 가능성이 아니라 인간의 가능성을 기대한다.

때로 운명론, 절망, 냉담이라고 부르는 정치 제도에 대한 절망은 게으름과 다양한 종류의 종교적, 심리적, 쾌락주의적 현실도피를 양산한다. 20세기 초, 수십 년 동안 거짓 낙관주의와 인간의 노력으로 진보를 이루어낼 수 있는 기대가 결점이 있다는 것을 드러낼 필요가 있었다. 오늘날의 절망은 산산조각이 나버린 인간 역사의 진보라는 초기의 순진한 희망 때문일지도 모른다. 우리는 분명히 인간의 제도와 이러한 제도들이 갱신될 것에 대한 제한적인 가능성을 현실의 눈으로 보아야 한다. 하지만, 우리는 현실주의와 절망으로 이끄는 염세주의를 구분해야 한다. 오늘날 문제는 라인홀드 니버가 비난한 것과 같은 만연한 병과 정반대일지도 모른다. 이 만연한 병이란 절망에서 자라나 우리의 인생과 제도에 스며든 질병이다. 서구 기술문화의 열매를 맛보고 나서 갖게 된 염세주의는 이 땅에서의 삶이 파멸에 이르게 되지는 않을까 염려하게 하였다. 이것을 식품으로 먹고 제2차 세계대전 이후에 태어난 어린이들이 자랐다.

이러한 배경에서 교회가 희망의 메시지를 가지고 있지 않다면, 이와 같은 질병이 더욱 만연하도록 공헌할 뿐이다. 죄의 교리가 구원과 종말적 희망 신학을 누르고 우위에 선다면, 교회는 오히려 곤경을 더할 뿐이다. 교회는 희망을 보여줘야 한다. 이 희망은 인간의 갈등과 불평등 문제를 해결하는 대안적인 제도로 창조적으로 표현할 수 있다. 부분적으로 이러한 희망은 세상이 변화를 위한 희망을 제공한다고 사람들이 생각하도록 도울 때 일어날 수 있다. 전통적인 죄의 교리로 강화된 전통적인 힘의 균형 시각은 이와 같은 과정을 억제한다. 우리는 죄의 실재를 피할 수는 없지만, 희망을 주는 삶에 대한 비전과 세상에 대한 관점과 균형을 이루어야 한다.

# 4장

## 신학적 관점 2 : **구속 그리고 종말적 희망**

인간의 제도가 의도한 목적을 더 잘 수행하도록 그 제도를 변화시키려는 동기는 필수적으로 희망이라는 개념과 연결되어 있다. 인간은 무엇을 희망할 수 있는가? 이러한 희망은 어떻게 인간문화가 만들어낸 실제 제도와 연관되어 있나? 이 제도들은 인간의 선을 이루기 위해 필요한 기능을 수행하기도 하며, 이기적인 자기만족과 자존심으로 타락하기도 하면서 모호하게 경험된다. 제도를 변화시킬 목적을 가진 모든 기업은 이 제도들이 공공의 선을 이루도록 더 봉사하게 할 수 있다는 희망으로 움직인다. 마르크스주의는 비종교적인 인본주의로서 미래의 세계를 변화시키는 것을 목적으로 하고 있다. 오늘날 유명한 여러 해방 신학들은 인간의 제도를 변화하고 변혁하려는 인간의 희망을 반영하고 있다. 이러한 변화와 변혁을 위한 목적은 미래에 대한 비전에 근거한다. 이 비전은 인간이 당연히 그러해야 한다고 생각하는 구조에 대한 깊은 바람에서 나온다.

그래서 희망과 구속이라는 성서의 주제들은 공통된 인간 경험의 뿌리 깊은 모습과 관련이 있다. 성서가 제기하는 핵심 의문들은 다음의 것들이다. 이 희망의 본질은 무엇인가? 이 희망은 문화생활과 어떻게 연결되어 있는가? 구속의 본질은 무엇이며 역사상 구원은 어떻게 일어나는가? 이러한 구속의 힘과 필수적이면서도 선하며 동시에 인간의 죄 때문에 타락하면서 모호한 인간제도의 본질과의 관계는 무엇인가?

성경의 주요한 주제는 하나님의 백성이 파괴된 관계에서 구원받았음을 확언하는 것이다. 하나님과 인류 사이의 증오는 인간들 사이의 증오와 마찬가지로 무너졌으며 새로운 교제 관계가 이루어졌다. 이 구속이 하나님의 은혜라고 찬양한다. 이것은 본래 인간의 노력으로 얻은 것이 아니며, 인간성 안에 있는 본래적 선함에서 우러나온 것도 아니다. 이 사실은 인간의 제도생활을 구속한다는 성서적 개념을, 인간의 죄에 대한 관점도 없고, 따라서 은혜의 개념도 가지고 있지 않은 다양한 형태의 세속적 인본주의와는 구별되게 한다. 그러므로 인간의 제도를 변혁해야 할 인간의 윤리적 책임성은 하나님의 은혜로운 일하심이라는 맥락에서 이해되어야 한다.

## A. 구속: 인간의 제도적 삶의 변화

### 1. 구약의 관점

구약성경은 하나님이 인간을 구원하신 일이 인간의 문화적·제도적 삶을 변화시키는 것을 포함하고 있음을 확실히 보여준다. 구원은 원래 한 사람의 영혼이나 그 개인의 구원이 아니라 사람들과 제도, 정치적·경제적·사회적 삶의 구원을 의미한다. 구원은 완전하게 하는 것이며, 인간의 문화적·사회적 현실을 하나님의 창조 질서가 의도한 목적으로 회복하는 것이다.

구약성경에서 평화 곧 샬롬의 개념은 필연적으로 구원의 의미와 연결이 된다. 기본적으로 샬롬이라는 말은 행복한 상태를 의미하는데, 물리적 측면을 강조한다. 이 말은 종종 타인의 행복을 기원하며 소망을 전하는 인사로 사용된다. 또한, 종종 한 집단의 안녕을 언급하기도 하는데, 특히 한 국가가 번영을 누리기를 바란다는 의미이기도 하다.[1) 구약성경은 영적 혹은 내적 평화를 이 땅의 물리적 평화와 분리하는 이분법을 사용하지 않는다. 게르하르트 폰 라드Gerhard von Rad는 다음과 같이 말한다.

> 구약성서의 "샬롬"이 갖는 풍부한 가능성을 생각해볼 때, 우리는 그 말이 특별히 내적인 평화와 같은 영적 태도를 나타내는 본문을 찾아볼 수 없다는 부정적인 사실에 놀라고 만다. 실제로 이 말이 한 개인보다는 집단에 대해 사용된 본문이 훨씬 많다. 개인이 아닌 집단에 대한 말씀에서, "샬롬"은 분명히 눈으로 볼 수 있는 어떤 것을 의미했다. 이 말이 성경의 여러 곳에서 법과 정의슥8:16, 평화사60:17와 연결되고 있음을 기억해볼 때, 샬롬이 의미하는 바는 절대적으로 사회적 개념이었다고 말할 수 있다.2)

샬롬은 하나님과 그 백성의 관계를 이해하는 구약성경의 근본 비유인 언약이라는 개념과 밀접한 관계가 있다. 폰 라드는 "두 단어의 관계는 너무나 강해서 '샬롬'은 일종의 공식 용어인 것처럼 보인다 … '샬롬'의 관계는 양편의 언약으로 견고해지고… 역으로 언약은 '샬롬'의 관계를 이끌어낸다."3)

구약성경학자들 사이에서 폭넓게 지지를 받는 관점은 언약이라는 개념을 군주와 수하의 노예와의 관계라는 정치적 맥락으로 이해해야 한다는 것이다.4) 야훼는 그의 백성을 이집트의 노예상태에서 자유케 하시는 은혜로운 분이시며, 자신의 백성에게 십계명과 같은 일종의 의무를 기대하시는 분이시다. 언약은 다른 어떤 관계를 맺을 근거도 갖지 못한 다양한 사람들이 모인 집단을 야훼의 주권 아래에서 하나가 되게 한다. 조지 멘덴홀George E. Mendenhall은 다음과 같이 언급하고 있다.

> 이스라엘의 전통이 주장하는 대로 아브라함과 이삭과 야곱의 후예들, 곧 혈연

이나 친족 관계에 있는 집단만 있었다면 언약이 그들을 하나의 종교 집단으로 묶어줄 필요가 있지는 않았을 것이다 … 하지만, 이스라엘을 하나로 묶고, 하나라는 마음을 일으키기에 충분한 혈족 관계가 있었다고 보기는 어렵다 … 만일 그러한 혈연이나 친족 관계가 이스라엘이 결속한 근거가 아니라면, 당시에 언약관계 외의 다른 결속의 근거가 있었다고 보는 것은 현재의 저자들에게는 있을 수 없는 일이다.5)

언약은 하나님과의 새로운 관계 그리고 하나의 새로운 사회, 곧 샬롬의 상태를 확립한다. 샬롬은 하나님의 선물이다. 하나님이 자신의 백성과 새로운 언약관계를 시작하셨기 때문이다. 하나님의 구원은 땅에 정의와 평화를 가져온다.시85편 레위기의 성결법에서 하나님은 그의 백성이 순종하면 평화를 주겠다고 약속하신다.레26:6 언약과 샬롬의 관계는 특히 선지자 에스겔에게 분명히 나타나는데, 그는 유대인 바벨론 포로기에 예언서를 썼다. 하나님이 세우실 평화의 언약은 그들이 더는 전쟁으로 약탈당할 염려가 없다는 것을 의미했다. 그들은 약속의 땅에서 번영을 누릴 것이다. 그들은 비를 기다려 농사를 지을 것이고, 땅은 기름지고 열매와 산물을 낼 것이다. 그들은 안전하게 거하며 노예로 잡혀갈 염려가 없어질 것이다. 그들은 야생의 짐승에게 공격받을 걱정조차 할 필요가 없을 것이다.겔34:25~31

구약성경에서 평화는 영적·육체적으로 완전한 상태를 말하는데, 인간의 영적·육체적 통일을 전제로 하는 행복을 가리킨다. 구원은 창조를 전제로 한다. 이때의 창조는 물질과 영혼의 이원론과 거짓 영화靈化를 말하는 것이 아니다. 구원은 한 사람이 자신이 처한 사회적 상황에서 완전히 변화하는 것이다. 구약성경은 개인의 평화나 개개인 사이의 평화 그리고 사회적 평화나 정치적 평화를 분리하지 않는다. 이와 같은 전체적 시각의 근거는 히브리적인 구원 경험이다. 하나님은 이스라엘을 한 백성이자 한 공동체로 해방하셨다. 이 해방은 하나님과의 언약 관계를 갱신하는 것인 동시에 정치적·사회적 자유를 가져왔다.

이러한 새 언약 관계 수립은 정치윤리학에서는 매우 중요한 사건이다.

언약은 야훼의 통치를 이스라엘이 받아들인다는 것이었다. 그리고 바로 여기에서 하나님이 그의 백성을 다스리신다는 개념, 곧 신·구약 사상의 중심인 하나님의 왕국이 시작한다.6)

고대 근동의 왕권이 행사했던 지배 방식에 대한 충성은 철회됐고, 야훼를 왕으로 섬기는 새로운 충성이 일어난다. 야훼는 다른 왕들과 달리 억압받고 짓밟힌 이들을 자신과 동일시했다. 야훼는 바로 치하에서 노역과 절망 가운데 있던 사람들을 자유케 한 분이다.

고대 근동의 왕정 방식에서 소외된 일단의 무리가 이 새로운 언약에 모여든 것은 당연하다. 이것은 사람들이 부족연합에서 왕정 방식으로 정치 구조를 바꾸기 원하면서 사무엘상 8장에서 토론을 한 이유를 설명해준다. 이 토론은 아마도 이스라엘의 가장 강력한 정치력을 행사했던 솔로몬 왕 치하에서 있었던 행동유형을 반영하는 듯하다. 그때 일부는 애국적 희열을 경험했고 일부는 환멸을 경험했다.

주께서 사무엘에게 말씀하셨다 … "백성이 너에게 한 말을 다 들어 주어라. 그들이 … 나를 버려서 자기들의 왕이 되지 못하게 한 것이다 … 그러니, 너는 이제 그들의 말을 들어 주되, 엄히 경고하여, 그들을 다스릴 왕의 권한이 어떠한 것인가를 알려 주어라." 사무엘은 그대로 전했다. "너희를 다스릴 왕의 권한은 이러하다. 그는 너희의 아들들을 데려다가 그의 병거를 말을 다루는 일을 시키고, 병거 앞에서 달리게 할 것이다. 그는 너희의 아들들을 천부장과 오십부장으로 임명하기도 하고, 왕의 밭을 갈게도 하고, 곡식을 거두어들이게도 하고, 무기와 병거의 장비도 만들게 할 것이다. 그는 너희의 딸들을 데려다가, 향유도 만들게 하고 요리도 시키고 빵도 굽게 할 것이다. 그는 너희의 밭과 포도원과 올리브 밭에서 가장 좋은 것을 가져다가 왕의 신하들에게 줄 것이며, 너희가 거둔 곡식과 포도에서도 열에 하나를 거두어 왕의 관리들과 신하들에게 줄 것이다. 그는 너희의 남종들과 여종들과 가장 뛰어난 젊은이들과 나귀들을 끌어다가 왕의 일을 시킬 것이다. 그는 또 너희의 양떼 가운데서 열에 하나를 거두어 갈 것이며, 마침내 너희들까지 왕의 종이 될 것이다."<sup>삼상8:7~17</sup>

시내산 언약에 근거하는 율법은 야훼를 억압받는 자의 해방자로 보기에 출애굽기 22장 21~27절과 같이 이스라엘이 가난한 자와 노예들과 이방인들에게 특별한 관심을 둘 것을 명령하고 있다.

너희는 외국인을 학대하지 말아라. 너희도 이집트에서 외국인이었으므로 너희는 외국인의 심정이 어떠한지 알고 있다.<sup>출23:9(현대인의 성경, 원본는 NEB로 나그네 (stranger) 대신 외국인(alien)으로 됨)</sup>

새로운 왕정 방식을 취한 이스라엘에서 억압과 불평등은 이제 흔한 일이 되어버렸다. 예를 들어, 시내산 언약법 아래에서는 "너희가 내 백성 가운데 가난한 동족에게 돈을 빌려 주거든 너희는 그에게 빚쟁이처럼 굴지 말며 이자를 받지 말아라"<sup>출22:25</sup>라는 규정이 있었다. 멘덴홀에 따르면 옛 체제에서는 채무를 이행하지 못하면 채권자에게 재산이 돌아감으로써 대부 제도가 보호를 받았다. 하지만, 사울 시대에 이미 상황은 변해서 채무자 자신이 차용금에 대한 담보였다. 채무를 이행하지 않으면 채권자는 그 사람이나 가족을 노예로 삼을 수 있었다. 채무자가 할 수 있는 일은 도주하는 것뿐이었다. 사회에서 버림받은 자들로 다윗에게 모여들었던 사람들은 분명히 빚진 사람들이었다. 삼상22:2 "이 원리는 바빌론의 법과 동일하며 의심할 바 없이 가나안의 법과도 동일하다 … 하지만, 이 법적 전통은 초기 이스라엘의 관습과 도덕성과는 완전히 상반되는 것이었다."7) 이러한 관행은 예언자들이 심각하게 비난했던 것이다.

> 나 주가 선고한다. 이스라엘이 지은 서너 가지 죄를, 내가 용서하지 않겠다. 그들이 돈을 받고 의로운 사람을 팔고, 신 한 켤레 값에 빈민을 팔았기 때문이다. 그들은 힘없는 사람들의 머리를 흙먼지 속에 처넣어서 짓밟고, 힘 약한 사람들의 길을 굽게 하였다. 암2:6~7

> 그러면서도 에브라임은 자랑한다. 아, 내가 정말 부자가 되었구나. 이제는 한 밑천 톡톡히 잡았다. 모두 내가 피땀을 흘려서 모은 재산이니, 누가 나더러 부정으로 재산을 모았다고 말하겠는가? 그러나 나는 너희가 이집트 땅에 살 때로부터 너희의 장막에서 살았던 것처럼 나는 너희가 다시 장막에서 살게 하겠다. 호12:8~9

> 악한 궁리나 하는 자들, 잠자리에 누워서도 음모를 꾸미는 자들은 망한다! 그들은 권력을 쥐었다고 해서, 날이 새자마자 음모대로 해치우고 마는 자들이다. 탐나는 밭을 빼앗고, 탐나는 집을 제 집으로 만든다. 집 임자를 속여서 집을 빼앗고, 주인에게 딸린 사람들과 유산으로 받은 밭을 제 것으로 만든다. 미2:1~2

이스라엘에서 예언자의 역할은 정치윤리학에서 대단히 중요하다. 고대 근동 지역에서 정치적 권위를 행사하는 방식에서 왕은 신의 대변자였고, 사회 어떤 집단의 판단이나 비판도 받지 않았다.8) 대조적으로 이스라엘의 예언자들은 왕과는 구별되는 사회 현실을 대표했다. 예언자는 야훼의 주권에 근거해서 초월적 규범들을 선포했다. 야훼의 주권은 사회 비평의 기반이었다. 그래서 예언자들은, 예를 들어 나단은 다윗왕에게 가서 그의 죄를 지적하고 하나님의 심판을 선포한다.삼하12장 이러한 예언자의 관점으로 예레미야는 바벨론에 항복할 것을 권고하고 있다.렘34:1~5, 21:3~7 이러한 권고는 예루살렘의 열심당원들과 열렬한 유대교 신자들에게는 반역적이며 터무니없는 일로 여겨졌다.9)

하나님이 역사에 개입하셔서 새 백성을 만드시지만, 사실은 이스라엘이 하나님과의 새로운 관계를 완벽하게 살아내지는 못했다. 그들은 계속해서 우상숭배의 죄로 떨어졌고, 자신들의 궁극적인 존재의 근거를 부정했으며 동시에 불의하고 무자비하게 행동하면서 다른 인간과의 사회적 관계도 파괴했다. 성경의 중심 주제가 역사에 드러난 하나님의 구원 역사지만 이러한 구원의 역사는 종종 인간의 죄에 내리는 심판의 형태를 취한다. 이 주제는 하나님의 심판 말씀을 전하는 수레가 되었던 히브리 예언자들에게 너무나 분명했다.

해방과 구원이 불완전하다는 것을 감지함과 함께 새 세대가 다가오리라는 희망이 일어났다. 하나님이 자신의 백성을 새로운 언약 관계로 회복하시려고 다시 개입하실 것이라는 희망이다. 종말적 희망은 역사적인 구원의 사역에 암시되어 있다. 그래서 "샬롬"이라는 말은 종말적 개념이다. 가장 친숙한 평화에 대한 비전 중 하나는 미가서 4장 1~7절과 이사야서 2장 4절에서 볼 수 있다. 이 환상에서 이 땅 위의 모든 나라가 평화로운 방법으로 새 도시를 건설하려고 하나님의 산으로 온다. 주는 나라들 사이에 판단자이시며, 백성 사이에 조정자이시다.

그들이 칼을 쳐서 보습을 만들 것이며, 나라와 나라가 칼을 들고 서로 치지 않
을 것이며, 다시는 군사훈련도 하지 않을 것이다.사2:4

어떤 본문은 겸손한 한 왕이 메시아 시대를 여는 평화를 가져올 것이라
고 희망하고 있다. 이 비전은 이사야 9장 5절 이하에 잘 나타나 있다.

침략자의 군화와 피묻은 군복이 모두 땔감이 되어서, 불에 타 없어질 것이기
때문입니다. 한 아기가 우리에게서 태어났다. 우리가 한 아들을 얻었다. 그는
우리의 통치자가 될 것이다. 그의 이름은 "기묘자, 모사, 전능하신 하나님, 영
존하시는 아버지, 평화의 왕"이라고 불릴 것이다. 그의 왕권은 점점 더 커지고
나라의 평화도 끝없이 이어질 것이다. 그가 다윗의 보좌와 왕국 위에 앉아서,
이제부터 영원히, 공평과 정의로 그 나라를 굳게 세울 것이다. 만군의 주의 열
심이 이것을 반드시 이루실 것이다.사9:5~7

하나님 백성의 해방은 계속되는 과정이다. 구원은 절대 완성되지 않는
다. 죄는 완고하고, 새로운 돌파구를 찾은 희망은 앞으로 오는 시대에 완
전한 샬롬을 낳는다. 이스라엘의 해방과 구원은 재창조이며, 이스라엘의
푯대를 의로운 목적으로 수성하는 것이나. 구원의 목적은 에덴동산으로
돌아가는 것이 아니라 약속한 땅을 향해 나아가는 것이다. 그곳에서 거룩
한 나라가 되기 위해서 말이다. 구스타프 구띠에레즈Gustavo Gutierrez에 따
르면 "야훼는 유대 백성을 거룩한 나라로 삼고자 정치적으로 그들을 해방
시켰다… 종말론적 시각이 출애굽의 중심부에 나타난다."10) 하나님을 창
조주이자 구원자로 보는 시각은 이사야서에 분명히 드러난다.

하나님께서 하늘을 창조하여 펴시고, 땅을 만드시고, 거기에 사는 온갖 것을 만드셨다. 땅 위에 사는 백성에게 생명을 주시고, 땅 위에 걸어다니는 사람들에게 목숨을 주셨다. 나 주가 의를 이루려고 너를 불렀다. 내가 너의 손을 붙들어 주고, 너를 지켜 주어서, 너의 백성의 언약과 이방의 빛이 되게 할 것이니, 네가 눈먼 사람의 눈을 뜨게 하고, 감옥에 갇힌 사람을 이끌어 내고, 어두운 영창에 갇힌 이를 풀어 줄 것이다. <sup>사42:5~7</sup>

하나님의 백성이 된다는 의미는 이스라엘의 문화적 · 제도적 발달의 단계마다 재조정된다. 제도적 발달 단계들을 인식하면, 이어서 이 제도적 발달을 하나님의 백성이 되는 비전에 새롭게 접목시킨다. 희년의 개념과 예언자 예레미야가 바벨론 포로기에 백성에게 한 권고는 이러한 발달 과정을 설명한다. 멘덴홀은 "후반기의 법 조항은 초기의 전통과 사업상의 필요들이 조화를 이루는 방식을 아름답게 설명하고 있다."라고 말했다.[11] 왕국 시대에 이루어진 상업 경제 아래에서 빚을 상환할 수 없었던 채무자들은 노예로 전락하고 말았다. 이것은 이스라엘의 초기 전통에 상반되는 것이었으며 예언자들의 신랄한 심판대상인 그 당시의 관행이었다. 이러한 상황에서 이스라엘은 채무자를 보호할 필요가 있었고, 심각한 불평등의 만연을 막으면서 동시에 새롭고 보다 복잡해진 경제체제 안에 있는 채권자의 권리를 보호해야 했다. 레위기 17~26장의 정결법은 정의의 원리를 상업경제 상황에 맞게 조정하려는 시도를 보여준다.

너의 곁에 사는 동족 가운데서 누군가가 가난하게 되어서 너에게 종으로 팔려 왔어도, 너는 그를 종 부리듯 해서는 안 된다. 너는 그를 품꾼이나 임시 거주자처럼, 너의 곁에서 살도록 하여야 한다. 너는 희년이 될 때까지만 그에게 일을 시키다가, 희년이 되면, 그가 자식들과 함께 너를 떠나, 자기 가족이 있는 조상에게서 받은 유산의 땅으로 돌아가도록 하여야 한다. 그들은 내가 이집트 땅에서 이끌어 낸 나의 품꾼이므로, 너희가 그들을 종으로 팔 수 없다. 너는 그를 고되게 부려서도 안 된다. 모름지기 너는 하나님 두려운 줄을 알아야 한다. 레25:39~43

이 본문은 채권자의 의무를 인정하면서도 노예제도에서 완전히 자유로워지는 본래의 비전을 유지하고 있다. 희년 제도는 하나님의 출애굽 구원을 통해 경험한 정의에 관한 규범 원리들을 이스라엘 안에 제도화하려는 시도이다.

바벨론 유수는 이스라엘 역사에서 중대한 위기였다. 국가의 생명이 다하고 이와 함께 이스라엘의 온 백성이 합력하는 삶을 드러냈던 제도들도 끝이 났다. 하지만, 이스라엘의 역사는 끝나지 않았다. 구시대는 가고 하나님의 백성으로서의 이스라엘의 삶이 시작되었다. 바벨론 포로기는 이스라엘에게 믿음의 중대한 위기였다. 이스라엘이 어떻게 이방의 땅에서 하나님을 섬기고 예배할 수 있었을까? 그 모든 제도가 없이 말이다. 일부 거짓 예언자들은 이내 해방이 될 것이며 느부갓네살이 지운 멍에는 곧 부러질 것이라고 예언했다. 렘28:10~11 하지만, 예레미야는 이러한 거짓 낙관주의가 믿음을 견고히 해주지 못하리라는 것을 잘 알고 있었다. 그 대신에 예레미야는 특이한 정지적 권고를 통해 조상들의 신앙을 바벨론이라는 새로운 배경에 접목시키도록 백성에게 조언했다.

너희는 그 곳에 집을 짓고 정착하여라. 과수원도 만들고 그 열매도 따 먹어라. 너희는 장가를 들어서 아들딸을 낳고, 너희 아들들도 장가를 보내고 너희 딸들도 시집을 보내어, 그들도 아들딸을 낳도록 하여라. 너희가 그 곳에서 번성하여, 줄어들지 않게 하여라. 또 너희는 내가 사로잡혀 가게 한 그 성읍이 평안을 누리도록 노력하고, 그 성읍이 번영하도록 나 주께 기도하여라. 그 성읍이 평안해야, 너희도 평안할 것이기 때문이다.렘29:5~7 12)

"번영"이라는 말은 "샬롬"의 다른 말이다. 다시 말해서, 이국땅 바벨론에서조차도 하나님의 백성은 문화적 제도적 갱신을 통해 평화를 이루어야 했다.

바벨론 포로라는 상황에서 예레미야 31장 7절에 보면 이스라엘의 남은 자들에게 새로운 언약의 완성에 대한 희망이 일어난다. 이스라엘 백성 안에 새로운 언약을 세우며, 그들의 마음 판에 새겨 기록하겠다고 말씀한다. 렘31:33 항복할 것을 권고했던 바로 그 예언자가 새 시대의 희망을 말하는 것이다. 새 제도들이 새 기회들을 창조한다.

구띠에레즈에 따르면, "언약이 선포된다. 이 언약은 역사를 통해 하나님이 맺으신 약속으로 더욱 풍성해지고 더욱 완성되어 간다."13) 언약은 이스라엘의 역사, 곧 시내산 언약과 이스라엘 왕국 그리고 이스라엘의 남은 자들에게 펼쳐진다. 그런데 이러한 부분적 완성이 하나님의 언약이 **완전히** 이루어질 시대를 예고하고 있다.

언약과 언약의 완성이 갖는 역동성은 우리가 앞 장에서 살펴보았던 주제들의 연장이다. 하나님은 인간에게 문화를 창조하는 능력을 주신다. 이 능력은 지속적으로 발달하는 과정에 있다. 타락의 관점에서 보면, 이러한 문화화 과정은 악으로 항상 더럽혀져 있다. 하지만, 하나님의 구원 역사라는 관점에서 보면 희망이 있다. 하나님은 인간의 문화 속으로 들어오셔서 백성을 하나님 자신에게 회복하시며, 다른 사람들과의 관계 또한, 회복하신다. 이러한 역사적 과정에는 부분적인 성공과 부분적인 희망의 완성이 있다. 백성은 파괴된 공동체 가운데에서 활동하시는 하나님의 구원을 경험한다. 그들은 사회정치적 영역에서 새로운 창조성이 열리는 것을 경험한다. 출애굽, 새 언약 공동체의 창조, 다윗 왕국의 건설, 바벨론 포로, 공동체의 삶, 귀환, 새로운 성전과 새로운 시온의 건설 그리고 궁극적으로 옛 구조 가운데 세워진 새 사회인 교회의 출현 등은 하나님이 역사 속으로 침입해 들어오신 증거다. 이 모든 사건은 구체적이고 역사적이다. 그래서 각각의 사건은 또한, 실현된 하나님의 법이 갖는 부분적인 본질을 드러낸다. 그래서 이 각각의 사건은 새로운 희망이 된다. 구띠에레즈에 따르면, "언약과 언약의 부분적 성취 사이에는 변증법적 관계가 존재한다. 부활 자체는 약속된 어떤 것의 성취이며 미래의 예견이다."14)

## 2. 신약의 관점

구약성경을 사회적 · 정치적 내용이라는 견지에서 읽는 것이 비교적 설득력이 있지만, 많은 학자는 신약성경을 아주 다른 시각으로 본다. 대부분 신약 성경을 이렇게 다른 시각으로 읽는 것은 구약 성경의 관점으로 신약 성경을 이해하는 데 실패한 결과다. 예를 들어, 루돌프 불트만Rudolf Bultmann은 신약성경을 개인주의적이며 실존주의적 범주 안에서 해석했고, 복음주의적 개신교의 최대 관심은 개인의 죄, 죄책으로부터의 구원과 영생에 있으며, 정통 개신교와 가톨릭은 그리스도 속죄의 죽음과 부활을 강조했는데, 이 모두는 역사상 예수의 예언적 가르침과 그 삶과는 분리된 해석이다.

하지만, 구약성경의 관점에서 신약성경을 읽을 때 아주 다른 강조점을 발견한다. 신약성경의 관점은 7가지 논제로 말할 수 있다. (1) 예수의 삶과 가르침은 정의와 의와 평화를 추구하는 예언자적 전통 윤리의 연속선상에 있다. (2) 이 윤리는 하나님나라라는 개념 안에 그 초점을 두고 있다. 하나님나라는 현재와 미래의 실재다. (3) 예수의 죽음과 십자가의 의미는, 이 의의 나라의 시작을 알리려고 분투했던 예수의 삶으로 해석해야 한다. (4)

예수는 그의 나라의 시작을 알리면서 열심당원의 전통을 쫓아 성전을 통한 자신의 메시아됨을 실현하기보다는 종의 역할을 택했다. (5) 그리스도의 종 역할과 십자가를 받아들이심은 모든 다양한 초기 교회 전통의 흐름에서 가장 근본적이고 널리 지지받던 윤리 모델이다. (6) 이 종 예수는 주이시며, 권세와 정사 위에 계신 분이며, 사회정치적 언어로 이해해야 하는 전문 언어다. (7) 교회는 하나님나라라는 새로운 윤리적 실재의 역사에 초점을 맞추는 제도이다.

우리는 하나님나라 개념에서 출발해야 한다. 이는 이 하나님나라의 개념이 공관복음서에서 볼 수 있는 것처럼 예수의 가르침의 중심이기 때문이다. "하나님의 왕국"이라는 말이 분명히 정치적 은유이기는 하지만 신약성경 학자들 사이에서 이 용어가 어떤 사회정치적 의미를 갖는지, 그렇다면, 그 정치적 의미는 무엇인지에 대한 결론은 분명치 않다. 노만 페린Norman Perrin에 따르면, 이 개념이 의미하는 바에 대해 학자들 사이의 논쟁은 세 가지 중요한 질문을 맴돈다고 한다. 첫째는 하나님나라는 묵시적 개념인가? 그렇다면, 예수의 가르침에서 그것이 의미하는 바는 무엇인가? 둘째는 그 나라는 현재형인가, 미래형인가? 아니면 양쪽 다 인가? 그리고 만일 양쪽 모두를 의미한다면 우리는 어떻게 현재와 미래의 관계를 이해해야 하는가? 세 번째는 예수의 가르침에서 종말론과 윤리학의 관계는 무엇인가?15)

두 번째 질문은 기본적으로 많은 신약 성경학자가 답을 하는 문제다. 슈바이처Schweitzer 이후로 일부 학자들은 하나님나라가 완전히 미래에 임할 것을 의미한다고 주장한다. 즉, 이 개념은 인자Son of man가 마지막을 알리며 구름 타고 오실 때, 역사의 연속이 극적이면서도 결정적으로 끝이 난다는 의미에서 묵시적으로 이해해야 한다는 것이다. 도드C. H. Dodd 같은 학자들은 이와는 상반된 관점을 주장한다. 즉, 나라는 완전히 현재적이라

는 것이다. 페린은 현재 신약학이 내린 결론은 다음과 같다고 말하고 있
다.



> 그 나라는 예수의 가르침에서 현재와 미래에 건설된다고 말할 수 있다. 이에
> 대한 논의는 다음과 같은 지점에 이르렀다. 바이스Weiss와 슈바이처는 학문적
> 으로 그 나라가 완전히 미래적임을 이해시킬 수 없었다. 도드는 이 개념이 완
> 전히 현재적이라는 자신의 원래 관점을 주장하지 못하고 뒤에 수정했다. 그리
> 고 불트만의 완전히 미래적인 해석은 중요한 부분에서 그의 제자들Schuler에
> 의해 수정되었다.16)

이 개념에 관한 논쟁의 성숙기에 있던 도드는 현재와 미래의 관계를 가
장 정확히 말해주고 있다. 그 나라는 예수의 사역과 삶에서 그리고 부분적
으로 교회에서 현재적이다. 하지만, 또한, 여전히 역사의 너머에 있고, 성
취되어야 할 실재다.17) 달리 말하면, 예수의 삶과 사역은 다가올 미래를
선취하는 방식으로 현재에 살아진다. 이러한 해석은 우리가 방금 구약성
경에 대해 말했던 것과 잘 맞는다. 언약은 역사 속에서 상당 부분 성취되
었는데, 더욱 커다란 성취를 미리 맛보는 방식으로 실현되었다.18)

페린은 대부분 학자가 하나님나라가 묵시적 개념이라는 것에 합의하지
만, 이 묵시적 개념이 의미하는 바에 대해서는 합의하지 않는다고 말한
다.19) 시간의 연속이 완전히 끊어지는 것, 곧 시간의 끝에 있을 극적인 사
건을 묵시적이라고 본다면, 그러한 해석은 하나님나라가 현재와 미래적이
라는 사실과 조화를 이루기는 어렵다. 마지막이면서 완전한 의미의 하나
님의 통치가 다가오고 있다는 의미에서 그 나라를 미래적인 것으로 해석
하는 것이 최선인 것 같다. 하지만, 우리는 또한, 이 나라가 우리가 놀라는
새로운 방식으로 현재 역사 안으로 침입해 들어오는 것을 기대할 수 있다.

하나님의 나라는 역사의 성취인 동시에 죄악된 역사의 상황에서 일어나는 한 사건이며, 인간의 제도를 심판하고 또 변화시킴을 통해 하나님의 통치가 사람들의 삶 속으로 침입하는 것이다.

만일 그 나라가 현재적인 동시에 미래적이라면, 예수의 윤리는 잠정적인 윤리, 곧 계속되는 역사와는 관계없는 윤리가 아니다. 왜냐하면, 그 나라가 어떤 의미의 현재에 있다면, 예수의 윤리는 역사를 뛰어넘어 미래를 선취하는 윤리가 아니라 역사의 연속성과 관련이 있기 때문이다.

아모스 윌더Amos Wilder는 그 나라가 현재와 동시에 미래적이라는 관점을 수용하면서 예수의 가르침에 나타나는 종말론과 윤리학의 관계를 세 가지 방식으로 이해한다. 첫째, 그 나라가 미래적인 한, "다가오는 사건은… 회개와 긴박하게 의를 행하는 동기가 되며, 특별한 요구 사항들은 미래의 그 나라에 들어가는 조건으로 볼 수 있다."20) 둘째, 그 나라가 현재적인 한, 예수의 윤리적 가르침은, 현재에 경험하는 그 나라로 가능하게 되며, 바로 그 나라와 관련 있는 삶의 방식을 반영한다. 윌더는 이것을 "새 언약 윤리학이 보는 구원의 시간에 관한 윤리"라고 부른다.21) 셋째, 그 나라의 도래가 위기 곧 갈등의 시기라고 보고 예수는 그를 따르는 사람들을 제자로 부르신다. "특별히 예수의 가장 긴급한 요구사항은 그 나라가 위기에 처할 때 그를 따르는 것과 관계가 있다."22)

하나님나라 개념에 대한 이러한 설명에 비추어 볼 때, 우리는 처음의 논제로 돌아갈 수 있다. 즉, 예수는 예언자들의 전통에서 급진적 사회 변화를 일으키는 대리인이라는 것이다. 이러한 주장은 누가복음 처음 여러 장에서 나온다. 마리아의 찬가, 침례 요한의 탄생을 알리는 사가랴의 말, 침례 요한의 말, 예수 탄생의 의미를 알리는 천사의 선포는 사회정치적 내용으로 가득하다. 복음서의 복음은 약속의 성취다. 제왕들은 왕의 자리를 빼앗기고, 배고픈 자들은 만족할 것이며, 백성은 그 대적에게서 해방되며,

땅에는 평화가 그리고 사람들 사이에는 선한 의지가 일어날 것이다. 요더는 "우리는 이 모든 예고들을 영적으로 받아들여야 한다고 보는 가정의 여과기를 통해서 너무나 성급히 지나쳐 버렸다"23)라고 했다.

마태복음과 마가복음은 예수가 복음의 메시지 곧 하나님나라를 선포하시면서 그의 사역을 시작한 것으로 보고하고 있다. "나라"(왕국)라는 말은 정치적 용어다. 구약성서 배경과 유대의 메시아적 기대라는 점에서 이해해보면, 이 말은 정치적 의미로 가득 차 있다. "복음"이라는 말은 "그저 어떤 오래된 환영의 말이 아니라 소식의 전달자를 보낼만한 가치가 있으며 소식을 받은 이들이 축하연을 베풀 가치가 있는 일종의 공적으로 중요한 선포를" 의미한다.24)

이 "좋은 소식"은 누가복음에 예수께서 나사렛의 한 회당에 들어가신 장면을 설명할 때 묘사되고 있다. 회당을 방문한 사건은 예수의 사역이 개시되었음을 알리는 누가복음의 구조 안에 있는 한 사건이다. 예수가 읽은 이사야서 61장은 누가가 예수 본인에게 분명히 적용하고 있다.

> 주의 영이 내게 내리셨다. 주께서 내게 기름을 부으셔서, 가난한 사람들에게 기쁜 소식을 전하게 하셨다. 주께서 나를 보내셔서, 포로된 사람들에게 자유를, 눈먼 사람들에게 다시 보게 함을 선포하고, 억눌린 사람들을 풀어 주고, 주의 은혜의 해를 신포하게 하셨다. 눅4:18~19

예수의 이 행위는 하나님나라의 도래가 인간의 삶을 모든 차원에서 새롭게 하는 사건임을 증거한다. 침례 요한이 제자들을 예수께 보내어 예수가 "오실 그분인지, 아니면 다른 사람을 기다려야 하는지"를 물었을 때, 예수는 그들에게 "가서, 너희가 본 것을 요한에게 알려라. 눈먼 사람이 보고, 저는 사람이 걷고, 나병 환자가 깨끗해지고, 귀먹은 사람이 듣고, 죽은 사람이 살아나고, 가난한 사람이 복음을 듣는다"마11:3~5라고 말했다. 그 나라가 임하는 사건은 몸에 치유를 가져온다. 이는 가난한 자들에게 좋은 소식이다.

구띠에레즈는 가난에 대한 성경의 태도를 탁월하게 분석하는데, 다음과 같은 세 가지 중요한 점을 말하고 있다. 첫째, 가난은 인간의 존엄성을 해치고 하나님의 뜻에 반하는 수치스러운 상황이다. 둘째, 하나님의 백성은 가난이 그들 사이에 자리 잡지 못하도록 제도를 만들고 이끌어야 한다. 셋째, 하나님은 가난한 자들을 특별히 사랑하시며 관심을 두신다. 팔복의 "가난한 자는 복이 있다"가 뜻하는 것이 바로 이 세 번째의 의미이다.

"가난한 자는 복이 있나니 천국이 저희 것임이요"라는 말씀은 우리에게 "네 가난을 받아들여라, 이후에 이 불평등은 하나님의 나라에서 보상받을 것이다."라고 말하는 것이 아니다. 하나님의 나라가 역사 속에서 받을 수 있는 선물이라고 믿는다면, 그리고 인간과 역사적 일람으로 가득 찬 종말론적 약속들이 우리에게 가리키는 대로 하나님의 나라가 이 세상에 다시 정의를 세우는 것을 의미한다면, 우리는 그리스도가 가난한 자가 복이 있는 것은 하나님의 나라가 시작됐기 때문이라고 말한 것을 믿어야 한다. "때가 찼다. 하나님의 나라가 가까이 왔다. 회개하여라. 복음을 믿어라."막1:15 달리 말하면, 가난한 자들이 완전한 인간이지 못하게 하는 가난과 착취가 제거되는 일이 시작됐다는 말이나. 그늘이 바라고 의망했던 그 이상의 정의로운 나라가 시작됐다는 것이다. 그들은 복이 있다. 하나님나라의 도래로 모두가 형제가 된 세상이 이루어져 그들의 가난을 끝장낼 것이기 때문이다. 그들은 복이 있다. 메시아가 눈먼 자의 눈을 뜨게 하고, 배고픈 자를 먹일 것이기 때문이다.25)

하나님나라는 남녀 관계에 대한 함축된 의미가 있다. 예수는 여자들과의 관계에서 혁명적이었다. 특히 예수 당시에 유행하던 방식에 비교하면 더욱 그렇다.[26] 하나님나라 사건은 종교의 영역에도 혁명을 일으켜서 안식일 제도가 윤리적 원리들과 조화를 이루어 새로워졌다. "사람이 안식일을 위해 있는 것이 아니라 안식일이 사람을 위해 있다." 사람의 모든 삶의 영역, 정치, 경제, 남녀 관계, 종교에서 하나님나라 사건은 중대한 의미를 갖는다. 세상 가운데로 침입해 들어오시는 하나님나라라는 새로운 비전은 인간의 제도적 삶을 판단하고 갱신하도록 도전한다.

신약성경의 평화에 대한 개념은 이러한 하나님나라의 맥락에서 총체적인 인간 삶을 갱신하는 한 사건으로 이해해야 한다. 랍비의 저작들과 신약성경은 행복 혹은 구원을 비는 인사로, 신약에는 에이레네eirene로 되어 있는 샬롬을 사용하면서 구약성경의 전통을 존속시키고 있다.[27] 예를 들어, 예수께서 12년 동안 혈루병 앓던 여자를 고쳐주고서 그 여자에게 이렇게 말씀하신다. "딸아, 네 믿음이 너를 구원하였다. 안심하고 가거라. 그리고 이 병에서 벗어나서 건강하여라."막5:34 예수께서 그의 발에 기름 부은 여자를 용서해주시면서 "네 믿음이 너를 구원하였다. 평안히 가거라"라고 말씀하셨다. 바울은 편지의 인사에서 "너희에게 은혜와 평화가 있기를"이라는 표현을 자주 사용한다. 워너 포스터Werner Foerster는, "평화"의 적극적 의미는 보다 깊은 의미의 구원을 상징하는 것으로 보통의 그리스어 의미와는 반대된다고 말한다. 신약성경 외에서는 "평화"는 소극적 의미가 있다. 전쟁이 없는 상태, 영원한 전쟁 상황의 한 막간을 뜻했다.[28]

"궁극적인 종말론적 의미에서 전 인류의 구원을 의미하는 평화"는 평화라는 말의 근본 의미이며 "구약성경과 랍비의 어법과 관계가 있음을 확증한다."[29] 이 의미는 특히 누가복음 처음에 나오는 사가랴의 노래에서 분명하다.눅1:76~79 사가랴는 "그의 백성에서 구원의 지식을 주시고… 우리의 발을 평화의 길로 인도해주실" 분으로 예수를 대망한다. "평화"라는 말이

마리아 찬가에는 없지만, 이 찬가는 또한, 하나님이 가장 온전한 인간과 사회정치적 본질로의 구원을 이루시리라는 뜻을 전하고 있다. 같은 주제가 누가복음 2장 14절의 천사의 메시지에 분명하게 나타난다. "가장 높은 곳에서는 하나님께 영광이요, 땅에서는 주께서 기뻐하시는 사람들에게 평화로다." 이것은 단순한 내적 평화나 영적 평화가 아닐 뿐 아니라 이 본문이 평화를 비는 소망으로 이해되어서도 안 된다. 이것은 "이 땅에 임하는 구원"이라고 포스터는 말한다.

"평화"라는 말은 예수가 예루살렘에 들어갈 때 소리 높여 환호했던 사람들의 말과 같이, 총체적인 의미에서의 구원을 의미한다. "복되시다, 주의 이름으로 오시는 임금님! 하늘에는 평화, 가장 높은 곳에는 영광!"눅19:38 평화는 예수께서 예루살렘을 두고 우시며 "오늘 네가 평화의 길을 알았더라면 얼마나 좋았겠느냐!"눅19:42라고 말씀하실 때와 비슷한 의미다.

많은 전통적인 기독교 사상 속에서 세속적인 평화와 하나님과 함께하는 내적이고 영적인 평화는 두 가지의 구별된 영역으로 분리되었다. 그리스도와 맺은 새 언약은 근본적으로는 하나님과 인간의 관계를 회복하는 내적-영적 평화로 보인다. 이 새 언약은 이 세상이 아닌 다른 나라를 포함하고 있기 때문이다. 이 이중성은 신약성경을 잘못된 범주에 놓는다.30) 요한복음 14장 27절에서 예수는 "나는 평화를 너희에게 남겨 준다. 나는 내 평화를 너희에게 준다. 내가 주는 평화는 세상이 주는 평화와 같은 것이 아니다"라고 하는데, 우리는 이 말씀을 어떻게 해석해야 하는가? 포스터는 버나드 바이스Bernard Weiss와 다른 여러 작가를 인용하는데, 이들은 "만일 예수가 여기에서 유대의 인사를 한 것이라면, 이 말 자체를 영혼의 평화라는 면에서 생각하지 말 것을 경고하고 있다"고 주장하고 있다.31) 복음서 후반에서 평화는 내적인 불안이 아니라 세상에서의 갈등과 분투와 대비를 이룬다.요16:33 에베소서에서 그리스도가 가져오는 평화는 곧바로 사회적 영역으로 연결된다.

> 그리스도는 우리의 평화이십니다. 그리스도께서는 유대 사람과 이방 사람이 양쪽으로 갈려 있는 것을 하나로 만드신 분이십니다. 그는 유대 사람과 이방 사람 사이에 가르는 담을 자기 몸으로 허무셔서, 원수된 것을 없애셔서, 여러 가지 조문으로 된 계명의 율법을 폐하셨습니다. 그것은 이 둘을 자기 안에서 하나의 새 사람으로 만드셔서, 평화를 이루시고엡2:14~15

에베소서 끝에 기자는 "이 어두운 세상의 권세자들과 통치자들에 대항해서" 싸우는 데 필요한 그리스도인의 군장 항목을 들고 있다. 나중에 지적하겠지만, 참고자료는 초인간적 세력뿐 아니라 사회정치적 세력에 대해 언급할 것이다. 그리스도인들은 "발에는 평화의 복음을 전할 채비를" 해야 한다.엡6:15 데살로니가전서 5장 23절에서 바울은 평화를 완전한 인간으로의 구원으로 보았다. "평화의 하나님께서 친히 여러분을 완전히 거룩하게 해주시고 우리 주 예수 그리스도께서 오실 때에 여러분의 영과 혼과 몸을 흠이 없고 완전하게 지켜 주시기를 빕니다."

구약성경에서 평화를 향한 종말론적 소망은 인간 세상뿐 아니라 자연도 포함하는데, 이는 신약성경에서도 마찬가지다. 이러한 소망은 골로새서 1장 20절에서 가장 분명하게 표현하는데, "평화를 이룬다"는 동시가 "화해"라는 말과 함께 쓰였다. "그리스도의 십자가의 피로 평화를 이루셔서 그리스도로 말미암아 만물, 곧 땅에 있는 것들이나 하늘에 있는 것들이나 다, 기쁘게 자기와 화해시키셨습니다."

랍비들 사이에서 샬롬은 개인들 간의, 나라들 사이의 화해 과정이었다. 그래서 포스터는 말하기를 "사람들 사이에 평화를 이루는 것을 자주 강조하는 자료들이 많다 … 누군가는 이렇게 말할지도 모르겠다. 평화를 이루는 것은 랍비들 사이에서 신약성서에서 말하는 사랑의 개념과 가장 가까운 것으로 여겨지며, 후기 유대교에서 사랑이 차지했던 자리를 대신한다고 말이다.32)

마태복음 5장 9절의 "평화를 이루는 사람은 복이 있다"에서 "평화를 이루는 자"는 사람들 사이에 평화와 일치를 세운다는 랍비의 교의적 의미로 이해해야 한다. "이 말은 다투는 양편 사이에서 객관적인 입장을 취하면서 평화를 이루려고 노력하는 사람들에게 주어졌다. 이들을 하나님은 그의 아들이라고 부르신다. 왜냐하면, 그들은 하나님과 닮았기 때문이다."33)

세 번째와 네 번째 논제는 서로 관련해서 설명할 수 있다. 예수께서 평화와 정의의 나라의 시작을 알리자 현상을 유지하기를 원하는 제도와 충돌하게 된다. 예수께서 십자가에 죽으신 것은 그가 일반적인 사회규범을 따르지 않은 데 대한 대가였다. 권세자들과 갈등관계에 있으면서 예수께서는 계속해서 혁명적 폭력 사용이라는 유혹을 받으셨다. 이 유혹에 대한 예수의 반응은 자신의 추종자들에게 권고하신 비폭력적 섬김의 윤리였다.

하나님의 의로운 소명을 위해 혁명적 폭력을 사용하는 모델은, 물론 구약 성경에서 중요한 주제다. 통치자들과 권세자들은 종종 변화에 저항하고자 매우 강력한 힘을 발전시키고 때로는 어떤 선함도 볼 수 없을 정도로 너무나 악마적이 된다. 성경은 하나님이 이러한 권세들을 정복하시고 창조의 목적과 부합하게 그들을 돌려놓으시는 방법에 대한 변화하는 인식을 보여준다. 구약성경의 한 구절은 야훼가 대적을 멸망시키고 자신의 백성을 이러한 폭력에 동참하도록 부르시는 전사로 본다.34) 출애굽 이후 이스라엘 백성은 이렇게 노래하고 있다.

> 내가 주를 찬송하련다. 그지없이 높으신 분, 말과 기병을 바다에 처넣으셨다… 주는 용사이시니, 그 이름 주님이시다.출15:1,3

폭력에 대한 예수의 태도를 이해하려면 구약성경에 나타난 거룩한 전쟁의 의미를 이해해야 한다. 야훼가 그 백성의 어떤 행동도 필요치 않고 기적적으로 그들을 구원하는 거룩한 전쟁은 이스라엘의 왕들이 군대와 전략으로 맞서는 전쟁 제도와는 다르다. 거룩한 전쟁 전통 중 한 사건인 출애굽은 야훼가 이집트에 맞서 싸워 승리하실 때, 그 백성을 어떠한 폭력에도 개입시키지 않고 이스라엘의 대적을 물리치신 기적의 사건이다.

> 너희는 가만히 서서 주께서 오늘 너희를 어떻게 구원하시는지 지켜보기만 하여라. 출14:13

야훼가 이스라엘을 기적으로 구원하신 것과 같은 전통이 여리고 전투와 기드온의 이야기, 말 한마디로 온 군대를 물리쳤던 엘리사의 이야기, 이스라엘은 아무 일도 하지 않았지만 오던 길로 되돌아갔던 앗시리아 군대 이야기 등에 여실히 드러난다. 이와 같은 거룩한 전쟁의 전통 안에서 이사야는 히스기야 왕에게 산헤립에 대처할 방법을 다음과 같이 일러준다. "야훼가 시온을 세우셨으니, 그것이 충분한 도피처가 될 것이며사14:32, 그가 정하신 때에 앗시리아가 멸망할 표식도 주실 것이다"라고 말한다.35) 백성은 야훼의 기적을 기다리기만 하면 됐다. 예언자들은 계속해서 이 전통을 증언하고 있다. 그들은 국가가 저지르는 폭력과 잔악함을 힐난하며 야훼에게 돌아와 그를 믿으라고 이스라엘을 부른다. 이러한 주제는 역대기하에서도 볼 수 있는데, 이 성경에서는 전쟁을 이스라엘, 특히 왕들이 야훼를 신앙하기를 거부한 결과라고 보고 있다. 대하14:11, 16:7, 20:17

이러한 거룩한 전쟁의 전통 안에서 이스라엘 백성은 야훼의 명령에 따라 종종 폭력에 관여해야 했다. 하지만, 이러한 관여는 거룩한 전쟁의 전통 안에서 이루어졌다. 거룩한 전쟁은 상비군에 의존하는 전쟁이 아니었다. 이 전쟁은 한 카리스마 넘치는(신의 은총을 입은) 지도자가 일어나 백성을 이끄는 형태를 떠었는데, 그 지도자는 보통 "야훼의 신을 받은 사람" 삿3:10, 14:6이었다. 전쟁은 기이한 방식으로 수행되었다. 그것은 유효한 정치적 목적을 달성하고자 전통적인 군대를 모집하는 것이 아니었다. 여리고와 기드온 이야기legend는 비정상적인 전쟁의 양상을 잘 설명해준다. 여리고 이야기는 거룩한 전쟁 개념은 희생 제의의 맥락에서 해석되어야 한다는 것을 보여준다. 여리고의 모든 거민과 그 모든 소유는 "야훼에게 바쳐진 것이다." 그래서 그 도시와 관련 있는 모든 것은 금기였다. 이러한 이유로 전리품을 사욕을 위해 숨겨서 이 제의를 깨뜨린 아간은 죽임을 당한다.

예수께서 예언자적 전통 안에 서 계셨기 때문에 히브리 예언자들과 같이 그는 왕의 계산된 전쟁의 전통을 거부했다. 이 계산된 전쟁에서 왕들은 더는 하나님의 구원을 믿지 않았으며 자신들의 소유인 상비군을 신뢰했다. 예수는 하나님을 신뢰하는 거룩한 전쟁 개념을 받아들였다. 하지만, 그는 하나님의 백성을 하나님의 대적을 포함하기까지 확장시키면서 이 전쟁 개념에 완전히 비폭력적 해석을 더했다. 원수들에게 사랑을 보여주어야 한다. 왜냐하면, 그들은 하나님의 구원이 미쳐야 하는 대상이고 잠정적인 언약 공동체의 일원들이기 때문이다. 하나님을 떠났다는 이유 때문에 원수들이 더는 하나님의 진노로 멸망할 사람들은 아니다.

이렇게 민족성이 뜻하는 바를 보편화하는 것은 이미 히브리 예언자들 안에 자리를 잡고 있었다. 야훼의 백성이라는 의미가 확장하고 보편화해서 이스라엘 국경 너머에 있는 사람들조차 포함하게 되자, 야훼에게는 "헌신했어야 하는" 그리고 희생 제물로 멸망했어야 하는 원수들이 있다는 개념이 사라지기 시작했다. 야훼의 백성은 이 땅에 사는 모든 나라다. 이사야의 종의 노래Servant Songs of Isaiah에서 거룩한 전쟁 개념이 완전히 사라진 것 같다. 이 종은 고통을 당한다. "왜냐하면, 그는 하나님의 나라와 하나님의 법(토라)을 선포하려고 나라들을 돌아다니기 때문이다. 이는 군대와 함께 선포하러 다니던 산헤립이나 느브갓네살과 같지 않았다."36)

이러한 전통을 예수와 신약성경이 선택했다. 신약성경은 구약성경의 선별選別판이다. 구약성경에서 열방 중에서도 이스라엘에게 가장 특별한 의미가 있는 전통이 눈에 띈다. 그 전통 안에서 예수는 야훼의 백성을 그 원수까지 의미를 확장시켰다. 이 전통은 야훼의 기적적인 구원을 기대했다. 요더는 다음과 같이 말하고 있다.

그러므로 예수가 해방과 혁명이라는 단어를 사용하면서 동시에, 자신의 선한 목적을 이루려고 어떤 폭력적 기술을 사용하는 것을 인정하거나 예견하지 않고 새로운 삶의 방식과 "하나님나라" 공동체의 회복을 선포할 때, 그는 청중에게 몽상가처럼 보일 필요가 없었다. 달리 말하면, 그는 여호사밧과 히스기야의 신앙을 뛰어넘은 사람으로 쉽게 이해받을 수 있었을 것이다. 이때의 신앙이란 믿는 자들이 약하지만 구원받는다는 것이며, 다만 "가만히 서서 야훼의 구원하심을 보기만 기다리면 되는 것"이었다.37)

야훼에 대한 예수님의 "신뢰하는" 태도에서 우리는 예수께서 해방과 자신의 삶을 통해 권세자들과 통치자들에 대하여 승리하심 그리고 종으로 행하심을 어떻게 보는지 이해할 수 있다. 다른 사람들 위에 군림하는 주인이 되는 대신, 예수는 그의 제자들에게 사람들을 섬기라고 말씀하고 있다. 누가는 제자들이 하나님나라에서 차지할 자리가 무엇인지 다툰 사건 뒤에 이것을 분명히 말해주고 있다. 분명히 제자들은 예수가 전통적인 나라를 세우려고 한다고 이해했었다. 예수는 이에 대해 말씀한다. "민족들을 지배

하는 왕들은 백성들 위에 군림한다. … 그러나 너희는 그래서는 안 된다
… 나는 시중드는 사람으로 너희 가운데 와 있다."눅22:24~27

　혁명적 폭력을 예수님이 분명히 반대한 사실은 특히 그가 예루살렘 성
으로 승리의 발걸음을 옮기고 성전을 정화할 때 분명히 드러난다. 예수께
서 권력을 잡을 때가 무르익었다. 그의 제자들은 준비하고 있었다. 오스카
쿨만Oscar Cullman은 아마도 예수의 제자들 절반 이상이 다윗왕국의 회복을
염원하며 마카비 왕가의 전통에 서 있는 하나의 종교정치당이었던 열심당
원 출신들이었을 것이라고 했다.38) 군중의 열광은 폭력적 혁명으로 로마
의 통치를 끝장내고 새로운 나라를 세우자는 것으로 해석될 수 있었다. 하
지만, 요더는 말하기를 "낡은 질서를 폐기처분하고 제거했지만, 옛 질서가
그랬던 것처럼 군사력을 사용하지 않은 것은 새 질서의 본질에 속했기 때
문이다. 예수는 황금과 같은 기회를 그냥 지나쳐버리고 베다니로 물러가
셨다."고 했다. 그리고 예수는 그의 메시지가 본래 영적이었기 때문이 아
니라 그의 사회적 혁명이 전통적인 폭력 혁명이 아니니므로 물러나셨
다.39)

　십자가는 기존의 제도에 순응하지 않은 예수에게서 목숨과 메시지를
앗아간 소극적인 결과이면서 예수의 급진적 사랑을 보여준 적극적 논증이
었다. 혁명적 폭력에 대한 대안으로 예수는 역사의 과정 가운데 진정한 화
해의 가능성을 제시했다. 진정한 화해는 가능하다. 사랑은 모든 장벽을 넘
으며 원수들 사이의 장벽소차 넘을 수 있기 때문이다. 마태복음 5장 44절
의 "네 원수를 사랑하라"는 산상설교의 윤리는 예수님의 전 생애와 가르침
과 병 고침의 사역의 맥락에서 이해되어야 한다. 모든 사람은 "나를 사랑
하는 사람들"을 사랑한다. 하나님나라의 윤리는 국가와 계급, 인종에 국한
되는 편협한 충성을 전 인류에게로, 원수에게조차 확장된다.

　누가복음 19장 1~10절의 삭개오 이야기는 사람들이 원수처럼 여기던

사람들을 예수께서 얼마나 사랑하시고 그들을 자신과 동일시하셨는지를 보여주는 놀라운 실례다.[40] 삭개오는 부유한 세리였다. 우리가 팔레스타인 지역의 농부들이 지는 무거운 세금의 짐과 어떻게 세리들이 가난한 자들을 희생시키며 부유해지는가를 안다면 예수가 삭개오의 집을 방문하려 했을 때 머뭇거린 것은 놀라운 일이 아니다. 결국, 예수는 반복적으로 자신이 가난한 자의 편이라고 선언하지 않았던가? 삭개오 이야기에서 우리는 예수가 억압하는 자와 그 피해자 양편과 자신을 동일시하고 있음을 본다. 진정한 해방 혹은 구원은 계급 간 전쟁을 포함하지 않고 양편 모두의 변화를 뜻한다. 예수가 삭개오의 집을 방문하자, 삭개오가 보여준 행동은 하나님나라의 전조였다. 삭개오는 재산의 반을 가난한 자에게 주고 거짓으로 속여 빼앗은 것이 있다면 4배로 갚겠다고 약속한다. 이에 대해 예수는 다음과 같이 반응한다. "오늘 구원이 이 집에 이르렀다. 이 사람도 아브라함의 자손이다. 인자는 잃은 것을 찾아 구원하러 왔다."눅19:9~10 여기서 구원은 샬롬을 의미한다. 그것은 경제적 정의를 포함하는 의제다. 잘못을 바로잡는 정의로운 행동을 통해 삭개오는 아브라함의 전통에 부합하게 된다.

다섯 번째 논제는 예수님의 섬김 윤리가 신약성경의 모든 부분에 스며 있다는 것이다. NEB<sup>The New English Bible</sup> 역본에서는 마태복음 5장 48절을 다음과 같이 요약하고 있다. "너의 선함에 한계가 없도록 해라. 하늘에 게신 너희 아버지의 선함도 끝을 모르는 것과 같이"[41] 섬김의 윤리는 사랑을 사랑으로 갚는 단순한 '자연스러운' 차원을 넘어선다. 한계를 모르는 윤리로서 이것은 실제 "소금"과 "빛"이다.마5:13~14 즐거움과 환호로 이러한 사랑의 방법을 받아들일 때, 제자는 마태복음 5장 12절에서 "너희 전에 박해받았던" 예언자들의 전통에 서게 된다. 달리 말하면, 원수를 사랑하는 것은 복음 그 자체의 핵심이다. 이 복음은 모든 사람을 사랑하시는 분, 억압하는 자와 억압당하는 자 모두를 구원하시기 원하시는 분이라고 하나님을 선포한다. 실제로 모든 인류는 죄 가운데 반역을 행했으며 하나님의 원수가 되었다. 하지만, 하나님은 우리를 사랑하기로 선택하셨다.요3:16

복음은 이 생애 너머의 영원한 생명을 얻는 구원으로 이해되어서는 안 된다. 예수의 죽음은 구원이 역사 속에서 실제 이루어진 것이고, 예수라는 구체적인 역사적 인물과 완전히 연관이 있음을 의미한다. 예수는 억압과 다양한 형태의 굴레에서 인간의 해방과 소망을 가져왔다. 이러한 해방을 가져온 대가는 죽음이다. 예수님의 죽음은 우리를 향한 그분의 깊은 사랑을 드러낸다. 그분의 제자들은 이와 같은 윤리로 부름을 받았다.

신약성경 교회는 제자로서 섬김의 윤리를 실천해야 한다. 이러한 관점에서 복음서의 예수와 그리스와 소아시아에 있는 이방교회의 그리스도 사이에는 어떤 간격도 존재하지 않는다. 또한, 역사상의 예수와 믿음의 대상인 그리스도Christ of faith 사이에도 어떤 간격도 존재하지 않는다. 전통의 모든 차원과 신약성경에 나타난 모든 문학 형태에서 종으로서 십자가에서 죽으신 역사적 예수는 믿음의 대상인 그리스도이시다.42) 그리스도는 도덕적 삶의 모델이 되셨을 뿐 아니라 그리스도인들이 새로운 생명으로 살아가도록 힘을 주신다.

우리가 모든 점에서 예수를 모방해야 한다고 주장하는 것은 아니다. 우리는 비유로 가르치든가 순회 사역에 전념하거나, 혹은 예수께서 그러셨던 것처럼 독신이어야 하는 것이 아니다. 어떤 점에서 우리는 예수님을 모방해야 한다. 종으로서의 섬김과 십자가에서의 죽음처럼 말이다.43) 마태와 누가는 예수께서 취하신 회복에 이르는 길이 갖는 값비싼 대가를 논하고 있다. 이것은 하나님나라를 위해 아버지와 어머니를 "미워"해야 한다는 예수님의 말씀에서 잘 알 수 있다. 제자는 가족이라는 협소한 의미의 본성에 충성하는 것을 초월해서 섬김의 길에 자원하도록 부름 받았다. 만일 누군가가 자신의 가족을 보호하는 일에만 제한되어 있다면, 그는 정의나 평화를 얻으려고 불가피한 위험을 감수하려 하지 않을 것이다. 평화를 이루는 사람이었던 킹 목사는 자신의 집이 폭탄 테러를 당하는 순간에도 시민운동을 하고 있었다. 이러한 섬김이 항상 동료나 이웃들과 사회적 조화를 이루도록 하지는 않는다. 오히려 갈등을 몰고 올 수도 있다.

물론 많은 그리스도인이 "십자가를 지라"는 본문 말씀을 아주 다른 방식으로 해석한다. 가장 일반적인 해석은 우리의 십자가가 모든 세대의 여자와 남자가 질병과 빈곤, 실패와 외로움에 직면해야 하는 고통이라고 보는 것이다. 이러한 방식을 목회자들이 사용하는 것은 사람들이 자신들의 고통을 인내하도록 하는 데는 도움이 되지만, 신약성경을 이렇게 이용하는 것은 성경을 오역하는 것이다. 자신들의 의지에 반해 사람들이 지는 인간 고통이라는 십자가는 예수께서 종으로 섬기시기를 자원하여 지셨던 십자가와는 전혀 다른 것이다.

여섯 번째 논제는 예수의 삶의 방식과 죽음이 "권세와 통치자들"에 대한 승리 혹은 부활의 방식이라는 것이다.44) 신약성경에서 권세와 통치자들은 인간이 창조해낸 사회구조의 세력과 제도를 의미한다. 이러한 제도적 구조는 일단 생겨나면 그 자체의 운동력과 힘을 갖게 된다. 그리고 이것들은 이제 돌이켜 인간의 행동을 지시하고 결정하며 주문한다. 창조 교리에서 논의했던 것처럼 이러한 구조들은 본래부터 악한 것은 아니다. 정치, 경제 구조, 가족의 유형, 문화적 세력들, 기술 등은 하나님의 형상으로 지음 받은 인간이 만들어낸 것들이다. 동시에 이러한 구조들은 인간의 죄 때문에 왜곡되고 타락했다. 이로 말미암아 이러한 구조들은 불평등과 비인간화, 속박의 원인이 된다.45)

십자가는 이러한 세력들에 패배당한 것이 아니다. 십자가에는 부활이 있다. 그리스도는 권세를 정복하고 그 위에 주가 되셨다. 이것은 우선 예수께서 이러한 권세들에서 사람을 자유롭게 하셨다는 것을 의미한다. 그리스도는 사람들과 교회가 권세에 묶여 노예 되었던 상태에서 자유케 하는 능력이 되셨다. 이제 사람들은 이러한 구조들의 결정에 따라 행동할 필요가 없다. 예를 들어, 그리스도 안에 있다는 것은 남자와 여자를 비인간화시키는 성 차별과 노예와 자유인이라는 불평등한 환경 그리고 유대인과 그리스인으로 나누어 증오하는 것에서 자유로워지는 것을 의미한다.<sup>갈3:28</sup> 남자 혹은 여자는 더는 자신의 성 역할이나 국적과 민족, 계급에 의해 강제 받지 않는다. 자신이 어떤 사람이든 같은 인간을 시중들지 않아도 된다. 그리스도를 통해 하나님은 악한 세력의 고리를 깨뜨리시며 새로운 탄생, 새 창조를 시작하신다.

권세에서 자유해진 존재라는 개념은 혁명적인 정치적·사회적 의미를 지닌다. 인간 제도의 힘은 충성과 순종을 얻어낼 수 있는 제도의 능력에 있다. 2장에서 지적한 바처럼 어떠한 정치 체제도 대다수 시민이 따르지 않고는 기능할 수 없다. 대부분 사람이 거의 항상 순종할 때만이 정부는 권력을 장악하는 것이다. "자발적이거나 습관적인 대중의 묵종默從은 눈으로 볼 수는 없지만 모든 정부가 지닌 권력의 실제 근거다."[46] 사람들이 지배 권력의 선한 의지에 의존한다고 주장한다고 하는 권력에 대한 한 관점이 있다. 이와 다른 또 하나의 관점은 정부의 권력이 궁극적으로 사람들의 말없는 지지와 선한 의지에 의존한다고 본다. 진 샤프는 지적하기를 후자의 관점은 정치적 변화를 일으키려는 사람들이 사용하는 모든 종류의 운동이나 비폭력 행동의 기초라고 했다.[47]

우리는 예수 그리스도에게 충성하는 것이 얼마나 중요한지 알 수 있다. 예수 그리스도에게 충성하는 것은 사람들이 타락한 인간 제도의 법칙과 역할, 기대와 상반되는 가치를 따라 살아갈 힘을 준다. 그리스도 안에서 인간은 가족과 경제 체제 그리고 정치 질서에 깊이 뿌리박혀 있는 성차별,

인종차별, 계급주의, 국가주의라는 행동 유형에서 자유로워진다. 그래서 그리스도에게 충성하는 새로운 운동은 권세와 통치자들 가운데 변화를 일으키는 강력한 해방의 힘을 창조할 수 있다.

일곱 번째 논제는 하나님이 그리스도를 통해 역사상 창조하신 것은 하나의 새로운 사회적 실재, 곧 교회라는 것이다. 그저 저절로 존재하는 교회는 권위의 새 중심 되신 예수 그리스도에게 충성하는 실재 대단한 중요성을 갖고 있으며, 역사상의 강력한 정치적 대안이다. 예수 그리스도로 말미암아 하나가 된 사람들의 한 몸으로서 교회는 국가와 인종과 민족, 이데올로기 그리고 계급이라는 경계선을 초월한다.

칼 바르트Karl Barth는 냉전기에 공산주의 체제 아래 동독에 사는 그리스도인들에게 보낸 편지에서, 이데올로기로 공동체를 분리하는 것을 초월하는 것에 대해 아름답게 묘사하고 있다. 이 시기의 대부분 그리스도인은 교회와 서구사회를 그리고 악과 공산주의를 동일시하는 경향이 있었다. 다시 말해서, 교회는 관념적 분열을 강화했다. 하지만, 바르트는 달랐다. 바르트는 동독에 있는 사람들을 알고 있었다. 그들은 그리스도인들이었고, 한몸 된 교회의 회원들로 주인 되신 예수 그리스도의 통치를 받는 사람들이었다. 그래서 바르트는 그들에게 서구의 반공산주의 입장에서가 아니라 동독에 사는 그리스도인과 하나 된 형제로 그들에게 글을 썼다.

이러한 관점을 가지고 바르트는 예레미아 29장 4~7절의 본문을 사용해서 동독의 그리스도인들에게 서구로부터의 정치적 독립을 갈망할 것이 아니라 낯선 이데올로기 아래 놓여있는 당시 상황에서 증인이 될 것과 동독 사회의 번영에 헌신할 것을 촉구했다.렘29:7 바르트는 서구를 기독교와 동일시하는 덫에 걸리지 않았고, 오히려 서구를 비판하면서 물질주의와 실제적 무신론을 폭로했다.48) 이것은 그리스도인들이 다른 사회 체제가 지니는 장점을 판단할 수 없다거나 판단하지 말아야 한다고 말하는 것이 아니다. 하지만, 그러한 판단을 내리는 것은 "교활한" 거래이다. 왜냐하면, 그러한 판단은 이데올로기 갈등에 휩싸여 있는 개인과 집단이 쉽게 제멋대로 사용할 수 있기 때문이다. 자신이 가지는 것과 다른 체제를 비판하기는 쉽지만 그 결점을 보는 것은 이보다 훨씬 어렵다. 일반적으로 그리스도인이라면 다른 사람의 모든 결점을 찾아내고 자신이 기대는 체제의 선함을 과장하는 사람들을 의심해보아야 한다. "판단 받지 않으려면 판단하지 말라"마7:1는 말씀은 공산주의의 악함에 대해서는 너무나 쉽사리 입을 떼면서 자본주의 사회의 불평등과 군국주의에는 눈을 감는 사람들에게 적절한 경고의 말씀이다.

그리스도가 모든 권세를 이기심으로, 인간의 제도를 변화시킬 수 있는 하나의 새로운 사회적 실체가 역사상 생겨났다. 기독교는 본래 영웅적인 개인주의의 윤리가 아니다. 바울이 말하는 새로운 창조물은 새로운 사회적 실체다. 로마서 6장에서 바울은 다음과 같이 질문한다. "은혜를 더하게 하려고 여전히 죄 가운데 머물러 있어야 하겠습니까?" 바울의 대답이다. "아니오, 아닙니다. 우리는 죄에는 죽은 사람인데, 어떻게 죄 가운데서 그대로 살 수 있겠습니까?" 바울은 말하기를, 우리는 그리스도와 함께 십자가에서 죽었기 때문에 죄의 노예가 되었던 삶도 끝났다는 것이다. 또한, 그리스도와 함께 부활했기 때문에 우리는 "하나님께 대하여는 그리스도 예수 안에서 살아 있는 사람"이다.롬6:11 이것은 인간의 사회적 삶에 중요한 도덕적 의미를 부여한다. "여러분의 지체를 의의 종으로 바쳐서 거룩함에 이르도록 하십시오."롬6:19

그리스도 안에서 새 창조는 로마서의 마지막 네 장에 쓰인 도덕적 교훈의 기초다. 로마서 12장은 다음과 같은 권고로 시작하고 있다. "여러분은 이 시대의 풍조를 본받지 말고, 마음을 새롭게 함으로 변화를 받아서, 하나님의 선하시고 기뻐하시고 완전하신 뜻이 무엇인지를 분별하도록 하십시오."롬12:2 새로운 창조는 더는 "이 세상의 풍습"을 따르지 않고 새로운 종류의 사회 실체를 살아내는 삶의 방식에 순종하는 것이다. 우리는 고린도후서 5장 17~18절에서 비슷한 강조를 발견할 수 있다. 그리스도가 일으킨 새 세상은 "화해의 섬김" 사역과 연결돼 있다는 것이다. 에베소서에 의하면, 새로운 창조는 즉각적인 사회적 결과를 가져온다. 유대인과 이방인 사이의 증오의 벽이 무너지는데, 이는 "이 둘을 한 몸으로 만드셔서 하나님과 화해시키려는 것이다."엡2:16

권세와 통치자들 위에 계신 그리스도의 주되심은 사람들을 권세의 속박에서 자유케 할 뿐 아니라 교회 또한, 자유케 하는데, 즉 성도 개개인과 교회 공동체 전체가 이러한 권세들을 재구조화하는 것에서 자유롭게 된다. 권세와 통치자들 가운데서 교회는 이러한 권세가 인간의 창조 목적에 공헌하지 못한 것을 정밀히 판단하며 창조적인 사회적·문화적 삶의 구조를 이루는 데 공헌하는 증인이 되어야 한다. 다시 말하면, 그리스도인들은 하나님의 형상을 좇아 문화의 창조자가 되어야 하는데, 그것은 그리스도 안에서 새로운 피조물이라는 기초 위에서 해야 할 일이다.

그리스도인의 위치는 그래서 사회 구조를 완전히 수용하는 것도 완전히 거부하는 것도 아니다. 대신에 그리스도인은 이러한 사회 구조에 구별된 윤리로 접근한다. 때때로 그리스도인들은 제도와 연합할 수 있기도 하고, 난관과 갈등에 봉착해 고통의 십자가를 지고 죽음끼지도 감당하게 될 수도 있다. 하지만, 우리는 올바른 견해로 십자가를 져야 한다. 십자가는 도시의 안녕을 목적으로 하는 중에 권세들과 마주치는 갈등에서 일어난다. 십자가 자체는 불쌍히 여기는 마음이라는 중요한 동기에서 발생한다. 이 마음은 그리스도인을 해방과 정의, 같은 인간의 온전함을 추구하도록 한다. 그리스도인들이 십자가, 곧 제자도로 말미암아 치러야 하는 대가를 준비해야 하지만, 이들 행동의 목적은 함께 사는 사람들 사이에 교제를 다시 이루는 것이다. 의롭고 공정한 교제 말이다.

십자가가 도시의 안녕을 바라는 연민의 결과로 여겨지지 않는다면, 심각한 복음의 왜곡이 일어난다. 그러한 왜곡 중 하나가 평화론적인 후퇴이고 다른 하나는 광신적인 적대가 가져오는 폭력이다. 예를 들어, 세상에서 분리되어 나온 일부 메노나이트들의 입장은 세상에 대한 연민이 없는 고통의 윤리에서 연유한다.49) 그리스도인들은 종종 권세를 광신적 적대감에서 나온 폭력과 연관시키는 실수를 저지르기도 한다. 그리스도의 섬김의 영 없이 메시아 환상으로 미끄러져 들어가기는 쉽다. 왜냐하면, 불의와 사리사욕 그리고 권세가 현 상태를 유지하려고 만들어놓은 방어벽에 부딪힐 때, 그래도 불쌍히 여기기는 지극히 어렵다. 증오감으로 덤벼들고 싶은 유혹, 상대편을 폭로하고 굴욕을 느끼도록 하고픈 유혹은 너무나 크다. 이러한 일이 일어나면, 상대는 더 한층 강력한 적대감으로 방어할 뿐이다. 이렇게 되면 자기 의에 가득 차서 대적을 향해 더 큰 모욕을 주게 된다.

억압하는 이나 억압받는 이의 진정한 해방에 관심이 있는 그리스도인은 원수가 창조적으로 반응할 여지를 남겨두려 할 것이다. 권세를 대적하는 궁극적 목적은 변화를 위한 여지를 창조하는 것이다. 그래서 증오가 사라지고 정의에 근거한 우정이 만들어지는 것이다. 예수께서 삭개오를 대면한 사건은 이와 같은 사건이었음에 틀림없다. 반대자들과의 화해와 우의를 원했던 간디와 킹 목사는 놀라운 인내와 융통성을 보여주었고, 이로 말미암아 그 반대자들은 창조적으로 반응할 수 있었다. 그렇다고 연민이 반드시 성공을 보장한다고 생각해서는 안 된다. 간디와 킹이 때때로 성공했지만, 이들 둘 다 암살당했다. 우리는 우리 자신이 지닌 사나운 적대감이라는 폭력과 어리석음이 불러온 십자가와 연민과 정의에 뿌리내린 용기 때문에 지게 되는 십자가를 구별할 수 있어야 한다.

## B. 종말적 희망: 인간의 제도적 삶의 완성

그리스도인이 권세와 통치자들과 관계하는 방식은 다가올 종말론적 미래 혹은 마지막 시대에 대한 비전이라는, 두 가지 방식으로 영향을 받는다. 우선, 종말론적 비전은 사회 구조 안에 적극적으로 참여하게 하는 동기와 추진력이다. 너무나 자주 역사 너머에 올 새로운 시대에 대한 열망이, 왕성한 정치적·사회적 활동주의의 신경을 잘라버린다. 미래에 대한 비전으로서 이 비전은 인간이 현재 안에서 새로운 가능성들을 찾을 것을 요청한다. 일종의 희망으로서 이 비전은 절망에서 그리스도인을 보호하는 동기와 추진력이다. 현실 도피주의를 피할 유일한 방법은 미래의 비전이 현재에 경험되고, 실체가 있는 구원과 확고히 연결되는 것이다. 이때의 구원은 미래의 선취이거나 미래의 부분적인 실현이다.

신약성경의 종말론적 비전을 자세히 살펴보면, 인간의 문화 활동 그리고 제도가 갖는 현실성이 완전히 파괴되는 대신, 그러한 사실들을 취해서 바꾸고, 나아가 종말론적 미래에 하나의 역할을 하고 있음을 볼 수 있다. 계시록의 비전은 새 하늘과 새 땅을 보여주고, 새 도시 예루살렘은 이 새 땅 위에 세워진다.계21:1 이 비전은 계속된다.

나는 그 안에서 성전을 볼 수 없었습니다. 그것은 전능하신 주 하나님과 어린 양이 그 도시의 성전이시기 때문입니다. 그 도시에는 해나 달이 빛을 비출 필요가 없습니다. 그것은 하나님의 영광이 그 도성을 밝혀 주며, 어린 양이 그 도성의 등불이시기 때문입니다. **민족들이 그 빛 가운데로 다닐 것이요, 땅의 왕들이 그들의 영광을 그 도시로 들여올 것입니다.** 그 도시에는 밤이 없으므로, 온종일 대문을 닫지 않을 것입니다. **그리고 사람들은 민족들의 영광과 명예를 그 도시로 들여올 것입니다.** 속된 것은 무엇이나 그 도시에 들어가지 못하고, 가증한 일과 거짓을 행하는 자도 절대로 거기에 들어가지 못합니다. 다만 어린 양의 생명책에 기록되어 있는 사람들만이 들어갈 수 있습니다.

계21:22~27, 강조는 추가한 것임.

강조된 부분은 영광과 명예를 포함하는 정치적 삶이 파괴되는 것이 아니라 다가올 새로운 시대로 흡수된다고 말하고 있다. 이 비전은 성전이 있는 산이 "열방이 모여드는" 중심이 될 거라는 구약성경 예언의 주제와 일치한다. 사2:2~4; 미4:1~3 또한, "하늘과 땅에 있는 모든 것을 그리스도 안에서 그분을 머리로 하여 통일시키는 것"이 하나님의 목적임을 명시한 신약성경의 다른 부분과도 일치한다. 엡1:10; 골1:20 이 비전은 우리가 창조에 관해 이야기한 것과 일치한다. 인간의 문화적 행동은 "하나님 형상"의 표현이기 때문에 파괴되어서는 안 되며, 하나님의 목적으로 하나님의 영광을 드러내기 위해 변화되어야 한다.50)

유토피아적 사고와 정치적 삶을 살고 구조화하는 미래지향적인 대안들은 정치윤리에서 중요한 역할을 하고 있다. 너무나 쉽고 빨리 미래지향적 비전들은 비현실적이고 실행할 수 없는 것으로 간주된다. 하지만, 대안적 미래를 창조적으로 상상하는 것은 사회적 변화를 가져오는 한 방법이다. 이러한 대안적 미래는 충분한 무게감과 충분한 표현을 가지고 접근해야 한다. 그래야 그 대안적 미래가 현재 우리가 정치 제도들을 구축하는 방식을 자극하는 역할을 할 수 있을 것이다.

둘째로, 그렇지만, 우리는 다른 의미에서 다가오는 시대는 역사를 '초월'한다는 것을 말할 필요가 있다. 새 시대는 항상 미래요, 아직 오고 있다. '초월'이라는 말은 미래가 시간이나 역사의 밖에 있다는 것을 의미하지 않을 뿐 아니라, 역사가 하나님의 나라로 변화하지 않거나, 그럴 수 없다는 것을 의미하지도 않는다. 또 반사회적이거나 반정치적이라는 것도 아니다. '초월'에 대한 이러한 해석은 미래에 대한 소망이 현재에 미치는 영향을 잘라냈다. 그 시대가 항상 현재 앞에 있다는 의미에서 '초월'이다.

현재는 있을 수 있는 완전한 시대를 완벽히 표현해낸 것이 아니다. 미래는 항상 우리와 우리의 정치 제도들을 초월한다. 그래서 우리가 미래를 만들어왔다고 결코 주장할 수 없다. 또한, 만일 이 한 가지만 더 했더라면 하나님나라가 왔을 것이라는 생각으로 우리의 행위를 정당화할 수 없다. 미래가 "너머에 있다"는 것은 항상 모든 것은 더 나아지고 있다는 진보에 대한 거짓 낙관주의에서 우리를 지켜준다. 종말론적 미래의 초월성이 우리를 그 정 반대의 결론으로 이끄는 것은 당연하다. 인간의 제도들은 좋아지고 있지 않다. 종말론적 비전으로 판단해보건대, 모든 것은 악화되고 있다. 하지만, 우리에게 내려진 이러한 판단이 절망스러운 태도를 만들어내서는 안 된다. 오히려 이 사실은 우리 안에 있는 희망을 동력으로 삼고 앞으로 나아가도록 끌어내야한다.

기독교 신앙에 항상 존재하는 긴장은 철저한 회심의 경험과 "아직은 아닌 것" 사이에 있다. 이는 한 개인의 자아 안에 있는 죄, 교회 안의 죄와의 끊임없는 싸움일 뿐 아니라 세상과 우리를 둘러싼 문화 안에 만연한 악의 실재와의 싸움이다.

우리는 역사 속에서 사람과 사회를 변화하시는 하나님의 구원 활동과, 세상과 그리스도인의 삶과 교회의 지속적인 타락 그리고 다가올 마지막 때만이 완전하다고 그리스도인들이 말하게 만드는 현재의 불완전함 사이에는 무슨 관계가 있다고 보아야 하는가?

수세기 동안 그리스도인들에게는 이러한 긴장을 해결하려는 유혹이 있었다. 그 가운데 한 해결책은 새 시대가 실현되었다거나 역사 안에서 완전히 실현되고 있다는 식으로 주장하는 것이다. 이러한 견해에 대한 한 가지 해석으로 남은 자 사상이 있는데, 이들은 특별히 부름 받은 예언자 그룹으로 길과 진리와 생명을 전하는 변화 받은 공동체로 여겨진다. 이 공동체는 다른 사람들과는 구별된 방식으로 빛을 소유하고 있다고 믿는다.

이 그룹은 단순히 자신들의 입장과 고통의 진실을 증거하는 것에 만족하고 자신들의 주장이 다가오는 시대에 입증될 것이라고 보는지도 모르겠다. 혹은 자신들이 역사 안에서 그 나라의 완전한 실현을 희망하기에 인류를 하나님나라로 인도하는 선구자라고 보는지도 모르겠다. 역사 안에서 하나님나라를 완전히 실현하기를 기대하는 사람들은 하나님의 나라가 인간의 이성과 통찰 안에서 서서히 성장함으로 도래할 것이라고 기대하거나 더욱 더 갈등적인 관점, 즉 변화는 억압받던 자들이 일어나 압제자들을 무너뜨릴 때에만 일어날 수 있다고 주장할지도 모르겠다. 이러한 입장에 대한 다른 해석은 사회에서 우위를 차지하는 집단이나 제도가 하나님나라를 이루기 위한 하나님의 특별한 대리인으로 자신을 여기는 것이다.

"이미 실현된" 하나님나라와 "아직 완성되지 않은" 하나님나라 사이에 존재하는 종말론적 긴장을 "실현된"이라는 극점으로 해결하려 할 때 기독교 신앙에 관한 네 가지 왜곡이 일어난다. 즉, 자기 의, 폭력적인 광신주의, 자기기만, 감상주의가 그것이다. 자기 의는 남은 자가 자신을 유일한 진리의 소유자로 간주할 때 생긴다. 자신만이 옳고 모든 사람은 틀렸다고 여기는 행동이 자만심이라는 죄를 짓게 한다. 이는 예수의 가장 신랄한 판단이 자신들을 다른 사람들보다 더 낫다고 간주한 종교 엘리트들에게 내려졌다는 것을 잊은 것이다.[51]

폭력적인 광신행위는 선구자가 자신을 모든 인류를 대신해 하나님나라를 여는 대리인으로 볼 때 발생한다. 이는 악과의 싸움에서 인내를 잃고 폭력으로 악을 파괴하는 메시아적 사역을 자신에게 지운다. 자기기만은 광신주의의 뿌리이다. 폭력을 사용하는 과정에서 그들은 빛을 알지 못하는 사람들을 파괴하는 방식으로 행동한다. 이는 자신을 타락시키고 자신이 이용한 그 목적과, 파괴하려 한 악을 세우는 꼴이다. 이것은 악은 악으로 극복할 수 없으며, 악은 그리스도가 고통 받는 종으로 나타난 것처럼 선에 의해서만 극복할 수 있다는 점을 잊은 것이다.

다른 형태의 자기기만은 한 지배적인 제도가 스스로 이 땅 위에 임한 보이는 하나님나라의 표현이라고 생각하면서도, 자신의 입장을 보호하려고 권력과 특권과 제휴하고 죄악 된 모든 종류의 인간적인 상황과 타협하는 것이다. 이는 그리스도가 다른 사람들 위에 군림하는 군주가 아니라 종으로서 자신의 주권을 행사하셨다는 것을 잊은 것이다.

감성주의는 만일 인간의 이성과 근원적인 선함이 편만해진다면 점차적으로 하나님나라가 이루어질 것이라고 기대하는 순진한 낙관주의에서 일어난다. 그러한 감성주의는 계속해서 인간의 상황에 존재하는 뿌리 깊은 악에 충격을 받는다. 이는 십자가와 같은 인간의 해방에 대한 대가를 생각하지 않기 때문이다.

종말론적 긴장을 해결하기에 부적절한 또 다른 방법은, 하나님나라의 실현에 대한 경험을 훼손시키면서 한 가지 혹은 다른 방식으로 "아직 실현되지 않은" 하나님나라의 본질을 강조하는 것이다. 이러한 해결책 중 한 형태는 칭의와 성화를 분리하고 하나님 앞에 있는 인간의 위치 변화를 구원으로만 강조하는 것이다. 이 관점에서 십자가는 그리스도의 희생을 통해 하나님의 정의가 이루어진 유일한 방법으로 여겨진다. 그래서 그리스도를 믿는 사람들에게 그들의 죄는 더는 청구되지 않는다. 그리스도께서 죄값을 "모두 지급하셨기" 때문이다.

그러므로 죄를 인식하고 은총을 간구하며, 죄에서 돌이켜 새로운 삶으로 들어가는 회개는 없다. 죄용서만 강조된다. 또한, 성령의 열매가 매일의 삶에서 드러나야 한다는 사실은 거의 강조하지 않는다. 주일 그 다음 주일에도 그리스도인들은 교회에 나와 자신의 죄를 고백하고 죄용서 받기를 구한다. 그리고 성례를 통해 하나님의 은혜를 받지만, 이웃의 다른 사람들과 똑같이 변화됨 없이 세상으로 돌아간다. 그리스도 안에 사는 새 삶에 대한 진정한 증거도 없고, 세상 가운데 비출 빛도 가지고 있지 않다. 종말론적 긴장에 대한 이러한 해결책은 저 유명한 "값싼 은혜"라 할 수 있다. 회개 없는 용서와 삶의 갱신이 없는 구원인 것이다.

다른 형태의 긴장 해결책은 현실 도피주의이다. 현실 도피적인 한 유형은 그리스도를 믿는 믿음을 심판과 지옥을 면하는 보증수표로 간주하는 것이다. 또 다른 유형은 세상이 철저하게 악할 뿐이라고 생각하는 사람들에게 나타난다. 이러한 그리스도인들은 시대의 표적이 자신의 나라를 세우러 오시는 그리스도의 재림이 임박했음을 말해준다고 믿는다. 구원은 전적으로 미래에 있을 일이므로 이 시대에 할 수 있는 일이란 그저 그리스도의 재림을 믿고 기다리는 일 뿐이라고 믿는다. 이러한 방법은 내면의 영혼이 고단한 현실에서 도피하게 한다. 이러한 도피는 꿈의 세계에 살도록 하는 마약과 같은 기능을 한다.

또 다른 형태의 방법은 인간 상황에 대한 분석에서 형성된다. 우리는 이것을 특별히 라인홀드 니버의 신학에서 찾아볼 수 있다. 니버는 인간의 죄가 편만함을 강조했는데, 특히 국민국가와 경제 이익 단체와 같은 다양한 집단이 자기 이익과 권세로 드러내는 죄를 강조했다.52) 그의 입장은 죄악 된 인간의 상황에 대한 분석에서 출발하는데, 이는 새 탄생의 경험에서 출발하는 종말론적 긴장 해결 유형과는 다르다. 이러한 입장 때문에 그는 역사의 구속 가능성은 충분히 강조하지 않았다. 역사는 오직 인간의 죄악성과 부적합성inadequacy만 드러낼 뿐이다. 기독교 신앙이 희망을 주지만, 이 희망은 역사의 과정이 지니는 비극적 요소들 너머에 최후의 성취ultimate fulfillment가 있다는 희망이다.

이 관점에서 그리스도 사건의 의미는 이중적이다. 십자가로 보여주신 이상적 사랑이 죄로 타락한 모든 인간의 행동을 심판함과 동시에 그 십자가가 역사 너머 인간의 성취를 가져올 수 있다는 미래의 희망을 가리킨다는 것이다. 니버의 관점에서 볼 때, 죄는 역사에서 피할 수 없는 것이므로 그리스도인들은 죄악 된 인간적 상황에 적응하고 이기심과 권세와 타협해야 한다. 십자가의 이상은 항상 이러한 타협을 심판하는 기준일 뿐 아니라 사회 질서 가운데 어느 정도의 정의를 추구할 지를 알려주는 안내자이다. 이 정의가 가능한 이유는 죄를 고려하기 때문이다. 동시에 이러한 정의가 상대적으로 선한 이유는 사랑의 규범이 상대적인 정의를 심판하는 위치에 있기 때문이다.

니버의 입장은 기독교 신앙을 심각하게 왜곡했다. 이는 그의 견해가 전체 성서 이야기의 기본 요점을 충분히 강조하지 않았기 때문이다. 전체 성서 이야기란 인간의 역사에 나타난, 자신의 백성을 새로운 백성으로 삼으시는 하나님의 구속적 행위를 말한다. 이 새로운 백성은 하나님 신앙 때문에 하나님의 뜻에 순종할 기회를 갖게 된 것이다. 니버는 인간의 가능성은 무엇인가라는 질문에 너무나 열중한 나머지, 하나님의 구속의 가능성은 충분히 강조하지 못했다. 너무나 낙관적인 자유주의와는 대조적으로 니버는 인간의 가능성들에 대해 너무나 비관적이었다. 하지만, 자유주의와 니버주의Niebuhrianism 모두 신학의 기본 시작점은 인간의 가능성에 대한 의문이라는 공통된 가정에 근거하고 있다. 이러한 관점에서 이 양자는 하나의 보편적인 실패로 왜곡된다. 즉, 하나님은 힘의 근원이시며 구속자요 인간의 분화 속에서 창조적으로 활동하시는 분이며, 죄에서 자유케하신는 분, 곧 정사와 권세들에서 자유를 주시며, 인간에게 다시 한 번 순종할 수 있는 기회를 주시는 분이라는 믿음의 부족이다.[53]

또한 니버의 입장은 죄와의 타협을 정당화하는 사상적 구조를 갖게 했는데, 이러한 정당화는 기독교 신앙을 인간의 역사에 아무런 자극도 주지 않는 유약한 운동으로 만들었다. 역사 저 너머의 희망이 주는 위안은 무엇을 위한 것인가? 이 희망은 인간의 죄와 역압이 불가피하기 때문에, 사람들이 이것들을 참아내게 하는 아편이 아닌가?

그래서 죄가 불가항력적이라고 주장하는 사람들은 교묘하게 죄를 정당화하는 일에 관여한다. 만일 죄를 짓는 것 외에 달리 하는 일이 불가능하다면, 그러면 우리는 우리가 하는 일에 대해 책임을 질 수 없기 때문이다. 반면, 정말 책임을 지면서, 우리가 할 수 있는 일이 용서를 구하는 것이라면, 다시 "값싼 은혜"의 위험에 처하는 것이 아닌가? 회개와 갱생의 가능성과 연관이 없는 용서는 자유와 해방의 용서가 아니다. 그저 아이들이 안도감을 갖기 위해 안는 모포에 지나지 않는다. 더 나아가서 그러한 입장은 너무나 빨리 엄청난 타협이라는 유혹에 직면한다. 사랑이 항상 역사상 가능한 정의를 뛰어넘는 기준이었다는 사실에도, 타협이 불가피하다고 보기 때문에 너무나 기꺼이 모든 것에 타협하게 되는 것이다.54)

그리스도 안에서 죄를 짓지 않는 것은 가능하다. 비록 우리 자신이 완전히 순결하고 모든 죄에서 자유하다고 주장할 수는 없겠지만 말이다. 우리는 우리의 행동이나 그렇게 행동하게 된 동기가 순전한지를 분명히 알지 못한다. 자신의 완전함을 주장하는 것은 자기 의라는 죄를 짓는 것이다.

반면, 죄가 불가항력적이라서 행동하는 순간마다 죄를 지을 수밖에 없다고 말하는 것은 중대한 실수다. 이렇게 주장하는 것은 하나님의 구속적 행동이 역사 가운데 나타날 가능성을 부인하는 것이다. 또한, 하나님께서 우리를 자유케 하시고 해방하셔서 우리가 당신이 찬양받으실 가치 있는 행위를 하도록 하실 수 있다는 가능성을 부인하는 것이다.

그럼에도, 종말론적 관점은 우리에게 모든 인간의 비전과 제도적 구조와 인간의 행동은 제한적이고 불완전하게 하나님나라를 표현하고 있다는 것을 알려주어야 한다. 이것은 인간의 제도 생활의 모든 영역에 적용할 수 있다. 하지만, 우리는 우리를 향한 하나님의 자비하심을 경험하므로 죄 많고 타락한 세상에 이웃하여 사는 인간을 향해 자비롭게 행동하도록 도전을 받는다. 우리는 이 세상에서 급진적인 제자도를 따르도록 부름 받았다. "그러므로 너희의 하늘 아버지께서 완전하신 것과 같이, 너희도 완전하여 라."마5:48 우리는 우리에게 주어지는 도덕적 요구를 희석시키거나, 이 요구와 타협하려는 어떠한 신학적·윤리적·실용적 근거들도 허락해서는 안 된다. 반면 그러한 도덕적 요구가 의롭고 순결하려는 것에 지나치게 열중한 나머지 어떤 행동도 취할 수 없도록 해서는 안 될 뿐 아니라, 죄와 불완전으로 가득한 세상에서 행동하는 위험을 더는 취할 수 없도록 막아서도 안 된다.

이러한 맥락에서 마틴 루터의 믿음으로 의롭게 된다는 원리는 중요한 역할을 한다. 그리스도의 죽음과 부활을 통해 하나님은 우리의 죄를 용서하셨다. 이는 우리가 우리를 향한 하나님의 약속을 믿기만 하면 가능한 것이다. 이러한 사고에서는 그리스도인들은 엄청난 자유를 받았다. 하나님은 하나님나라를 위해 모든 위험을 감수하고 우리를 자유케 하셨다. 우리가 이런 관점을 취한다면, 우리가 해야 할 기본 질문은 죄를 짓지 않고 어떻게 이 세상에서 행동할 수 있는가가 아니라 하나님의 능력과 용서로 어떻게 하나님나라를 위해 자유롭게 행동할 수 있는가가 될 것이다. 이것은 내가 하나님 앞에서 의로워졌으니 은혜를 충만히 하고자 감히 죄를 지을 수 있는 것이 아니다. 믿음으로 입은 칭의가 값싼 은혜가 되어서는 안 된다. 믿음으로 의로워졌다는 것은 내가 실패할 때에도 하나님의 용서를 확신하면서 세상에서 제자가 될 수 있도록 자유로워졌다는 것을 의미한다.

우리는 십자가가 지니는 정치적이고 윤리적인 의미를 강조해왔다. 십자가는 예수께서 인간에 대한 하나님의 사랑에 급진적으로 반응하신 대가로 짊어지신 자발적인 고통이다. 그리스도인들은 이 십자가에 순종하도록 부름 받았다. 하지만, 십자가는 또한, 인간의 죄를 사하시는 하나님의 용서에 관한 상징이기도 하다. 예수님은 십자가에서 모든 것을 지급했고, 이를 믿는 사람들은 은혜로 자유하게 되었다. 이 두 관점은 함께 가야 한다. 둘 중 어떤 것도 제자도를 소멸시킬 수는 없다. 제자도라는 십자가는 모든 값을 지급한 십자가와 관련해서 지지되어야 한다.

이 두 관점은 최고의 전례인 주의 만찬에서 함께 견지되어야 한다. 한 편으로, 주의 만찬은 우리가 죄 용서함을 받을 수 있게 하신 그리스도의 희생을 기억하고 찬양하는 것이며, 다른 한편으로, 사랑으로 하나가 된 사람들의 새로운 교제, 곧 코이노니아를 상징한다. 이들은 지금 함께 먹음으로 메시아가 베풀 잔치를 미리 맛보는 것이다. 그래서 하나 되지 않고 미움을 지닌 채 주의 만찬을 먹는 것은 주의 만찬이 지니는 본래의 의미를 어기고, 그 자신에게 심판을 불러오는 것이다. 회개와 윤리적 갱생이 없는 전례는 가짜다. 이 때문에 예수님의 말씀에 따르면, 형제나 자매와 불화한 사람은 재물을 재단에 두고 먼저 가서 그들과 화해해야 하는 것이다. 또한, 성찬식은 죄인들, 곧 하나님의 용서와 은혜가 필요한 사람들을 위한 것이다. 만일 주의 만찬을 먹기 위해 윤리적 완전함이 절대적인 조건으로 필요하다면, 우리 중 누구도 이에 참여할 수 없을 것이다. 그러나 사랑으로 화해하는 마음과 동시에 사랑이 부족한 곳에 하나님의 용서의 은혜를 기대하면서 주의 만찬에 나아올 것을 서로에게 제안할 수 있을 때, 주의 만찬의 풍성함이 나타난다.

# 3부

# 행동을 위한 규범적 원리들

# NORMATIVE PRINCIPLES FOR ACTION IN THE WORLD

# 5장

## 정의 : **사회 제도의 목표**

우리는 앞에서 평화를 이루어야 하는 기독교의 윤리적 책임이 확연한 폭력 갈등을 방지하거나 이를 평화롭게 해결하는 것에 그치는 것이 아니라는 것을 언급했다. 평화를 이루는 것은 모든 사람을 위한 충분하고도 전체적인 인간 발달을 이끌어낼 수 있는 물리적·사회적 환경, 곧 총체적 조건들을 향한 작업으로 확장되어야 한다. 하지만, 불행히도 과거에는, 기독교 정의가 심각히 훼손되는 사회적 구조를 현상 유지하는 모양새를 유지해왔다. 물론 사회기관들 내에 완전한 인간의 정의가 이루어진다고 보는 것은 죄악된 인간의 질서와 항상 긴장을 이루는 유토피아적인 이상일 뿐이다. 그럼에도, 우리는 기독교가 책임성 있게 추구해야 할 목표를 정의 내려야 한다. 그렇게 되면 적어도 우리는 이떻게 이 목표에 가깝게 접근할 수 있는지를 정할 수 있다.

## A. 신앙 공동체부터 정치학까지

그리스도인들이 자신들이 가진 신학의 관점을 인간의 상황에 효과적으로 결부시키려면, 신앙 공동체 안에서 의미를 지니는 신학적·윤리적 규준들을 정치 질서에 적용할 수 있는 원리로 해석해낼 수 있어야 한다. 이러한 해석 과정은 두 가지 차이를 좁히기 위해서 필요하다. 그 차이란 개별적인 신앙 공동체와 거대한 정치공동체 간의 차이, 그리고 교회와 정치 기구들 사이의 차이를 말한다.1) 어떤 사람들은 정치 기구들과 교회 사이의 갈등은 필요하다고 주장할지도 모르겠다. 정치학의 본질은 "검"sword이기 때문이라는 것이다. 예를 들면, 궁극적 제재는 폭력이다. 비록 이 폭력이 정치 상황에 실재하는 것은 사실이지만, 마치 정치 기구들이 정치적인 어떤 것으로 존재하려면 폭력이 필요한 것처럼 정치 상황을 이러한 정의로 축소할 수는 없다. 정치 기구들의 본질적인 목적은 공공의 선을 위해 협력하는 것이다. 강압적인 폭력은 종종 효과가 없다. 우리가 이 폭력의 중요성을 과장하는 것은 폭력의 사용 여부가 우리의 주의를 끌고 토론을 이끌어내기 때문이다.

기독교 신앙 공동체와 정치 공동체 사이에는 긴장이 존재한다. 신앙 공동체는 신자들의 기본적 헌신과 가치들에 대해 공통된 언어를 공유하지만, 다수의 신앙 공동체를 대표하는 정치 공동체는 개별 신앙 공동체의 구성원들과 같이 동일한 언어를 공유하지 않는다. 만일 우리가 우리의 기독교 가치들을 거대한 정치 질서와 연결시키려면, 우리는 우리의 윤리 언어를 "탈고백화"deconfessionalize하는 방법을 찾아서 정치 질서가 지니는 공공의 선을 위한 폭넓은 관심사와 연결해야 한다.

그리스도인들이 신앙을 정치학과 연결하려고 신앙을 탈고백화하기 위해 찾는 방법 중 하나는 자연법이다. 자연법은 모든 사람이 이성을 사용해서 알 수 있는 보편적인 도덕 원리들이라고 일반적으로 정의내릴 수 있다. 이때 이성은 정치와 경제 기구들을 다루는 정책의 안내자이다. 한 개인이 속해있는 공동체의 특정한 신앙자세와는 무관한 것으로 알려진 하나의 보편적 도덕 이성이 존재한다는 가정은, 자연법 이론의 근간을 이루고 있다. 어떤 특정한 내용도 모든 이성적 인간이 이해할 수 있는 것과는 구별되며,

사회 제도들과 관련이 있는 "기독교" 윤리학이라 할 수 없다.

나는 이러한 기독교 사회윤리학적 접근에 대한 스탠리 하우어워스 Stanley Hauerwas의 비평에 동의한다. 그가 주장하는 것은 그러한 자세가 기독교 윤리학의 내러티브 구조와, 그리스도인으로서의 정체성과 의미를 갖게 하는 창조와 타락, 구속 그리고 소망이라는 성서 이야기에서 윤리적 원리들을 추출하려고 함으로써, 결국은 변별적인 기독교 윤리학의 내용을 파괴하게 된다는 것이다. 자연법 윤리학은 윤리학을 미니멀리스트 원리들 minimalist principles, 즉 예를 들면, 보통의 이성을 사용하는 세계의 모든 사람이 합의할 그런 원리들로 축소시킨다. 하우어워스는 그러한 관점이 기독교 윤리학의 분명한 공헌을 침해한다고 말하고 있다. 이 윤리학은 하나님의 은혜의 이야기가 역사를 통하여 흐르고, 예수 그리스도 사건에 이르러 정점에 이르면서 우리의 성품과 그 성품이 표현된 행동들을 만들어가는 데도 말이다. 하우어워스는 우리가 이 상세하고도 구체적인 역사에서 도망하는 대신, 성서의 이야기를 껴안음으로써 우리의 삶을 보다 심오하게 이루어가며, 교회가 그 독특함을 유지하면서 진정한 교회가 되도록 할 수 있다고 주장한다. 하우어워스는 이러한 접근이 특히 기독교의 비폭력 입장에 대단히 중요하다고 믿는다. 왜냐하면, 비폭력의 윤리는 궁극적으로는 역사를 통제하려는 우리의 노력이 아니라 하나님을 믿는 우리의 신앙에 근거하고 있기 때문이다. 이와는 대조적으로 자연법 이론은 폭력을 정당화하도록 만든다. 이는 인간이 정치적이며 경제적 기구의 통제 안에 있어야 한다고 믿기 때문이다. 하우어워스는 교회가 무엇보다도 교회다워야 하며 평화의 하나님나라 윤리를 공동체 삶에서 살아내야 한다고 말하고 있다.2)

나도 역시 성서 드라마의 구조 내에서 그리스도인의 정체성을 정의하는 하우어워스와 마찬가지로 바로 그곳에서부터 출발하기 때문에 하우어워스의 태도에는 동의하지만, 그는 그리스도인들이 교회가 아닌 기관들 institutions 안에서 일하고 살아갈 때 기독교 윤리학이 어떻게 작동하는지에 대해서는 충분히 설명하지 못하고 있다. 그래서 이를 조정하는 원리들을 찾아내고 교회가 아닌 제도들에 적용하고자 복음을 내러티브 구조 밖으로 해석해내는 것이 필요하다. 이러한 조정의 원리들이 기독교 신앙에 확고히 뿌리를 두고 있지만, 그리고 모든 인간이 이성의 결과라며 지지할 원리일 필요는 없지만, 기독교 내러티브 구조를 갖고 있지 않는 제도들에 적용할 방식으로 해석되어야 한다. 이 책은 이러한 해석의 과정, 즉 어떻게 기독교적 비폭력을 이 세상의 국제 정치에 적용할 수 있는가를 보여주는 하나의 훈련이다. 그리스도인은 성서의 내러티브 구조를 여전히 고수하면서, 어떻게 제도들과 정책들을 만들어갈 수 있을까? 더욱이 신학적–윤리적 규준들을 직접적으로 정치 현실에 직접적으로 적용하려는 어떠한 시도도 없고, 정치적 제도들은 교회의 그것과는 판이한 목적을 갖는데 말이다.

나는 교회란 이 세상에서 하나님이 주신 특별한 직무를 위해, 하나님의 부르심에 대한 반응으로 공동체 일원이 되기로 선택한 일단의 사람들로 이루어진다는 생각에서 출발하려고 한다. 이와는 대조적으로 우리는 정치적 질서 속으로 태어나는데, 이 정치적 질서 안에서 우리는 물리적 생존과 번영이라는 견지에서 일상의 삶을 정돈할 필요에 직면한다. 그리스도인들이 중대한 실수를 저지르는 경우는 이 차이를 분명히 명심하지 않을 때이다. 그렇지 않은 경우, 이들은 정치 제도들이 마치 교회와 같이 특수한 기독교의 도덕 기준을 정치적 질서 위에 부과하기를 바라거나, 일반적인 정치질서 관행을 따르려고 교회의 기준을 심각하게 낮추게 된다. 전자는 복음주의자들의 취지이고, 후자는 주류 교단의 취지이다. 후자의 경우는 국가가 전쟁을 치를 때, 교회가 전방위적인 지원을 아끼지 않는 것에서 분명하게 드러난다.

교회가 신앙 공동체로서 본연의 기준들을 신실히 따르면서도 동시에 어떻게 거대한 정치공동체와도 그 관계를 유지할 수 있는가가 핵심 문제이다. 이 장에서는 2개의 조정 윤리 개념인 정의와 비폭력을 상세히 설명하려고 한다. 이 두 개념은 정치적 현실과 관련이 있으면서, 동시에 기독교 신앙의 근본 가치들을 반영하고 있다. 이 책 앞장에서 나는 신앙의 언어와 성서를 주로 살펴보았다. 이제 이 장에서는 보다 엄밀히 거대한 정치 공동체가 지닌 인본주의적 언어와 관련해서 정의와 비폭력에 대해 이야기할 것이다. 나의 목표는 그리스도인들이 거대한 정치적 목적들을 위해 타인들과 협력할 수 있는 접촉점과 공통된 견해를 찾아내는 것이다.

신앙공동체와 정치공동체의 관계는 겹쳐 있는 두 개의 원으로 설명할 수 있다. 두 원이 겹쳐 있는 부분은 교회가 공동의 선을 위해 거대한 정치 공동체와 창조적으로 협력하는 일에 관여할 수 있는 영역이다. 두 원이 겹치지 않는 곳에서도 교회는 정치공동체 내에서 중대한 판단의 언어와 행동을 시작하는 중요한 역할을 한다. 그리고 이것은 주의를 기울이기만하면 정치를 보다 인간적이고 보다 참을만한 것으로 만들 것이다.

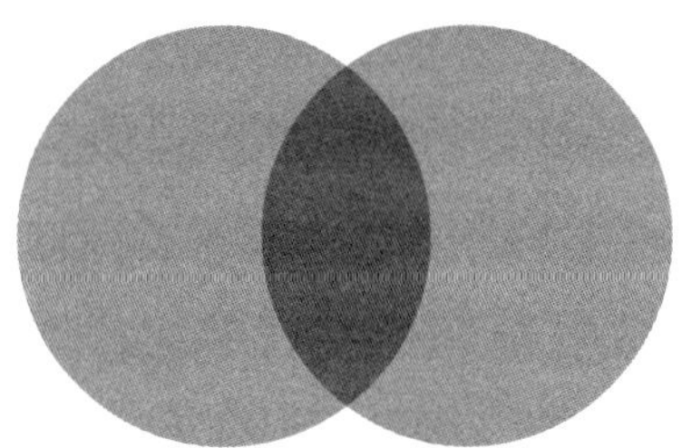

그리스도인이 된다는 것은 "그리스도" 패러다임에 대한 충실도를 그리스도인의 행위를 평가하는 기준으로 받아들이는 것을 의미한다. 자신을 그리스도인이라고 선언하는 것은 궁극적 실재가 성서적 패러다임의 구속사 속에 자신을 계시했으며, 이 계시 사건의 정점이 그리스도 사건이라는

것을 고백하는 것이다. 그래서 그리스도인들이 계시와 동떨어진 독립적이며 이성적이거나 철학적 근거들을 바탕으로 정치적 규범들을 발전시켜보려고 하는 것은 가능하지도 적절하지도 않다. 사실 이는 계시가 그리스도인들을 움직이게 하는 절대 전제가 아니며, 신앙과 견줄만한 어떤 것이 동일한 가치를 지닌다는 것을 의미하는 것이다.

반면, 인류와의 그리스도인들의 연대는 도시국가와 사회질서, 곧 모든 인간이 공동의 선을 위해 협력의 길을 찾아야 하는 곳에서 사회적 정치적 행동을 하기 위한 맥락이다. 이러한 공동의 선을 이루기 위한 직무를 맡은 그리스도인들은 정치적 행동을 취할 때 신앙의 기준을 대입한다. 정의와 비폭력의 개념은 그러한 규범의 구조를 제공한다. 이 원리는 그리스도인이 도시국가가 추구하는 목표와 목적에 대해 분별력 있는 판단을 하게하며, 뿐만 아니라 개개인과 그룹들이 이러한 목표를 이루어내게 하는 수단이다. 동시에 이 두 개념은 도시국가 형성에 관심이 있는 비그리스도인들의 관심사와 관계가 있다.

## B. 개인에 국한되지 않는 구조에 대한 관심

대부분 그리스도인은 고통 받고 있거나 긴급한 필요가 있는 개인들을 보면, 이들을 돕는 것이 자신의 도덕적 책임이라고 생각한다고 말하는 것이 아마도 공평할 것이다. 이러한 도움의 모범이 신약성서의 선한 사마리아인 이야기에 나와 있다. 가뭄이나 굶주림이 있으면 대부분 그리스도인은 자신들이 가진 것을 필요한 사람들에게 주는 것이 자신의 의무라고 생각한다. 토네이도나 지진 혹은 질병과 같은 재앙이 닥쳐올 때에도 그리스도도인들은 희생자들을 돕는 것이 도덕적 의무라고 생각한다. 이러한 종류의 도덕적 민감성은 칭찬받아 마땅하다. 그리고 이러한 민감함은 세상에 대량 선을 유통시킨다. 하지만, 그것으로는 충분치 않다. 때로 이러한 행위는 선보다는 오히려 해를 끼칠 수도 있다.

연민은 정의를 추구하면서 나타나야 한다. 정의에 관심이 있는 사람들은 기근이나 질병, 전쟁으로 발생한 희생자들을 돌보는 것 뿐 아니라 이 희생자들을 양산해내는 근본 상황들이 무엇인가를 찾아낸다. 종종 잘못은 특별히 사악한 특정 개개인에게가 아니라 한 사회의 제도들이나 구조들에 있다. 앞장에서 언급한 것과 같이, 그리스도인들은 정사와 권세에서 사람들을 해방하거나 정사와 권세를 변혁할 길을 찾아야 한다. 그럼으로써 이러한 구조들이 하나님이 의도하신 기능들을 제대로 수행할 수 있게 하는 것이다. 재앙의 원인이 되는 구조적 문제들을 변화시키려는 몸부림 없이 그저 재앙의 희생자들만을 치료한다거나, 개인을 회심시키려고 하는 것은 기독교의 사회적 책임을 온전히 이루기에는 모자라다.

근본 문제는 어떻게 의사결정권과 경제적 자원들을 사회 체제 안에 분산 배치하느냐이다. 예를 들어, 배고픔이라는 문제는 다방면으로 접근할 수 있다. 부를 분배하는 과정에서 불균등을 초래하는 경제적 체제들, 상대적 부유국과 빈곤국간의 통상관계, 세계시장의 유효성, 영농의 기계화와 같은 기술의 발달, 더 나아가 한 나라 안에서 가격을 떨어뜨려서 한 개인의 이윤 창출을 위한 식량 생산이 되지 않도록 하는 식량 원조 등을 들 수 있을 것이다. 직접적 원조가 실제로는 도움보다는 더 큰 희생자를 낼 수도 있다. 그래서 그리스도인들이 사회내부나 국제 체제 내의 구조적 상황이나 제도적 조정에 대해 더 신중하게 생각해보는 것이 중요하다. 그리스도인들은 연민의 원리를 적용할 때, 그 방식은 장기적인 접근으로, 착취와 압제 그리고 인간적 불행에서 희생자들을 자유케 하는 심층적인 방법을 취해야 하며, 인간의 건강과 통합을 이끌어낼 수 있는 조건들을 만들어내야 한다. 우리는 인간의 불행이 가져온 결과가 아니라 그 원인을 이해할 필요가 있다. 문제와 해결책으로써 개별 인간에게 집중하는 대신 구조의

중요성을 이해해야 하는 것이다.3)

## C. 규범으로써의 정의

### 1. 접근법

정의는 제도에 적용할 수 있는 윤리적 용어다. 정의의 근본 의미는 특정한 개인이나 그룹에 마땅히 돌아가야 하는 것이다. 이러한 맥락에서 우리는 특별히 의사결정권과 상품과 자원들을 정치와 경제 체제 안에서 어떻게 분배해야 하는가에 관심을 갖는다.

많은 정의에 대한 관점과 정의의 본뜻에 이르기 위한 다양한 방법들이 존재한다. 일부에서는 정의의 본뜻을 정하기 위해 완전히 합리적인 방법을 발달시켜 보았다. 가장 영향력 있고 중요한 기독교 윤리학 가운데 하나는 존 롤스John Rawls의 정의론Atheoryof Justice이다. 롤스는 우리가 "무지의 베일"에 가린 채 "원초적 상태"original position에 우리 자신을 넣음으로써 정의의 본뜻에 이를 것을 주장한다. 이로써 롤스가 의미하는 바는 우리가 사회 안에서 가지게 될 입장을 전혀 알지 못하는 상황을 상상해야 한다는 것이다. 우리가 부유해질지 혹은 가난해질지 의사결정권자가 될지를 모르는 상황을 말이다. 만일 우리가 합리적인 자신의 이익을 따라 움직인다면, 우리는 어떤 정의의 관점을 옹호할 것인가? 롤스가 믿는 바는 우리는 사회에서의 자신의 상태를 잘 모르기 때문에 사회 내부의 특정 그룹이 표명하는 관점으로 정의justice를 정의함으로써 발전시키는 것보다 오히려 더 보편적이고, 그래서 객관적인 정의관을 발전시킬 것이라는 것이다.4)

롤스의 정의론은 2가지의 원리를 도출해낸다. 제1원리는 "모든 사람은 타인의 자유와 비견할 수 있는 가장 광범위한 기본 자유를 가져야 한다."이다.5) 롤스는 다음과 같이 말하고 있다. "이 제 1원리는 정의의 원리인 두 번째 원리에 우선한다. 두 번째 원리인 정의의 원리는 이렇게 설명할 수 있다. 즉, 사회적·경제적 불평등을 조정해서 최소 수혜자들에게 최대의 혜택을 줄 뿐 아니라 모든 기회균등을 가질 권리가 있는 이들에게 직업획득의 기회가 돌아갈 수 있도록 하는 것이다."6)

롤스의 주장은 본질적으로 미국의 자유주의 신조를 합리적으로 방어하게 되었다. 이 첫 번째 원리에서 시민들의 언론, 집회의 자유와 자유로운 종교 활동을 보호하는 미국 헌법의 권리장전에 명기된 수많은 권리가 도출됐다. 이러한 권리들은 최대다수의 최대행복을 신뢰하는 다수가 투표라는 횡포로 소수자들의 권리를 박탈할 수 없도록 보호를 받는다.7) 롤스는 우리가 "원초적 상태"에서는 정의의 첫 번째 원리로 공리주의를 선택하지는 않을 것이라고 주장한다. 이는 우리가 소수자일 수도 있다고 생각하기 때문에, 모두를 위한 최고의 선이라는 이유로 다수에게 기꺼이 양보하지는 않을 것이라는 것이다. 개인의 자유는 사회의 보편적 선보다 더 근본적이다.

롤스의 두 번째 원리는 기본적으로 기회의 균등을 말한다. 사회에 존재하는 불평등은 모든 사람이 공평한 기회를 갖기만 한다면 허용할 수 있는 것이다. 사람들은 인종이나 신념 때문에 차별을 받아서는 안 된다. 교육자원들은 모든 사람에게 열려있어서 사람들이 체제 안에서 동등하게 경쟁할 수 있어야 한다. 한 사회의 법률은 모든 사람에게 공평한 절차를 통해 작동해야 한다. 요컨대, 비록 결과가 불평등으로 이끌지라도 과정은 공평해야 한다는 것이다.

롤스는 더 나아가서 "사회경제적 불평등은 단지 모든 이들에게 이익이 돌아가게 할 경우, 특히 최소 수혜자들에게 이익이 돌아가도록 할 때에 한해서 용인될 수 있다"라고 말한다.8) 하지만, 이 원리는 사회 정책에 지침이 되지 못하는데, 이는 한 특정 정책이 최소 수혜자들에게 이익이 돌아가도록 하는 데 효과가 있는지를 증명하기가 상당히 어렵기 때문이다. 사실상 롤스의 주장은 상당한 불평등을 용인한다. 즉, 소수가 축적하는 자본이 결국에는 소량이지만 "찔끔 찔끔 떨어져" 최소 수혜자들에게 이익을 가져다준다고 믿는 사람들을 지지하게 되는 것이다. 그래서 롤스의 정의론은 합리적으로 자유주의를 방어할 뿐 아니라 산업 자본주의 정의론의 근간을 지지하고 있다. 이것은 롤스가 "무지의 베일"에서 자신이 속한 사회의 기초 정의론을 방어해야 했다는 것을 알려준다.

롤스가 그의 정의론을 도출하게 된 방법과 이 방법을 적용해서 도출한 원리들에는 의문점이 있다. 스탠리 하우어워스는 롤스의 접근이 다분히 문제가 있다고 간파했는데, 이는 롤스의 정의론이 윤리적 추론이 지니는 내러티브 혹은 맥락적 요소를 적절히 고려하는 데 실패했기 때문이다.[9] 롤스의 입장은 그것이 발전되었던 맥락인 미국 자유주의와 산업자본주의와 놀랍게 일치하고 있어서, 우리는 우리들의 특정한 입장과 별개로 객관적인 도덕적 기준을 요구할 수 없다. 기독교 관점을 지닌 우리는 그리스도인이 된다는 것은 곧 특별한 공동체인 교회가 지진 정의에 관한 관점을 갖는 것을 의미한다는 점을 확신해야 한다.

교회가 정의하는 정의正義는 하나님의 구속 사역이 펼쳐지는 특별한 성서 드라마, 곧 예수 그리스도에 이르러 정점을 이루는 맥락에서 유래한다. 어떤 점에서 이 내러티브 맥락은 롤스의 정의의 원리들과 일치하지만, 중요한 다른 관점들에 있어서는 롤스의 그것을 넘어선다. 롤스가 자신의 주장을 합리적으로 설명해내려고 했던 것과 같이, 기독교 내러티브 맥락에서 기독교적 정의에 대한 대안적 정의定議를 설명하는 것과 공적인 토론의 장에서 정의正義에 관한 기독교적 정의定議가 더욱 더 적절한 이유를 합리적으로 설명하는 것은 그리스도인의 의무다. 이런 의미에서 윤리 논쟁은 일종의 합리적인 계획으로 단순히 하나의 관점이 다른 관점과 충돌하는 것을 의미하는 것이 아니다. 다음 부분에서는 기독교적 관점에서 본 정의를 설명하고, 이러한 입장이 롤스와 다른 입장들보다 정의를 설명하는데 더욱 더 적절한 이유를 설명하려고 한다.

## 2. 성서적 정의: 약자들의 마땅한 권리를 희구함

정의에 관한 성서적 관점을 알아보기 위한 시작점은 모든 인간이 물질적·사회적·영적인 풍요로움이 통합된 삶을 살아야 한다는 기대expectation이다. 하나님의 정의는 우리가 삶의 모형으로 삼아야 하는 것으로 특별히 가난한 자, 약자, 노예들, 죄인, 유기된 자들처럼 가장 쓸모없는 자들이 온전해지고 구원을 얻는 것을 목적으로 한다. 가난, 압제, 속박 그리고 다른 형태의 인간성 박탈은 근본적으로 모든 인간을 향한 하나님의 자비에 용납되지 않는 것이다. "너희들 가운데 가난한 자가 있게 말지니라"신15:4 나사렛에서 행한 예수님의 설교를 보자.

> 주의 영이 내게 내리셨다. 주께서 내게 기름을 부으셔서, 가난한 사람들에게 기쁜 소식을 전하게 하셨다. 주께서 나를 보내셔서, 포로된 사람들에게 자유를, 눈먼 사람들에게 다시 보게 함을 선포하고, 억눌린 사람들을 풀어 주고, 주의 은혜의 해를 선포하게 하셨다.눅4:18~19

그래서 스티븐 모트Stephen Mott는 주장하기를 근본적인 성서적 정의의 모습은 시정是正의 원리를 갖는다고 했다. "성서적 정의는 이 시정의 원리가 지배하는데, 이 원리는 참살이의 기준을 달성하는 데 필요한 조건들 안에 있는 불평등이 대략적인 평등으로 수정되어야 한다고 말한다."10) 극심한 가난이나 정치적 압제의 결과로 자유와 경제적 독립을 잃은 상황이라면, 사회적 상황들이 제자리를 잡아야 하고, 그럼으로써 사람들이 동등한 상황에서 다시 시작할 수 있어야 한다. 이러한 정의의 관점이 희년 개념의 기초가 된다. 사람들이 가난에 찌들고 노예가 될 지경까지 빚에 내몰리는 상황은 시정되어야 한다. 토지는 원소유주에게 돌아가고 빚은 탕감해서 사람들이 새로 시작할 수 있게 해야 한다.

이러한 정의의 관점을 기초로 하는 신학적 가정은 이 땅의 자원들은 모든 사람의 참된 삶을 위해 하나님께 속해 있다고 본다. 권력과 부가 너무나 불평등하게 분배되어 가난과 압제가 뒤따른다면, 권력과 부는 기본적인 인간의 필요들을 충족시키고자 가진 자에게서 갖지 못한 자에게 재분배되어야 한다.

모트는 이 관점이 내포하는 바를 다음과 같이 잘 요약하고 있다.

하나님의 정의가 우리를 동기 부여할 때 우리의 기본적인 충성과 동정이 깊이 고무될 것이다. 그러면 우리는 복지 수혜자들을 위한 생계비 지원을 삭감함으로써 세금 상승률을 막으려는 법안 때문에 실제로 수입이 감소한 수급자와 자신을 동일시하게 된다. 우리는 또 일자리를 얻으려고 편견과 싸웠지만 결국 얻은 것이라고는 일자리를 잃는 것뿐인 흑인 노동자들의 시각에 감사하게 될 것이다. 왜냐하면, 실업 증가로 발생한 인플레이션을 대처하려고 마지막으로 고용한 사람들이 제일 먼저 해고되었기 때문이다. 우리는 정규직 근로자로 일하지만, 가난을 벗어나지 못하는 근로자의 낙심을 느낄 수 있어야 한다. 또 외국 정부의 지원을 받은 엘리트 집단의 쿠데타로 자신이 선거를 통해 세우려 했던 정부가 전복되는 것을 보아온 제3세계 노동자의 좌절을 나눠야 한다. 우리는 이국땅에 사는 한 아버지의 절망, 곧 감옥에서 죽은 아들의 몸에 고문의 흔적을 발견하고, 외국에서 흘러들어온 돈이 인간의 권리를 박탈하는 악명 높은 독재자를 지원하는 곳으로 흘러들어 가는 이유를 묻는 그 아버지의 절망을 느껴야 한다. 우리의 관점은 또한, 회사의 실제 소유주가 본국에서는 엄격한 통제로 제조할 수 없어서 노동자의 나라에 세운 비닐기 염화물 공장에서 일하

다 간암으로 죽어가는 남편을 둔 여성을 향한 것이어야 한다.11)

## 3. 다양한 정의의 관점에 대한 비판적 분석

### a. 롤스를 보는 다른 관점

존 롤스의 정의론은 근본적으로 개인주의적이다. 그래서 그룹연대가 인간의 정체성을 결정하기 때문에 사람들이 경제적·정치적 체제 안에서 받게 될 몫을 결정하는 방식을 고려하는 데 실패했다. 개인주의적 시각에서 출발한 롤스는 정의를 안전한 자유와 개인들을 위한 동등한 기회로 정의하고 있다. 그러므로 이러한 개인주의적 출발점이 정의가 요구하는 바들을 충족시킬 것이라고 주장한다.

데이비드 윌스David Wills는 롤스의 정의론이 미국의 인종에 관한 정의正義에 적용하기에는 부적절하다고 지적한다. 그는 "모든 형태의 전횡적 처리에서 개인을 자유케 하는" 것을 강조하는 자유주의적 정의正義 이상이, 대부분 경제적 하류계층에 속해 있다는 사실 때문에 불평등한 실업과 불완전한 고용, 가난에 묶여 있는 흑인 그룹의 상황을 적절히 설명하지 못하고 있다고 지적한다.12) 경제평등정의의 의미에 대해 표준이 되는 자유주의적 설명은 정의의 필요조건이 개인들에게 아래의 것들을 제공함으로써 충족될 수 있다는 것을 가정하고 있다. 즉,

개인들은 스스로의 노력으로 성공할 수 있는 동등한 기회들을 받아야 한다. 만일 이러한 기회를 얻는다면, 개개인은 스스로의 기술과 근면함으로 다양한 수입과 소유물을 갖게 된다. 이것은 불의한 것이 아니다. 경주가 공정하게 치러지기만 한다면 승자와 패자가 있는 것은 당연한 이치다. 이러한 원리, 즉 기회균등의 원리는 또한, 개인에 대한 비차별적 처우와 같이 인종적 정의正義에 대해 자유주의적 정의를 내리는 특징적 요소이다. 인종차별은 정확히 불의한

것이다. 왜냐하면, 이는 자유로운 경제상의 경주를 방해하기 때문이다.13)

월스는 "경주가 공정하게 치러지는가"에 초점을 맞춤으로써, 결과가 정의로운가를 판단할 가능성을 차단한다고 말한다. 이 결과는 여전히 경제적 측면에서 흑인과 백인의 극단의 불평등을 몰고 온다. 자유주의는 정의란 개인들에 대한 비차별적 처우라고 강조하지만, 그룹 정체성에서 유래한 불이익을 설명하는 데는 실패한다. 이 그룹 정체성은 구조적 요인으로, 한 사회 안에서 영원히 작동해서 한 그룹의 흑인들이 자신들에게 배정된 경제적 몫을 받을 수 없도록 한다. 이러한 조건들은 경제적·정치적 구조들로 형성되는데, 이는 흑인 그룹에 지속적으로 유해한 영향을 끼치고 오랫동안의 노예제와 인종차별이라는 결과를 낳았다. 81~82쪽과 123쪽의 정사와 권세에 대한 설명을 참고하라.

월스가 주장하는 보상적 정의compensatory justice 개념(내가 믿기로 이것은 모트의 시정의 원리principle of redress와 같다.)은

자유주의가 전통적으로 의지하는 개인주의적 구조를 거부하고 있다. 지금은 이미 고인이 된 흑인들에게 백인들이 저지른 불의한 일로 현대 백인이 짊어지게 된 의무에 대해 언급하는 것은, 결국 전통적인 자유주의가 고집스럽게 부인해왔던 도덕의 중요성을 인종그룹의 정체성과 그 지속성 속에서 인지하는 것이다. 이는 흑인과 백인 가족의 평균 수입의 격차가 불평등을 보여주고 있음을 인정하는 것이다. 이러한 불평등은 관계가 있는 그룹들의 관점에서 이해해야 하며, 각 개인을 거부하는 차별적 행동으로 해석되어서는 안 된다. 또한, 미국인들의 경제활동은 각 개인이 동시대인들과 벌이는 경주라기보다는, 이전 세대들이 획득한 지위를 보존하고 향상시키기 위한 친족집단들이 벌이는 부단한 경쟁이라는 것을 인정해야 한다. 마지막으로 전통적으로 이해되는 기

회균등이라는 아이디어는 인종 간의 정의, 특히 인종 간의 경제적 정의를 규정하는 것에 제한적으로 사용되고 있음을 인정해야 한다.14)

시정redress이나 보상적 정의의 원리가 진지하게 받아들여졌더라면, 이 원리들은 흑인과 백인의 경제적 평등을 요구했을 것이고, 따라서, 미국인들은 경제적 불평등과 경제 계급의 실재를 받아들이도록 강제 받았을 것이다. 윌스가 믿는 것은 그러한 의무가

사람들을 사회주의적 전통으로 다시 몰고 간다고 믿는다. "자본주의의 착취"라는 말은 그것이 계층 간 불평등의 본질을 경제적으로 설명하기에는 부적절하지만, 적어도 산업 자본주의가 너무나 분명하게 만들어내고 유지해오는 불평등한 인간관계를 인식하고 죄악으로 규정한다는 것은 사실이다.15)

b. 마르크스주의자-사회주의자의 정의론

나는 마르크스주의와 사회주의가 같다거나 이 두 이념의 다양하면서도 미묘한 차이를 덮어두고자 하는 것은 아니다. 하지만, 이 책에서 다루려는 의도를 따르기 위해, 대부분 마르크스주의자와 사회주의자가 분배적 정의를 비슷하게 이해하고 있다고 일러두는 것이 알맞은 듯하다. 하지만, 이 두 이념은 사회직 불평등의 원인을 분석히기나 사회 변화를 일으키는 방식에서는 완전히 다르다. 마르크스주의자들과 사회주의자들은 경제적 자원들은 기본적 인간의 필요를 충족시키려고 가능한 한 똑같이 분배돼야 한다는 관점을 고수하고 있다. 또한, 이들은 기본적인 인간 가족의 연합을 주장하기 때문에 경쟁적으로 경제적 이윤을 남기기려고 사람들과 그룹들이 서로 분리하는 경제 체제를 거부한다. 일부 그리스도인들이 사회주의와 마르크스주의의 사회 정의관에 매력을 느끼는 것은 이해할만하다. 이

는 인류 전체 가족의 참살이가 가능하도록 가능한 한 평등하게 자원들을 분배함으로써 기본적인 인간의 필요들을 충족시키려 하는 것이 성서적인 정의관이기 때문이다. 기독교도는 사회주의를 지지한다. 19세기 중반 영국에서 사회주의는 이미 19세기 초반부터 사회적 복음 운동의 요체였고, 설득력이 있었는데, 특히 제3세계의 그리스도인들에게는 강력한 영향을 미쳤다. 폴 틸리히Paul Tillich는 1957년 일단의 학생들이 그에게 사회주의를 지지하냐고 물었을 때, 다음과 같이 말한 것으로 알려졌다. "사회주의는 기독교적 관점으로 가능한 유일한 경제 체제다."16)

나도 자원이 사람들의 기본적 필요를 충족시키려면 사회 내부에 분배돼야 한다는 관점에 기본적으로 공감한다. 이 관점은 사람들이 생존에 필수적인 최소한의 자원을 가지도록 보장할 책임이 사회에 있으며, 각 개인은 그러한 사회를 누릴 가치가 있다는 것을 기본적으로 전제하고 있다. 개인의 장점이나 가치에 상관없이 그리고 한 사회 내부의 시장 기능에 상관없이, 모든 사람은 사회 안에서 기본적인 필요를 공급받을 권리를 가진다.

지금까지 나는 '기본적인' 혹은 '우선하는' 이라는 말로 이 관점을 설명했다. 여기서 기본적인 최저한도가 정확히 무엇인지, 또 기본적 필요가 무엇인지 정하기는 어렵지만, 기본적인 하한선은 충분히 결정할 수 있으리라고 본다. 물론 세계가 모두 인정하는 차원에서 '필요'가 의미하는 바를 결정하기는 너무나 어렵다. 내가 생각할 때, 기본적인 사회 최저는 식량, 의복, 주서, 교육의 필요와 생계를 꾸릴 권리를 가지고 자신을 스스로 지탱해 나갈 수 있는 정도를 의미한다.

언론의 자유와 종교의 자유와 같은 자유주의적 신조에 따른 기본적인 인간의 권리들 또한, 인간의 필요들이다. 이러한 측면에 관해서는 다른 관점에서 언급했지만, 여기서 대부분 마르크스주의가 충분히 포괄적인 필요에 관한 관점을 가지지 못하다는 것을 지적할 필요가 있다. 민주사회주의는 경제적 평등 개념과 인간의 권리에 대한 자유주의적이며 민주적인 관점을 적절히 결합한 유일한 관점이다. 모든 사람이 부여받아야 할 우선하는 필요와 물질들 외에도 사람들의 필요는 너무나 다양하다. 어떤 사람들은 물질적 풍요를 별로 중요하게 여기지 않지만, 어떤 사람들은 지극히 물질을 필요로 한다. 어떤 이들은 책이나 음악, 예술과 같은 문화가 필요하지만, 집, 자동차, 그 외의 다른 안락함을 절대적으로 요구하는 사람들이 있다. 그래서 기본적인 사회 최저를 넘어서는 필요들을 결정하는 것은 지극히 부적절하다.

필요와 관련한 중요한 질문은 개인의 경쟁에 따른 분배를 완전히 무시해야 하는가이다. 일단 기본적인 사회최저선이 만족되면, 사회는 개인의 실력이 이루어낸 다양한 공헌들을 무시해야 하는가? 일부에서는 기본적인 사회 최저선을 보증하는 것이 모든 일할 의욕을 없애버릴 것이라고 주장한다. 반면, 더욱 더 급진적이고 인류평등적인 정의 개념을 발전시켜온 사회는 덜 개인주의적이면서 더 상호적인 동기부여 방식을 발전시켜왔다. 가장 눈에 띄는 사례는 중국에서 찾아볼 수 있는데, 그곳에서 작업의 동기는 개인적 보상이 아니라 개인이 공통의 선에 기여한 공헌이다. 사실 이것도 내가 이해하기로는 변할 것이다. 이러한 공동사회를 위한 동기부여는 개인에게 집단의 압력을 가함으로써 이루어진다. 그래서 어느 정도까지 이 공동사회를 위한 동기부여 원리를 중국인들이 사발적으로 동의하여 따를 것인지, 그리고 어느 정도까지 이러한 자발적 동의가 강제력으로 이루어질 수 있을지 정하기는 어렵다. 아마도 최적의 체계는 개인 주도에 바탕을 둔 사회와 더욱 더 공동의 선이 원리가 되는 사회 사이 그 어디쯤 있을 것이다.

사회 최저선을 보장해서 사람들이 어느 정도의 부와 힘을 균등하게 가질 기회를 얻게 하는 정의의 개념은 개인의 자유라는 가치와 결합할 수 있는데, 이 개인의 자유 가치는 다양한 동기와 이익, 그리고 필요에 대한 정의definition들을 반영하는 일부 불평등을 허락한다. 하지만, 사회 최저선에 있는 사람들이 우선권을 가지며, 그 후에 조건들이 충족될 때만이 불평등은 정당화될 수 있다. 일부에서는 이 정의관이 그리 평등적이지 않다고 주장한다. 하지만, 정의가 기본적인 사회 최저 원리를 요구한다는 이 개념을 단지 채택만 했을 뿐인 많은 사회에서 주요한 변화가 일어나고 있다.

일부는 개인의 기본적 필요 충족을 보장하는 것이 자신의 복지를 추구하는 개인의 의욕과 책임을 해친다고 주장할지도 모르겠다. 그들은 어떤 사람들은 체제의 무임승차자가 될 것이라고 생각한다. 어떤 사람들은 이 사회최저를 받는 것으로 만족하고, 사회의 기부로 살아갈 수도 있다는 것을 인정해야 한다. 하지만, 대부분 사람들은 기본적 사회 최저선, 그 이상을 원한다. 사람들은 예를 들면, 공공교육, 대중교통, 대중오락과 같이 사회 전체가 만들어낸 산물들과 이것들에서 얻는 유익을 포함하는 기본적인 생존, 그 이상의 가치를 추구하려는 동기를 갖는다. 기본적 사회 최저선을 보장받아야 할 사람들은 대부분 노인이거나 아동이며, 병자와 장애인, 미성년 아이를 키우는 편부모 등이다. 거대한 시련, 즉 개선하려는 개인의 노력으로는 불가능한 그 이상의 시련에 직면해서 생존을 위해 사투를 벌이는 사람에게 감당할 수 없는 짐을 지우는 것은 불공정하다. 공동체 내에서 부모가 없는 아이들과 과부와 가난한 자와 이방인들을 돌보지 않거나 관심 두지 않는 것은 기독교의 사랑과 분명히 대치된다.


### c. 인간의 권리

정의의 문제에 초점을 두는 다른 방법은 인간의 권리가 의미하는 바를 숙고하는 것이다. 인간의 권리에 관한 토론에는 적어도 3가지 차원이 있다. 첫째, 정치적·문화적 권리, 둘째, 사회적·경제적 참된 삶의 권리, 셋

째, 생명을 유지하게 하는 환경을 심각하게 위협받지 않을 권리다.17) 스티
븐 모트Stephen Mott에 따르면, 성서가 인간의 권리를 말하고 있지는 않지
만,

> 개인의 참된 삶에 대한 욕구는 개인의 기본 권리를 생각하게 한다. 인간의 권
> 리는 인간이 목적으로서 가치를 지닐 때 갖게 되는 요구들의 결정체이다. 인
> 간의 존엄성은 하나님의 사랑에 근거해서 부여받은 것이므로 이 존엄함을 구
> 체적으로 표현하고 보호할 필요가 있는 권리들 또한, 부여받은 것이다. 모든
> 권리는 의무를 포함한다. 권리들은 우리를 냉대와 압제에서 자유케 하며 동시
> 에 타인을 존중할 것을 명령한다.18)

자유민주주의 국가가 강조하는 권리들 그리고 예를 들어, 미국 헌법이
보장하는 권리들은 정치적·문화적 권리들을 의미한다. 언론·집회의 권
리, 정치적통일체body politic의 관점을 형성하고 주창할 권리, 스스로의 정
치 체제를 결정하고 선택할 권리, 자유로운 종교 활동의 권리, 자유를 파
괴하지 않으면서 타인들과 양립하는 생활방식을 추구할 권리, 공정한 재
판을 받을 권리, 고문과 부당한 억류와 투옥에서의 자유 등을 포함한다.
이러한 권리들이 전 세계에서 보편적으로 지지받는 것은 아니다. 사실, 우
익 정부와 좌익 정부 모두에게서 세계 인구의 절반이 넘는 이들이 이러한
권리를 유린당하고 있다. 그리스도인들은 이러한 권리들을 지지해야 한
다. 이러한 권리들을 보존하고 보호하는 일에 관심이 있는 그리스도인들
은 그러한 권리들이 존재하는 곳에서 앞서 말한 구조들이 무엇과 같은지
이해해야 한다. 또 이러한 권리에 대한 인식도 없고, 보호되지도 않는 곳
에서 기존의 구조들을 수정하거나 새로운 구조를 창출하는 가능성은 무엇
인지도 이해해야 한다.

두 번째 차원은 사회적·경제적 참된 삶과 관련된 권리들이다. 이러한 권리들에는 살아갈 만큼의 음식과, 쾌적한 집, 적절한 건강관리, 생활이 가능한 직업이나 의미 있는 방법, 적절한 교육의 권리들이 있다. 사회주의 경제는 이러한 목표들을 강조하는 경향이 있다. 노르웨이와 스웨덴 같은 스칸디나비아 국가들은 기본적인 사회적 필요를 충족시키는 데 성공한 것으로 유명하다. 중국은 장개석이 이끌었던 혁명 전 시대에 엄청난 진보를 보였다. 소련과 대부분의 동유럽 마르크스주의 국가들은 상당한 정도로 자국민들의 기본적인 사회적·경제적 필요들을 충족시킬 수 있었다. 여전히 불평등이 존재하고, 첫 번째 차원의 권리도 완전히 이루지 못했지만 말이다.

자본주의 사회는 상당한 물질적 부를 창출해냈지만, 불평등 또한, 만연하다. 그래서 이들 사회에서는 부의 극치 가운데 빈곤이 상존한다. 중국에서 비고용 인구는 알려져 있지 않다. 이것은 산업자본주의 불변의 특징이다. 그래서 인간의 권리에 대한 토론은 짐작했던 것보다 훨씬 복잡하다. 반면, 한 체제 아래서 정치적·문화적 영역의 어떤 권리들은 미국의 경우처럼 잘 보호를 받는다. 또 다른 체제 아래에서 사회적·경제적 복지는 중국에서처럼 더 잘 보호를 받는다. 우리는 자신에게 어떤 구조들이 이 두 권리를 보존하고 보호할 수 있는지를 물어봐야 한다. 민주사회주의는 경제적 평등에 기반해서 정치적 권리와 목적을 보호할 수 있는 체제이기를 요구한다.

세 번째 차원의 권리는 삶을 유지시키는 환경을 위협받지 않고 살 수 있는 권리이다. 보통 이 세 번째 차원의 권리는 인간 권리를 논하는 자리에 들어가지 못한다. 하지만, 우리는 여기에서 핵무기로 말미암은 참화와 증가하는 환경오염을 언급하고 싶다. 지금까지 살펴본 인간 권리의 차원 중 어느 것도 국민국가라는 경계 안으로 한정될 수는 없다. 하지만, 세 번째 영역은 특별히 세계적 차원에서 다루어져야 한다. 한 국가가 환경이나 오존층, 바다에 미친 영향은 세계의 모든 생물에게 직접적인 영향을 미친다. 그래서 그리스도인들은 거주하기 적합한 물리적 환경을 보존할 방법을 찾는 세계의 조직들에 관심을 가져야 한다. 핵무기 통제에 관심을 갖는 것이 이와 무관하지 않다. 이 문제 역시 인간의 권리문제이다. 예를 들어, 전 미국 대통령 지미 카터는 인간의 권리를 미국의 대외 정책의 중요한 요인으로 강조했지만, 핵무기 폐기를 인간 권리에 대한 의제로 연결하지는 못했다.

또한, 후대를 위한 우리의 의무에 주의를 기울여야 한다. 우리가 우리 세대에 사회 정의를 이루어내려고 현재의 모든 자연 자원을 소비하는 것이 정당한가? 자연 자원은 한 세대에만 속한 것이 아니라 후대와 함께 모든 하나님의 사람에게 속한 것이다. 우리는 다음 세대를 위해서 그들이 삶을 영위할 수 있는 환경을 보장받을 수 있도록 우리 세대에 행동해야 한다. 여기서 행동이란 공동의 선을 이루고 다음 세대를 위해 환경을 보호하는 기구들을 발전시키는 것을 포함하는데, 이를 통해 다음 세대들은 동등한 기회를 갖게 될 것이다. 그런 면에서 정의로운 사회는 미래 세대들을 위해 아껴두어야 할 사회다.


### d. 가치 정의론Merit View of Justice

개인이나 그룹들이 마땅히 받아야 할 것을 받아야 한다는 정의론이 있다. 개인이나 그룹들은 그들이 성취한 바에 알맞은 보상을 받아야 한다. 비슷한 공적은 이에 상응하도록 보상받아야 한다. 그래서 만일 사람들이 열심히 일해서 사회에 공헌한다면, 사회는 이들의 공헌에 걸맞은 보상을 해줘야 할 의무를 지닌다. 오늘날 "공적"merit은 보통 구성원들의 업적, 곧 사회가 가치를 부여하는 공헌으로 정의할 수 있다. 때로 공적은 더 배타적으로 어떤 개인의 타고난 가치와 신분 혹은 사회에서의 위치에 대한 보상으로 정의되기도 한다.

공적이라는 뜻으로 정의되는 정의justice는 여러 가지 이유로 문제가 있다. 우선, 그리스도인이라면 모든 사람은 어떠한 천부적 재능을 가지고 태어났든, 어떠한 사회적 환경에 태어났든, 또 그들이 무슨 일을 성취해내든 상관없이 인간 고유의 가치를 지닌다는 신학적 원리에서 출발해야 한다는 점이다. 사람들은 그들이 성취하는 바에 의해서가 아니라 그들 자신이 하나님이 동등하게 가치 있게 창조한 피조물이라는 점 때문에 가치 있는 존재여야 한다.

둘째로, 신학적 관점과 인간의 상황에 대한 고찰을 통해, 우리는 현재의 자신과 사회에서 성취한 부와 힘이 하나의 선물이며 사건이며, 단순히 우리 자신의 노력과 성공의 산물은 아니라는 것을 알게 된다. 우리는 가족이나 사회 환경을 선택해서 태어나지 않는다. 출생과 관계있는 요소들은 무엇보다 더 우리가 얼마나 먹는지, 지능은 어떠할지(영아기 때의 단백질 부족은 뇌 발달을 저해하기 때문에), 얼마나 오래 살지, 어떤 교육을 받게 될지를 결정한다. 다른 사람에게서 받은 선물들은 기본적으로 인생에 찾아오는 기회들을 바꿀 수 있다. 가정과 학교를 통한 기회들, 친구의 격려하는 말, 우연한 만남과 기회는 우리 자신의 노력보다는 우리의 성취와 더 관계가 있다. 기독교 관점에서 볼 때, 이러한 선물과 은혜를 경험한 인간은 감사하는 태도를 갖게 된다. 이렇게 보면, 우리 인생 자체가 선물이다. 우리를 생존하게 하고 영양을 공급하는 환경이 선물이며, 기독교 신앙의 입장에서 볼 때, 지금의 우리는 하나님의 은혜의 결과다. 아주 깊은 차원에서 우리는 어떤 것도 사실 스스로 노력해서 얻은 것이 없다.

세 번째, 공적이나 가치에 근거한 정의 개념으로 한 사회를 움직이는 것은 불가능하다. 물질이 부족할 때 누가 그 물건을 받을 만한 가치가 있는가를 결정하는 것은 누구인가? 누구의 가치 기준으로 그러한 판단을 내리는가? 인공신장 공급이 부족해 수요를 따라갈 수 없는 상황을 가정해보자. 인공신장을 받을 만한 가장 가치 있는 사람에게 부족한 신장을 주어야 할까? 그렇다면, 그러한 결정은 어떻게 할까? 누가 결정을 내릴까? 실제적인 관점에서 보자면, 모자에 이름을 써 넣고 한 사람씩 선택하도록 해서 모든 사람에게 동등하게 기회를 주는 것이 가치이든 공적이든 그 근거로 부족한 신장을 줄 사람을 결정하는 것보다 훨씬 정의로울 것이다.[19]

### e. 시장에 따라 결정되는 정의

정의에 관한 또 다른 관점은 자유 경쟁 시장에서 개인의 노동이 공헌한 바에 상응하는 임금을 받아야 한다는 것이다. 이 입장은 만일 시장이 경쟁적으로 작동한다면, 공정한 가격과 임금이 자동적으로 결정될 것이라고 가정하고 있다. 만일 한 지역에서 노동력의 공급과잉이 일어나면 임금은 내려갈 수밖에 없고, 노동력은 더 요구되고, 사람들은 임금이 더 높은 지역에서 일하려고 할 것이다. 이 입장이 가정하는 것은 자유로운 경쟁 시장이 자동적으로 균형을 찾아내리라는 것이다. 이러한 입장을 지지하는 사람들은 정부의 과도한 외부 개입 없이 자유 경쟁 시장 내로 모든 사람의 자유가 확대되는 체제를 선호한다.

정의에 대한 자유 경쟁 시상 관섬은 정의는 개인이 자신의 이익을 추구할 때 이루어진다고 가정한다. 이 가정은 실제 상황에서 확인할 수 있는 것 같지는 않다. 자본주의 이론은 수많은 기업가가 비교적 동등한 정도의 힘과 부를 가진 상태에서 서로 경쟁한다는 것을 전제로 하고 있다. 하지만, 실제로는 일부 그룹과 개인들이 부와 힘을 가지는 유리한 입장에 있다. 일단 유리한 고지를 차지하면, 그들의 부와 권력은 거의 기하급수적으로 축적된다. 이는 결국 이들이 시장을 독점하거나 전권을 행사할 수 있게 되며, 결국 시장은 더는 경쟁의 기능을 할 수 없게 된다. 일단 한 개인이나 기업이 기술적 진보를 위해 자본을 사용하고 축적할 수 있으면, 그 이상의 유리한 입지에 서게 되며 권력과 자원 소유의 격차를 벌려가게 된다. 이 격차가 커질수록 부와 자본은 소수자에게 집중되고, 시장은 자유롭지도 경쟁적이지도 않게 된다.

둘째, 정의에 관한 이 이론은 사람들이 비교적 동등한 조건에서 출발한다는 것을 가정할 뿐, 앞에서 언급한 출생이라는 사건을 고려하지 못하고 있다.

셋째, 이 관점은 가렛 하든Garrett Harden이 지적한 것처럼 "공유의 비극"을 설명할 수 없다.20) 하든은 소를 방목할 수 있는 공유 목초지의 경우를 예로 든다. 농부는 자신의 이윤을 따라서 가능한 한 많은 소를 방목해서 자신의 이익이 최대화되도록 할 것이다. 결과는 공유지의 비극이다. 왜냐하면, 공유지는 방목하는 소로 넘쳐나고, 목초는 사라져서 목초지가 다시 살아나기까지는 아무런 이익을 얻을 수 없을 것이기 때문이다. 하든은 "공유의 비극"을 환경이라는 현대적 문제를 상징하는 것으로 보았다. 홀로 살아가는 사람이 환경을 파괴하는 것이 아니라, 같은 방식으로 살아가는 수많은 사람이 바로 생존의 조건들을 파괴하는 것이다. 경쟁시장 관점이 고수하는 것은 자연자원 공급이 제한되어 있다는 가정이다. 이 관점에서는 많은 사람이 자신의 이익을 추구할 때조차도 조화를 이룰 수 있다고 가정한다. 이는 모든 사람이 동시에 자신의 이익을 추구할 때 초래하는 결핍과 한계의 문제를 직시하지 못하는 것이다.

넷째, 정의에 대한 자유경쟁시장 관점은 시장이 단기적으로 요동치면서 일어나는 난제를 다루지 못한다. 수요와 공급이 결국은 균형을 이룰 것이라고 낙관하지만, 이 관점은 갑자기 직장을 잃고 쉽게 새 직업을 찾아서 적응할 수 없거나, 새로운 지역으로 이동하거나 실업자 재교육을 받을 수 없는 사람들과 그룹들을 고려하지 않고 있다. 더 장기적인 조건과 기회부족이 더 빈번해지는 이유는 단기적으로 시장이 요동치는 문제를 넘어서는 경우도 있다. 이 입장은 태생부터 동등한 기회를 보장받지 못하고, 그래서 영원히 최소 수혜자의 위치에 머무를 수밖에 없는 그런 사회 구조 속에 있는 사람들을 고려하지 못한다. 더욱이, 자본의 움직임이 도시와 주, 국가에서 가속화하기 때문에, 한 지역이 다른 지역을 소외시키는 그 지역만의 협력이 일어날 수 있다. 자본은 세제 감면이 최고이면서 노동력이 가장 싼 곳으로 흘러간다. 이 때문에 많은 다국적 기업은 자국이 아닌 외국으로 진출하고 있으며, 이러한 이동은 노동자들에게는 장기적인 손해를 가져올 수 있다.[21]

### f. 공리주의

어떤 사람들은 정의는 한 사회의 상품이나 만족의 합계가 가능한 최대화할 때 이루어진다고 믿는다. 이러한 만족의 총체는 다양한 방법으로 분배할 수 있다. 만족satisfactions 혹은 쾌락the good을 최고점의 만족으로 정의하는 경우가 있는가 하면, 또 다른 관점은 만족이나 쾌락의 총계가 최대 다수의 사람들에게로 최대화되어야 한다고 본다.

공리주의적 입장은 산출되는 만족(혹은 행복)의 양에 따라 옳은 행위를 정한다.[22] 사회의 최대 다수를 위한 최대 만족을 이루기 위한 온진힌 공리주의 이론은 이론상으로는 최대의 행복을 위해 소수의 자유와 삶을 희생할 수 있다고 본다. 이 관점은 근본적으로 기독교 신앙이 개인에게 가치를 두는 것과는 대치된다. 또한, 성서에서 말하는 기본적인 정의에 대한 강조를 무시한다. 우리는 사회의 최소 수혜자들을 위한 정의를 추구해야 한다. 특별히 빈자와 약자 그리고 추방자들은 전체 사회의 최대 행복이라는 공리주의 계산법에 따라 소외되기 쉬운 계층이다.

존 롤스의 공리주의 비판은 기독교 관점과 일치한다. 롤스는 주장하기를, 만일 우리가 사회에서 어떤 위치를 갖게 될지 알지 못하는 처지에 있게 된다면(예를 들어, 우리가 가난할지 부자가 될지, 혹은 지도자가 될지 반체제자가 될지 알지 못한다면), 우리는 다수의 이익을 위해 소수의 자유를 희생시키는 정의에는 동의하지 않을 것이다.

요약하면, 기독교 내러티브 맥락에서 정의의 목표는 기본적인 인간의 필요를 충족시키는 것이다. 모든 사람은 하나님이 가치 있게 지으신 존재이므로 모든 사람과 그룹은 그들에게 '예정한' 기본 권리들을 갖는다. 이러한 권리들은, 정치적 · 문화적 · 경제적 · 사회적인 권리들이다. 또한, 생명을 유지해주는 환경적 조건들을 포함하고 있다. 이 관점에서 정의는 롤스의 정의관인 개인을 위한 균등한 기회의 의미 그 이상이다. 진정한 정의는 오류를 바로잡고, 과거의 불의를 겪은 그룹이나 계층민들에게 보상해서(이 개념은 성경의 희년에서 찾아볼 수 있다.) 온전한 삶 곧 샬롬을 보증할 수 있는 기본적인 인간의 필요들을 채울 방법을 모색하는 것이다. 그래서 앞에서 다룬 가치, 시장 그리고 공리주의적 관점 등은 이 관점에서 볼 때 부적절하다.

## D. 정의 그리고 국제 질서

앞장에서 우리는 일반적인 정의론들을 살펴봤지만, 정의가 어떻게 국제기구에 적용되는가에 대해서는 고찰해보지 않았다. 지금 이 부분의 주제가 이 책 전체의 주제가 되기에 여기에서는 어떻게 정의가 국제 질서에 적용되는지를 전반적으로 안내 할 생각이다.

### 1. 복잡성에 대한 인식

정의의 원리들이 국제 질서의 지침서로 해석될 수 있을까? 국제 수준으로의 해석은 윤리적 지침의 정의正義만큼 어렵지 않지만, 이 원리들을 실행하는 국제기구들은 많지 않다. 예를 들어, 존 롤스는 평등한 자유의 원리를 국제체제 안의 국가관계에 적용한다.

> 자연법의 기본 원리는 평등의 원리다. 국가의 체제를 갖춘 독립 민족들은 기초적인 평등권들을 가지고 있다. 이 원리는 입헌 정부 아래 있는 시민들의 평등권과 유비를 이룬다.[23]

이 원리는 국제법에 적용되어 외세의 개입이 없는 국민의 자주적 결정권과 외세의 침입에 대한 방어권으로 수립되었다. 시민들의 평등권과 독립민족들의 평등권 사이에 존재하는 유비는 어느 정도 수준까지는 유지되지만, 이내 깨어지기 시작한다. 이는 한 사회 내부에서, 사회제도의 구조 institutional structures가 평등한 자유의 원리들에 순응하도록 강제할 수 있으며, 개인이 자기방어권을 행사하는 경우, 그러한 자기 방어 행위가 정당한지를 평가하기 때문이다. 그 행위가 정당하지 않을 경우, 개인은 법에 따라 처벌받는다. 물론 국제관계의 경우, 이러한 제도들은 현재 매우 약하고, 국가들은 제도의 기준이 없이 오직 자국의 이익을 위해서 행동하는 경향을 보인다. 이를테면, 국가가 벌이는 전쟁이 진정한 자기 방어적 행동인지를 증명하도록 하는 제도의 기준도 없이 말이다. 제도는 군사력이 불필요하게 사용되고 있지 않으며, 선생이 미래의 평화를 회복하고 보징하는 방식으로 수행된다는 것을 확증하는 데 실패하고 있다.

분배의 정의의 원리를 국제 영역에도 적용할 수 있을까?[24] 세계는 급속하게 경제적으로 상호 의존적이 되어가고 있다. 이 상호의존은 기본적으로 사람들에게 유익을 제공한다. 왜냐하면, 사람들은 자원, 기술, 재화들을 교환하고자 서로에게 의존하지 않고는 생존할 수 없기 때문이다. 하지만, 세계인들은 협력으로 얻어진 상호 이익이 분배되는 방식에서는 중립적이지 않다. 그래서 분배의 정의 문제는 사회적 차원에서 일어나는 것과 마찬가지로 국제적 차원에서도 일어난다. 국제적 차원에서 이 분배의 정의가 무엇을 의미하는지를 결정하는 것은 아주 어려울 뿐 아니라 이 질문들을 국제적 차원에서 다루기는 더욱 어렵다. 이는 우리가 정의로운 분배가 의미하는 바에 동의한다 하더라도, 정의로운 분배를 가능케 하는 국제 제도들이 실제적으로는 존재하지 않으며, 아주 미약하기 때문이다.

가장 핵심적 문제는 우리가 개관한 정의의 원리들에 가장 잘 부합하는 제도와 절차는 무엇인가 하는 것이다. 이에 관여하는 사람들의 전통과 역사에 따라 다양성과 다른 판단의 여지가 존재한다. 올바른 상황 아래 정의와 양립 가능한 사회 체제의 유형은 경쟁적인 자유 시장 체제에서 생산수단을 집단적으로 공유하는 사회주의 체제에 이르기까지 광범위하다. 어떤 제도의 구조가 실제로 정의를 실행할 수 있을지는 항상 불확실하다. 이와 관련하여 현재 다국적 기업의 역할에 대해 격렬한 논쟁이 일어나고 있다. 다국적기업들은 정의의 조건들을 충족시키는가? 반대로 사회의 최소 수혜자들에 반하여 일하는가?[25]

이러한 질문들은 신중하고 경험적인 조사로서만 답을 찾을 수 있다. 그리고 각각의 상황은 사례별로 연구되어져야 한다. 이러한 종류의 의문들에 답할 때, 어떤 제도와 정책들이 더욱 더 정의로울지를 결정하려면 사회과학적 연구와 정책적 고려 그리고 윤리적 고찰이 필요하다. 신학자이자 윤리학자인 내가 발전 전략들이나 무역정책에 대해 판단을 내릴 만한 자격이 있는지는 모르겠다. 왜냐하면, 이러한 판단들은 사회과학자들과 정책입안자들의 전문성을 요하는 신중하면서도 경험적인 분석이 필요하기 때문이다. 하지만, 정책에 대한 판단은 전문가들의 몫으로만 남겨둘 수 있는 것도 아니다. 왜냐하면, 정책 토론은 또한, 불가피하게 가치동일화value commitment를 포함하기 때문이다. 경험적 분석 자체는 중립적이지 않고, 더 크고 중요한 세계관들에 의해 형성된다. 이 세계관들은 종종 함축적인 신학적·형이상학적 관점을 내포하고 있다. 사람들은 자신들과 동일시하는 그룹들로부터 가치와 세계에 대한 인식을 얻는 경향이 있는데, 학자들의 객관적인 분석도 이에 포함된다. 그리스도인으로서 우리는 전문가들이 목표를 추구함에 있어 기독교신앙에 상응하지 않는 수단들에 집착할 때, 이들 '전문가들'에게 정책 판단을 맡길 수 없다. 그 대신 그리스도인들은 전문가들이 자신들의 판단에 혼란을 느끼지 않도록, 그들이 추천한 정책들에 대해서 그리고 양심적인 사람들이 동의하지 않는 경험적 분석에 대해서도 어느 정도 양보를 해야 한다.[26]

국제정의를 이루기 위한 필요조건들은 너무나 의미심장한 변화들을 요구해서 우리가 직면하는 문제들이 너무나 압도적이며 다룰 수 없는 것처럼 보이게 한다. 세계정의가 이루어지려면 기본적인 인권이 항상 유린당하는 많은 사회의 거대한 변화가 필요하다. 경제적 견지에서 세계정의는 세계 모든 사람이 적어도 기본 재화나 생존을 위한 최소한의 사회적 필수품을 똑같이 가질 권리를 요구한다. 하지만, 지구상에는 생산총액의 불균형이 존재하고, 그 격차는 더욱 벌어지고 있다. 부유한 나라들과 가난한 나라들 사이의 불균형은 지구상에서 가장 불평등한 나라들에 사는 부자와 가난한 자 사이의 불균형만큼이나 크다. "기본적인 생활의 하한선"basic social minimum은 이 말이 다양한 문화 전통들과 사회 소식들 내에서 의미하는 바에 따라 약간의 조정이 필요하다. 그렇지만, 이와 같은 최소한의 사회정의 개념은 세계의 부국들이 정책을 수정하는 원인이 되었다. 그렇다 하더라도 지구상에 현존하는 불의가 서로 독립적으로 행동하는 의사결정권자들의 작용에 의한 것이라는 사실을 감안하면, 현실적으로 가능한 것이 무엇인지를 고려하지 않고는 변화를 명령할 수는 없다.

국제적 차원은 고사하고 사회 안에서 일어나는 인간고통의 근원을 이해하는 것이 어려운 이유는 사회적 상황을 만들어내는 많은 요인의 복잡한 상호작용 때문이다. 인간의 고통을 경감시키기 위해 우리가 적절하게 개입하고자 한다면, 모든 분석에서 공통적으로 발견되는 요인들을 고려해야 한다. 또한, 이러한 요인들이 특정한 형태의 환경적·역사적·사회적·정치적·경제적 상황들을 만들어내고자 일정한 형태로 상호작용하는 그 방식을 이해해야 한다.

모든 사회는 여섯 가지 변수 사이에서 복잡한 상호작용을 한다. 즉 사회의 자연 자원과 물리적 환경, 환경통제를 가능케 하는 기술의 발달을 위한 자본과 기술의 유형, 재화와 서비스가 사람들에게 분배되는 사회 내부에서의 교환 체계, 문화적·종교적·사회적 가치들을 반영하는 복잡한 공동체들을 사회적 관점으로 정리하는 일, 사람들의 사회참여 정도와 영향력 있는 결정들에 대한 통제력의 정도를 결정하는 정치적 구조들, 사회적 환경에 적응하는 데 영향을 미치는 문화적·종교적 가치들이 그것이다. 인간의 고통은 이 여섯 가지 변수 가운데 어떤 한 가지에 실패했기 때문에 일어난다. 보통은 이 모든 여섯 가지 변수 혹은 대부분 변수 간의 복잡한 상호작용으로 일어난다.

예를 들어, 가난하고 힘없는 수많은 사람에게 말할 수 없는 고통을 안겨주었던 엘살바도르의 갈등은, 소작농들이 가족을 부양하기에는 턱없이 땅이 부족했으며, 소수의 독재자가 그 땅을 지배해서 경제적 이익을 보고 싶어 했다는 사실이 복합적으로 얽혀서 나온 결과다. 이러한 체제는 사회의 변화를 위한 조직적인 움직임이 결여될 때 유지될 뿐 아니라, 반정부주의자들을 진압하려면 어떠한 고문과 폭력도 사용하는 군부나 테러리스트 그룹을 정부가 제지하기를 원하지 않았거나 혹은 실패했을 때 더욱 그렇다.

엘살바도르의 문제들은 필연적으로 세계의 이데올로기 갈등과 집단의 경제적 이익과 관련이 있다. 미국은 공산주의의 위협과 소련의 팽창주의의 영향을 받지 않고, 나라를 '안정'화하려고 엘살바도르 정부에 군사력 지원을 한다. 소작농들이 식량과 땅이 없어 고통받는 동안 최상의 경지를 통제하는 기업들이 미국과 다른 나라의 부유한 소비자들의 필요를 만족하게 할 농작물들을 수출한다.

어떤 사회에서든 인간의 고통은 다음의 여섯 가지 영역의 실패 중 하나, 혹은 그 조합으로 일어난다. ⑴ 절대적인 기능을 하는 음식, 옥토, 청결한 물과 공기, 에너지의 부족으로 자연환경과 사람의 적절한 관계의 부재, ⑵ 공동체의 사회적·문화적 가치들과 잘 융합하지 않는, 부적절한 혹은 부적당한 기술, ⑶ 동등한 가치를 갖지 않는 재화와 서비스의 교환으로 인하여, 혹은 한쪽의 과도한 강압으로 발생하는 착취, ⑷ 인간 삶의 존엄성이나 의미를 부여할 수 있는 대안 없이 가족이나 종교 질서와 같은 기본적 사회 제도들이 붕괴됨, ⑸ 권력자들이 공공의 선을 위해서가 아니라 자신의 이익을 추구하는 방식으로 권력을 사용하는 정치 체제, 혹은 결정들을 통제할 권력이 없는 이들에게 악영향을 미치는 정치체제, ⑹ 사회변화를 위해 일하도록 사람들을 동기부여 하지 않는 문화적 가치들.

지난 수십 년 동안 엄청난 대가를 치르면서 그리고 인간과 물리적 환경에 고통스러운 결과를 초래하면서 우리가 배운 것은 한 지역에서의 변화는 불가피하게 다른 지역에 영향을 미친다는 사실이다. 특별히 기술의 경우에 더욱 그런데, 많은 사람이 아직도 순진하게 기술이 중립적이라고 생각한다. 강 위에 댐을 건설하는 것은 수천 년 동안 진화해온 자연 환경에 영향을 줄 뿐 아니라, 인간 사회, 가치, 경제도 붕괴시킬 수 있다. 마을에 관개 시설이 정비됨으로써 주민들의 삶은 한층 편안해지겠지만, 물을 긷으려고 공동 우물로 모여야 했던 마을 전체의 사회적 관계 패턴에는 엄청난 영향을 미칠 수 있다. 인간 삶의 특정한 영역에 대해 중립적인 것처럼 보이는 결정들이 엄청난 영향력을 지니는 것이다.

예를 들어, 양질의 대중교통 체제보다 주州를 연결하는 고속화도로 건설을 위해 막대한 자금을 투자하기로 한 미국 의회의 결정은 미국인의 모든 삶의 영역에 엄청난 결과를 초래했다. 이 결정으로 무엇보다도 자동차가 급부상했다. 그러자 다음에는 특정한 사업과 산업들, 곧 자동차와 연관 있는 주유소, 모텔, 간이음식점, 타이어 공장, 운수산업, 도로건설업 등이 호황을 맞았다. 이러한 체제는 쇠락하던 도심지 주변에 쇼핑센터를 만들어냈고, 교외의 주거지가 확장되면서 도시를 변화시켰다. 대도시 연계 체제는 광활한 기름진 농토를 잠식했고, 공동체를 반으로 갈랐으며, 도시 내부의 도로를 따라 새 슬럼가와 바람직하지 않은 생활환경을 만들어냈다.

모텔, 식당, 주유소를 갖춘 복합 센터들이 주州간 고속도로를 따라 인터체인지에 번성하게 되자, 자동차 왕래가 없어진 구도로를 따라 형성하고 있던 작은 도시들은 사라져버렸다. 자동차가 뿜어내는 탄소 일산화물은 공기오염 문제를 일으켰고, 미국은 이 새로운 자동차 중심 체제를 유지하고자 외국산 석유에 점점 더 의존하고 있다. 미국의 대외정책은 점점 더 대 중동 석유 정책에 따라 바뀌고 있다. 반면, 철도역들이 폐쇄됨에 따라 철도이용 체제는 사라졌다. 수십 킬로미터의 철도 선로가 파손됐고, 철도 화물차들은 쓸모없어졌으며, 철도회사들이 도산했다.

리차드 바넷Richard Barnet은 다음과 같이 기술과 다른 사회 체제들의 상호의존성의 문제를 잘 설명하고 있다.


한 사회가 에너지 시스템을 살 때, 이와 함께 특정한 개발의 방향을 사는 것이다. 수입한 화석연료를 태우기, 새로운 석탄 기술을 개발하기, 핵을 옵션으로 고려하기, 태양 에너지, 핵융합, 해안의 바람을 이용하기 등 새로운 대안들을 개발하기로 함으로써, 지도자들은 의존적 사회가 얼마만큼 광물의 부족을 겪을 것인가, 물은 얼마나 사용할 것인가, 얼마나 많은 직업을 창출할 수 있는가, 어떤 도시와 지역들이 흥왕하고 쇠락할 것인가, 누가 정치권력을 장악할 것인가 등을 결정하는 것이다.[27]

하지만, 무엇보다도 제3세계 국가에 미치는 서구 기술과 산업화의 영향은 심각하게 고려되지 못하고 있다. 서구의 현대화와 산업 발달의 자본주의 모델이 제3세계 국가들이 직면한 인간 빈곤의 해결책이 될 수 있으리라는 가정은 대부분 환상인 것으로 드러났다. 전형적인 제3세계의 도시들이 이 문제를 극적으로 잘 보여준다. 이들 제3세계의 도시 중심 시가지는 현대의 고층빌딩과 현대화한 거리, 잘 차려입은 사람들과 자동차로 북적대는 역동적인 현대화의 상징인 뉴욕이나 런던, 베를린, 취리히와 다르지 않다. 도시는 잘 차려입은 도시인들이 사는 조용한 거리와 서구 산업 도시들에서도 보기 드문 호화로움과 수많은 가정 집사들을 둔 주택가로 이루어져 있다. 그리고 이 두 지역을 둘러서 주변 수 킬로미터에 걸쳐 끝없는 슬럼가가 늘어서 있다. 『제물의 피라미드』*Pyramids of Sacrifice*에서 앞서 말한 이 세 구역을 묘사하는 피터 버거Peter Berger에 따르면, 자본주의의 개발 이데올로기 비평은 다음의 두 가지 질문을 반드시 물어야 한다. 곧 "누가 이익을 보는가?"와 "누가 결정하는가?"이다. 개발로 이익을 얻는 사람은 누구인가에 대한 실문은 공산적 용어로 바꾸면, 이들 세 구역이 어떻게 서로 연결되어 있는가를 묻는 말이 될 수 있다.[28]

도시의 이 세 구역 간의 관계를 이해하는 열쇠는 이 세 구역의 상호의존성 이해에 달려있다. 다국적 기업은 제3세계 국가에 투자하고, 제3세계 국가의 정부기관 엘리트들은 그곳에 투자하는 다국적 기업에 호의적인 환경을 지원한다. 미국으로 대변되는 서구 산업 국가들은 이 엘리트를 군사적·정치적으로 지원하고, 다국적 기업의 이익 창출에 호의적인 제3세계 국가에 소위 안정성을 보장해준다.

리차드 바넷에 따르면, 군사력은 역동적인 성장과 자본의 축적을 촉진해서 브라질, 대한민국, 필리핀, 인도네시아 등과 같은 제3세계 주요 국가들이 국제 경제 안으로 통합되도록 한다.

바넷은 이 모든 나라가 여러 차원에서 브라질 모델을 따르고 있다고 말한다.

외국에서의 개인 투자자에게 매력적인 용어들이 있다. 고도의 과학기술 산업이나 도로, 고속도로, 댐과 같은 산업화 "기반시설" 확충에 진력, "임금 동결이나 인력 공급을 위한 노력" 등이 그것이다. 그러나 이 모델은 높은 성장률을 보이는 반면, 분배의 불균등이 심화되고 결과적으로 불가피하게 압제를 불러온다. 고된 노동과 재능으로 부자가 될 기회를 의미하는 경제복권으로 공포체제를 대체하지 않은 채, 노동자와 어떤 경제적 역할도 수행하지 못하는 사람들을 위한 경제체제를 민주적 사회에서 단호하게 실행하는 것은 불가능하다. 인구 대다수를 위한 보상이 없는 곳에서는 노트Knout ★ , 곤봉, 전기 충격기, 살인분대 등이 사회의 평화를 보장하는 수단들이다.29)

이러한 산업화 체제는 특히 전통적인 농업을 황폐화시켰다. 제3세계 농업의 기계화와 대도시 주변의 산업화 성장이 결합하자 소작농들의 도시로의 대이농이 일어났다. 이 현상은 거의 모든 제3세계 주요 도시에 거대한 슬럼가를 형성하는 주범이 됐다. 유나이티드 프루트United Fruit 소유 과테말라의 비옥한 농토나 돌 파인애플Dole Pineapple 소유의 필리핀에 있는 광활한 협동 농장은 이전에 입에 풀칠할 정도로 살았던 소작농들의 소박한 꿈들을 바꾸어놓았고, 이들은 서구 산업화의 산물인 현대적 공장에서 일

---

★옮긴이주 : 노트Knout – 러시아 태형기구

자리를 찾으러 도시로 떠나야 했다. 그러나 이 공장들은 도시로 이주해 온 수백만 명에게 충분한 일자리를 공급할 수 없었다. 이는 공장 대부분이 서구의 개발 모델을 따르고 있어서 노동 집약적이라기보다는 기술 집약적이었기 때문이다.

다국적 기업들이 값싼 노동력을 따라 제3세계로 이동해서 비숙련된 노동인력들을 고용하는데, 그곳에서조차도 서구산업화의 그물같이 촘촘한 영향력은 높은 실업률을 만들어내고 있다. 제3세계의 산업화는 잃어버린 일자리를 보상할 만큼의 공장 일자리를 창출해내지 못했다. 바넷에 따르면, "1925년과 1970년 사이에 일어났던 산업화 유행에도, 남아메리카 노동력의 극히 일부만이 1970년에 제조 공장에 고용됐다."30)

이 문제의 또 다른 차원은 높은 인구 성장률이다. 문제의 핵심은 가난한 사람들을 위한 경제적 여건이 본질적으로 개선될 때까지는 인구성장률이 근본적으로 줄어들 것 같지 않다는 것이다. 그래서 많은 제3세계 국가는 "캐취 22"★에 처하게 된다.

농촌에 남아있던 소작농들은 삶의 터전인 땅이 있고 식량을 얻을 수 있으므로 적어도 생존할 수 있지만, 도시로 이주해서 일자리를 얻지 못한 소작농들은 생존할 가능성이 희박하다. 그래서 브라질 북동쪽의 바하이 주 주도인 살바도르에 사는 10만 명의 불법거주자들은 쓰레기를 만灣에 부어 만든 쓰레기 매립상 위에서 생활한다. 쓰레기 수거차량이 쓰레기를 쏟아 놓으면, 한 무리의 주민들이 무언가 얻으려고 달려든다.31) 또 과테말라는 역설적이게도 식량 부족으로 굶주리거나 영양부족을 겪는 많은 나라에 농산물을 수출하고 있다. 남아메리카의 옥토에서는 바나나와 커피, 딸기와 다른 농산물들이 재배되지만, 다국적기업은 이 농산물들을 가난한 사람들

---

★옮긴이주 : 캐취 22catch 22 – 앞으로 갈 수도 뒤로 물러날 수도 없는 진퇴양난의 상황, 1961년에 발표된 조셉 헬러(Joseph Heller)의 소설 'Catch 22'에서 유래.

에게 이익을 줄 수 있는 수출회사에 분배하지 않고, 부유한 나라의 시장으로 수출한다. 수출로 발생한 수익은 유나이티드 프루트나 돌 파인애플 같은 기업들의 부를 증식시키고, 제3세계 국가의 국제수지를 맞추고, 군사 장비나 기술집약산업의 발달 혹은 사회기반시설 확충을 위해 필요했던 차관을 상환한다. 한 나라의 종합성장률은 높아진 듯 보이지만, 기업의 고위 간부와 정부관료 등의 소수만이 이러한 경제성장에서 수익을 얻는다. 그리고 소수만이 도심 근처의 호화로운 주거공간을 영유한다. 대부분 사람은 국가의 종합적 성장에 비해 자신들의 상황이 개선되었다고 느끼지 못한다. 오히려 여건은 악화되고 깊은 인간사회의 고통을 초래한다.


## 2. 관련 영역

우리는 그리스도인들이 국제적 차원의 정의 실현을 돕기 위해 개입해야 하는 네 가지 영역을 이제 살펴볼 것이다. 이것은 모든 것을 총망라한 목록이 아니다. 또한, 각각의 영역에 대해 철저한 분석을 할 수 있으리라거나 정확한 행동 절차를 규정할 수 있으리라고는 생각하지 않는다. 여기서 간단하게 살펴볼 네 가지 영역은 ⑴ 인간권리 옹호, ⑵ 분배정의를 위한 다국적 기업의 역할 형성 돕기, ⑶ 사회 프로그램은 개발하고 군사비 지출은 감소하는 것과 같은 정부의 우선순위 형성을 돕기, ⑷ 진정으로 가난한 자를 돕는 제3세계 개발 전략 형성을 돕기이다. 이 각각의 영역에서 교회는 두 가지 차원에서 정의실현에 기여할 수 있다. 즉, 법인으로서는 행위와 삶의 방식을 통해서 기여할 수 있고, 교회의 한 구성원으로서는 다양한 기관에서 일하거나 사회적 대의명분을 위해 일함으로써 가능하다. 이러한 활동들을 통해 교회는 공공정책에 영향을 미칠 수 있다. 8장에서 이와 같은 행동의 유형에 대해 보다 구체적으로 개관해볼 것이다.

a. 인간의 권리 옹호

우리는 지구상의 거의 모든 나라에서 기본적인 인간의 권리가 침해당하고, 특히 일부 국가에서는 대규모 인권 침해가 일어나는 역사의 한 시점에 있다. 이 사실을 문서로 확인하려면 국제사면위원회의 연례보고서를 살펴보면 알 수 있다. 서구 민주주의 국가들은 일반적으로 자국 내의 정치적 문화적 권리들을 옹호한다. 예를 들면, 종교의 자유, 집회와 표현의 자유, 부당한 투옥과 고문에서 자유할 권리, 공정한 재판을 받을 권리 등이 그것이다. 이러한 민주국가의 국민들이 비민주적인 사회주의국가나 이슬람 국가에서 이러한 권리들이 침해받는 것에 대해 위선적인 비판을 가하기가 쉽다. 그렇게 비판하던 사람들이 인간의 권리를 침해하는 군사력을 이용하는 독재자나 폭압적 정권에게 군사적 지원을 한다. 이러한 일은 미국의 지도자들과 아메리카의 종교 우파에게 흔히 있는 일들이다. 이들은 쿠바나 소련과 같은 사회주의 정권을 비난하지만, 미국이 군사 원조를 했었거나 현재 원조하는 필리핀, 엘살바도르, 과테말라, 칠레, 베트남과 같은 나라에서 유린당하는 인권에 대해서는 다른 방식으로 접근한다.

국제사면위원회는 이데올로기적 이해관계를 초월한 인간의 권리 접근 모델을 제시해오고 있다. 위원회는 인간의 권리가 침해받는 실례를 공정하게 조사하고 관련 출판물을 공급함으로써 이데올로기를 극복할 길을 모색하고 있다. 물론 세계적 시각으로 국가마다 이러한 문제들을 자세히 조사함으로써 가능하다. 위원회의 위원들은 이데올로기와 경제, 종교, 인종에 구애받지 않고 정치범들을 변호하고, "양자결연그룹들"은 자국에서뿐 아니라 각국의 양심수들을 위해 일한다. 이로 말미암아 이 나라들은 지정학적으로 정치적으로 균형을 잡고 중립성을 확립하게 된다. 결과적으로 국제사면위원회는 전 세계적으로 신뢰를 얻게 되었다. 비록 여러 나라가 국제사면위원회가 출판한 인권침해 사례 보고에 상당히 방어적이고, 보고

된 침해사실을 개선하지 않을지라도, 각국 정부는 사면위원회의 인권침해 사실 언급에 민감하다. 이는 국제사면위원회가 신뢰할 만한 기구이기 때문인데, 이 위원회는 실제로 양심수들 석방에 괄목할만한 성과를 거두고 있다.

국제사면위원회의 단계적 접근 방식과 병행하여 교회 또한, 공공정책 형성을 모색해야 한다. 서구 민주주의 사회에서는 정부가 국가방위나 반공산주의 명목으로 압제 정권을 지원하는 대외정책을 표방할 때, 교회가 이를 감시하는 특별한 역할을 한다. 그리스도인들은 자국의 대외정책이 한편으로 인권침해에 기여하고 있음을 간과하거나 자국과 비슷한 이데올로기적 경향을 가진 나라들에서 일어나는 인권침해현상을 무시하거나 간과하는 이중 기준을 경계해야 한다.

b. 다국적 기업과 지구촌 정의

다국적 기업은 평화라는 환경을 제공함에 있어 국제 체제 안에서 매우 혼합적인 역할을 한다. 대부분 경우, 다국적기업은 국가 간 전쟁을 방지에 기여하는 바가 있기는 하지만, 여기서 전쟁방지는 1장에서 정의한 바 있는 소극적 평화를 말한다. 2장에서 지적한 바대로, 국제 체제의 초국가 네트워크 모델을 다룬 다국적기업은 무역, 통신, 운송, 기술의 상호의존성, 자원의 의존성이라는 장벽을 초월해서 통합적 네트워크를 이루는 데 기여했다. 그뿐만 아니라 통화의 안정성을 위한 초국가적 제도들을 신뢰하도록 만들었다. 통신, 수송, 회계, 사업기술과 같은 현대 기술은 다국적기업을 출현시켰다. 회사는 자국에 법인 사무실을 만들고 외국에서 원자재를 구입해서 제3국에서 부품을 제조한다. 이 부품은 제4국에서 값싼 노동력으로 조립하고, 제5국에서는 세금감면을 받고, 또 다른 나라에서 제품을 판매한다. 그래서 다국적 기업은 안정적으로 확정적인 수익을 올린다. 이러한 네트워크를 붕괴시키는 것은 전쟁은 물론이고 무역의 흐름을 방해하는 강력한 국가적 정체성이다. 기본적으로 다국적 기업에는 국경이 존재하지 않는다.32)

이 경제 네트워크는 기술 향상 및 경제적 안녕 측면을 동등하게 고려할 때 제 역할을 할 수 있다. 유럽 사회와 미국, 캐나다, 일본, 오스트레일리아, 뉴질랜드 등을 연합시킬 뿐 아니라 공산주의국가와 비공산주의 국가들의 대연합을 이루어내기도 한다. 동양국가들과 서양국가들 사이의 강력한 경제 연대를 유지하려고, 이념의 차이에도 많은 사람의 경제적 이익 안에 이 네트워크가 존재하는 것이다. 소련의 아프가니스탄 침공 때문에 내려진 미국의 대 소련 곡물수출금지는 소련의 농부보도 미국의 농부들에게 더 큰 타격을 입혔다. 그래서 경제적 이익은 이데올로기 갈등을 초월하는 경향이 있다.

하지만, 이러한 체제가 북반구의 고도로 산업화된 나라들과 남반구의 제3세계 국가들의 상호작용을 포함할 때에는 잘 기능하지 못한다. 이러한 상황에서 다국적 기업은 1장에서 국민들과 그룹들 사이의 공평한 관계로 정의해본 적극적 평화에 기여하지 못하는 경향이 있다. 제3세계 국가 엘리트들의 지원을 받는 다국적 기업들의 상호관련이 가난한 사람들과 제3세계 국가들의 중심 도시 슬럼가에 사는 빈민들에게는 착취인 경우가 종종 있다. 이 관계에서는 상호 교환한 새화와 서비스가 동등한 가치를 지니지 않고, 교환하는 한 쪽이 실질적인 압력을 행사한다.33)

이 체제가 광산 채굴 산업에서 어떻게 작용하는지를 보여주는 세 가지 실례를 소개하고자 한다. 물론 이러한 사례는 다른 영역에서도 찾아볼 수 있다. 1964년의 은밀한 작전과 군사 원조로 자이레Zaire에 모부투 정권이 Mobutu regime 권좌를 차지했다. 자이레는 세계 코발트의 90%, 구리의 6%를 수출하는 나라다. 모부투는 구리 광산을 국영화했지만, 구리경제에 관한 운영과 경영에 있어서는 완전히 서구자본에 의존하고 있었다. 구리의 85%는 앤트워프Antwerp로 보내어 가공했는데, 이에 따라 25,000명의 벨기에 사람들이 이 구리 가공 산업에 종사했다.

경제가 붕괴하고, 행정이 마비가 되자 IMFInternational Monetary Fund, 세계은행the Word Bank 그리고 공동시장 집행위원회Common Market Commission는 10억 달러 차관을 승인하고 이에 대한 담보로 자이레 재경부Finance Ministry와 국가은행National Bank을 직접 경영했다. 이에 대한 대가로 모부투 가문은 군사원조로 권좌를 유지했고, 구리 광산의 수익을 보장받았다. 하지만, 자이레의 국민들은 단백질 결핍증으로 고통을 받았다. 자이레 국민의 4분의 3이 1인당 연간 소득이 25-50달러의 최저생활자들이다. 식량 수출국이었던 자이레는 지금 연간 3억 달러를 식량 수입에 지급하고 있다.34) 경제대국들이 가난을 극복하기보다는 가난을 악화시키는 방법으로 자원을 분배해왔던 것이다.

1910년 다니엘 구겐하임Daniel Guggenheim이 칠레의 추키카마타 구리 광산을 2천 5백만 달러에 샀다. 1920년까지 칠레와 멕시코의 엄청난 양의 매장된 구리는 미국 회사들의 관리 아래 있었다. 1922년과 1968년 사이에 이 회사들은 칠레의 구리 광산에 3천만 달러를 투자해서 20억 달러의 수익을 냈는데, 이 수익의 거의 3분의 2는 칠레 밖으로 빠져나갔다. 수십 년 동안 칠레는 외국 투자자들을 환영했는데, 이러한 칠레정부의 호의 덕분에 외국 기업들과 미국, 또 다른 외국 정부들이 엄청난 이윤을 얻었지만, 칠레 국민들의 수익은 거의 없었다. 칠레가 거의 도산할 지경에 이른 1960년대에 이르러, 칠레 국민은 구리 광산에 어떤 식으로든 조처가 필요하다고 요구하기 시작했다. 1964년과 1970년, 기독민주당의 에두아르도 프레이Eduardo Frei와 사회당의 아옌데Salvador Allende가 다른 점은 오직 이 광산들의 수익권만 국영화하느냐, 광산과 관련한 모든 것을 국유화하느냐 였다. 아옌데가 승리했고, 케네코트kennecott와 아나콘다Anaconda광산들이 국유화되었다.

이후에 칠레에서 발생한 사건이 상세하게 폭로되었는데, CIA를 통해 미국 정부는 "불안정화 정책"을 추구해서 결국 3년 후에 민주적으로 선출된 아옌데 정권을 유혈 쿠데타로 축출해버렸다. 쿠데타로 정권을 획득한 군사정부는 아주 짧은 기간 안에 구리관련 회사들과 결탁해서 칠레의 구리는 외국 자본가들에게 유용하다고 천명했다.

물론 구리 광산의 국유화가 미국의 대 칠레 정책의 유일한 주요한 명분은 아니었다 하더라도, "몰수는 도미노 문제처럼 여겨졌는데, 이는 베트남에서의 반정부 폭동과 아주 비슷했다. 만일 한 작은 국가가 광물로 인한 수익을 되찾았으려고 시도한다면, 그 나라는 종말을 맞이하게 될 것이다." 35)

1960년대 중반까지 알코아Alcoa, 카이저Kaiser, 레이놀즈Reynolds, 아나콘다Anaconda, 레베레Revere, 알칸Alcan과 같은 알루미늄 회사들은 알루미늄 원광인 보크사이트를 225,000에이커나 보유하는 보크사이트 부국 자마이카섬의 13퍼센트를 소유했다. 자마이카 경제학자인 노만 기반Norman Givan은 자마이카 국민의 높은 실업률과 낮은 수입을 주목하면서 이 회사들과 자마이카의 관계를 설명하고 있다.

카리브해 연안의 보크사이트 산업은 고전적인 형태의 경제 제국주의를 보여준다. 보크사이트 산업은 수직적으로 합병된 소수의 북아메리카의 다국적 알루미늄 기업들(구야나Guyana를 제외한, 하지만, 구야나도 1971년 이후부터 제외할 수 있다.)이 완전히 소유하고 운영했다. 이 기업들은 또한, 대부분 보크사이트 매장량과 생산을 통제하고, 세계 알루미늄 시장을 지배했다. 카리브해 연안의 보크사이트 산업의 자본과 기술은 이들 다국적 알루미늄 기업들에게서 나왔다. 이 회사들의 공장 외에는 다른 생산 "시장"이 없다. 가격은 이 기업들의 편의에 따라 정한다. 생산량과 투자규모 그리고 확장 여부는 기업정책의 문제이므로 다국적 기업의 세계 경제관이 모든 것을 결정했다. 이 보크사이트 산업의 "매매" 가치의 일부가 카리브해 경제에 일어났을 뿐이고, 극히 미미한 생산 이익이 카리비아해 주민들에게 흘러갔을 뿐이다. 예를 들어, 보크싸이트가 50달러의 가치가 있다고 했을 때, 이를 이용한 알루미늄 상품은 2천달러에 육박하게 팔 수 있다. 분명히 외부경제external economies★와 가치를 발생시키는 주요한 활동들은 산화알루미늄을 알루미늄으로 환원하고 1차 금속을 제조업자들이 사용하는 가공품으로 만드는 과정들이다. 하지만, 카리브해 국가들은 세계에서 가장 큰 보크싸이트 매장량을 지니고 있으면서도 아주 단순하고 가치가 적은 활동들로 제한되어왔다. 특별히 보크싸이트 광석을 채굴하는 일에만 종사했다. 그래서 카리브해의 보크싸이트 산업은 북아메리카 기업의 전매 자본의 필요, 정책, 권위에 완전히 종속되어 있다.36)

이들 보크싸이트 보유 국가들은 1974년 국제 보크싸이트 연합International Bauxite Assiciation을 결성해 자국의 이익을 강화하려 했다. OPEC와 달리 이들은 효과적인 카르텔★★을 형성하지 못했는데, 이는 카리브해의 국가들보다 더 큰 매장량을 갖고 있으면서 미국과 동맹을 맺고 있던 나라들인 오스트레일리아와 브라질이 알루미늄 독점에 대항하는 일에 협조하지 않았기 때문이다.

자메이카와 칠레의 사례는 제3세계 국가들이 선진국의 압도적인 군사력과 경제력에 직면해서 이 3세계 국가들 스스로 적절한 보상이라고 여기는 바를 얻을 경우 치러야 하는 대가를 설명해준다. 이러한 사례들은 적극

---

★옮긴이주 : 외부경제(external economies) - 기업외적 요인의 개선으로 발생하는 이익.
★★편집자주 : 카르텔 - 동일 업종의 기업들이 이윤의 증대를 노리고 자유 경쟁을 피하기 위한 협정을 맺는 것으로 형성되는 시장 독점의 연합 형태.

적 평화가 결여된 실례로 다분히 고전적인 착취의 형태를 띠고 있다. 제공된 재화와 서비스에 상응하는 적절한 보상이 없을 뿐 아니라, 다국적 기업들은 제3세계 국가들에 대한 통제권을 유지하려고 CIA와 같은 은밀한 작전이나 간접적인 군사적 지원, 경제 상황 조작 등을 통해 위압적인 권력을 행사하고 있다.

존 베네트John Bennett와 하비 세이퍼트Harvey Seifert는 다국적 기업들이 세계에서 그 기능방식을 증진할 네 가지 일반적 가능성을 제시한다.37) 그중 하나는 기업의 관리자들과 주주들 가운데에 감성을 증대시키는 것인데, 이 부분은 특별히 그리스도인들이 공헌할 수 있는 영역이다.38) 또 다른 행동의 영역은 한 국가만 발의해서는 불가능한 영역이기는 하지만, 법안을 만드는 것을 들 수 있다. 이는 또한, UN과 같은 국제기구를 통한 활동이 더욱 효율적이어야 함을 말해준다. 베네트와 세이퍼트는 이에 관해서 아래와 같이 말하고 있다.

> 즉각적인 치료책으로 국제기구들이 사실 조사를 하고 국제사회에 알리는 것이 중요한 영향을 미칠 수 있다. 하지만, 효과적인 통제를 위해서는 이렇게 복잡하고 거대한 국제적 사안들에 적용할 수 있는 국제사법기관이 필요하다. 우편물 배달이나 비행기 납치, 국제 수로의 오염 등에 대해서도 비슷한 필요가 있다. 또한, 세계 경제에 최근 이는 혁명적인 변화에 보조를 맞추는 재활성화와 재편성이 요구된다.39)

결국, 법률로도 실패하는 경우에는 국유화나 사회화가 필요하며, 해저 광산 채굴과 같은 경우에는 국제관리에 두는 것이 더 적합하다고 보았다.

C. 군사비 지출 그리고 세계 경제에 미치는 그 영향

세계인의 삶의 질은 어마어마한 군사비 지출로 심각하게 위협을 받고 있다. 1982년 세계 군사비 지출은 5천5백억 달러를 넘어섰다. 루스 시바드Ruth Sivard는 추정하기를, 1930년대 중반에 세계 각국 정부가 히틀러에 대응하기 시작했을 때 군사비 총비용은 오늘날의 가치로 보아 4백에서 5백억 달러의 가치가 있는 45억 달러였었다고 한다. 이는 오늘날 우리가 13배가 넘는 군사비를 지출하고 있음을 의미한다. 경제와 인구 변화와 대조해볼 때 이것은 놀라운 수치다. "군사력의 증강은 이로써 보호해야 할 인구 증가와 이를 뒷받침해야 할 경제성장을 훨씬 초과하고 있다."40) 1960년과 1976년 사이에 미국은 군사비로 1조 1천7백9십억 달러를 지출했고, 소련은 9천6백6십억 달러를 지출했다. 1980년대에도 군사적 우위를 차지하기 위한 이 두 나라의 경쟁은 계속 되는데, 초강대국 역할은 두 나라 어느 쪽에도 그리 값싸게 돌아가지 않았던 것이다.

"1982년 미국에서 인구 1인당 855달러의 군사비 지출은 세계 2차 대전 직전의 1인당 75달러 지출과 비교가 된다. 비록 미국의 경제가 근본적으로 성장하기는 했지만, 군사력 증강은 GNP보다 빨라서 전체 경제의 6.5%에 달했는데, 이는 전쟁 전의 1%와 비교가 된다. 1980년 소련의 연 생산은 미국 연 생산의 절반에 미치지 못했다. 하지만, 군사비용은 총생산의 10~12%에 달했다."41)

군사비 지출은 제3세계 국가들에게는 더 큰 문제다. 많은 제3세계 국가는 급속한 인구증가를 보이고 있기 때문에 현재의 삶의 기준들을 유지하는 것이 이들 국가가 할 수 있는 최선이다. 이들은 자국이 가진 자원들을 충분히 발전시키거나 수송이나 통신 체제를 확장하고 아이들을 교육할 보다 많은 학교를 세울 여유 자본을 가지고 있지 않다. 그래서 군사 장비구입에 비용을 지출하는 것은 미국이나 소련과 같이 기술적으로 발달한 나

라들에서 거두는 효과와는 달리 그리 좋지 못한 효과를 갖게 된다. 1960년
과 1976년 사이에 선진국과 발전도상국의 경제와 군사력 성장을 비교하는
다음의 두 표를 보면 이 효과를 알 수 있다.[42]

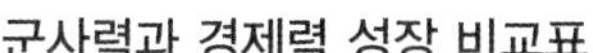

**군사력과 경제력 성장 비교표**

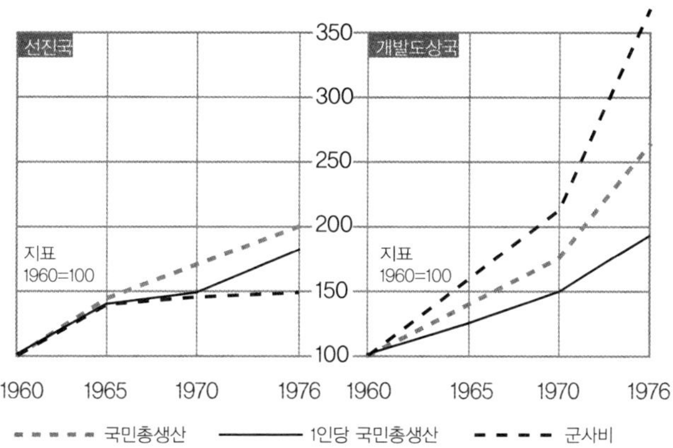


저개발국가에서의 군사비 지출 영향은 보다 심각해서 민간 투자를 위
축시켜 경제 성장의 기회를 잃게 하기 때문에, 결과적으로 높은 실업률이
나타나며, 석유와 같은 에너지 자원과 노동자원에 대한 압력을 가하게 된
다.

높은 군사비 지출은 부유한 나라와 가난한 나라 사이의 격차를 불러온
다. 많은 인구와 높은 인구 증가율, 높은 문맹률과 학교의 부족, 높은 실업
률과 낮은 경제성장국들은 특히 자본이 필요하다. 하지만, 세계의 부국들
은 그들의 자원들을 군사비 지출로 전환했기 때문에 빈국들의 경제발전에
는 매우 미미한 지원을 할 수 있을 뿐이다. 1960년과 1976년 사이의 총 세
계 경제 원조는 1,620억 달러에 그쳤는데 반해, 당시의 총 군사비 지출의
4.8%가 3조 3,250억 달러에 달했다.[43] 1960년부터 1976년까지 개발도상
국가들이 받은 경제 원조는 1인당 평균 3.5달러였다. 미국은 이 기간 동안

경제 원조로 GNP의 0.4%를 썼는데, 이는 1인당 16.8달러에 해당한다. 반면, 군사적 목적으로는 GNP의 7.4%를 지출했는데, 이는 1인당 347.1달러에 해당한다.[44)]

제3세계에 전달된 경제 원조의 상당량이 군사 원조였다. 미국과 소련은 자국의 영향력 증대를 위해 군사 장비 수출을 급격하게 증가했다. 제3세계에 대한 군사적 원조의 다른 차원은, 이미 지적했던 것처럼, 제3세계 국가들 안의 엘리트들에게 사용돼서 그 동포들을 억누르고 반드시 필요한 구조적 개혁들이 일어나지 못하도록 했다. 아르헨티나, 니카라과, 이란, 대한민국 그리고 또 다른 많은 나라가 자국민을 억누르기 위해서 미국에서 훈련받은 군 요원과 미국제 무기를 사용했다.

루스 시바드는 그녀의 책 『세계의 군사비와 사회복지비 지출』*World Military and Social Expenditures, 1978*에서 우선순위의 문제를 잘 정리하고 있다.

오늘날 세계의 예산 배치가 전달하는 메시지는 군사력이 각국 정부의 우선하는 관심사라는 것이다. 기금의 관련 배치에서 중요한 국가적·지역적 차이가 존재하기는 하지만, 전 세계그림을 봤을 때 그 우선순위는 분명하다. 어떤 사회적 목적이나 공적인 책임성도 군사적 목적을 위한 만큼의 공공 예산 지원을 받지 못하고 있다. 이는 세계의 우선순위 등급에 기묘한 왜곡이 있다는 것을 보여준다. 예를 들어,

- 보통의 가족들이 아이들 교육비보다 세계 군비확대경쟁을 지원하는 세금을 더 많이 낸다.
- 각국 정부는 질병이나 재해, 상해와 같은 일상생활의 위험보다, 있을지도 모르는 군사 공격에서 자국의 국민을 보호하기 위해 총지출의 60%이상을 사용한다.

• 북반구의 산업화된 국가들에 주로 집중되어 있는 세계 인구의 4분의 1이 교육과 건강과 같은 공공서비스에 필요한 모든 재원의 5분의 4를 소유하고 있다.

• 10억 명 이상이 극한 가난에 허덕이는 개발도상국들은 국고세입의 많은 부분을 교육과 건강보다는 군사력 증강에 사용한다.

• 세계 각국의 정부는 보편적인 문제들인 세계 평화와 실업, 에너지, 건강, 다른 사회적 문제들을 다루고자 UN이 기울이는 한 해 동안의 협력적 노력과 동량의 군비지출을 하고 있다.[45]

세계 각국은 무기라는 허황한 안전을 믿고, 건강과 복지라는 진정한 안전을 희생하고 있다. 이 지구상의 세계인들이 분노로 절규할 때는 언제일까? 이만하면 충분하다고 할 때는 언제일까? 그저 미국의 대량 살상 능력을 더해줄 뿐인 34억 2천만 달러를 호가하는 2개의(14개는 계획 중에 있는) 트라이던트 잠수함trident★이 미국의 초등과 중등 교육에 필요한 총 연방 기금과 맞먹는 비용이 든다는 사실이 불합리하다는 것을 언제나 깨달을까?[46]

이러한 세계적인 높은 군사비 지출은 세계 경제에 중요한 영향을 미치며, 인간의 발전과 복지를 저해하는 사회적 환경을 조성하는 데 간접적인 영향을 미친다. 높은 군비 지출이 미치는 영향은 네 가지 차원을 지닌다. (a)인플레이션을 증가시킨다. (b)부족한 물류 자원들을 고갈시킨다. (c)세계의 과학자들과 엔지니어들의 주의를 빼앗아서 다른 근본적인 인간의 문제들을 해결하는 데 공헌하지 못하게 한다. (d)기본적인 사회적 · 경제적 문제들을 해결하려고 자본이 필요한 가난한 나라들에게서 자본을 다른 곳으로 돌리게 한다.[47]

---

★옮긴이주 : 트라이던트 잠수함(trident) – 핵미사일을 탑재한 원자력 잠수함.

인플레이션은 중요한 문제다. 왜냐하면, 인플레이션은 사람들의 생활 수준, 특히 식료품이나 집과 같은 기본적 필수품들의 가격이 올라가면 정해진 수입으로 더 지급할 수가 없는 아주 가난한 사람들에게 직접적으로 피해를 주기 때문이다. 군사비 지출은 여러 가지 면에서 인플레이션을 유발한다. 각국 정부가 총, 탱크, 군함, 미사일 등과 같은 무기들을 사거나 만들어내기 위해 세계 경제에 돈을 쏟아 붓고 있다. 하지만, 이러한 물건들은 전혀 유용한 경제적 목적을 갖지 못한다. 그들은 트럭이나 공장과 같은 자본재도 아닐뿐더러 생활에 유용한 소비재도 아니다. 그래서 이러한 물건에 대한 경제적 수요는 동일하지 않다. 이 모든 정부의 돈이 투자에 상응하는 재화와 서비스를 생산해내지 못하는 군수용품에 들어가기 때문에, 수요는 공급을 초과한다. 이는 가격에 압력을 행사해서 가격 상승을 불러오고, 이는 다시 경제에 주요한 인플레이션 요인이 된다.

군수용품 생산은 또한, 구리, 주석, 석유와 같은 부족한 자원들을 삼켜버린다. 이러한 자원에 대한 수요가 증가하면, 부족한 이들 자원의 가격은 올라가고, 인플레이션 요인이 되는 것이다. 에너지 고갈 시대에, 거대한 전 세계적 군사력 증강에 따른 에너지 공급에 대한 수요가 증가하는 데 있는데, 이는 비료와 난방, 전기, 수송에 절대적으로 필요한 석유를 거덜내는 주요한 요인이다. 정확한 수치를 작성해보지는 않았지만, 미군이 베트남, 특히 북 베트남에 퍼부은 수천 개의 폭탄에 사용한 석유량은 천문학적 숫자이고, 앞으로 10년 후가 아니라 70년대 후반에 에너지 고갈이 있었다는 사실을 부분적으로 설명해준다.

정확한 정보를 얻기는 무척이나 어려웠지만, 노르웨이의 오슬로에 있는 국제평화기구International Peace Institute의 헬게 히빔Helge Hveem은 미군이 소비한 무기물량을 추정해봤다.

"에너지 소비" 측면에서 한 소식통은 전 세계에서 미군의 체제가 직접적으로 소비한 에너지는 1971년 2,460조 BTU's★에 달한 것으로 추정한다. 같은 해 "군 관련" 소비, 즉 군 체제에 군수용품과 서비스를 공급하는 산업체가 소비한 에너지는 1,870조 BTU's였다.(Mow and Ives, 1974) 이것은 공익기업과 산업체가 생산한 에너지 총 소비의 4~7% 사이를 군사 관련 분야에서 소비한다는 것을 의미한다. 이와 비교하면, 미국의 직접적인 군 관련 석유 소비는 1974년 아프리카 전체 석유 소비의 3분의 2에 해당한다. 개인과 정부의 에너지 소비를 모두 합한다면, 직접적인 군 관련 에너지 소비는 70년대 초 미국의 총에너지 소비의 3%나, 총 기름 소비의 7%에 해당한다.(westing, 1977) "직접적 군용"과 "군 관련" 에너지 소비를 추가한다면, 미국의 총에너지 소비의 7~8%에 이른다. 특별한 목적을 위해 사용된 것을 추가하면, 퍼센트는 더욱 높아진다. 미국에서 소비하는 총 제트 연료의 3분의 1은 군에서 소비하는 것으로 알려졌다.(Sivard, 1974)

비연료 광물non-fuel minerals과 원자재에 관한 한, 군은 코발트cobalt와 비스무트bismuth의 주요한 소비자다. 미국은 이 광물의 13%를 소비하고 있다.

1973년 자료에 따르면, 운모와 토륨은 각각 12%와 11%로 거의 비슷하게 소비하고 있다. 경제적으로 덜 중요한 일부 광물들의 군 관련 소비가 높아지고 있다. 그래서 1972년 미국에서 탈륨 소비의 42%와 게르마늄 소비의 28%가 군과 관련하여 소비됐나.(Hughes et al., 1974) 48)


한 국가의 내부에서 인플레이션을 일으킬 다른 요인들이 있을 수 있다. 미국에서 군수품 조달 관행은 주요한 요인이다. 미국에서 이루어지는 모든 주요한 군수품 계약은 "원가가산"cost-plus 계약이다. 이것은 계약자들이 가격을 낮추려고 인센티브를 갖지 않는 것을 의미한다. 군 당국은 군수

---

★옮긴이주 : BTU's － lb(파운드)의 물을 1°F 올리는 데 필요한 열량.

용품을 구매하는 고객은 오직 한 부류이며, 이들 고객은 최소한의 이윤을 감수하고서라고 무기의 가격에 상관없이 비용을 지급할 것임을 알고 있다. 비군사적 경제 요소에서 하나의 재화를 생산하는 생산자는 재화의 질과 가격에 균형을 맞추어야 한다. 아무리 높은 품질의 물건을 만들어내도 소비자들은 저품질의 재화가 저가로 공급되는 경쟁적인 시장에서 제한된 양만을 구입하기 때문이다. 군의 계약은 오직 하나의 고객과 이윤이 보장되어 있기 때문에, 효율성에 대한 인센티브는 없다. 결과적으로, 군수품 계약자들은 노동자와 자원들에 대한 가격을 올려놓을 수 있는데, 이는 다시 나머지 경제 분야에 영향을 미친다. 예를 들어, 위치타와 캔자스에서는 많은 사람이 주요한 군수품 계약자 중 하나인 보잉Boeing사에서 일하는데, 군용품 외의 다른 경제 활동을 하는 공장들이 캔자스주 위치타에 들어오지 않기로 했다. 왜냐하면, 노동력에서 경쟁할 수 없기 때문이다. 이것은 결과적으로 위치타에서의 일반 직업이 사라지고, 이 지역의 경제가 군사비 지출에 더욱 의존하게 되는 것을 의미한다.

높은 군사비 지출은 또한, 수많은 세계의 과학자와 엔지니어들을 흡수해서 대체 에너지와 보다 효율적인 운송 체제, 농업생산성을 증대하는 일과 같은 인간의 문제들을 해결하기보다 무기 체제를 발전하도록 한다. "1967년, 어림잡아 미국 내의 모든 엔지니어와 과학자 중의 3분의 1이 국방 관련 직업에 종사했다. 재무부 차관보인 머레이 와이덴바움Murray Weidenbaum은 일찍부터 이 수지를 52%에 올려놓았다."49) 이러한 경향은 1980년대까지 계속된다.

우리는 이러한 군비 지출 위기에 여러 가지 단계로 반응할 수 있다. 가장 기본적인 것은 배타적으로 군사력에만 의존할 필요가 없도록 대안적인 안전 체제를 찾아보는 것이다. 이 문제에 대해서는 특별히 7장에서 다루었다. 두 번째 단계는 특별히 더 발전된 국가들에서 공공정책에 영향을 미쳐

GNP의 더 많은 부분을 사회문제를 해결할 목적을 갖는 경제원조에 사용할 수 있도록 하는 것이다. 세 번째 단계는, 일반 경제의 재조직을 위해 노력함으로써 더는 고용과 경제 복지를 위해 군 충당금에 의존하지 않도록 하는 것이다.

결국, 군비지출을 건강이나 교육과 같은 프로그램들로 전환함으로써 경제는 번영할 것이다. 일반적으로 정부는 사회프로그램에 지출을 늘림으로써 군사적 목적의 지출이 만들어내는 것보다 더 많은 직업을 창출해낸다. 이러한 효과는 결과적으로 상당히 긍정적인 경제성장으로 연결된다. 단기적으로 보았을 때 군비 삭감과 우선순위의 변화는 고통스러울 수 있지만, 정부가 사람들의 직업훈련이나 고용조정에 대해 신중하게 조치함으로써 변화는 가능하다.[50]


### d. 가난한 사람들을 돕는 발전

이 장은 광대한 연구와 논쟁의 주제들을 간단하게 다루면서 끝을 내겠다. 이 영역의 복잡한 문제들에 대해서 완벽한 토론을 벌일 수는 없을 것이다. 가난한 이들을 돕기에 적절한 발전을 구성하는 것은 무엇인가? 이전에 우리가 논의한 바 있던 사실을 독자에게 상기시켜주고자 한다. 피터 버거가 모든 발전전략에 묻는 중요한 질문은 '누구에게 이익이며, 누가 결정하는가' 였다. 발선전략들은 중립적이지 않고, 암시적으로 일이 목저하는 미래에 대한 헌신과 미래의 수익을 사회 안에서 어떻게 분배할 것인가를 내포하고 있다.

이 영역에서 교회는 사회 정의를 목적으로 하는 발전의 촉진과 국제체제를 움직이는 동인이 될 수 있고, 사람들이 스스로 자신을 도울 수 있게 함으로써 존엄성을 회복시키는 발전모델을 제시할 수 있다. 그러면 이렇게 제시된 모델들은 광범위한 규모로 발전 작업을 형성하도록 도울 수 있다.

에드가 스토에즈Edgar Stoesz는 발전을 "개인과 사회가 자립을 강조하는 사회정의의 맥락에서 인간 생명이 갖는 완전한 가능성을 깨닫게 되는 과정이다. 경제성장은 이러한 과정을 향해 나아가기 위한 수단 중 하나로 볼 수 있다"라고 정의하고 있다.51) 우리가 주의해야 할 것은 서구적인 형태의 기술 진보와 경제 성장이 바로 발전방식이라고 가정해서는 안 된다는 점이다. 메릴 이워트Merill Ewert는 발전을 "자기실현 과정, 사람들이 환경과 운명에 대한 통제력을 신장시킴으로써 얻어지는 결과"라고 정의하고 있다.52)

발전은 단지 경제적 작용이 아니라 사회적·경제적·정치적·문화적 작용이다. 너무나 종종 발전은 현대적 산업을 더욱 더 원시적 문화에 이식하는 것을 의미했다. 생산이 사람 앞에 오는 것이 아니다. 목표는 자립이다. 이는 사람들이 자신 스스로 결정하고, 소유하는 자원들을 통제하며, 사회가 가진 생산 자원들을 활용해서 자신의 삶의 질을 높이는 것이다. 이러한 과정은 변화의 대리인이 가져오는 것이 아니라 현재 자신들이 있는 곳에서 일어난다. 사람들 스스로 발전할 준비를 해야 한다. 발전이 그들을 위해 되는 것이 아니라는 말이다. 단순히 사람들에게 더 많은 기술을 선사하는 것은 자립이 아니라 의존을 불러올 수 있다.53)

발전 전략들은 다차원적이어야 하는데, 일반 민중이나 공동체의 발전은 필수적이다. 그런데 이는 사회 기본 구조에 대한 관심과 분리할 수 없는데, 이 구조 안에서 사람들은 자신들이 충분히 기능할 수 있는 총체적인 정치적·경제적 환경을 제공받을 수 있어야 한다. 따라서 적절한 기독교의 발전 전략은 교회뿐 아니라 사회정책도 고려해야 한다. 작은 교회 사역자들의 노력이 고향의 같은 교단에 속한 대형교회 성도들의 관행으로 수포로 돌아가는 일이 빈번하다.

이제 우리가 시작했던 곳으로 돌아가 보자. 만일 우리가 국제적 차원의 사회정의 문제에 어떤 형태로든 영향을 미쳐야 한다면, 우리는 사람들의 삶의 질에 영향을 미치는 요소들의 상호연관성을 볼 수 있어야 한다. 우리는 한 가지를 실행한 것에 만족할 것이 아니라, 동시에 많은 다른 차원에서 엄청나게 복잡한 문제들을 작업해나가야 한다. 이것은 개인이나 작은 그룹들이 하나의 문제가 지니는 특정한 부분에 집중할 필요가 없다고 말하는 것이 아니다. 우리가 일을 실행할 때, 어떻게 각각의 작은 노력들이 전체의 큰 그림과 맞추어지는가를 이해해야 한다.

# 6장

## 비폭력 : **사회변화와 표준 원리**

정의는 항상 완전과는 멀고, 종종 위협을 받는다. 이렇게 위협받는 정의를 보호하고, 실현하는 데 적합한 수단들은 무엇인가? 이는 힘의 본질, 강압과 위력의 사용에 대한 어렵고도 복잡한 질문들을 낳는다. 폭력이 때로 정의를 보호하고 실현하는 수단으로 정당화될 수 있는지에 대해서도 마찬가지다. 이번 6장에서는 다음을 다룰 것이다. 폭력, 비폭력, 힘과 같은 용어를 설명하고, 정치적 전략으로써의 비폭력의 본질을 간단히 고찰하며, 정당한 폭력 이론을 비판하고, 마지막으로 평화주의자와 비평화주의자들 사이에 가능한 협력관계를 고찰해볼 것이다.

## A. 개념 설명

'힘', '물리력', '폭력'과 같은 용어들은 종종 명확하지가 않다. 모두가 수용할 수 있는 정의에 도달하기가 어려운 이유는 윤리상의 질문들의 본질이 종종 이전에 사용하던 정의와 특성에 달려있기 때문이다. 이 용어들을 정의하는 데 가장 중요한 것은 우리가 직면하는 실제 문제에 접근할 때, 이 문제들을 피하거나 덮어두지 않는 것이다.

폭력이 의미하는 바는 무엇인가? 이 말에 대해 일어나는 윤리적 논쟁을 설명하려면, 우선 다수의 구분이 필요하다. 우리는 폭력을 행사하는 사람의 도덕적 특성과 그 행동의 옳고 그름을 구분할 필요가 있는데, 우리는 폭력적인 사람들이라거나 폭력적인 행동이라고 말하곤 한다.

폭력적으로 행동한다는 것은 폭력의 **근원**을 언급하거나, 혹은 폭력을 **수용하는 사람**을 일컫는 것이라고 정의할 수 있다. 폭력을 수용하는 사람이 된다는 것이 의미하는 바를 살펴보면, 이 말의 근본적인 윤리적 의미를 찾을 수 있다. '폭력'이라는 말은 동사 '강탈하다' rape와 같은 의미로 라틴어에서 쓰이는 라틴 동사 '침해하다' violate를 어원으로 한다. 이 말은 기본적으로 한 사람의 존엄성과 통전성을 침해하는 것을 의미한다. 물론 법이나 관습, 약속이나 자산과 같은 많은 것이 침해를 받을 수 있는데, 일반적인 담화에서 폭력이라는 말은 이러한 종류의 침해를 포함한다. 시민권 운동과 베트남 참전 반대 시위 동안 뉴스 매체는 종종 모든 분열적 행동과 재산의 파괴, 그리고 법 위반 등을 막기 위해서 무차별적으로 **폭력**이라는 말을 사용했다. 하지만, 윤리적 용어로써의 폭력은 한 인격에 대한 침해를 의미한다.

사람들은 자신의 삶과 노동, 자원들을 다양한 목표물에 투자하고 그 목표들 곧 예술, 저작활동, 종교적 목표들에 깊은 의미를 부여하기 때문에 이러한 자산을 파괴하는 것은 폭력이라는 말이 가지는 근원적 의미로 볼 때, 폭력적 행동이 될 수 있다. 하지만, 법률위반이나 자산파괴가 반드시 폭력적 행동이지는 않다. 베트남 전쟁 동안 영장 서류에 피를 쏟아 부어서 자산을 파괴하는 일이 있었지만, 이 사건을 사람들에게 폭력을 행사한 것이라고 여기지는 않는다. 이 일은 전쟁의 폭력성에 대한 시위였다. 이러한 행동들은 분명히 경계선상에 있다. 영장 서류에 피를 붓는 행위는 그 서류들이 어떤 사람들에게는 상징적으로 의미하는 바가 크다는 점을 감지하지 못한 경우다. 그러한 행위는 어떠한 생산적이면서 생명을 구하는 결과도

내지 못할 것이다. 오히려 사람들을 소외시키고, 영장 서류가 드러내는 문제들을 진정으로 다루지 못하게 하는 것 같다. 하지만, 우리는 또한, 많은 사람이 이러한 행동에 공격을 받고 화가 났을지 모르지만, 공격을 받았다는 주 감정이 사람들에게 폭력이 가해졌다고 말하기에는 충분치 않다는 것도 말할 수 있어야 한다.

만일 폭력적 행동이 한 사람에게 위해를 가하고 상처를 입히는 것을 의미한다면, 폭력은 물리적·신체적 위해로만 국한돼서는 안 될 것이다. 폭력은 정신과 신체 곧 통전적 인간의 존엄함에 대한 공격이다. 그러므로 타인에 대한 무례함이나 언어 학대는 폭력적인 행동들이라 할 수 있다.

사람에게 가해지는 폭력을 세 가지 수준으로 구분해 볼 수 있다. 첫 번째 수준의 폭력적 행동은 사람의 존엄이나 자존감이 손상 받는 경우이고, 다음 수준은 그 사람에게 물리적 손해를 입히려고 신체에 위해를 가하는 경우다. 예를 들어, 사람의 몸에 상해를 입히거나 물리적인 건강 유지에 반드시 필요한 생명유지 체제, 즉 영양공급원인 식량과 같은 것을 공급하지 않는 것이다. 달리 말하면, 범법 행위만이 아니라 생명 유지에 필요한 행위를 생략하는 방식으로 폭력이 일어나는 경우다. 그러한 물리적·심리적 상해는 일시적이거나 영속적일 것이다. 만일 단백질공급을 하지 않아 영원히 뇌 손상을 일으키게 하거나 신체불구자가 되도록 때리는 것과 같이 인생 내내 끝나지 않을 해악을 끼친다면, 그런 경우 폭력은 윤리적으로 짧은 기간 동안 치유할 수 있는 물리적 상해보다 더 폭력적이다. 마지막 수준의 폭력은 생명을 빼앗는 경우다. 이 수준의 폭력은 가장 극단적인 형태의 폭력이고, 윤리적으로 한 인간에 가하는 가장 심각한 침해다. 왜냐하면, 존재의 종국이기 때문이다. 사람이 살아있기만 하다면, 영구적인 물리적 손상을 입었을 때조차도 이들을 돌보거나 상처를 치료해줄 수는 있다. 하지만, 일단 생명이 끝나면 이 사람이 어떤 다른 가치를 추구할 수 있는 환경들도 완전히 파괴되는 것이다. 그래서 인간의 목숨을 취하는 것은 다른 수준의 폭력과는 본질적으로 다르다.

비록 폭력의 근본적 의미가 한 사람에 대한 침해와 관계가 있지만, 이 말은 또한, 때로 침해의 근원 혹은 침해하는 자의 관점에서 정의된다. 다음은 폭력의 근원을 근거로 폭력 유형을 정의한 것을 정리했다.

### I. 제도적 형태

　A. 한 사회가 조직된 방식에 의해서 사람들에게 위해를 가하는 불공정한 조건들

　B. 의도적인 폭력을 조직화한 형태들

　　1. 사법체제로 정당화한 형태

　　　a. 경찰(내부)

　　　b. 전쟁(외부)

　　2. 사법 체제로 정당화되지 못한 형태

　　　a. 저항(테러 등)

　　　b. 혁명

　　　c. 법적 정당성을 갖지 못하는 군사행동과 치안유지 행동

### II. 개인적 형태(나는 이 부분을 자세히 다루지 않으려 한다. 나의 주된 관심은 정치제도와 관련이 있는 조직화된 형태의 폭력이기 때문이다.)

폭력의 출처에는 개인이나 사형이나 전쟁처럼 제도가 미치는 직접적이면서도 공공연한 조직된 형태의 위해와 한 사회가 조직되고 구조를 갖추는 방식에서 초래된 간접적인 위해가 있다. 여기서 중요한 말은 **직접적·간접적**이라는 말이다. 학자들은 한 사회를 조직하는 방식 때문에 사람들

에게 간접적으로 끼친 침해를 일컫기 위해 "구조적 폭력"이라는 말을 사용한다.I.A. in outline 1) 폭력이라는 말이 구조가 사람에게 미친 위해를 묘사하기에 적절할 수는 있지만, 내 생각에 이러한 전문용어는 혼란을 가중시킨다. 이러한 용어를 사용함으로 윤리적 식별력이 촉진된다고 생각하지 않는데, 왜냐하면 이러한 용어가 폭력을 무마하려고 너무나 많이 사용되기 때문이다.2)

일부에서는 세상에 구조적 폭력이 존재하기 때문에 이 구조적 폭력을 근절하려고 다른 형태의 폭력을 사용하는 것이 정당하다는 것을 논증하는 방식으로 이 **구조적 폭력**이라는 용어를 사용한다. 하지만, 이 문제는 논의가 필요한 아주 윤리적인 문제다. 이 구조적 폭력이 의미하는 바를 잘 전달할 수 있는 다른 단어가 있는데, "불의"불공평, injustice가 그것이다. 나는 이미 **구조적 폭력**이라는 말이 내가 다루는 정의에 관한 논의에 일으키는 현실적인 문제들을 다루었다. 일단 불의가 현존한다는 것을 인식하게 되면, 오래된 논쟁이 여전히 남게 됨을 깨닫게 된다. 불의를 근절하기 위한 폭력은I.B. above 정당화될 수 있는가? 이를 더 잘 설명하고자 사람들에게 끼치는 두 종류의 해악, 곧 불의와 폭력에 대해 이야기해보자. 정의라는 개념이 구조적 폭력이라는 말을 포함하고 있기 때문에, 나는 폭력이라는 말을 이와는 다르게 제도화된 형태의 폭력을 지칭하는 것으로만 사용할 것이다. 모든 제도화된 형태의 폭력은 신중히 조직되고 계획되었다는 것과 사람들에게 위해를 가하거나 협박하려는 신중한 의도 아래 사용된다는 특징을 가진다.

기본적인 최소한의 의미에서, 비폭력이라는 말은 폭력의 반대말이다. 앞에서 지적한 것처럼, 폭력은 살해나 물리적 상해뿐 아니라 정신적 손상도 포함한다. 평화주의자들은 이 비폭력이라는 말을 물리적 상해에 제한하지 않도록 신중해야 한다. 자신들이 무슨 일을 하는지 잘 알지 못하면서 아주 미묘한 형태의 폭력에 가담할 수 있다는 사실을 간과하지 않기 위해서 말이다. 간디와 킹 목사는 제자들에게 비폭력을 아주 광의적으로 이해해야 한다고 강조했었다. 킹 목사는 말하기를 비폭력 저항은

> 외부적 폭력뿐 아니라 내부적 폭력도 피하는 것이다 … 비폭력 저항가는 인간의 존엄성을 지키려는 투쟁으로 만족하며, 원한을 품거나 보복적 캠페인에 빠지려는 유혹에 지지 말아야 한다. 같은 방법으로 보복하는 것은 무익하며, 이 우주에 증오를 가득하게 하는 일일 뿐이다. 삶의 방식에서 누군가는 증오의 사슬을 끊어버릴 만큼 충분한 도덕성과 판단력을 가지고 있어야 한다.[3]

여기서 우리는 폭력적인 행동이 타인에게 미칠 심리학적 영향, 곧 타인을 공격하거나 분노하게 하는 것과 같은 영향을 오해하기가 쉽다. 예를 들어, 킹 목사의 경우, 버밍햄에서의 시민 불복종 운동에 참가해서 폭력을 조장했다는 이유로 고소를 당했다. 그는 고소인 측의 그러한 주장은 비논리적이라고 주장했다. 이는 한 소유주가 강도들이 훔쳐갈 자산을 갖고 있기 때문에 그 소유주를 비난하는 것과 같으며, 예수님의 행동이 십자가형을 촉진한 것이므로 예수님을 비난한 것과 같다고 주장했다.

킹 목사는 이 비폭력 정신은 사랑이라는 개념에 근거하고 있다고 말한다. 요컨대, 그는 비폭력과 사랑이라는 두 개념이 동일하다고 보고, "비폭력의 중심에는 사랑의 원리가 있다"라고 말했다.[4] 내 생각에 킹 목사가 이 두 가지 개념을 동일하게 본 것은 여러 가지 이유로 실수라고 본다. 우선, 우리는 행동하는 사람의 도덕성과 그 행동의 정당성을 구분해야 할 필요가 있다. 한 사람이 사랑하지 않으면서도 비폭력적일 수 있음을 상상하기는 어렵지 않다. 그리고 일부 그리스도인들은 사랑하면서 여전히 폭력적 행위에 가담할 수 있다고 말한다.[5] 비폭력은 단순히 사람들에게 상해를

가해서는 안 되는, 폭력의 반대를 의미한다. 사랑이 갖는 도덕적 성향이 긍정적인 행동을 생산하기만 한다면, 이는 비폭력과는 동떨어진 것이다. 우리에게는 타인에게 상해를 입히지 않을 의무가 있다고 주장하는 것과 타인에게 선을 행하고 그들의 행복을 위해 노력해야 한다고 말하는 것은 별개다. 즉, 사랑은 타인의 안녕과 행복을 위해 노력하고자 하는 이타적 행동을 수반한다. 이런 의미에서 사랑에 필요한 것 중 하나가 정의를 추구하는 것이다.

이 장에서 우리가 명심해야 할 것은 정치제도와 관계된 기준들을 정의하고자 한다는 것이다. 타인을 사랑하고, 사람들이 이타적인 행동을 실천하도록 기대하는 것은 기독교 신앙 공동체의 적절한 기대다. 하지만, 사람들이 그리스도 예수 안에서 하나님의 사랑에 반응하기로 한 공통의 전제를 갖고 있지 않은 정치공동체에게는 비현실적인 기대다. 정치공동체 내에서 기대할 수 있는 최상의 것은 정치제도가 사람들을 위해하고 상해를 입히지 않도록 비폭력의 일반적 기준을 따르는 것이다. 왜냐하면, 정치제도들의 기본적 기능은 공공의 선을 추구하는 것이기 때문이다. 킹 목사가 이러한 구분을 하지 못했기 때문에 일부에서는 흑인들이 그렇게 할 수 있는 도덕적 자원들을 갖기도 전에 백인들을 사랑해야 한다고 가르쳤다고 비판한다. 요컨대, 킹 목사는 흑인 공동체 전체가 복음에 함께 헌신하는 것을 가정했다. 교회에 뿌리내리는 일부 흑인들의 동기와 대부분 정치적 이유로 시민권 운동에 가담한 사람들의 동기를 구분하지 못했던 것이다.

비록 정치공동체가 비폭력적 사랑을 가져야 한다던 킹 목사의 기대가 너무나 이상적이기는 했지만, 그의 비폭력 개념은 정치제도와 긴밀한 관련성이 있다. 이는 비폭력이 "증오의 사슬을 끊어 버려야" 한다는 그의 생각에 잘 나타나 있다. 폭력과는 대조적으로 비폭력 행동의 궁극적 목표는 화해 혹은 우호를 이끌어 내는 적극적 해결책을 성취하는 것이다. 진정한 의미의 우호와 화해가 너무나 이상적일지 모르지만, 모든 정당이 어느 정도의 정의를 실현할 수 있다고 보고 적극적으로 갈등을 해결하고자 하는 태도의 중요성은 지속적인 평화를 가능케 하는 진정한 토대다. 정치제도는 그러한 해결책을 찾고자 임무를 잘 수행할 것이다. 왜냐하면, 정치적 문제들을 해결하려는 더욱 더 영속적인 해결책들이 없는 경우, 더 뿌리 깊은 증오가 일어나고, 결국은 더 많은 폭력이 필요할 것이기 때문이다.

우리는 또한, **힘**power과 **폭력**violence을 구분할 필요가 있다. **힘**의 어원적 의미는 어떤 것을 하려는 능력, 혹은 자격이다.6) 누군가 혹은 어떤 그룹이 **힘이 있다**고 말하는 것은 이들이 할 수 있는 것이 **무엇**인지를 말하기 전까지는 불완전한 말이다. 어떤 사람이 누군가 힘이 있다고 말할 때, 그것이 의미하는 바를 알고 있다고 가정하는 것은 그들이 할 수 있는 것이 무엇인지를 논하기를 교묘히 피하는 것이다.

버나드 루머Bernard Loomer는 힘에 대해 어원적 정의를 내리는 것은 두 가지 차원을 포함한다고 주장한다.7) 예를 들면, 어떤 것을 존재케 하거나, 실현하고, 혹은 비존재의 위협에 맞서 실현된 것을 유지하는 어떤 **결과를 창출**하는 능력을 의미한다. 두 번째, 힘은 **결과를 감내하는 능력**으로 지식과 타인의 요구나 필요에 열려 있어서 그것들을 받아들이는 것이다. 루머의 견해는 두 번째 차원의 힘이 무시되고 있지만, 이 차원의 힘은 사회제도들과 자연세계와의 관계에서 일어나는 조화로운 과정을 위해서는 필수적이라는 것이다.8)

대부분 정치권력에 대한 정의는 첫 번째 차원 위에서 세워진다. 예를 들어, 한스 모겐타우Hans Morgenthau는 다음과 같이 말하고 있다. "우리가 힘이라고 말할 때, 이는 보통 한 사람이 다른 사람의 행동과 마음을 통제하는 것을 의미한다. 정치적 힘에 대해서는 공권력을 잡은 사람들의 상호통제관계와, 넓게는 사람들과 후자 사이의 상호통제 관계를 말한다."9) 이러한 정의는 힘과 권력을 같이 보는 경향이 있다. 왜냐하면, 공적인 직위를 갖는 것이 의미하는 것 중 하나는 권위의 자리에 앉은 사람들이 권력의 수단에 대한 통제력을 갖는 것이기 때문이다. 하지만, 분명히 이것이 정치 권력에 대한 충분한 정의는 아니다. 인간의 정신과 행동을 통제하는 것은 예외적인 경우에 잔인한 완력으로 가능하지만, 이는 통제를 받는 사람들이 그 일이 일어나도록 허용할 때만이 가능할 수 있다.

정치 체제는 통제하고자 하는 사람들이 순응하지 않으면 그리 오래갈 수가 없다. 통제하는 대중이 대부분 정치 체제를 자신들에게 유익한 것으로, 혹은 적어도 거부하지는 않을 만큼 충분히 유익한 것으로 여기지 않는다면, 그 체제가 지속되기는 불가능하다. 만일 이 체제가 통제하고자 하는 사람들에게 근본적으로 감응하지 않는다면, 아무리 훌륭한 체제라도 사람들을 통제할 수 없다. 우리는 앞에서 칼 더치Karl Deutsch의 말을 인용했었는데, 그는 다음과 같이 말하고 있다. "일반 대중의 자발적이거나 일상적인 순응이 눈에 보이지는 않지만, 모든 정부 권력의 진정한 기초다."10)

이 말 때문에 나는 모겐타우가 개진했던 것과는 전혀 다른 정치권력에 대한 이해를 제시하게 됐다. 공권력을 가진 사람들이 타인을 지배하고 통제력을 행사하는 것으로 힘을 정의하는 대신, 아래로부터 환경을 조성하고 통제하는 사람들과 그룹들의 능력으로 힘을 정의하는 편이 더욱 더 적절할 것이다.11) 하지만, 이것이 공권력이라는 중요한 위치에 있는 사람들이 힘을 가지고 있지 않다고 말하는 것이 아니다. 그들은 개인으로서 공적 기관에서 일하지 않는 보통 사람들보다 분명히 더 힘이 있다. 하지만, 이들의 힘은 보통 사람들이 조직화됐을 때 가지는 잠재적 집단의 힘을 고려해볼 때, 종종 과대평가된다. 비폭력 사회 행동의 기초가 되는 것은 집단의 힘으로 무리가 조직화하는 되는 것이다. 그리고 이 사실은 그 조직이 물리적 폭력에 항거하는 데에도 더 효과적일 수 있는 이유를 설명해준다.

진 샤프는 비폭력의 힘을 두 가지 측면으로 보았다. 첫째는 자신들에게 요구되거나 기대되지 않는 일을 할 능력, 둘째는 자신들에게 부과된 일에 대한 동의를 유보하는 것이다. 각국의 정부는 국민들의 순응 습성에 의존하고, 이 정부의 힘은 다원적이고 깨지기 쉬운데, 이는 정부가 자체의 힘을 강화reinforcement하려고 많은 자원에 의존하기 때문이다.12) 지난 수십 년 동안 우리는 진정한 힘의 근원인 소수자들, 여성들, 가난한 자들과 압박받는 자들과 같은 많은 그룹의 활동으로 양심의 소리를 듣고 있다. 정의를 구현하기 위한 아주 중요한 임무 중 하나는 가난한 사람들과 압박받는 사람들에게 힘을 실어주어 자신들이 처한 환경을 통제하고 구성할 수 있는 능력이 자신들에게 있음을 알게 하는 것이다.

힘에 대한 정의가 불완전한 경우는, 힘이란 환경을 구성하고 통제하는 능력일 뿐 아니라 부정적 영향력을 견디어내는 능력이라는 것을 간과할 때이다. 민중의 힘 역시 세상에 반응하는 힘으로서, 개방적이고 융통성이 있으며, 새로운 정보를 받아들이고 변화하며, 변하는 상황들에 적응할 수 있어야 한다. 킹 목사와 간디와 같은 사람들의 정치적 행동을 면밀히 살펴보면, 그들의 성취는 위에서 말한 힘의 두 가지 차원을 인식했기 때문임을 알 수 있다. 비록 이들의 힘이 민중의 순응이라는 부과된 기대를 따르지 않기로 하는 자발적 결단에서 나오지만, 이 두 사람은 새로운 정보에 항상 개방적이었고, 전략을 수정했으며, 자신들이 추구하는 사회구조에 스스로를 적응시켜나갔다.

## B. 정치적 전략으로써의 비폭력

사람의 힘은 폭력적으로도 비폭력적으로도 표현할 수 있다. 비폭력적 힘으로써라 함은 사람들에게 상해 곧 폭력을 가하는 대신 자신들에게 기대되는 일들을 하지 않거나 기대되지 않은 일들을 함으로써, 억압에 저항하거나 변화를 가져오는 것을 의미한다. 역사상 다양한 정치체제 아래에서 사람들은 폭력을 사용하지 않고 억압에 저항하고, 변화를 이끌어내고자 이러한 종류의 힘을 행사했다. 이러한 역사는 잘 알려져 있지 않은데, 이것은 일면 역사가들이 주로 역사적으로 일어났던 폭력 현상에만 집중했기 때문이며, 또 일면으로는 사람들이 혁명적인 변화를 이루어내는 방법이나 억압에 저항하는 방법은 폭력적 수단을 통해서만 가능하다는 생각에 지배받고 있었기 때문이다. 하지만, 지난 수십 년 동안, 아마도 간디와 킹 목사와 같은 사람들의 영향 때문에, 사람들은 점점 비폭력을 통한 변화와 저항의 전통을 의식하게 되었다. 지난 20년 동안 학자들은 비폭력 저항의 전통을 더욱 더 진지하게 연구하기 시작했다.[13]

주목할 점은 사람들이 비폭력 전통을 잘 알지 못하면서 그리고 비폭력적 사회변화기술을 전혀 훈련한 바 없거나 잘 훈련하지 않았으면서도 성공적으로 비폭력을 행사하고 있다는 점이다. 1968년의 체코의 러시아 침략에 대한 저항은 거의 1년 동안 지속했었다. 그런데 이 저항은 거의 자동으로 발전했다. 이란 국민들이 비폭력적 방법으로 왕shah을 축출했을 때, 그들은 이 기술들을 훈련하지도 않았을 뿐더러, 그러한 전통도 가지고 있지 않았다. 그런데 이제는 우리가 비폭력을 알기만 하다면, 사람들에게 비폭력 저항과 사회변화를 위한 기술과 전략을 의식적으로 훈련하는 것이 가능하다. 그래서 일부 스칸디나비아 국가들이 국방비 예산의 일부를 비폭력 시민 방어 연구로 사용하는 것은 놀라운 일이 아니다.

정치적 힘이 행사된다는 것은 어느 정도는 피지배인이 이 힘의 행사를 동의한다는 사실을 포함하고 있으므로, 사람들은 그러한 동의를 철회하거나 비폭력적 방법을 사용함으로써 상대의 힘을 통제하거나 파괴할 수도 있다. 상대의 힘이 지극히 억압적이고 폭력적으로 행사될 때도 마찬가지다. 비폭력 행동은 일종의 투쟁의 기술이다. 그래서 상대가 저항할 것이며, 비폭력을 행사하기로 선택하는 사람들은 고통과 죽음을 피할 수 없다는 것을 가정하고 있다. 비폭력에 대한 일반적인 오해는, 비폭력은 인간이 본래 선하다는 것을 전제로 하고 있다고 보는 것이다. 하지만, 킹 목사는 『왜 우리는 기다릴 수 없는가』*Why We Can't Wait*에서 이렇게 지적하고 있다. "우리는 고통스러운 경험을 통해 자유가 억압자들에 의해서 자연스럽게 주어지는 것이 아님을 알고 있다. 자유는 억압받는 자들이 요구해야 하는 것이다." 그는 라인홀드 니버가 『도덕적 인간과 비도덕적 사회』*Moral Man and Immoral Society*에서 보여준 통찰을 인용하면서, 특권을 지닌 그룹들이 자발적으로 자신들의 특권을 포기하는 경우는 거의 없다고 했다. 개인들은 도덕적으로 행동하는 경향이 있을 수 있지만, 그룹은 개인의 이익과는 다르게 움직이며, 더 비도덕적인 경향이 있다는 것이다.14) 특권 그룹들에게 영향을 미치려면 압력이 행사되어야 하며, 그때 변화가 일어날 것이라고 보았다. 압력을 가하는 것과 강압이나 폭력을 사용하는 것 사이의 차이는 다음 장에서 살펴볼 것이다.

비폭력 행동이 고통과 죽음을 포함하고 있다면, 비폭력 캠페인의 성공 여부를 결정하려면 전쟁이나 혁명을 평가할 때와 같은 기준들이 적용되어야 한다. 심판에 대한 이중 기준 적용은 아주 일반적이다. 사람들이 수천 명의 인명을 앗아간 사건을 성공적인 폭력 행동으로 평가하는 동시에 최소한의 인명 손실을 가져온 비폭력 캠페인을 성공적이지 못했다고 판단하는 경우를 종종 본다. 나는 이러한 오해의 뿌리는 비폭력 행동에 대한 잘못된 가정과 비폭력은 갈등이나 인명 손실 없이 적을 내 편으로 얻을 수 있다고 가정하는 데에 있다고 생각한다. 일부 평화주의자들은 이러한 낙관론적 관점을 주장하면서 잘못된 이해를 공고히 하고 있다. 비록 비폭력 행동의 목표 중 하나가 상대와의 화해와 우애를 이루는 것이지만, 상대의 저항 또한, 존재한다.

상대의 저항과 비폭력 행동가가 겪는 고통은 비폭력 행동에서는 필수 불가결한 부분이지만, 그렇다고 비폭력 행동이 비효율적이라거나 정치적 변화를 이룰 수 없다는 것을 의미하지는 않는다. 비폭력 행동이 왜, 어떻게 일어나는가는 불균형 행동asymmetrical actions에 대한 개념에 근거하고 있다.

폭력적인 억압에 저항해서 비폭력적 수단을 사용하는 것은 특이한 형태의 불균형하면서도 충돌적인 상황을 만들어낸다. 이 상황에서 두 그룹은 투쟁이나 무기 체제라는 대조적인 기술에 의존한다. 성공할 최상의 기회를 갖으려고 비폭력 행동가들은 그들이 선택한 기술을 고수해야 한다. 비폭력 행동을 확장하고, 결정하고, 기술적으로 적용함으로써 상대가 매우 특별한 문제들을 갖게 하고, 결국 상대가 효과적으로 힘을 활용하지 못하도록 혼란스럽게 하거나 좌절시킬 것이다. 비폭력 행동가들은 그래서 주짓수Jiujitsu★를 상대에게 적용할 수 있으며, 상대가 정치적으로 균형을 잃게 하고, 그의 억압이 자신의 지위를 위협하는 부메랑이 되어 결국 힘을 잃게 할 수 있다. 비폭력 행동가들은 상대가 폭력에 의지하도록 자극하지 않으려 신중을 기한다. 폭력에 대항하는 폭력은 폭력을 강화한다. 비폭력 그룹은 폭력을 사용할 필요가 없을 뿐 아니라 상대를 강하게 하고 스스로를 약화시키지 않도록 폭력으로 대응하지 말아야 한다.15)

샤프는 비폭력 무기체제의 본질과 비폭력적 변화의 역동에 대해 광범위하게 설명하고 있다.16) 비폭력 행동은 힘 곧 설득력 있는 힘과 강압적인 힘 둘 다를 이용한다. 핵심이 되는 윤리적 문제는 강압이 본질적으로 폭력

---

★옮긴이주 : 주짓수(Jiujitsu) – 타격을 가하는 대신 상대의 힘을 이용하여 반격을 가하는 무술의 한 종류.

적인가, 또는 폭력과 강압 사이에 구별이 있을 수 있는가 하는 것이다. 학자들은 한동안 이 문제를 토론해왔지만 분명한 이해를 이끌어내지는 못하고 있다. 윌리암 밀러William Miller는 비폭력을 주제로 광범위하게 저술활동을 펼쳐왔는데, 때때로 강압과 폭력을 구분했다. 그는 이렇게 말하고 있다.

> 물리적 강압은 폭력의 한 요소지만 결정적 요소는 아니다. 분명히 폭력적이지만 도덕적으로 정당화될 수 있는 행동과 정당화할 수 없는 행동들 사이와, 폭력적이지는 않은 물리적 강압을 포함하는 행동들을 구분하려면 합법성과 정도의 문제가 생기는데, 이 부분은 너무나 모호한 영역이다.17)

하지만, 후에 같은 책에서 그는 모든 형태의 물리적 강압이 어느 정도의 폭력을 포함하는 것처럼 말하는 듯하다.

라인홀드 니버 또한, 때로 폭력과 강압을 구분하는 것의 타당성을 인정하고 있다. 그는 다음과 같이 말하고 있다.

> 어떤 종류의 폭력으로 되갚지 않고 그러한 힘force을 사용하는 것을 정당화하는 것이 가능하다.(여기서 힘은 간디의 대영제국에 대한 보이콧과 홍콩에서 중국인들이 영국인들에게 행한 보이콧, 그리고 산업노동자의 파업을 지칭하고 있다.) 경제적 보이콧과 같은 힘을 사용하는 것과 폭력의 차이는 힘의 행사로 일어나는 파괴의 정도뿐 아니라 그 힘이 지니는 회복력의 정도에도 있다.18)

하지만, 니버는 신약성경의 순전하고 무정부주의적이며 정치적으로 비저항적인 아가페 사랑을 꿈꾸는 자신의 비전과 정치적 목적에서 출발한 비폭력 사회변화 전략을 대조하면서, 폭력과 비폭력 모두 강압적이기 때

문에 도덕적으로는 근본적으로 다르지 않다고 말한다.[19]

폭력과 강압을 구분할 수 있는 경우는 오직 우리가 '폭력'이라는 단어의 원래 의미가 사람들에게 상해를 입히는 것임을 기억할 때뿐이다. 스펙트럼의 한쪽 끝에 있는 설득과 다른 한 쪽 끝의 강압적이고 물리적인 힘에 대한 포괄적 안내는 폭력과 강압의 차이를 명확히 하는 데 도움이 된다.[20]

Ⅰ. **설득** 설득은 어떤 관점을 수용하거나 거절할 자유를 부인하지 않으면서 타인의 행동에 영향을 끼치고자 하는 행동이다.

Ⅱ. **강압(위협 혹은 실제)**

　　A. **압력** 압력은 비난이나 사회적 추방, 타인으로부터의 소외, 정치적 패배로부터 파업과 경제적 보이콧에 이르는 개인에 대한 제재를 통해 개인이 특정한 방식으로 행동하도록 힘을 가하는 행동을 말한다. 압력은 사람들이 자신들의 행동의 결과를 책임지는 한은 자신의 욕망에 따라 행동하도록 허용한다. 평화주의자들이 받아들인 압력의 형태로는 '추방' 혹은 '파문' 그리고 교회의 각기 다른 형태의 징계들이 있는데, 이를 통해 신자들이 회개와 공동체와의 화해에 이르도록 힘을 가하는 것이다. 이것은 단순한 설득이 아닌데, 그 이유는 화해하지 않은 사람이 치러야 할 대가는 너무나 분명하다는 것이다. 즉, 도편추방이나 공동체에서의 격리다.

　　B. **물리적 강압** 이것은 사람들이 해오는 것을 지속적으로 하지 못하도록 물리적으로 제한하거나 다른 대안적인 것을 하도록 강요하는 행동이다. 이러한 형태의 물리적 강압으로는 아이들에게 내리는 처벌의 형태에서 자살과 범죄행위를 막는 물리적 예방, 사람들이 다른 방식으로 행동할 수 없게 하는 약물사용과 심리조작에

이르기까지 모든 영역에 걸쳐 있다.

설득을 포함해서 위의 모든 형태는 폭력적일 수 있고, 물리적 강압을 포함해서 모든 형태 또한, 비폭력적일 수 있다고 나는 단언할 수 있다. 여기서 중요한 문제는 설득적 혹은 강압적인 행동들이 사람에게 대한 폭력인가 하는 점이다. 일반적으로 물리적 강압 행위는 폭력적 행동이라고 여겨지지만, 반드시 그렇지는 않다. 어떤 사람이 자살을 하려 하는데, 다른 한 사람이 자살을 막고자 물리적으로 개입하는 상황을 생각해보자. 이러한 개입 행위에 대한 정당성은 실제로 비폭력 원리에 근거하고 있다. 타인의 생명이 지니는 가치를 존중하기 때문에 자살하려는 사람이 스스로에게 해를 가하지 않도록 개입하는 것이다. 이러한 개입은 이성을 가진 사람이라면 결코 자신을 상해하기를 원치 않을 것이라고 가정하기 때문에 일어난다.21)

폭력적인 범죄 행위를 막으려고 물리적 강압을 정당하게 사용할 수 있다. 사람들이 타인을 해치는 것을 막으려고 폭력을 최소화하면서 물리적으로 개입하거나 제지할 수 있는 가능한 일들을 해야 하는 것이다. 또한, 사람들이 자신의 이익을 위해서 폭력적인 범죄 행위를 저지르려 하거나 그 일에 관계하지 않도록 정당하게 제지할 수도 있다. 물리적 제지는 사람들이 스스로에게 돌이킬 수 없는 상처를 내지 않도록 그들을 보호한다. 타인에게 폭력을 행사하는 사람들은 자신의 도덕적 양심에 해를 가하는 것이며, 자신들의 행동 때문에 후에 깊은 양심의 가책을 느끼기 때문이다. 그들은 결국 장기수로 감금되고 자유를 잃어버리기 때문에 미래의 삶의 희망들은 심각하게 훼손당한다. 그러므로 공정한 법 집행을 목적으로 공동체와 범죄자의 생명을 보호하고 보존하기 위해 적절히 제한되어야 할 경찰의 물리력 사용은 반드시 폭력적일 필요는 없다. 여기서 누군가는 이의를 제기하며 어떤 형태로든 자유를 잃는 것은 사람에게 폭력이라고 말할지도 모르겠다. 나는 그러한 생각이 인간의 사회정체성이 의미하는 바를 이해하지 못하고, 개인주의를 지나치게 강조하는 결과를 초래한다고 생각한다.(앞의 3장에서 나는 타인에 의해 '강압을 받는' 혹은 '압력을 받는' 존재로서 인간의 사회적 본성에 대해 논의했었다. 우리가 완전히 자유롭지 않다면, 우리는 인간적으로 대접받는 것이 아니라고 주장하는 것은 사실 사회적 존재로서 우리의 인간성을 부정하는 것이다. 우리는 타인에 의해 '압박을 받으므로 해서' 더욱 완전한 사람이 되는 것이다.)

우리는 또한, 모든 형태의 설득이 비폭력적이라고 가정해서도 안 된다. 기독교 복음을 들고 다른 문화권으로 가서 타 문화와 현지인의 삶의 방식을 비난하는 방식으로 말씀을 전하는 사람은 현지인들의 존엄성과 자아존중감을 침해하는 것이다. 타 문화권의 원주민들이 복음을 받아들이든 대적하든 자유롭게 결정할 수는 있지만, 언어적으로 그들을 비난함으로써 그들에게 상처를 입힐 수 있다. 그러므로 설득과 폭력은 공존할 수 있다. 자신이 강압적이거나 물리적으로 파괴적이지 않다고 비폭력적이라고 주장하는 사람들은 언어 학대나 다른 종류의 상징적 행동으로 폭력을 행사할 수 있다. 예를 들어, 깃발과 같은 그룹의 상징을 훼손하거나 깃발에 경례하지 않음으로 공동체의 의식을 어기는 것은 폭력적 행동일 수 있다. 그러므로 그러한 행동은 물리적 강압 행위만큼이나 신중하고 양심적인 정당성을 입증할 필요가 있다. 이것은 단지 한 행동이 타인이나 그룹에 사적으로 공격적이어서 폭력적 행동이라는 의미가 아니다. 비록 일반적으로 폭력적이라고 여겨지는 어떤 것과 실제 폭력 사이를 구분 짓기는 어렵다는 것을 인정하지만 말이다.

요약해보자면, 설득력과 강제력은 둘 다 폭력적으로도 비폭력적으로 사용될 수 있다고 말할 수 있다. 문제는 그 힘이 사람들을 상해하는데 사용되느냐(이 경우 이 힘은 폭력적이다), 혹은 인간의 회복을 가져와 결국 화해를 이끌어낼 수 있는 **하나의 과정**을 시작할 수 있느냐이다. 킹 목사와 간디는 상대편이 변화하도록 강압적인 압력을 행사했지만, 이러한 방법들은 보통 긍정적인 결과를 **내포하는** 하나의 과정을 진행하였다.

하지만, 우리는 비폭력 전략이 성공을 보장하지는 않는다는 것을 분명히 해야 한다. 문제는 결과가 성취되느냐가 아니라 과정이 사람들을 해치지 않고 화해와 통합의 가능성을 제공하느냐 하는 것이다.[22]

우리는 또한, 비폭력의 윤리 원리와 효과적인 정치 전략으로써의 비폭력과의 관계를 설명할 필요가 있다. 비폭력 행동은 실용적인 이유, 즉 그것이 효과적이고, 실제 이루어지기 때문에만 옳은 것은 아니다. 비폭력 행동의 윤리적 정당성은 두 가지 도덕적 원리에서 나왔다. 즉, 정의를 위해 일할 의무와 그 과정에서 사람을 상해해서는 안 되는 의무다. 이러한 두 윤리 원리들은 **정치적 전략**으로서 비폭력 행동의 근거가 된다. 이 비폭력 행동이 또한, 실행 가능한 정치 전략이라는 사실은, 그것이 효과적이어서 도덕적으로 옳다고 주장하는 것이 아니다. 사람들에게 상해를 끼치지 않고 정의를 추구할 수 있게 하기에 군사력을 사용하는 것보다 도덕적으로 바람직하다고 보는 것이다. 또한, 정치적 도구로써도 효과적임을 증명하는 사례들이 있다.

그렇다면, 기독교 윤리 사상의 정치적 효율성을 판단하는 것은 어떤 역할을 하는가? 한 극단에는 본질적으로 실용적이거나 공리적인 기준들을 따르는 사람들이 있다. 나는 우리가 실제 힘을 행사하고자, 혹은 더 나은 미래를 가져올 것이라고 믿는 바를 위해서 정의와 비폭력의 원리들을 침해하지 말아야 한다고 주장했다. 또 다른 극단에는 '효율성'을 거부하는 이들이 있다. 이들은 그리스도인들이 단순히 십자가에 돌아가시고 부활하신 종 되신 주님을 신실하게 믿는 것으로 부름 받았지, 역사의 과정을 바로잡아 바른 방향으로 옮기는 "바른 '핸들' 찾기"를 애쓸 필요가 없다고 주장한다.[23] 요더는 후자의 입장을 취하면서 세 가지 이유를 들고 있다.

1. 효율성 이론이 지니는 문제는 선한 의도를 위해 "생명과 자신과 이웃 그리고 원수의 안녕을 희생"하는 것을 정당화할 수 있다는 점이다.[24] 요더는 우리가 이러한 가치들을 희생하도록 허용하는 하나의 도덕적 척도의 효율성을 거부한다.

2. 둘째, 요더가 이러한 입장을 거부하는 이유는 우리가 우리 자신의 행동이 미치는 영향을 그다지 잘 예견할 수 없다고 믿기 때문이다. 그는 니버의 "아이러니" 개념으로 자신의 관점을 지지하고 있다. 즉 "사람들이 역사를 경영하려고 할 때, 역사는 항상 사람들이 안내하는 방향과는 다른 방향으로 나아간다는 것을 증명하고 있다."[25] 이것이 사실인 이유는 수많은 다른 요인도 역사를 경영하려는 비슷한 가정들을 가지고 움직이기 때문이다.

3. 셋째, 요더는 효율성사상이 기본적으로 사회 윤리학에 대한 신약성경의 관련을 부인하는 배경이라고 주장한다. 신약성경은 역사를 경영한다는 의미에서가 아니라 신실함이라는 견지에서 말하고 있다. 그러므로 우리 현대인들은 역사를 경영하고자 한다면 다른 자원들에서 사회윤리학의 기준들을 얻는 것이 필요할 것이다. 요더는 주장하기를, 신약성경은 역사가 의미 있지만, 그 진정한 의미는 계시록의 "죽임당하신 어린양이 권세를 받기에 합당하다"라는 고백 안에서 찾아볼 수 있다고 증거하고 있다고 했다.


요한은 계시록에서 칼이 아니라 십자가 그리고 잔인한 힘이 아니라 고통이 역사의 의미를 결정하고 있음을, 수수께끼 같은 패러독스가 아니라 의미심장한 주장으로 단언하고 있다. 하나님 백성의 순종에서 중요한 것은 효율성이 아니라 인내다.계13:10 의로운 자의 승리는 의로운 자의 도움이 되는 힘으로 보장되는 것이 아니다. 물론 이러한 승리가 인간의 모든 갈등 상황에서 폭력과 다른 종류의 힘을 사용하는 것을 정당화하지만 말이다. 의로운 자의 승리가 비록 보장된다 하더라도, 그것이 확실한 이유는 원인과 결과를 측정한 때문이거나 착한 사람들이 선천적으로 위대한 힘을 가지고 있기 때문이 아니라 부활의 능력 때문이다. 하나님 백성의 순종과 하나님 뜻의 승리 사이의 관계는 원인과 결과의 관계가 아니라 십자가와 부활의 관계다.26)

나는 십자가와 부활의 의미가 수단과 목적이 지니는 본질적 관계를 지적하고 있다는 요더의 주장에 동의한다. 다소간의 선한 목적을 위해서 부도덕한 수단을 사용하는 것을 정당화할 수 없는 것이다. 킹 목사의 다음과 같은 언급은 나의 주장을 잘 요약해주고 있다. "건설적인 목적은 파괴적인 수단에 절대적으로 도덕적인 정당성을 부여할 수 없다. 왜냐하면, 그 결국은 목적이 수단 안에 이미 존재하고 있음을 말해주기 때문이다."27)

나는 또 우리가 우리의 길을 열기 위해 역사를 경영할 수 있다는 믿음은 심각한 환상이며, 인간이 죄인이라는 신호 중 하나라는 요더의 말에 동감한다. 그러한 입장은 인간의 유한성과 죄를 진지하게 받아들이지 못한다. 많은 다양한 동기와 가치를 가진 많은 행동가가 역사의 방향을 만들어가고 있으며, 이는 완전히 우리의 통제력 밖에 있다. 우리가 올바른 역사를 쓸 수 있다는 환상에서 파괴적이고 폭력적인 수단들을 사용하는 광신적 행위가 나온다. 또한, 우리 자신의 노력을 통해 역사 안에 하나님나라를 이룰 수 있다는 가정은, 우리가 종말론적 긴장 아래에 있음을 진지하게 고려하지 않은 것이다. 역사를 초월하시는 하나님을 믿는 것은 우리의 광신적 행위를 버리는 것을 의미한다. 이는 우리가 하나님의 기적적인 권능을 통해 이루어지게 될 하나님나라의 온전한 실현을 인내로 기다려야 하기 때문이다.

하지만, 종말론적 기대라는 맥락에서 우리는 또한, 역사에 충실해야 한다. 이러한 차원에서 요더가 그 효과 면에서 행동을 판단하는 불합리성을 언급한 것은 잘못된 것이다. 어떤 행동에 대한 도덕적 판단이 타인이나 상황에 어떻게 영향을 미치는지를 알지 못한다면, 어떻게 그 행동에 대해 도덕적 판단을 내릴 수 있는가? 또 나의 행동의 결과를 예견할 수 없다면, 어떤 행동이 대안이 될 수 있는지 어떻게 판단할 수 있는가? 어떤 행동이 타인에게 미치는 영향과 타인에 대한 상해 여부를 알지 못한다면, 그 행동은 폭력적이라거나 혹은 폭력적이지 않다고 판단할 수 없다.

그리스도인은 가난한 자에게 정의를 행하고, 고아와 과부를 변호하며, 세상을 화해시키는 대사로 부름 받았다. 가난한 사람들에 대한 연민은 그리스도인들이 법, 정책과 사회 구조들, 그리고 인간의 건강과 복지를 파괴하는 환경 조건들에 대해 관심을 갖는 것을 포함하고 있다. 우리는 어떤 대안적인 법, 행동, 정책, 프로그램 그리고 기구들이 사람들에게 영향을 미칠 것인가를 평가할 수 있어야 한다. 이를 통해 연민으로 행동하는 방법을 알게 되기 때문이다.

때로는 순수하고 선한 의도를 가지고 하나님의 말씀을 따라 사랑을 표현한다고 믿는 그리스도인들이 행동의 목적이나 이유 그리고 그 영향을 신중하게 평가하지 못하는 데서 문제가 발생한다. 이때 행동 결과를 예견하고자 하는 신중한 사회과학적 연구와 효율성 문제는 그리스도인이 기독교의 제자도 윤리를 완성하는 데 절대적으로 중요하다. 그러므로 사회 과학자들의 확률연구는 기독교 윤리학과 중요한 관계가 있다. 요더가 교회는 세상 속에서 정신 건강이나 국외발전을 위한 프로그램 등을 통해 연민을 갖고 행동해야 한다고 주장했는데, 나는 그가 나와 다른 의견을 표현한 것인지 의구심이 든다. 그의 말이 모든 효율성을 거부하는 것처럼 문제를 혼란스럽게 하고 있기 때문이다.

그리스도에 대한 충성은 효율성을 측정하려는 시도와 세상 속의 그리스도인으로서 스스로 내리는 특정하면서도 구체적인 결정들이 어떠한 결과를 가져올지 예측하려는 시도가 없이는 완전해질 수 없다. 그리스도인들이 구조 개혁에 더 관여할수록 자신의 행동이 미치는 영향에 관심을 더욱 기울여야 할 것이다. 이때, 다음의 두 가지 원리들을 기억해야 한다. 첫째, 수단과 목적은 상호관련이 있으며, 정의로운 목적이 부도덕한 수단을 정당화할 수 없다. 둘째로 그리스도인들은 역사의 궁극적 운명은 자신들의 손이 아니라 하나님의 손안에 있다는 것을 인식함으로 겸손과 인내하는 태도를 갖는다는 것이다. 아브라함 헤셸Abrahan Heschel은 이에 관한 관점을 다음과 같이 심오하게 표현하고 있다.

> 우리는 끊임없이 경고를 받고 있다. 인간 자신의 힘에 의지해서는 안 된다고, 그리고 "인간의 능력의 불확실한 확장은 궁극적으로는 인간의 상황을 바꾸어 놓을 것이다."라고 믿어서는 안 된다고 말이다. 우리의 전통(유대교)에서는 오직 선한 행위만이 역사를 구속할 수 있다고 믿지는 않는다. 우리를 하나님의 구속함을 받을만한 존재로 만드는 것은 하나님께 대한 순종이다. 그런데 히브리 전통은 악을 다루는 도구로 미츠바(mitzvah: 계명-하나님께 순종, 선한 행실)를 주장한다. 악한 날의 마지막 날에 악은 유일하신 그분이 완전히 끝내버리실 것이다. 역사적 시대마다 악은 하나씩 사라졌던 것이다.28)

## C. 정당한 폭력 이론들에 대한 평가

대부분 사회는 사람들에 대해서 비폭력과 비상해의 원리를 갖는 것은 일반적인 도덕적 의무라는 것에 동의한다. 여러 문화권과 종교에서 비폭력의 윤리적 중요성에 대해 불일치가 일어나는 이유는 다음의 두 가지 요인 때문이다. 민족의식이 갖는 의미와 폭력이 정당화되는 조건들이다. 예를 들어, 만일 태아나 지진아 그리고 범죄자나 원수가 '인간'으로 취급받지 못하거나 민족의식이 의미하는 바 안에 반드시 포함되지 않는다면, 폭력 행동은 도덕적 침해가 아니다. 왜냐하면, 결과적으로 한 인간을 침해한 것이 아니기 때문이다. 기독교 신앙은 '인간'과 민족의식의 의미를 가난하고 아픈 자, 의지할 것이 없는 자, 이방인, 원수에게까지 급진적으로 확장시킨다. 그리스도인들은 모든 인간을 공동체에서 배제할 어떤 근거도 가지고 있지 않다.

기독교 신앙이 인간과 민족의식의 의미를 이토록 급진적으로 확장하기 때문에, 그리스도인들은 일반적으로 어떤 형태의 폭력도 정당화되어서는 안 된다고 생각해왔다. 그리스도인들의 일반적 의무는 비폭력이다. 그러므로 입증을 해야 하는 쪽은 폭력을 정당화하는 쪽이다. 로스W. D. Ross의 윤리 이론이 이 점을 설명하는 데 도움이 된다.29) 로스는 분명한 의무prima facie obligation와 적절한 의무duty proper 혹은 실제 의무를 구분한다. 로스에 따르면, 분명한 의무는 구체적인 사안에 대한 특정한 혹은 실제적인 의무와 대조되는 것으로써 일반적인 의무의 도덕적 원리들을 의미한다. 우리는 이러한 원리들에 무게를 두지 않을 수 없는데, 한 원리를 충족하기 위해 때로 다른 원리가 침해를 당하기도 한다. 우리의 적절한 의무는 실제적인 도덕적 의무다.

법을 어긴 한 사람이 경찰에게 쫓기는데, 그 사람을 숨겨주는 한 실례를 생각해보자. 그런데 그 법이 모든 최소한의 정의의 기준으로 봐도 분명히 불공정하다고 가정해보자. 경찰이 내 집 앞에 와서 내 친구가 내 집 안에 있는지 묻는다면, 나는 그들에게 거짓말하는 것을 정당화할 것이다. 그들에게 사실을 말하는 것은 분명히 불의한 법의 이름으로 친구의 목숨을 잃게 하는 것이다. 이것은 진실을 말한다는 원리를 포기하는 것을 의미하지는 않는다. 진실을 말하는 것은 여전히 나의 일반적인 도덕적 의무다. 그러므로 내가 거짓말을 한다면, 나는 거짓말을 하는 합당한 이유를 갖고 있어야 한다. "입증의 짐"은 그 거짓말을 정당화하는 나에게 있다.30)

이와 같은 종류의 추론을 폭력과 비폭력 논쟁에 적용할 수 있다. 입증의 짐은 폭력을 정당화하는 사람들에게 있다. 왜냐하면, 그리스도인의 일반적인 도덕적 의무는 모든 사람에게 대한 비폭력인 것이다. 불행히도 이 입증의 짐을 실천하는 데 비폭력이 적절하다는 것을 입증하는 일이 평화주의자들에게 부과되어왔다. 대부분 그리스도인은 보통 자신의 나라가 참전을 요구하면, 이에 따라야 한다고 생각해왔다. 그러나 그리스도인들은 참전해서는 안 된다는 입장을 취해야 한다. 만일 참전해야 한다고 생각한다면, 다른 압도적인 도덕적 동기들 때문에 폭력이 필요하다는 것을 보여줄, 입증의 짐이 그들에게 있는 것이다.31)

국가와 같은 합법적 기구가 무기 사용을 결정하면, 그 전쟁의 분명한 부당함을 증명하지 못한다면, 그리스도인들은 일반적으로 참전할 의무를 진다고 주장하는 사람들이 있다. 이것은 입증의 짐을 전쟁에 반대하는 사람들에게 지우는 것이다.

이 입장은 기독교 윤리학의 관점에서 볼 때 심각한 문제점을 갖는다. 우리는 이미 각국이 자국의 이익에 근거해 행동하는 것을 알고 있기에, 합법적 기구가 결정하기만 하면 전쟁을 정당화할 수 있다고 보는 것은 어불성설이다. 현대에 들어서 한 국가의 대의명분 주장은 결국 원하기만 하면 전쟁에 몰입할 능력을 키워놓았다. 인간의 죄와 국민국가의 우상숭배적인 속성들에 대한 기독교적 관점을 고려한다면, 그리스도인들은 전쟁을 정당화하는 국가의 주장을 의심해봐야 한다. 참전 결정이 합법적 기구에 의해 결정되었다고 하더라도, 그리스도인에게 전쟁이 정의롭지 않다는 것을 입증해야 할 의무가 있는 것은 아니다. 기독교 윤리 관점에서 볼 때, 입증의 짐은 국가에 있다. 일반적 가정은 폭력에 반대하는 것이다.

일부는 국가에 순종해야 한다는 일반적 가정을 주장하고, 국가에 불복종하는 것은 아주 예외적인 일이라고 주장할지 모르겠다. 이 말이 일반적으로는 옳지만, 나는 이러한 가정이 전쟁에는 적용되지 않는다고 주장하고 싶다. 국가가 전쟁에 돌입할 때, 우리는 오히려 국가가 국가로서의 한계를 넘어선 것은 아닌가 생각해봐야 한다. 국가가 타국에 조직적 폭력을 행사하는 일에 참여하도록 국민에게 요청한다면, 그 정당함을 입증할 짐을 져야 하는 것은 국가이다. 이렇게 되면 국가가 자국의 이익 확대를 위해 너무나 간단히 전쟁을 수단으로 사용하는 것을 막을 수 있다. 전쟁은 거의 모든 상황에서 한 국가의 이익 때문에 일어난다. 이와 같은 국가의 조직적 폭력에 반대하는 맥락 안에서 그리스도인들은 정당한 폭력이론을 발전시켜왔는데, 이것은 그리스도인들이 폭력을 사용하게 되는 상황들을 제한하려는 노력이었다. 특정한 상황에서의 폭력을 정당화하는 오래되고 뿌리 깊은 이 사상의 전통은 암브로스Ambrose와 어거스틴으로 거슬러 올라간다. 이 고대의 전통은 근대에는 국가 간 전쟁뿐 아니라 혁명 폭동에도 적용되어왔다.

수 세기 동안 기독교 대중이 국가가 자신들에게 요구하는 일들을 정당화하기 위한 필수 이데올로기로 다양한 "정당한 폭력" 이론들을 활용해왔다. 그럼에도, 이 이론을 진지하게 받아들이며, 부당하게 여기는 전쟁을 양심적으로 반대하고 비판하는 그리스도인들의 숫자가 점점 늘어나고 있다. 정당한 전쟁의 기준을 정직하게 적용하면 실천적 평화주의가 가능하다. 예를 들어, 에밀 브루너Emil Brunner는 이렇게 말한다.

수십 년 전만 해도 전쟁은 비록 잔인하기는 해도 끔찍한 국제적 긴장을 해결하려면 어느 정도 사용할 수 있는 수단이기는 했다. 하지만, 오늘날의 전쟁은 완전히 통제가 불가능하기 때문에 아주 작은 유용성마저 사라져버렸다. 전쟁은 너무나 거대해져서 더는 의미 있는 기능을 행사할 수 없다.32)

제2차 세계대전 이후 일어난 핵 평화주의와 많은 사람을 양심적 참전 거부로 이끌었던 베트남전 거부는 정당한 전쟁의 기준을 정직하게 적용한 두 가지 사례다.

정당한 전쟁 이론이 존재할 수 있는 최고 이유는 비폭력을 분명한 의무로 인식하기 때문이다. 우리는 가장 예외적인 환경에서만 폭력에 호소할 수 있다. 이때 이 예외적 환경이란 폭력에 호소할 수밖에 없었음을 증명하는 기준과 요구사항을 충족시켜야 한다. 정당한 전쟁의 기준을 정직하게 채택한다는 것은 공적 토론의 장에서 자신의 행동을 변호하는 것을 포함하기도 한다. 국가가 참전을 명령했기 때문에 참전해서는 안 되는 것이다. 모든 그리스도인은 정당한 전쟁에 참여해야 하는 아주 특별한 경우임을 증명할 수 없다면, 양심적 전쟁 거부자이어야 할 것이다. 여기서 특별한 경우는 일반적 법칙에서 예외 될 수 있다.

두 쌍의 일반적인 기준이 전쟁이 정당성 여부를 결정하려고 사용되어 왔다. 한 기준은 참전을 정당화하는 원리들the jus ad bellum★ 이고, 다른 한 기준은 전쟁 수행 시 가능한 합법행동을 규정하는 원리들the jus in bello★이다.33) 이러한 원리들에 대한 수많은 논의가 어디에나 있어서 여기에서는 이 이론이 기독교 윤리 사상에서 차지하는 위치만을 평가하려고 한다.34)

정당한 전쟁이론이 나의 직관에 와 닿는 이유는 두 가지이다. (1)정당한 전쟁의 기준을 사용하는 것은 도덕적 요소들을 공공정책 영역에 연결하는 현실적인 방법으로 보인다. 이 공공정책 분야에서는 군사력의 사용은 외

---

★옮긴이주 : 참전을 정당화하는 원리들(the jus ad bellum) – 전쟁 자체의 정당성

부 침입자가 일으키는 불의한 공격에 대항해서 스스로를 보호하는 데 필수불가결한 도구로 여겨진다. (2)비용 비례성, 최후의 수단, 정당한 수단들과 같은 정당한 전쟁의 원리들은 원리들 내부에 일종의 논리성을 갖는다. 다시 말하면, 이 원리들은 공공정책을 평가할 때 사용하기 적절한 도덕적 범주들이다. 하지만, 나는 이 이론이 갖는 일곱 가지 문제를 제기하려고 한다.

1. 나는 이미 이 이론이 실제적으로 항상 대부분 전쟁을 합법화하는 경향이 있음을 언급했다. 이 이론을 정직하고 진지하게 적용한다는 것은 갈등의 해결책으로 전쟁에 호소하는 것이 예외적인 경우라는 것을 의미한다. 그래서 최근까지도 선택적인 양심적 전쟁 거부를 위한 도덕적·법적 근거를 세우려는 어떠한 시도도 없었다는 점은 놀랄만한 일이다. 하지만, 우리가 정당한 전쟁이론의 내부 논리를 따른다면, "선택적인 양심적 거부"라는 말도 의미가 없다. 타인에게 상해를 입히지 말아야 한다는 일반적 의무 때문에 그리스도인들의 일반적 의무가 참전하지 않는 것이라고 가정한다면, 이러한 논리는 또한, 선택적인 양심적 참전이 가능한 조건들을 정의할 수 있어야 한다. 선택적인 양심적 거부라는 말은 마치 전쟁 참전 거부가 예외적인 경우처럼 들리게 한다. 하지만, 사실 이 이론은 참전이 예외적인 경우여야 한다고 말하고 있다.

2. 근대에 들어서서 정당한 전쟁 이론이 전통적인 기준들을 왜곡하고, 전쟁을 정당화하기 위한 원리들을 한 개 혹은 두 개의 원리로 축소시키는 경향을 보이고 있다. 따라서 전쟁의 정당성 여부를 결정하는 필수적인 수많은 기준이 종종 무시되고 있다. 뛰어난 정당한 전쟁 이론가인 제임스 존슨James Johnson은 "고전적인 전쟁 자체의 정당성jus ad bellum에는 여섯 가지

---

★옮긴이주 : 전쟁 수행 시 가능한 합법행동을 규정하는 원리들(the jus in bello) – 전쟁 행위의 정당성

요소가 있는데, 이 요소들은 참전이 가능한가를 묻는 질문에 확정적인 답을 하기 전에 모두 충족되어야 한다"라고 말했다.35) 이 여섯 가지 요소는 정당한 이유, 정당한 권위, 정당한 의도, 비용 비례성, 평화의 목적, 최후의 수단성이다. 이와 더불어 전쟁수행 중의 정당한 행동jus in bello 기준인 비용 비례성proportionality과 차별discrimination 또한, 충족돼야 한다.

한 국가가 무력에 호소하는 것이 정당한가를 판결할 때의 문제는 양국이 모두 정당한 이유를 주장한다는 점과, 갈등 속에 있는 주장들을 공평하게 판결할 수 있는 제삼자가 없다는 점이다. 이 문제에 대해 존슨은 16세기 빅토리아 여왕의 다음과 같은 주장을 예시한다. "갈등 중에 있는 양국은 양국 모두 정당한 이유가 있다고 인정하며, 또한, 전쟁행위의 정당성에 따른 제한에 양국이 책임 있는 자세를 가져야 한다."36) 이는 사실 모든 나라는 모든 상황에서 정당한 이유를 주장할 수 있음을 의미한다. 정당한 이유의 원리는 그르티우스Grotius★의 "교전당사국의 의도와 주장을 모든 국가가 확인하고 판단할 수 있도록 선포해야 하는 교전국"의 공식적인 원리로 축소됐다.37) 이것은 정당한 전쟁이론의 원리 중 하나인 정당한 이유를 왜곡하는데, 왜냐하면 빅토리아 여왕과 그르티우스 시대에 정당한 이유는 본질적으로 어떤 교전국이든 주장할 수 있었기 때문이다. 이러한 정당한 전쟁 이론의 왜곡은 폴 램지에게서 분명히 나타나는데, 그는 정당한 전쟁 이론을 전쟁행위의 정당성, 즉 "어떻게 근대의 전쟁이 정당하게 수행될 수 있는가"라는 문제를 숙고하는 것으로 축소했다.38)

이와 다른 극단에는 주로 정당한 이유 원리를 이용하면서도 전쟁 자체의 정당성과 전쟁수행 중의 전쟁행위의 정당성을 규정하는 기준을 무시하는 사람들이 있다. 공격을 받는 무고한 사람들을 보호할 유일한 방법이 폭력을 사용하는 것뿐일 경우, 이 폭력을 정당화하기 위한 전형적 시험 사례

---

★옮긴이주 : 그르티우스(Grotius) – 화란의 법학자

로, 부당하게 공격을 받는 무고한 제 삼자라는 유추를 사용해왔다. 이러한 종류의 추론은 종종 다음과 같은 다양한 상황에 적용된다. 무고한 사람들에게 고통을 주는 불의하고 억압적인 상황을 벗어나고자 폭력이 필요한 경우를 들 수 있다. 제2차 세계대전은 무고한 사람들에 대한 나치의 폭력 대문에 나치에 대항해서 폭력을 사용하는 것을 정당화한 전쟁이었다. 더욱 더 세련되고 정당한 전쟁 사상 지지자들은 무력을 사용하려면 정당한 이유를 가져야 할 뿐 아니라 정당한 수단과 비용 비례성, 최후의 수단 등등의 기준을 충족시켜야 한다고 주장할 것이다.

더욱이 위의 시험사례는 **정당한 이유**(부당한 공격에 대항해서 무고한 제 삼자를 무력으로 방어해야 할 의무)로 기준을 축소하는 것이 도덕 사상을 하나의 윤리원리인 절대주의로 축소한다는 이유로 비판을 받을 수 있다. 이 사례의 의도는 절대적 평화주의를 논박하고 비폭력이 아닌 원리들이 필수적이라는 것을 보여주려는 것이다. 사실 이 사례는 표면적으로는 순수한 다른 원리, 즉 부당한 공격을 당하는 무고한 제 삼자를 무력으로 방어하는 것을 정당화하는 것을 우선순위에 둘 것을 요청한다. 하지만, 어떤 근거로 공격에 대항해서 누군가를 방어하는 원리가 비폭력보다 우선되어야 하는가?

마이클 월저Michael Walzer는 무력 사용은 분명한 공격행동이 있으면 정당화된다고 주장한다. 공격이라 함은 권리를 침해하는 것뿐 아니다. 인간의 생명을 위험에 빠뜨리는 하나의 결정 또한, 포함한다. 월저는 말하기를 "공격은 독자적이면서도 분화되지 않은 범죄다. 왜냐하면, 어떤 형태로 나타나든 공격은 사람이 죽음을 무릅쓰고 추구하는 가치인 권리들을 앗아가기 때문이다."39) 하지만, 공격에 대한 도덕적 비난이 월저가 지적하는 것과 같은 확실한 결정적 요소가 되기에 충분히 국가의 행위에 영향을 미치는가? 적국의 자극에 단순히 반응한 것이 잘못이라고 제3국이 판단한다면, 공격과 합법적 방어의 선은 어디인가? 또한, 어떤 상황에서든 목적이 정의롭기만 하면 무력이 사용되어도 된다고 가정할 수 있을까? 무력 사용의 정당화는 사용되는 모든 수단의 영향을 받는가? 또한, 군사력 사용이 최후의 수단인지 아닌지, 침략 국가를 제압하는 것이 맞는지, 무력 사용으로 악보다는 선이 더 증대될는지, 무고한 사람들이 상해를 입을지에 대해서도 영향을 받는가? 정당한전쟁 이론은 이 모든 요인들이 도덕적으로 폭력의 정당화와 관련이 있다고 주장해왔다.

3. 정당한 폭력 이론들은 때로 부당한 공격에 대한 개인의 방어나 범죄자에 대한 경찰의 완력행사를 정당화하는 것에 그치지 않고, 너무나 비합리적으로 전쟁이라는 상황으로 일반화한다. 정당한 전쟁 기준, 특히 전쟁행위의 정당성의 근거는 전쟁이 개인폭력이나 경찰 폭력의 단순한 확장이 아니라는 것이다. 전쟁은 폭력의 예외 폭력형태라고 보는 관점 때문에 전쟁행위의 정당성의 원리들인 조화와 차별이 발달되었다.

예를 들어, 폴 램지는 선한 사마리아인 예화를 확장해서, 만일 강도에게 공격을 당하는 여행자의 상황을 목격하게 된다면 무엇을 해야 하는지 묻는다. 그리고는 부당한 공격에 대항해서 무고한 쪽을 방어해야 하는 것이 우리의 의무라고 지적한다. "가능한 한 많은 하나님의 자녀를 폭정에서 구원하고, 억압으로부터 보호하는 것은 사랑의 자비의 행위다 … 불법자와 이 때문에 많은 희생자 사이에서 선택해야 한다면, 후자를 선택할 것이고, 당연히 그래야 하는 것이다. 아무리 후자를 구하는 일이 악의 세력에 대항해서 무력을 사용해야 할지라도 말이다."40)

이러한 종류의 논쟁이 폴 램지의 정당한 전쟁 이론에 대한 방어에 들어 있는 것은 놀랍다. 왜냐하면, 그는 일반적으로 전쟁을 국민국가가 국민의 이익이라고 생각하는 것을 추구할 때 사용하는 능력으로 보았기 때문이다. 램지에게 국제 체제는 작용과 반작용이 일어나는 무대로, 이곳은 죄악

된 세상을 그대로 수용하시는 하나님의 섭리가 운행하는 곳이다. 무고한 제 삼자를 대신해서 개인적으로 개입하는 활동을 그대로 전쟁 상황에 적용하는 데는 여덟 가지 문제가 있다.[41]

a. 본래 정의가 어느 한 쪽 편에 있다고 가정하는 데 문제가 있다. 이것이 개인적 차원에서는 가능할지 모르지만 전쟁 상황에서는 거의 불가능하다. 세계 2차 대전 때조차도 독일인들은 1차 대전 후의 부당한 전후처리로 인한 문제를 해결하기 위해서라는 정당한 주장을 펼쳤었다.

b. 한 국가가 공정한 관찰자로서 정의가 어디에 있는지를 결정할 수 있다고 가정하는 데 문제가 있다. 국민국가 안에서는 서로 대립하는 정의로운 주장들을 판결하는 수단으로 법 체제가 작동하지만, 전쟁 중에는 한 국가가 판사요 배심원이며 사형집행인 모든 것이 될 수 있다.

c. 한 국가가 너무나 이타적이어서 제 삼자에게 유익이 되도록 행동한다고 가정하는 데 문제가 있다. 이 가정을 지지하는 실제 사실들이 존재하지 않는다. 도덕적 원리들을 청원하는 높은 목소리 아래로 자국의 이익을 숨기는 국가들의 허식에 대해 니버는 종종 경고하고 있다. 예를 들어, 미국은 제2차 대전 참전의 명분으로 유대인과 무고한 국가들을 보호한다고 했지만, 이는 일본이 미국을 침략한 후에야 미국이 참전한 이유를 설명해주지는 못한다. 그 시점은 유대인들이 대량학살을 당하고, 직접적인 관련이 없는 국가들이 히틀러에 의해 무력으로 정복당한 지 한참이 지난 후였기 때문이다.[42]

d. 램지가 제시한 사례에서는 잘못한 편만이 방어적인 폭력을 받는 대상이 될 것이다. 그런데 전쟁 상황에서는 무고한 여러 국가가 희생을 당한다. 그리고 전쟁이 갖는 예측불허성 때문에 우리가 전쟁행위의

정당성 원리들을 특별히 필요로 하는 것이다. 전쟁 중에 폭력은 죄책감만 들게 하는 것이 아니다. 무고한 사람들이 고통당할 뿐 아니라 전쟁의 파괴력은 재산, 환경, 사회 기구들에까지 미쳐서 결국 한 민족의 전체 생활양식을 붕괴시킨다. 전쟁은 또한, 장기간의 폐해를 양산하는데, 이는 개인적 공격에 반응해서 개별적으로 일어나는 폭력보다 훨씬 더 광범위하다.

e. 램지가 제시한 사례에서는 일단 정의롭지 못한 폭력자가 움직이지 않으면 폭력 반응이 일어나지 않는다. 하지만, 무력사용 결정은 폭력의 강도를 높이고, 이때의 폭력은 쉽게 통제되지도 종결되지도 않게 된다. 더욱이 전쟁에서는 군대가 필수적이어서, 적대국가가 사용하는 전쟁의 기술에 따라 이에 반응하는 국가의 폭력 수단 또한, 달라진다. 이렇게 되면 폭력의 수단은 점차 강화되는데, 바로 이점을 램지는 간과하고 있다.

f. 램지의 사례에서 개인은 자신에게 가해지는 공격에 대한 방어가 정당한가를 검토하고자 사후에 소급하여 적용하는ex post facto 과정을 갖는다. 하지만, 전쟁 상황에서는 국가의 방어수단이 합법적인 선을 넘어섰는지를 검토하는 과정을 갖지 않는다.

g. 램지의 사례에서는 방어자가 합법적인 권위를 갖는 일반적인 국제 영역이 있다고 가정하고 있다. 하지만, 전쟁 상황에서 이러한 영역이 분명한 경우는 거의 없고, 방어가 자국 영토 안에서만 이루어지는 경우도 거의 없다.

h. 부당한 공격에 대항하는 무고한 제3자를 방어하기 위한 준비와 무기들은 전쟁을 수행하고자 국가 전체를 전시체제로 바꾸고 준비하는 데 필요한 조직과 사전준비, 자원의 양과는 근본적으로 다르다. "집안에 있는 총 한 자루가 가족관계를 바꿀 필요는 없다. 전쟁준비는

한 국가의 특성을 바꾼다.”43)

이러한 문제 때문에 나는 다음과 같은 결론에 이르지 않을 수 없다. 즉, 전쟁에서 군사력을 사용하는 것은 단순한 공격에 대응하는 개인적 방어 차원의 무장과 규모의 차이 그 이상의 의미를 갖는다. 이 두 사례는 완전히 종류가 다르다. 그런데 어떤 경우든, 도덕적 판단을 하기 위해, 개인은 자신이 말하는 주제를 알고 있어야 한다. 하지만, 램지의 이미지는 모호하고, 전쟁 사례에서 그 주제를 지나치게 단순화했다. 전쟁 중에 개인은 전쟁은 방대한 준비와 조직이 필요한 폭력의 일종이며 한 나라 전체에 영향을 미친다고 상정하고 폭력을 정당화해야 한다. 이는 사법적 검토나 통제를 받지 않는다. 보통 전쟁 시의 폭력은 점점 더 강화되어 쉽게 종결되거나 억제력을 갖지도 못한다. 전쟁 중의 폭력은 불가피하게 무고한 사람들의 목숨을 앗아가고, 물리적 환경과 특성 그리고 사회기구들에 대변화를 가져온다. 일단 전쟁을 정당화하면, 불가피하게 부당한 공격에 희생당하는 무고한 사람들을 방어하는 것과는 완전히 다른 모든 것을 정당화한다.

**4.** 정당한 전쟁 이론의 목적은 그리스도인들과 정책입안자들 모두에게 하나의 안내자가 되어왔다. 이 이론이 기독활동가의 지침서로 사용된다면, 그 주된 목적은 다음의 질문에 답하는 것이다. 폭력을 반대하는 것이 통상적인 상황이라면, 나는 그리스도인으로써 어떻게 선한 양심을 가지고 전쟁에 참여할 수 있는가? 정책입안자들을 위한 경우라면, 이 이론은 국가가 군사력에 호소할 필요와 권리가 있음을 인정하는 기능을 한다. 이와 같은 이론의 서로 다른 사용은 쉽게 조화를 이루지 못한다. 정당한 전쟁을 옹호하는 사람들의 사고는 정책입안자들의 필요가 완전히 점령하고 있다. 정책입안자들은 항상 군사력 사용에 대한 합법적 근거를 **반드시** 가지고 있다. 하지만, 전쟁의 기술은 날로 진일보하기 때문에 정당한 전쟁을 수행하기 위한 기준은 새로운 정치적 · 군사적 필요를 충족시키려고 끊임없이

변한다. 전쟁행위의 정당성(jus in bello: 민간인의 대량 살상을 초래하는 무기와 전술들)을 침해하기 때문에 전혀 고려되지 않았던 무기와 전쟁수행 과정들이 종종 종국에는 주목을 받고 승인을 받기도 한다.

예를 들어, 이중 효과의 원리는 대규모 공중 폭격을 정당화하려고 사용되어왔는데, 공중폭격으로 발생한 민간인 살상은 원래 의도했던 바가 아니라, 군사 목표물을 파괴하려는 실제 의도를 수행함에 따른 부차적 결과라는 것이다. 이것은 궤변이다. 만일 행동의 결과가 어떠할지를 안다면, 부차적 결과들을 의도하지 않았다 하더라도 의도한 결과에 책임이 있는 것과 같은 책임이 있는 것이다. 공중 폭격을 합법적인 전쟁 행위로 정당화하는 사람들은 군사 목표물을 파괴하려는 목적일지라도 수많은 무고한 민간인이 생명을 잃을 수 있다는 것을 충분히 이해하고 있어야 한다.

마이클 월저는 이중 효과가 남용되는 일을 수정하려는 일환으로 일단 행위자가 한 행동의 부차적인 악한 영향을 알고 있다면, 그 영향을 최소화할 길을 모색해야 하며, 자신이 기꺼이 대가를 지급할 준비를 해야 한다는 원리를 추가했다. 그래서 군사시설을 파괴하는 결과로 민간인들이 죽을 수도 있는 상황에서, 군인들은 그 악한 영향력을 최소화할 방법을 모색해야 하며, 민간인을 살리고자 자신들이 더 많은 위험을 기꺼이 감수해야 한다고 월저는 주장한다.44)

핵무기와 핵을 통해 전쟁을 억제하려는 테러를 도덕적으로 어떻게 평가하는가의 문제는 또한, 정책입안자의 관점에서 군사행동의 필연성이 전쟁행위의 정당성의 도덕 기준에 대한 이해를 명령하는 방식을 설명하고 있다. 핵무기를 전쟁 중 사용하는 것이 도덕적으로 정당하다고는 생각할 수도 없던 까닭에, 일단 국가들이 핵무기를 가지면 이제 문제는 핵무기를 소유하거나 사용하는 일이 도덕적으로 정당한 상황은 무엇인가가 된다. 군사적?정치적 필요성에 따라 전쟁행위의 정당성 기준은 끊임없이 변하는데, 이 변화의 방식이 램지의 사고 안에 분명히 드러난다.

1965년에 쓴 에세이에서 램지는 "자유세계의 안전을 위해 지금 이 순간 긴급하다고 생각하는 일련의 정치적 결단들"을 제시했다.45) 램지는 핵 평화주의자들을 논박했는데, 그 이유는 이들이 현대의 정치적 군사적 현실을 말해주지 않고 있기 때문이라고 했다. 램지는 초기에 핵무기가 무고한 생명을 위협하는 폭력이라는 이유로, 전쟁 억제력으로서 핵을 소유하는 것을 비난했다. 후에는 교전 상대국의 도시에 핵무기를 **사용**하려는 의도가 도덕적으로 비합리적이라고 비난했다. 그러면서 다음과 같이 도덕 문제를 바꾸어 말했다. "대량의 핵무기 소유가 민간인 살상을 목표로 하는 범죄로 축소될 수 있느냐가 문제다." 찰스 커란Charles Curran에 따르면, 이 문제는 "램지로 하여금 상대국가의 전쟁 상황이나 사람들에 개입함으로써 비도덕적이지 않고도 도덕적으로 허용되는 전쟁억제책을 발전시키도록 만들었다."46)

5. 정당한 전쟁 이론을 정책입안자들의 즉각적인 정책적 고려와 연관시키려는 이해관계가 지배하는 한, 기독교 정치 윤리학은 본질적으로 현상과 현재의 국제 체제의 구조적 상황들에 순응하는 것이다. 기독교 신앙은 근본적인 예언자적 입장 혹은 비판적 입장을 어떻게 상황과 연관시키는가? 국제 체제가 이루어져 있는 방식을 판단하는 데 기독교 윤리학의 역할은 무엇인가? 이 기독교 윤리는 국제체제 안에 있는 국민국가가 아닌 다른 행동주체들, 즉 체제를 변화시켜서 정의와 평화에 더욱 더 부합하는 체제로 만드는 주체들과 어떻게 관계를 갖는가? 여기에 2장에서 다루었던 문제들을 잠시 언급해보자. 기독교 윤리학은 어떻게 세상에서 '빛'과 '소금'의 역할을 하는가? 그리고 기독교 정치 윤리학이 정치적·군사적 필요성을 뒷받침하는 최소공통분모 원리 세트로 축소되지 않을 수 있는가?

6. 비록 전쟁이 정당성을 입증해야 하는 예외적인 경우지만, 정당한 전

쟁의 결말은 결국 국가들이 그 결말을 준비하는 데 전념하게 한다. 정당한
전쟁 옹호론자는 그래서 실제 발발한 전쟁이 아닌, 전쟁 준비를 지지한다.
이러한 입장은 세 가지의 심각한 문제를 갖는다.

   a. 전쟁의 결말을 준비해야 한다고 하는 사람들은 국제 분쟁을 해결할
대안적인 방법들을 제공하고 전쟁을 예방할 수 있는 환경을 조성하
는 일이나 구조에 인적 자원과 에너지들을 투자하지 않는 경향이 있
다. 전쟁준비에 엄청난 인간의 에너지를 쏟아 붓는 것은 전쟁이 국제
관계의 정상적인 형태이며, 국제 평화는 예외적이면서도 비정상적인
상황이라는 가정으로 이끌어간다.

   b. 지식, 재능, 돈, 물리적 자원과 같은 인간의 자원들은 갈등의 해결책
에서 인간의 필요와 평화를 만드는 구조로 전용되었다. 주요한 전쟁
의 원인 중 하나는 분배 정의의 실종인데, 이로 말미암아 국가들은
더욱 더 쉽게 인적 자원들을 병기로 전용하게 된다. 인간의 지식과
재능은 다른 인간을 파괴하고, 무기를 사용해서 분쟁을 해결하는 방
법을 생각해내는 것으로 변한다. 진정 가치 있는 소수의 지식만이 분
쟁 해결을 위해 태양 에너지 개발과 같은 분쟁해결 기술, 비폭력적
방어법, 상위 목표를 위한 협력, 국제기구를 탐색하고 창설하는 데
투자된다. 기독교 윤리학은 분명하게 그리스도인들에게 평화를 이
루는 자들이 될 것과 또한, 세상에서 화해의 사역에 헌신할 것을 요
정한다. 정당한 전쟁 논리에 헌신하는 것은 이러한 사역을 파괴하는
것이다.

   c. 정당한 전쟁이 가능하도록 준비한다는 것은 군대조직과 무기가 실제
로 전쟁을 수행하는 데 사용될 수 있음을 의미한다. 무기를 사용할
수 있다는 것은 힘이 가진 환상을 증가시킨다. 군사력이 평화를 보존
한다는 신화가 만연하지만, 실증 자료들은 그 반대를 보여준다. 캐나

다 평화연구소의 알란 뉴컴브Alan Newcombe와 제임스 워트James Wert
가 실행한 연구에 따르면, 1961년 일종의 중요한 비율, 즉 GNP와 군
비지출 사이의 유의미한 비율의 특징을 보이는 국가들이 "'임계점
아래'에 있는 국가들보다 5년 이내에 전쟁을 일으킬 확률이 6.55배
많았다." 이들이 이 임계점을 1950-1960년에 적용했을 때, "임계점
을 넘은 나라들은 여전히 임계점 아래에 있는 나라들보다 앞으로 5
년 안에 전쟁을 치를 확률이 6배가량 높다"는 것을 발견했다.47) 그리
고 그들은 다음과 같이 결론을 내리고 있다.

16년 동안 GNP를 군사비 목적으로 4.63% 이상을 소비한 나라들은 GNP를
같은 목적으로 4.63% 이하로 지출한 나라들보다 앞으로 5년 이내에 전쟁을
일으킬 확률이 6.61배 높다 … 우리는 이러한 현상을 설명할 메커니즘을 가
지고 있지 않다. 간디는 한 사람의 개성은 그가 총을 소유한 뒤로 바뀐다고
말했다. 한 국가의 대외정책이 변하는 시기는 국가가 중무장을 하고, 그것
때문에 평화로운 대안으로 이끄는 대외정책들이 무시되는 때가 아닌가 한
다. 이는 폭력적으로 결정을 이끌어낼 수 있는 군사력이 이미 준비되어 있고
사용될 수 있기 때문이다. 우리가 결론을 내릴 수밖에 없는 한 가지 사실은
만일 전쟁을 준비한다면, 전쟁을 맞게 된다는 사실이다. 이 결론은 "평화를
원한다면, 전쟁을 준비하라"는 옛 로마인의 격언과는 다르다.48)

일부에서는 원인과 결과가 뒤바뀌었다고 이의를 제기할지도 모르겠다.
국가들이 타국과 갈등관계에 있기 때문에 군사력에 더 많은 돈을 쓰는 것
이지, 무기에 더 많은 돈을 쓰기 때문에 타국과 무력 충돌을 하는 것이 아
니라고 말이다. 실제로는 아마도 두 가지 경우가 다 일어날 것이다. 국가
들이 무장하는 것은 타국과 갈등하고 있기 때문이지만, 일단 무장하고 나

면 군사력으로 갈등을 해결하려 할 것이기 때문이다. "평화를 원한다면, 전쟁을 준비하라"와 같은 말은 지나치게 단순화된 것이며, 무력 이용 가능성만이 국가들을 전쟁으로 내몬다는 개념 또한, 마찬가지다.

**7.** 마지막으로 정당한 전쟁 이론에 있어 전쟁이 정당성 여부를 판단하는 수많은 범주가 너무나 모호하고 부정확해서 실제적으로는 쓸모가 없다는 점이다. 최후의 수단과 비용비례성의 원리들은 특별히 적용하기 어렵다.

전쟁이 최후의 수단이 되는 때는 정확히 언제인가? 특정한 상황에서 전쟁을 정당화하는 기준이 존재한다는 사실이 보통 평화를 이루기 위한 대안적 방법들을 훼손하는 경향이 있다. 무기사용 가능성과 무기사용을 합법화하는 이데올로기 전쟁은 최후의 수단으로서가 아니라 언제든지 취할 수 있는 너무나 쉬운 해결방식이 된다. 더 나아가서, 이 카테고리는 적국이 무력도발을 할 것이라고 예상하고 선제공격을 통해 적을 제압하려고 할 때의 실제 군사적 조건과 어떠한 관계에 있을까? 적국이 공격해올 것이라고 예상하고 선제공격을 하는 경우, 이것이 최후의 수단으로서의 공격인가? 현대 국제법에 따르면 국가는 자국을 방어하는 경우에만 한해서 전쟁에 호소할 수 있다. 제임스 존슨은 이에 대해서 다음과 같이 말하고 있다. "나를 포함한 수많은 기고가가 이 공식의 부당함을 지적해왔다. 이 공식은 공격자에게 유리한데, 왜냐하면 최초의 공격이 있을 때까지 공격이 아닌 방어로서의 힘의 사용을 허락하지 않기 때문이다. 또한, 선전과 스파이, 은밀한 군사적 활동으로 타국을 파괴할 수 있는 나라들에게 유리하다."49)

폴 램지와 같은 정당한 전쟁 옹호자들은 비용 비례성이 가지는 모호함을 잘 알고 있었다. 램지는 다음과 같이 말하고 있다.

아무리 명분이 정당하다 하더라도, 군사적 정치적 목표와 그 가치 사이의 비용비례성이 없거나 결국에는 더 큰 선이 이루어지고, 따라서 거대한 악을 막을 수 있다고 믿을만한 이유가 없다면, 전쟁에 호소하는 것은 절대 옳을 수가 없다. 하지만, 전쟁에 호소할 것인가, 혹은 참전할 것인가를 판단하기 위한 모든 테스트 중에서 다른 시료와 달리 선한 효과 혹은 악한 효과의 균형을 맞추는 이 비용비례성이라는 원리는 너무나 불확실하다. 그래서 이 비용비례성은 신중한 사람들 사이에서 있을 수 있는 양심적인 불일치의 가능성을 제거하기보다는 오히려 불일치를 만들어내게 되는 것이다.50)

비용 비례성을 적절하게 판단할 수 있는지에 대해 램지는 회의적이었기 때문에, 전쟁 자체의 정당성보다는 전쟁행위의 정당성 초점을 두는 경향이 있다. 찰스 커란은 이 점에서 램지를 신랄하게 비판한다.

내 판단에 이것은 과도한 제한으로, 실제 교전 중에 제한을 둠으로써 파괴적인 결과를 불러온다 … 그는(램지는) 합목적론과 같은 광범위한 영역에 윤리학이 미치는 역량을 폄하한다. … 나는 윤리학이 비용비례성의 영역에 대해 훨씬 더 많이 말할 수 있고, 또 말해야 한다고 생각한다. 특정한 문제에 대해서 모든 실수에 대한 두려움을 무시할 정도의 확실성을 갖도록 요청할 수는 없지만 말이다.51)

정당한 전쟁 이론의 원리들에서 비용비례성 범주를 제거하는 것이 심각한 결과를 초래한다는 커란의 의견에 동의한다. 결과적으로 전쟁의 정당성을 너무나 쉽게 이끌어내기 때문이다. 반면, 나는 우선적으로 폭력을 정당화하도록 만드는 결과들에 대해 불확실한 계산을 적용하는 것에 대해 우려한다. 무슨 근거로 우리는 선의 분량이 전쟁에 호소하는 것을 정당화하도록 하는 악의 분량과 균형을 이룰 것이라고 확신할 수 있는가?

필립 우가만J. Philip Wogaman은 자신의 책 『그리스도인의 도덕적 판단방법』*A Christian Method of Moral Judgement*에서 폭력에 반하는 가정은 거대한 악을 막을 수 있거나 폭력사용으로 거대한 선이 도출될 수 있음을 보여주는 경우에만 와해될 수 있다고 주장한다.52) 그러면서 우리는 이것이 무엇을 의미하는지에 대해 정확한 지침을 찾으려고 헛되이 수고한다. 거대한 선이 도출될 수 있다는 증거는 무엇인가? 그것을 어떻게 알 수 있을까? 우리는 다른 한편으로 신중하게 개발된 윤리적 사고방식을 직관으로 대체하고 있지는 않은지 의문이 든다. 우가만의 방식은 검증을 거치지 않은 폭력에 대한 이론적 설명이 충분한 증명 없이 윤리적 논쟁을 비난하게 한다.

## D. 결론 그리고 전 교회적 함의

궁극적으로 정당한 전쟁 이론은 군사력 사용으로 악보다는 더 많은 선이 도출될 가능성에 대한 계산을 포함하고 있다. 바로 이점 때문에 나는 정당한 전쟁 이론에 신학적인 이의를 제기하는 것이다.

신앙의 관점에서 볼 때, "죽임당하신 어린양"은 역사의 주인이시며 주님이시다. 여기에서 수단과 목적은 완전히 연결되어 있고, 정의라는 명분은 완전한 비폭력적 수단으로만 성취된다. 역사의 의의는 폭력을 사용해서 선하거나 혹은 악한 결과가 일어날 가능성을 실증적으로 계산하는 것에 있는 것이 아니라, 진정한 해방을 가져오는 유일한 방법으로 비폭력을 사용하는 원칙에 기초한 헌신에 있다. 십자가가 상징하는 것은 그리스도께서 정의로운 목적을 위해 타인의 존엄성이 희생되는 것을 거절하신 것이다.

어느 정도까지는 우리가 위에서 언급했던 것을 경험적으로 논증할 수 있다. 폭력은 선한 의도를 갖고 있다 하더라도 진일보한 파괴적인 폭력으로 나아간다. 예를 들어, 히틀러의 부상은 역사적으로 훨씬 전부터 예견되었지만, "전쟁을 끝내기 위한 전쟁"으로 발발한 제1차 세계대전에서 시작되었다. 역사의 아이러니는 "전쟁을 끝내기 위한 전쟁"에서 나치의 악이 나왔다는 것이다. 나치주의를 끝내기 위한 전쟁에서 핵무기라는 거대한 테러와 인간종족이 멸절할 가능성이 나왔다. 서구 문명을 구하기 위한 전쟁이 결국 모든 문명을 위협하는 무기들을 생산해낸 것이다. 이것은 수단과 목적이라는 뗄 수 없는 관계에서 나온 작품이다.

이와 마찬가지로 우리는 또한, 어느 정도까지는 소수의 예언자들이 죽기까지 하나님을 따른 신실한 순종이 부활과 생명을 가져오며, 역사를 회복하고 역사에 새로운 생명력을 불어넣는다는 것을 경험적으로 논증할 수 있다. 성 베네딕트가 창안한 수도원 규범은 교회의 갱신을 위한 자원이자 최고의 문화를 보존하기 위한 기구가 되었고, 죽기까지 신실했던 아나뱁티스트들의 순종은 교회와 국가의 분리 원리와 종교적인 문제에서 양심의 자유원리를 제도화하기 위한 자극이 되었다. 퀘이커교도들의 비전은 결국 노예제도를 폐지하려는 노력으로 이어졌고, 또한, 많은 다른 창조적인 제도의 혁신으로 이어졌다.

하지만, 궁극적으로 경험적 논증은 불확실하고 결론에 이르지 못하고 있다. 결국, 개인이 미래에 대해서 어떠한 신념을 가지는가가 관건이다. 십자가에 부활이 있음을 믿는가 믿지 않는가? 성공의 증거를 찾아볼 수 없을 때조차도 인내로서 고통을 견디고 참아낼 수 있는가? 비록 우리가 비폭력 행동이 효과적인 정치적 도구임을 보여줄 수는 있지만, 정치적 논의의 논리는 충분하지 않다. 효과적인 정치도구로 비폭력의 사례가 강력한 영향을 미친 것과 같이 폭력의 사례 또한, 강력하다. 그런데 폭력의 사례가 예시되는 경우는 너무나 강력한 신념이 되어버린다. 그래서 나는 이러한 신념을 또 다른 "신념"의 관점이라고 부른다. 왜냐하면, 이는 폭력이 "지급"하는 것을 이보다 더 확신 있게 증명할 수는 없기 때문이다. 폭력을 통해 선이 도출될 수 있다는 믿음은 일종의 신앙의 도약인 것이다.

하지만, 사람들은 때로 폭력이 정치적으로 효과적인 유일한 방법이라고 느낀다. 이때 그리스도인은 이러한 흐름에 저항하는 입장을 취할 필요가 있다. 어떠한 경험적 증명도 최종적이거나 절대적이지 않기 때문이다. 스스로 십자가를 진 바로 그 사람이 역사의 주인이심을 믿지 못하는 사람들은 폭력적인 수단을 통해 역사를 선한 방향으로 이끌어가려고 한다. 하지만, 그리스도 신앙의 관점에서, 죽음과 파괴는 폭력이 사용된 바로 그 길목 끝에 있다. 아무리 그 대의명분이 옳다 해도 결과는 마찬가지다. 그리스도인은 상식과는 다른 장래에 자신의 생명을 거는 사람들인 것이다.

폭력이 너무나도 정당해 보이는 시점이 있는데, 이때에 그리스도인은 유혹에 굴복해서는 안 된다. 바로 이러한 위기 속에서 그리스도인은 비폭력의 방법으로 정의를 위해 생명을 던져야한다. 이러한 위기 가운데에서도 비폭력의 방법을 신실하게 고수하는 그리스도인들은 결국 생명과 정의의 길을 여는 것이다. 독일의 그리스도인들이 수년 동안 이 원리를 신실하게 따랐더라면 아돌프 히틀러는 결코 역사상 존재하지 않았을 것이다. 히틀러는 교회에 내린 하나님의 심판의 상징이다. 히틀러와 같은 분명한 악에 대항해 칼을 들기를 거부한 그리스도인이 정치적으로 책임이 없고, 관련이 없는 듯하지만, 역설적이게도 이 흐름에 저항한 그리스도인은 가장 밀접한 관계가 있고, 책임이 있다. 이는 제자도로 부르심에 순종하는 것이 역사가 정말 필요로 하는 바에 기여한다는 확신 때문이다. 만일 그리스도인들이 비폭력으로의 부르심을 떠나서 이 세상의 폭력에 가담한다면, 그러면 예수 그리스도의 십자가와 부활이라는 하나님의 역사하심을 바탕으로 하는 역사의 의미를 누가 증거할 것인가?

이 관점은 신앙을 필요로 한다. '그리스도 안'에 있는 것은 추측한 선한 결말을 얻기 위해 부도덕한 수단을 허용하는 실용주의적 정치적 계산에서 해방을 선포하는 것이다. 그리스도인은 폭력을 대체할 수 있는 방법들을 자유롭게 상상하며 비폭력 수단을 통해 위험을 무릅쓰고 정의를 추구한다. 폭력이라는 길은 오래된 낡은 통로로 이미 많은 사람이 이 길로 여행을 했다. 폭력을 정당화하는 것은 상상이 필요하지 않고, 따라서, 이를 위해 목숨을 걸 필요도 없다. 하지만, 오늘날 우리는 상상력과 용기의 고갈이라는 위기에 처해있다. 아주 소수만이 도전하고 비폭력을 따르고자 목숨을 건다.

정당한 폭력이론의 논거들이 분명히 존재하는 것을 알 수는 있지만, 신학적·윤리적·실제적 논거들이 갖는 저항할 수 없는 무게감 때문에 나는 그리스도인을 위한 합리적인 도덕적 행동으로 폭력을 받아들일 수 없다. 그리스도인들은 비폭력적인 방법을 통해 정의롭게 사람들을 섬기고자 그들의 주님께 순종하도록 부름 받았다. 그리스도인들은 평화를 만들고자 자신의 상상력을 사용하도록 부름 받았다. 다시 말하면, 폭력의 순환을 막고자 자신의 상상력을 사용해야 한다는 것을 의미하며, 이는 비폭력적 방어와 사회변화를 위한 비폭력적 대안들을 추구함으로써 가능하다. 그리스도인들은 공적 토론의 장내에서 도출할 수 있는 구조와 방법을 만들어내고, 그 효용성을 논의해야 한다. 이와 함께 이 구조와 방법이 성공할 수 있는 이유와 방법과 함께, 이 구조와 방법이 더 나은 결과들을 가져올 수 있다는 것을 보여줄 수 있어야 한다. 공적인 분야에 있는 많은 사람이 이러한 판단에 동의하지 않을 텐데, 그 이유는 비폭력이 정치적으로 실행될 가능성을 확신하지 못하기 때문이다. 그럼에도, 그리스도인들이 이러한 사례를 이루어내지 못한다면 주님의 부르심에 태만한 것이다.

그러나 그리스도인들이 공공의 정책 영역에서 자신들이 믿는 바를 이루어낼 수 없을 때조차도, 그들은 무언의 사람들이 아니었다. 이 점에서 정의로운 전쟁의 범주들은 기독교 윤리학 담화 내에서 제한적인 효력을 갖고 있고, 군사력이 여전히 정당히 취급받고 있다고 주장하는 세상에게 연설의 형식이라는 제한적인 효력을 갖고 있다. 폭력이 때로는 필요하다고 주장하는 사람들과 정책입안자들에게 그리스도인은 적어도 그 폭력이 공개토론의 장에서 정당성을 인정받아야 하며, 확실한 원리들에 따라 또한, 정당화되어야 한다고 주장할 수 있다. 이 공개토론의 장에서 정당한 전쟁이론의 도덕적 논리는 여전히 합법적인 위치를 차지하고 있다. 다른 사람들과 함께 정책들을 평가할 때, 우리는 정당한 명분과 최후의 수단, 비용비례성 그리고 정당한 수단에 대해 적절하게 질문해볼 수 있다. 이러한 토론에 평화주의자가 기여할 수 있는 바는 전쟁 자체의 정당성과 전쟁 행위의 정당성 모두에게 더욱 더 엄격한 제한을 부여하도록 하는 것일 것이다. 평화주의자들은 폭력행사에 참여하지 않으면서도 정치 영역에 기여할 수 있는 것이 사실이다. 일단 평화주의자가 사회변화와 방어를 위한 비폭력적 수단이 정치적으로 실현 가능함을 보여주기 시작하면, 그다음에는 정책입안자들이 폭력사용의 필요성을 주장할 때, 그 폭력행위가 도덕적 제한을 갖도록 촉구할 수 있게 된다.

나의 입장이 지닌 보편적인 함의들은 무엇인가? 이에 대한 대화는 세 가지 수준에서 가능하다. 첫 번째 수준에서, 평화주의자입장을 취하는 사람들은 기독교신앙에 대한 진실한 진술이라고 믿는 바를 계속해서 말해야 한다. 이와는 다른 그리스도인들은 정당한 전쟁을 지지하는 것이 더욱 진실한 신앙의 진술이라고 믿는다. 이 두 입장 모두 서로 교정하고 서로 배워야 한다. 하지만, 우리가 이러한 차이를 완전히 해소할 수 있을지는 의문이다. 그런데 의문이 드는 만큼 또 확신할 수 있는 것은 처음부터 이 두 동등한 입장이 결코 만날 수 없다고 가정하는 방법론적 상대주의는 진정한 대화 채널을 잘라버릴 것이라는 점이다. 우리가 다른 사람과 진정한 대화를 나눌 수 있는 때는 우리 스스로가 공동의 진리탐구라는 견지에서 우리의 입장을 시험해볼 때이다. 그리스도인들은 이 진리를 그리스도 안에서 찾을 수 있다. 그리스도 안에서 우리는 연합할 수 있고, 연합이 가능하기 때문에 이 문제에 관한 교회의 실제 연합가능성을 배제할 수 없는 것이다.

두 번째 수준에서, 우리가 인식해야 하는 것은 양심적으로 전쟁과 평화의 문제를 고려해온 사람들 사이에서 우리가 생각하는 것보다 더 많은 일치가 존재한다는 점이다. 특정한 정책에 대한 평가와 베트남전과 같은 특정한 전쟁에 대한 윤리적 판단을 내릴 때, 나는 정당한 전쟁 이론의 범주에 넣는 사람들의 의견에 종종 동의한다. 사실상 정당한 전쟁이론을 현실에 적용함으로써 오늘날 많은 그리스도인이 실제적인 평화주의를 알게 되었다. 이는 전쟁에 호소하는 것이 분명히 예외적인 경우가 되어가고 있기 때문이다. 그래서 평화주의자들과 정당한 전쟁 이론가들은 종종 특정한 전쟁 상황을 반대하는 입장에 함께 설 수 있다. 나도 베트남 전쟁 동안에 이러한 경험을 했는데, 당시 나는 거북한 침묵만을 지키던 몇몇 평화주의자들보다 정치적으로 전쟁 반대 입장에 섰던 정당한 전쟁이론을 선호하는 그리스도인들에게 더 가깝게 느꼈다.

세 번째 수준에서, 그리스도인들은 이 세상에서 평화를 이루는 자로서, 다른 사람들과 함께 걸어가고 있음을 발견한다. 비폭력적으로 갈등을 해결하는 법과 비폭력적인 수단을 통해 사회변화를 가져오는 구조와 방법들을 함께 창조해낸다. 우리는 함께 이 길을 걸어가면서 이 세상에 증거하기 원한다. 바로 킹 목사의 지도 아래 미국이 경험한 시민권 운동이 정당한 전쟁에 대한 신념을 가진 이들이 원칙 있는 비폭력 운동에 참여할 수 있었다는 것을 보여주는 사례다.

# 7장

## 평화와 **전쟁 억제의** 가능성

7장에서는 비폭력의 윤리 원리를 어떻게 실제 국제상황에 적용할 수 있는지를 살펴볼 것이다. 전쟁을 방지하고 더욱 더 평화로운 세상을 창조하고자 하는 적극적인 평화를 이룰 정치적 가능성들은 무엇인가?

어떤 이들에게 이 7장은 너무 이상주의적으로 보일 수도 있다. 계속되는 설명에서 군사력이 인간의 안전을 담보한다는 믿음에 내가 의문을 제기할 것이기 때문이다. 특정한 비극적 상황에서 전쟁을 수행하거나 전쟁을 방지하려고 군사력이 필요하다고 믿는 소위 현실주의자들과 기독교인으로서 전쟁을 지지할 수 없다는 입장을 갖고 있으면서도 국가가 군사력을 소유하는 것이 필요할 뿐 아니라 온당하다고 믿는 일부 기독교 평화주의자들에게 도전이 될 것이다. 이 두 입장이 기초한 가정은 죄 때문에 우리는 군사력을 유지할 수밖에 없으며, 전쟁이라는 제도가 어느 정도의 안전을 제공한다는 것이다. 독자는 2장을 기억할 필요가 있는데, 2장에서는 전쟁이 피할 수 없는 인간 죄악의 표현이라는 개념을 거부했었다.

내가 거부하는 입장에서 내가 취하는 입장을 구분하는 또 다른 근본 문제는 우리가 미래를 어떻게 보느냐 하는 것이다. 나는 세계의 안전은 점차 위협을 받고 있으며, 핵전쟁 가능성이 증가하고 있다는 전제에서 시작하

고 있다. 군사력으로 안전을 담보하려는 일반적인 정책들, 특히 초강대국
들이 추구하는 정책들은 시대의 흐름에 뒤떨어질 뿐 아니라 위험하기 이
를 데 없다. 이들 안전 정책들은 현실적이며, 또 인간 상황이 지니는 비극
에 대처할 유일한 방법으로 생각되기 때문에 고집스럽게 주장되고 있다.
이러한 논쟁은 감정적으로도 지식적으로도 강력한 흡인력을 갖지 못한다.
사실 이 논쟁은 그동안 지지가 돼왔던 미래를 보장하는 방법에 대한 신념
을 이루는 방식에서는 이상적이다.

소련과 미국의 현재 정책들은 정말로 미래를 건 "내기"다. 양국은 모두
상대국의 지도자가 지극히 이성적이기를 바란다. 왜냐하면, 전쟁억지력이
라는 것이 상대국의 지도자들이 그렇게 비이성적이거나 불안정하지는 않
아서 나라를 핵전쟁의 위험으로 몰고 가지는 않을 것이라는 가정에 근거
하기 때문이다. 양국은 또한, 가능한 공격을 경고하거나 위협에 반응하도
록 되어 있는 장치가 기술적인 오류나 인간의 실수로 오작동 되지 않기를
희망하고 있다. 이 모든 상황에 더해, 미국과 소련은 서로에 대한 강한 적
대감 속에서 상대에게 매일같이 신랄한 비난을 던지고 있으며 선전전에서
이기려고 애쓰고 있다. 초강대국의 이러한 방식은 평화를 보장하는 상당
한 정도의 신뢰가 필요한 미래를 건 모험이다.

나는 이런 식의 세계안전보장을 더는 믿지 않는다. 그리고 지구상에서
의 공존을 원하는 많은 사람이 점점 더 이 시나리오를 믿지 않고 있다. 가
장 심층적인 차원에서 보면, 이러한 문제들은 신뢰의 문제다. 왜냐하면,
양국이 자신들의 자료와 논리를 열거할 수는 있지만, 실제 현실에 맞닥뜨
려서는 미래의 불확실성 속에서 어떠한 위험을 감수해야 하는지 확실히
알 수가 없기 때문이다.

나는 독자들이 발생 가능한 위험들을 상상해보았으면 한다. 그래서 이
7장은 상상력 훈련의 장이다. 모든 세부적인 사항을 모두 살펴볼 수는 없

고, 여기서는 대안적 미래를 생각하고 그려보기 위한 한 가지 방법을 제시하고자 한다. 7장은 군사력이 안전에 필수 요소라고 생각하는 사람들에게 하나의 도전이 될 것이다. 또한, 국가 간 갈등을 해결할 한 가지 방법으로 군사력이 아닌 다른 대안들을 찾는 세상을 상상해볼 것이다. 사실 이것은 이상주의적이다. 하지만, 지금 우리가 추구하는 방식 또한, 이상적이다. 유일한 차이는 우리가 지금 취하는 방식은 이미 실패로 판명이 되었는데도 그것이 불가피한 것처럼 아직도 그 방식을 고수하고 있다는 것이다. 내가 제안하고자 하는 방향은 거의 시도되어본 적이 없는 것이다.

우리는 실제로 안정적 평화를 가져오는 요인들과 전쟁을 유발하는 조건들이 무엇인지 거의 알지 못한다. 수많은 이론이 전쟁의 원인을 다양하게 설명하고 있지만, 케네스 보울딩Kenneth Boulding은 이러한 이론들에 상당히 회의적이다. 왜냐하면, 이 이론들은 세상의 국제관계에 실제로는 존재하지 않는 질서를 부여하기 때문이다.[1] 이 이론들은 종종 현실을 왜곡하고 무엇이 평화를 가져오는 지에 대해 위험천만한 환상을 심어준다. 이러한 이론들의 전형은 "힘을 통한 평화", "유화정책의 위험", "힘의 균형 유지"와 같은 구절들에서 잘 보인다. 우익과 좌익 모두 자신이 평화와 안전을 가져오는 것이 무엇인지 잘 알고 있다고 확신하지만, 그리 잘 아는 것 같지는 않다. 우리는 우리의 무지에 대해 인식하고 무엇이 전쟁과 평화를 가져오는지에 대한 주장들에 대해 겸손하게 분석을 시작해야 한다.

보울딩은 힘과 긴장이라는 개념으로 전쟁과 평화의 문제를 생각해볼 것을 촉구한다. 분필 한 자루는 그 한 자루만큼의 힘이 있다. 그런데 그 힘보다 더한 압력이 가해지면, 이내 부러지고 말 것이다. 분필을 부러지지 않게 하려면 분필의 힘을 세게 하든지, 압력을 줄이든지 해야 한다. 평화에서 전쟁으로의 이동을 분필 하나가 분절되는 것에 비유할 수 있을 것이다.[2]

우리는 전쟁을 유발하는 특정한 원인들을 살펴보기보다는 가능성의 측면, 즉 어떤 상황에서 평화가 깨지고 전쟁이 일어나기가 쉬운가 하는 것과 어떤 상황에서 전쟁이 방지되고 안정된 평화가 유지되기 쉬운가를 생각해 보아야 할 것이다.

사회의 체제는 전쟁에서 평화 국면으로, 다시 평화에서 전쟁 국면으로 다양한 전환이 일어난다. 우리는 이러한 국면의 전환이 일어나게 하는 것이 무엇인지 알고 싶은데, 그렇다면, 전쟁이 덜 일어나게 될 것이기 때문이다. 평화만들기 정책은 어떠한 상황들이 전쟁을 촉발하는 압력을 최소화하는지를 확인하고자 하는 시도일 것이다

우리는 정말로 어떠한 상황들이 전쟁을 촉발하는지 잘 알지 못한다. 대부분 이론은 다분히 이론적이고 신중하게 과학적 관찰로 확인된 사실은 거의 없다. 그렇지만, 대부분 사람은 평화를 가져오고 전쟁을 방지하는 상황들에 대해 다들 나름의 추측을 하고 있다. 이 문제를 잘 알지 못하더라도 더욱 더 전쟁을 촉발할 것 같은 상황들을 연구하는 것은 필요하다. 우리는 종종 무엇이 질병을 일으키는지 알지 못한다. 하지만, 영양, 운동, 환경적 조건 등, 질병이 아니라 건강을 유지하기에 필요할 듯한 조건들에 대한 생각을 발전시켜왔다. 마찬가지로 전쟁보다는 평화를 가져올 것 같은 인간의 행동과 사회 체제들의 양상을 탐구하고자 한다.

신화와 현실을 가르는 것은 지극히 어렵다. 전쟁은 아마도 다른 어떤 인간의 제도보다 더 자기기만과 환상과 같은 신화적이고 개념적인 체제 속에 가려져 있다. 이것은 아마도 전쟁 자체의 본성 때문일 것이다. 이보다 더 큰 인간의 악이면서도 도덕적으로 정당화되고, 찬양되고, 영광을 받은 것은 없을 것이다. 너무나 많은 사람의 고통과 이루 말할 수 없는 희생을 가져오는 흉물스러운 전쟁은 그 잔혹한 현실을 숨기는 신화들과 의식 rituals들에 싸여있다. 마가렛 메드Margaret Mead는 이렇게 말한다.

전사들의 무용은 시인들의 언어로 불멸화되었고, 아이들의 장난감은 군인들의 무기를 본뜨고 있다. 외교관들의 준거 기준 안에는 항상 전쟁이 있다. 만일 전쟁이 불가피한 것이 아니며 역사적 사건에 기인한 것이고 우리의 행동방식 가운데 하나에 지나지 않는다면, 우리에게 희망이 있는가? 정말 바람직하고 고상하지는 않지만, 일단의 사건이 일어날 때마다 전쟁은 피할 수 없다는 생각에 완전히 경도된 각국이 전쟁을 포기하도록 설득할 수 있다는 희망이 있다.3)

도덕적 이상주의가 전쟁을 정당화할 때 현실에서 신화를 분리하는 것이 가장 어렵다. 린든 존슨Lyndon Johnson은 교묘하게 전쟁의 실체를 숨기고 1965년 미국의 도미니카 공화국 침략을 정당화했다.

우리 민족은 역사적으로 수많은 땅으로 군대를 보내왔다. 하지만, 군대가 더는 필요하지 않을 때면 항상 돌아오곤 했다. 이는 미합중국의 목적이 자유를 억압하려는 것이 아니라 항상 자유를 구하기 위한 것이었기 때문이다. 평화를 깨는 것이 아니라 더욱 공고히 하려는 것이었고 땅을 볼모 잡는 것이 아니라 땅의 생명을 살리려는 것이었다.

한 달 전에 나는 도미니카 공화국에 우리의 해군을 파병하는 임무를 맡았다. 나는 같은 목적으로 그들을 보냈다.4)

린든이 언급한 것처럼, 세계 각국들은 종종 진일보한 도덕적 이상을 이루려고 전쟁을 수행한다고 말하곤 한다. 이러한 이상들은 자국의 이해와 힘을 증진시키거나 자국을 방어하고자 하는 소망과 얽혀 있다. 세계 각국이 타국의 이해를 심히 우려해서 참전하는 것이라고 말하지만, 아주 다른 이유로 전쟁을 수행한다. 존 베넷John C. Bennett과 하비 세이퍼트Harvey Seifert는 오직 자국만을 위해 고양된 도덕적 이상주의를 강화하고자 하는 유혹을 경고하고 있다. 조지 케난George Kennan 또한, 전투태세를 갖춘 민주주의가 지니는 자기중심적인 본성에 대해 우리에게 경고한다. "그 자체의 선전의 희생자가 되는 일은 순식간이다. 그리고는 모든 면에서 자신의 비전을 왜곡하는 절대적 가치를 명분에 추가한다. 적은 악의 체현이 되고, 자신은 모든 덕의 중심이 된다."5)

전쟁은 보통 이성적 정책이 아니다. 심각한 긴장 속에서 인간의 의지에 반해 일어날 수도 있고, 커뮤니케이션 기술에서의 실패나 오해로 발발할 수도 있다. 많은 사람이 핵전쟁이 일어난다면 그것은 우연한 사고일 가능성이 높다고 생각한다.

하지만, 환경은 인간이 만드는 것이며, 우연히 일어나는 전쟁을 포함해서 가능한 모든 전쟁이 발발될 맥락을 제공한다. 전쟁은 다음의 경우에 발발할 가능성이 높다. (1) 둘 혹은 그 이상의 사회 사이에 심각한 정도의 해결되지 않은 갈등이 있는 경우, (2) 해결되지 않은 갈등을 다루려면 전쟁이 임시적이면서도 적절한 수단이라고 생각하고 준비하는 것을 합리화하는 사고 체계, (3) 전쟁을 수행할 수 있도록 하는 일련의 제도적 구조들(무기, 군대, 정보국 등) (4) 초제도를 통해 갈등을 평화적으로 해결하는 일이 실패하거나 그러한 노력이 부재할 경우다.

보울딩의 분필 유비를 다시 적용해보면, 위의 4가지 요소가 모두 존재하면, 국제체제는 분필 한 자루와 같이 심각한 긴장에 놓이게 되고, 그러면 분필 전체가 부러지듯 평화는 깨지게 될 것이다. 전쟁 발발 가능성을 낮추는 것은 그래서 위의 요인들 일부나 그 모두를 수정함으로써 긴장을 감소시키는 것이 될 것이다. 또한, 평화적으로 갈등을 해결할 방법을 찾고, 갈등 해결을 위해 고안된 제도적 구조들을 발전시키고, 전쟁이라는 제도를 비합법화하고, 전쟁 수행을 위한 제도적 구조들을 폐지해야 한다. 계속해서 이 네 가지 영역을 살펴볼 것이다.

## A. 갈등분석과 해결

루이스 코저Lewis Coser는 두 가지 인간 갈등 유형, 즉 현실적 갈등과 비현실적 갈등을 구분했다. 현실적 갈등이라 함은 적대적인 양편이 서로 경쟁적인 목표를 가지는 상황에서의 갈등이다. 양편 둘 다 가질 수는 없는 같은 목표를 원할 수도 있고, 양편이 지구상에 존재하는 한 완전히 이루기는 어려운 근본적으로 다른 가치를 가지고 있을 수도 있다. 비현실적 가치라 함은 전형적인 형태로 오인이나 오해, 정형화로 말미암은 갈등을 의미한다. 양측은 어떤 목표나 가치를 두고 갈등하는 대신, 현실적이기보다는 심리적인 장벽들을 가지고 있다. 국가들 사이의 갈등은 이 두 가지 범주에 해당한다. 때로 국가들은 국토, 자원, 국민에 대한 통제력을 두고 다툰다. 또한, 국가들 사이의 갈등은 상대국의 의도를 오인하거나 두려워하고 고정관념을 가질 때 그리고 부적절하고 왜곡된 커뮤니케이션을 할 때 일어난다. 국가들 사이에 일어나는 많은 갈등은 이 두 차원이 결합되는 경우도 있는데, 이러한 경우는 갈등의 본질을 평가하고 해결하기 가장 어렵다.

미국과 소련의 현 갈등상황이 바로 그러한 복잡한 갈등에 해당한다. 양국은 실제적인 가치의 차이를 보일 뿐 아니라 힘과 국가의 위신이라는 실제적인 경쟁을 하고 있다. 하지만, 양국은 또한, 서로에 대해 잘못된 인식을 가지고 있다. 소련에 대한 미국의 두려움은 미국의 안전이 실제적으로 위협받는 것이다. 왜냐하면, 소련은 소련의 영향력을 확장하려고 군사력을 사용해야 한다고 믿고 있기 때문이다. 소련 또한, 같은 이유로 미국을 두려워하고 있다. 하지만, 미국의 이 두려움은 소련에 대한 인식의 근본적인 오해 때문이다. 소련이 정말로 군사 통치와 정복에 관심이 있는가? 오히려 서구의 위협에서 자국을 방어하는 데 관심이 있는 것은 아닌가? 소련과 미국의 갈등은 현실적인, 그리고 비현실적인 갈등의 조합이다. 현실적인 갈등의 문제에 대해서는 갈등해결을 위한 하나의 전략이 요구된다. 견고한 교섭hard-bargaining과 협상이 있어야 한다. 비현실적 갈등 문제에서는 양국 사이의 신뢰 수준을 증가시켜서 교섭과 협상이 일어날 수 있도록, 커뮤니케이션의 장벽과 잘못된 인식의 장벽을 제거하려는 방법들이 필요하다.6)

아담 컬Adam Curle은 『평화만들기』*Making Peace*에서 갈등을 분석하는 유형학을 제시하고 있다.7) 이 유형학을 모든 형태의 인간 갈등에 적용할 수 있지만, 여기서는 전쟁과 평화의 문제에 적용하는 것으로 제한을 두겠다. 그는 세 쌍의 변수들을 제시한다. 한 가지 변수는 갈등 당사국이 지닌 힘의 측면에서 본 양국 사이의 '균형'과 '불균형'이다. 소련과 미국의 갈등은 균형 있는 갈등인 반면, 팔레스타인과 이스라엘 그리고 미국과 니카라과의 최근 갈등은 비교적 불균형한 갈등이다. 특히 이들 국가의 군사력 측면에서 볼 때 더욱 그렇다.

두 번째 변수는 양국이 갈등의 본질을 인식하는지 그렇지 못한지에 따른 정도의 문제다. 대부분 사람은 국제적 차원의 균형 있는 갈등을 아주 잘 알고 있다. 불균형적인 상황에서는 상황에 대한 인식 부족이 만연할 수 있고, 한 국가나 국가 안의 그룹이 다른 국가나 그룹을 심각하게 억압하면서도 그 사실을 충분히 인식하지 못할 수도 있다. 이러한 현상을 소위 행복한 노예 심리상태라고 한다. 20세기에 제3세계 국민들의 서구 식민지 국가와 자신들의 관계 인식에 있어 근본적인 혁명이 일어나고 있음을 우리는 목도하고 있다.

세 번째로 컬은 평화로운 관계와 평화롭지 못한 관계를 구분한다. 관계

의 조건들이 인간발달을 방해하는 관계를 평화롭지 못한 관계라고 보았
다. 물론 이러한 평화 개념은 특정한 가치를 함축하고 있다. 우리는 두 나
라 또는 한 국가 내부의 그룹들 사이의 평화로운 관계를 단순히 분명한 갈
등과 전쟁이 없는 상태가 아니라 인간의 온전한 발달이 가능한 관계가 존
재하는 상태로 정의할 수 있다. 이는 의미 있는 존재로서 기본적으로 필요
한 음식, 건강, 거처를 제공하는 조건들을 의미한다. 또한, 인종, 성, 신념
에 관계없이 모든 관심자에게 주어지는 기회의 균등, 타인과 그룹의 존재
와 자유를 위협하지 않는 한 인생의 철학을 가지는 자유를 말한다. 이러한
평화를 이루는 조건들이 충족되지 않는 곳에는 항상 갈등이 폭력으로 분
출될 가능성이 존재한다.

이러한 관계의 예를 그림으로 나타냈다.

| | 비평화적 관계 | | 평화적 관계 |
| --- | --- | --- | --- |
| | 갈등에 대한 낮은 인식 | 갈등에 대한 높은 인식 | |
| 균형 | | 소련<br>미국<br>시리아<br>이스라엘 | 유럽공동시장 |
| 불균형 | 독립 이전의 식민지 국민<br><br>시민권운동 이전의 흑인들 | 더 큰 힘과 대면하는 약자들<br><br>팔레스타인, 엘살바도르의 혁명군들 | 주정부 / 연방정부<br><br>프랑스 / 모나코 |

이제 컬은 각각의 갈등 유형에 적합한 평화이루기 과정을 규정해놓고
있다. 낮은 인식과 불균형적인 관계에서는 의식향상교육이 평화로운 해결
책을 향한 첫 발걸음이 될 수 있다. 해방신학자들은 이를 "의식화운동"

conscientization★ 이라고 부른다. 일단 교육이 되면, 약한 그룹이 강한 편 앞에 문제를 제시할 수 있도록 다양한 형태의 직면이 필요하다. 이때에도 폭력적인 직면을 피하기 위해 비폭력적인 직면 수단을 찾으려는 방향성이 필요하다. 제 삼자의 변호 역할이 도움이 되는 것이 이러한 맥락에서다. 테러리즘의 궁극적 바탕은 약한 편이 자신들이 불평하는 힘센 편과 직면하고자 비폭력적 방법을 모색할 때 나타나는 무능력과 비자발성이다. 국제사회와 국제기구들은 비폭력적 직면이 일어나도록 도와서 테러가 불필요하도록 만들어야 한다. 비록 여러 방법들이 얼마간은 테러발생을 억제할 수는 있겠지만, 테러리스트들의 주어지는 힘을 언급하지 않고, 다만 테러만을 폭력으로 누르는 것은 결국 더 많은 테러를 조장할 뿐이다.

조정은 교섭과 협상이 일어날 수 있는 심리적 기초를 놓는 과정들을 기술하는 말이다. 조정은 인식을 바꾸고 긴장을 줄여서 합리적인 교섭 절차가 일어날 수 있도록 한다. 비록 조정이 거의 모든 종류의 갈등 단계에서 필요하지만, 어떤 특정한 경우에만 도움이 될 수도 있다. 특히 불균형과 갈등을 인식하지 못하는 상황에서, 의식화운동과 직면(제 삼자 개입의 경우에 지지되는)이 평화를 이루는 과정에서 우선 일어나야 한다. 사실 직면은 조정과는 반대되는 반작용을 일으켜서 양편에 갈등과 적대감을 일으킬 수도 있다.

적대감은 갈등 당사자들이 문제를 직면하는 전체 과정의 일부인 한, 반드시 나쁜 것만은 아니다. 따라서 조정 과정들은 해결을 향해 평화만들기 과정을 움직여가도록 활용되어야 할 필요가 있다. 만일 갈등이 비현실적인 갈등이라면, 조정은 그 갈등을 해결할 것이다. 일단 양편이 효율적으로 대화할 수 있다면, 더는 갈등의 근거를 찾지는 못할 것이다.

만일 양국의 갈등이 현실적 갈등이라면, 교섭이나 협상은 평화를 이루

---

★옮긴이주 : 의식화운동(conscientization) - 라틴 아메리카의 무교육자 의식화 운동

는 과정에서 다음 단계에 해당한다. 즉 적대적인 양국이 상대에게 과도한 양보 없이 자신들의 가장 중요한 가치들을 유지한다는 점에 동의해가는 과정이다. 이 단계는 양국 사이에 어느 정도의 균형이 있다는 것을 가정한다. 상대가 지닌 가치들이 문제가 되기는 하지만, 적절한 협상이 가능하다고 상대를 인식하는 것이다. 이것은 또한, 상대적인 합리성을 가정하고 있다. 제 삼자는 양편 사이에서 대화를 증진하고 양편이 다른 선택을 발견하고 합의에 이르도록 돕는 중재자로서의 중요한 역할을 감당할 것이다.

중재자의 역할에 대한 엄청난 경험과 지식이 지난 수십 년 동안 축적되어 왔다. 불행히도 이러한 경험과 지식이 국제 갈등 해결 분야에서 일하는 사람들에게 충분히 활용되지 못했다.8) 8장에서는 진정으로 갈등을 해결하기 원하는 정책입안자들이 활용할 수 있는 몇 개의 실제적인 평화만들기 방법들을 언급할 것이다.

평화이루기 과정의 마지막 단계는 컬이 "발달"이라고 부른 단계다. 그가 이렇게 명명한 것에는 긍정적이고 평화로운 방향을 따라 비평화적인 관계를 재조직한다는 의미가 들어 있다. 이것은 이제 관계의 새 구조이며 옛 구조를 제거하고 그 자리에 새로운 구조를 세우는 양편 사이의 새로운 합의다. 컬은 여러 가지 형태의 발달이 있을 수 있다고 말하면서, 그러나 발달의 의미로 관계를 재구조화하는 데에는 한 가지 원리가 근본적이라고 여긴다.

이것은 "자율적 상호의존"이라는 적절한 이름을 가진 원리다. 이 원리에 따르면, 발달은 그룹들과 국가들, 각국 정부와 공동체들, 또한, 한 공동체 안의 그룹들의 관계가 상대의 자율과 문화적·정치적 선호에 따라 스스로를 조직할 권리를 인식하고 존중하는 것을 의미한다. 이와 함께 양편은 무역, 통신, 고갈 자원을 나누고 숙련된 인력들과 요원들, 날씨예보 등을 교환하는 것과 같이

서로에게 의존하는 것을 인정한다.9)

물론 이것은 여러 국가가 시작하고 있지는 않다. 이것은 양편이 평화롭게 공존하기 원한다면 앞으로 추구해야 할 목표다.

너무나 종종 각국 정부는 위협과 응전이라는 매우 원시적인 방법들만 사용한다. 대부분의 사람은 위협하는 태도와 완력 사용이 힘을 과시하는 것이라고 믿는다. 이러한 사고는 전환되어야 하며, 그 근저가 되는 궤변이 드러나야 한다. 물론 위협과 완력의 사용은 국가의 약함의 표시다. 이러한 국가는 그 이웃 국가와 문제를 해결하는 방법을 더는 알지 못한다. 평화적으로 문제를 해결하는 능력도 잃어버렸다. 그러므로 결코 상대국이 자국이 원하는 일을 하도록 할 수 없다. 위협은 또한, 종종 상대국의 완고함을 강화한다. 교실에서 위협과 완력에 지속적으로 의지해야 하는 선생님은 다른 방식으로는 학생들을 통제하는 방법을 알지 못하는 사람이다. 대부분 부모가 화가 나서 자녀를 때릴 때, 자신들이 약하고 자신이 원하는 방식으로 자녀들을 교육할 수 있는 능력이 없음을 알고 있다. 마찬가지로 이 세상에서 국정을 수행하는 기본 양식으로 위협과 완력을 사용하는 국가는 상상력의 부족과 문제 해결 능력의 약함을 보여주는 것이다. 우리는 위협과 완력 사용에 관한 근거를 선전하는 정치가들을 즉각 경계해야 한다. 왜냐하면, 분명히 그들은 정부의 목적들을 달성하고자 하는 자신의 마음과 상상을 사용할 수 없는 이들이기 때문이다. 또한, 끝내는 평화로운 관계를 세우게 될 갈등해결과정에 관여해서 이웃 나라와의 문제를 해결할 능력도 없기 때문이다.

## B. 제도로서의 전쟁의 정당화

평화에서 전쟁으로 이동하는 데 행동의 근본적 변화는 많은 사람에게 일어난다. 무고한 시민을 포함해 인간을 살인하고 완전히 소유와 물리적 환경을 파괴하는 것과 같은 일반적으로는 금기시되는 행동이 갑자기 수용 가능한 행동이 된다. 이와 같은 인간행동의 극적 변화는 어떤 상황의 근저에서 일어나는 심리학적 · 사회적 · 종교적 정당화가 없이는 일어나지 않는다. 한 가지 중요한 연구 영역은 사회 전체에 이와 같은 엄청난 행동의 전환을 가져오는 환경들을 탐구하는 것이다. 전쟁 행위에 대한 옹호를 제공하는 정당화 체제들은 무엇인가?

대부분 사회는 폭력을 정당화하는 것에 대한 광범위한 관점들을 가지고 있다. 그 한 끝에는 아주 극미한 도전에도 폭력충돌을 일으킬 준비가 되어 있는 군국주의자들이 있다. 북한의 간첩선을 붙잡았다거나 쿠바에 미사일이 있음을 확인한 것만으로도, 이들 군국주의자가 국가를 전쟁으로 몰아가기에는 충분한 원인이 될 수 있다. 이러한 부분에 대한 대외정책은 황야의 총잡이Wild West gun slinger의 방책과 유사하다. 도전이 오거나 위협을 받으면, 폭력을 사용해서 자신의 남성성을 증명하려고 한다. 폭력적으로 행동하지 않는 것은 나약함과 비겁함을 증명하는 것이다. 그러한 사람들은 전쟁의 폭력을 찬양할 수도 있다. 재향군인과 퇴역군인회는 과거 전쟁에서의 영웅적 공훈을 찬양하는 일을 자신들의 정체성으로 삼는다. 현충일이나 독립기념일의 애국 열의는 국가의 영웅적인 폭력 충돌을 승인하고 강화하려고 한다.

다른 한쪽 끝에는 전쟁에 호소하는 일을 절대적으로 금기시하기를 고수하려는 다양한 형태의 평화주의 이데올로기들이 있다. 물론 이러한 양극단 사이에는 무수히 많은 입장이 존재한다. 전통적인 정당한 전쟁 이론은 과거에 실제로 항상 자국의 전쟁을 특별한 전쟁으로 정당화했는데, 최근에는 이보다는 더 전쟁에 대해서 비판적인 입장을 취하고 있다. 전쟁을 절대적으로 금기시하지 않는 많은 정당한 전쟁 이론가가 현대전의 본질상 정당한 전쟁이 가능한지 의구심을 품는다. 비록 절대적 평화주의가 로마 가톨릭 교회의 공식적 방침인 적은 없었지만, 교황 요한 13세는 회칙 "지상의 평화"pacem in terris에서 이 입장에 근접해있음을 보여준다.

> 원자시대에 전쟁이 정의의 도구로 사용될 수 있다는 것을 상상하는 것은 불가능하다.10)

존 베넷John Bennett은 기독교 윤리학과 국제 관계 주석가로, 강의에서 정당한 전쟁 입장을 지지해왔었는데 다음과 같이 말하고 있다.

> 증명의 짐은 이제 전쟁에 참전한 정부에게 있다. 왜냐하면, 절대적인 평화주의자가 아닌 사람들조차도 어떤 현대전도 정당화할 수 없다는 결론을 내릴 수밖에 없다. 증명의 짐은 국제적 폭력 사용이 적절하다고 믿는 기독교인들에게 또한, 옮겨 왔다.11)

전쟁의 주요한 원인 중 하나는 조직적인 폭력을 금기시하는 것을 깨뜨리는 다양한 정당화 체제, 특히 종교 윤리적 정당화라는 것이 나의 주장이다. 왜냐하면, 전쟁은 정당화된 제도이기 때문에 한 사회가 완전히 전쟁을 불신할 때보다 더 잘 활용될 것이다.

마가렛 메드Margaret Mead는 전쟁을 인간의 공격적인 본능과 세력권 본능 확장으로 간주하는 인성학자들의 공격 논박에서 전쟁은 사회적 합의라는 이론을 발전시킨다.

이는 쓰기, 결혼, 날것을 먹는 대신 음식을 조리해서 먹는 것, 배심원의 판결, 시체를 매장하는 일처럼 인간의 창조물이다. 열거한 사항 중 일부는 누구라도 그것들이 발명품이라는 것을 인정할 것이다. 하지만, 불의 사용이나 일정한 형태의 결혼식과 같이 어떤 일을 하는 방식이 보편적으로 발견될 때마다, 우리는 즉시 이러한 일이 절대 발명품이 아니며 다만 인간성 자체라고 생각하는 경향이 있다. 하지만, 결혼과 불의 사용과 같은 보편적인 것조차도 나머지 것들과 마찬가지로 발명품들이다. 사회적 발달을 하는 인간은 어떤 지점에서 결혼이라는 제도와 불을 사용하는 지식 없이 분명히 존재했었다.12)

메드는 전쟁의 경우는 더욱 분명하다고 주장한다. 전쟁은 "두 그룹 사이의 인정된 충돌이다. 전쟁에서 양편은 가능하다면 상대 그룹의 군대원들을 싸우고 죽이기 위해 전쟁터에 군대(그 군대가 15명의 피그미족일지라도)를 투입한다"라고 메드는 정의한다.

일부 사회는 오늘날까지 메드가 정의한 것과 같은 전쟁을 겪지 않는데, 메드는 이 가운데 두 가지 사례를 예시하고 있다. 제프리 고어러Geoffrey Gorer가 『히말라야 마을』Himalayan Village에서 기술한 식킴의 렙차스the Lepchas of Sikkim는 전쟁을 모른다. 그들에게는 방어전이라는 것조차 존재하지 않는다. 에스키모인들은 열정적이고 때로 폭력적이기는 하지만, 전쟁이라는 제도를 모른다.13)

메드는 민족 사이에 전쟁이라는 제도가 존재하는 것이 전쟁의 원인이라고 주장하면서 결투의 유비를 사용한다. 결투라는 제도를 사람들이 말다툼을 끝내는 방법으로 생각하는 한, 사람들은 결투라는 갈등 해결 형태를 이용할 것이다. 결투는 그 행위가 살인이라고 규정되자 유명세가 떨어지더니, 결국 법정 소송과 같은 다른 형태의 말다툼 해결책이 발명되자 완전히 사라졌다. 이것은 사람들이 서로죽이지 않는다는 것을 뜻하는 것이 아니다. 불만을 없애는 방법으로서 결투라는 제도가 폐지되었다는 것을 의미한다.

너무 순박한 민족과 문명화된 민족, 온순한 민족과 폭력적이고 독단적인 민족
은 이 발명품을 가졌다면 전쟁을 치르게 될 것이다. 이는 결투라는 관습을 지
닌 민족이 결투라는 제도를 갖고, 피의 복수를 하는 민족이 피의 복수를 즐기
는 것과 마찬가지다. 반대로, 결투에 대해 모르는 민족은 아내가 농락을 당하
고 딸이 성폭행을 당하더라도 결투하지 않을 것이다. 살인을 저지를지는 모르
지만 결투로 서로죽이지는 않을 것이다.14)

국제관계학자인 워너 레비Werner Levi는 이와 비슷한 논의를 발전시켰
다. 그는 전쟁이 인간 본성에 관한 다양한 심리학적 이론으로는 설명될 수
없다고 말한다. 그는 이러한 이론들에는 어떻게 한 인간이 인간에 대한 일
반적인 이론에서 실제 특정한 전쟁 발발에 이르는 사실을 알 수 있는지에
대한 빠져 있는 고리missing link가 있다고 주장한다. 계속해서 레비는 어떠
한 공격성과 파괴성도 인간 본성일수 있지만 "국가의 목적을 위해 완전히
통제되는 육군, 공군, 해군을 연합하고 전략과 전술로 조합하는 것은 사람
의 타고난 행위 일부가 아니다"라고 주장한다.15) 우리가 국가주의와 같은
그룹 행동과 그룹의 긴장에 대해 무엇이라 말하든지, 우리는 이러한 요인
들이 어떻게 전쟁으로 전환하는지를 설명해내야 한다. 레비는 결론 내리
기를 선쟁은 아수 신중하게 정책의 도구로 고려된다는 사실로 설명할 수
있다는 것이다.

결정권자들이 전쟁을 항상 고려한다는 것은 언제나 사실이다. 전쟁이 제도로
써 존재하는 한은 말이다.16)

그러고 나서 그는 사회 내부의 그룹과 개인의 행위에서 도출한 한 유비를 사용해서 국제관계에 필요한 것이 무엇인가를 설명한다.

국가 내에서의 상대적 평화는 인간의 본성을 바꾸거나 인간의 심리를 변화시키거나 혹은 갈등을 제거한다고 해서 이루어지지는 않는다. 더 나아가 갈등 당사자들 사이의 증오를 제거한다고 이루어지는 것도 아니다. 차별과 그릇된 고정관념, 선입관, 편견, 경쟁과 경합, 이 모든 일은 일부 내부적으로 가장 평화로운 국가 안에서도 강렬한 국가주의와 함께 지속되고 있다. 오직 정상적이고 수용 가능한 사회적 관계 유형으로써의 폭력사용만이 사라졌을 뿐이다. 폭력이 그렇게 사라지기까지, 지금까지 분리되었던 그룹들을 한 공동체로 통합하도록 이끄는 새로운 행동 유형들, 즉 제도들이 추가하면서 이루어진 것이다.17)

레비의 진술은 세 가지 요인이 전쟁 발발 가능성을 감소시킬 수 있음을 제안하고 있다. 첫째, 새로운 행동 유형의 추가인데, 이는 국제적 차원의 다툼을 해결하려는 새로운 제도적 구조들이다. 둘째, 분리된 그룹을 공동체로 통합하거나 세계 민족들 사이의 상호의존성과 커뮤니케이션의 증가다. 셋째, 전쟁을 정당화하는 종교적 · 심리학적 · 사회적 체제들의 영향을 줄이는 것이다.

평화주의가 실제로 필요불가결한 것이 되는 것은 바로 이러한 맥락 속에서다. 평화주의는 제도로써의 전쟁을 효과적으로 불법화하는 유일한 사상적 체제이다. 모든 다른 입장은 전쟁의 가능성을 수긍하는 입장에 있기 때문에 전쟁을 준비하고 수행하는 일을 돕는 제도들을 유지시키지 않을 수 없다. 이러한 입장을 언급할 때, 우리는 먼저 평화주의에 대한 일반적인 오해를 불식시켜야 한다. 우리는 누군가 갑자기 세계 각국에게 무기를 내려놓고 평화를 선포할 것을 요청할 수 있다는 환상을 가지는 것이 아니다. 우리가 요청하는 것은 국민국가에 도전을 던지는 행동을 취하고, 군사적 충돌에 호소하는 것을 반대하며, 국제분쟁을 해결하고 안전을 보장할 새로운 제도들을 만들어낼 수 있는 사람들의 공동체, 즉 더 크고 적극적인 범세계적 평화주의자 공동체를 발전시킬 것을 요청하는 것이다. 이러한 공동체는 새로운 세상의 이미지를 제공하고, 일반적으로 통용되던 전제들을 바꾸고, 다분히 순진하게 무력충돌에 호소함으로써 자국의 이익을 지키려는 강대국들의 환상을 폭로할 수 있다. 범세계적 평화주의자 공동체는 또한, 다양한 사회 내부에서 제도로써의 전쟁이 지니는 합법성을 훼손하고, 동시에 국제분쟁을 다루기 위한 새로운 방식들을 개발하는 누룩으로써의 역할을 감당할 수 있다. 이러한 작업은 평화의 가능성을 증진하고 전쟁을 촉발하는 긴장을 감소시킬 것이다. 이것이야말로 기독교회의 사명이다.[18]

## C. 제도 자체의 이익과 전쟁을 위한 준비

어떤 것이 더욱 전쟁을 일으키게 하는지를 이해하려면 두 가지의 제도상의 요인을 살펴볼 필요가 있는데, 그 두 가지는 사회의 내부 구조와 국제 체제 자체의 구조다. 일반적인 오해는 전쟁이 주로 특정한 정부 지도자들의 행동에서 연유한다고 보는 것이다. 존 스웜리John Swomley의 히틀러 정권 아래 독일에 대한 분석이 이러한 관점의 취약성을 보여준다.

억압과 전체주의 혹은 전쟁과 같은 위기들을 해결하기 위해 상징적이거나 실제적인 악을 제거해야 한다는 생각은 하나의 신화에 불과하다. 억압과 전체주의에는 언제나 선행조건들이 있다. 예를 들어, 독재자들은 저항하는 국민에게 갑자기 폭정을 행하는 것이 아니다. 뉘른베르크의 전범재판에 선 한스 프랑크

Hans Frank에 따르면 "히틀러는 악마였다. 그래서 그는 우리 모두를 타락시켰다." 이 말에 한 독일 작가는 다음과 같이 응수했다. "민족은 전체주의의 모험으로 스스로 포기하기 전에 비극으로 끝나는 환경에 우선 처해봐야 한다."19)

독일에서의 히틀러와 전체주의의 부상은 다음과 같은 보다 일반적인 사회적 특징들로 보다 잘 설명할 수 있다. (1) 군대의 광범위한 영향 그리고 독일 역사의 먼 과거까지 미치는 명령과 복종의 관습, (2) 독일의 재무장으로 이익을 얻는 경제 분야와 군사 분야의 엘리트들이 히틀러를 전방위로 지원했기 때문, (3) 독일인들의 민족주의적이며 반 셈족 정서는 독일 역사에 깊이 뿌리내리고 있어서 히틀러의 조종을 받기 쉬웠다는 점, (4) 독일에 제재를 가하고 모욕을 안겨주었으며 결국 최우선적으로 이러한 모욕을 떨쳐버리고자 하는 강한 열망과 원한을 가져온 베르사이유 조약, (5) 당시의 국제체제 안에서 베르사이유 조약을 유지하기 원했던 강대국들(특히 프랑스와 같은)과 이를 받아들이기 거절했던 강대국들(이탈리아, 독일, 일본) 사이에 갈등이 존재했다는 점이다. 제2차 세계대전은 히틀러가 없었다면 일어나지 않았을 것이지만 동시에, 히틀러는 위에 언급한 조건들이 조성되지 않았더라면, 나타나지 않았을 것이다. 우리는 그래서 사회의 내부 구조와 전쟁을 더욱 촉발하게 하는 국제 체제의 구조에 주의를 기울여야 한다.

## 1. 사회 내부제도의 조정

종교적 · 심리학적으로 전쟁을 정당화하는 체제가 전쟁을 준비하고 수행하는 제도들을 뒷받침하고 있다. 미국과 소련과 같은 현대 국가사회에서 거대한 제도의 구성원인 수많은 사람이 전쟁준비에 지대한 관심을 기울이고 있다. 이러한 제도들과 제도 안의 개인은 정치권에서 자신들의 명분을 강화하는 일에 강력한 기득권을 발전시킨다.

제2차 세계대전 이후로, 미국은 전쟁을 선호하는 대외정책을 강화하는 기업과 군대의 엘리트들이 점차적으로 힘을 얻고 있다. 대외정책을 결정하는 당국자들은 경제적·정치적 관심사로 강력한 군사력의 발전을 고려하고 있다. 이러한 발전은 성능이 좋고 더 거대한 무기와 체제의 개발을 통해서인 것은 확실하다. 실제로 핵무기를 사용하는 것이 일반적으로 금기사항이기는 하지만, 최근에는 기업과 군대의 엘리트 중 일부가 핵전쟁을 해서라도 승리해야 한다는 생각을 발전시켜서 자신들에 대한 신뢰도를 올려놓으려하고 있다. 이들은 전쟁준비가 국가의 이익을 증진하는 적절한 정책이라고 생각하는 경향이 있다. 군 관련 계약에 엄청난 재정을 할당하고 있기 때문에 국가의 다른 영역들인 산업, 노동, 연구 분야 등은 경제적으로 거대한 군 관련 계약에 의존하게 되었다.

또한 군 엘리트는 규모가 있는 홍보와 광고 예산을 이용할 수 있는데, 이러한 활동을 통해 이들은 자신들의 정책을 지원할 대중을 끌어들일 수 있는 것이다. CBS 프로그램 "펜타곤의 판매"는 아메리카에서 그러한 선전력과 자신들의 존재를 과시하려는 노력이었다. 대학 내에 학군단ROTC을 창설하고, 최근에는 고등학교에도 학군단을 창설하는 움직임은 특정한 엘리트 그룹이 펜타곤과 펜타곤의 정책들을 기꺼이 지지하는 군 중심 사회를 공적으로 수용하게 하려는 방법임을 증명한다. 이는 당면한 문제를 군대로 해결하려는 방침이다. 군대 등록과 징병제는 일반 대중을 군대화하는 추가적인 방법들이다.

일단 대중이 군국주의자의 관점으로 완전히 선동이 되면, 정치가들은 자신들의 정치적 의도대로 여론을 움직일 수 있다. 대통령 선거 전의 캠페인이나 전략적 무기 감축 선거SALT-strategic arms limitation treaties에 관한 토론에서 정치가들은 군국주의자들이 선전해왔던 미국 국민들의 두려움과 염려에 호소를 한다. 이들 정치인들이 상정한 문제들이 중요 사안들에 대한 진정한 관심으로 바뀔지 혹은 그들은 단지 표를 얻기 위해 노력하는 선동정치가들인지 어느 누구도 확신할 수 없다. 존 케네디가 대통령 선거 캠페인 동안 강력하게 제시했던 소위 미사일 격차는 케네디가 대통령으로 선출된 뒤에 사라져버렸다.

소련에도 비슷한 군 엘리트가 있을 것이고, 독일 또한, 히틀러가 권력을 장악하고 행사할 수 있도록 도운 엘리트가 있었을 것이다. 일부에서는 타국에 무기를 판매하는 일은 이들 국가들의 군 엘리트들을 강화할 뿐 아니라, 이들이 군사적 해결책을 모색하도록 만든다고 주장한다.

만일 강력한 군 엘리트들을 길러내는 일이 전쟁의 가능성을 증가시킨다면, 우리는 사회를 재조직할 수 있고, 그래서 군 엘리트들이 거대한 힘을 가지지 못하는 방법들을 찾아야 한다. 우리는 또한, 거대한 군 예산에 의존하는 경제를 새로운 방향으로 나아가게 할 방법들을 찾아야 한다. 무기는 제한하고 통제해야 한다.

군 징병을 거부하는 일, 특히 평화적 시기의 징집과 등록을 거부하는 것이 또한, 중요하다. 군 엘리트들과 국가의 수뇌들이 무력 충돌에 맞설 인력을 입수하기 쉽다면, 그들은 참전에 대한 반대가 훨씬 줄어들기 때문에, 이들 자원들을 더욱 용이하게 이용할 수 있을 것이다. 더 나아가 군 입대자 등록이나 징병이 존재한다는 것만으로도 국민이 전쟁이라는 사건에 대해 심리적으로 준비되도록 만드는 진일보한 방법이다. 만일 등록이나 징집이 존재하지 않는다면, 무력충돌이 일어나기 전에 추가적인 장벽이 제거되어야 한다.


## 2. 국제 체제 그리고 군비확대 경쟁의 역동

미국의 권력가들은 소련과 군비 경쟁을 지속하는 일로 기득권을 가지고 있다. 이들 군 전략가들과 정책입안자들은 증강된 군비가 안전에 필수불가결하다고 주장한다. 미국의 공직자들과 현존하는 위험을 대비하는 위원회Committee on the Present Danger와 같은 그룹에서는 소련이 군사력에서 미국을 능가하고 있다고 국민들에게 말한다. 현재의 군비경쟁을 뒷받침하는 것은 아주 강력한 신화, 곧 더 많고, 더 좋은 성능의 무기가 안전도를 증가시킬 것이며 소련과의 문제들을 해결할 유일한 방법은 군사력이라는 믿음이다. 여론을 선도하는 이들과 정치가들 그리고 힘 있는 정부, 비정부 조직들이 이러한 신화를 영속화한다. 궁극적으로 이것은 신화다. 왜냐하면, 이러한 믿음은 신중한 관찰이나 이성에 근거하지 않고, 두려움에 근거하고 있기 때문이다. 이 신화가 무엇인지 그리고 이러한 두려움의 기운momentum이 파괴적인 전쟁으로 이끌어간다는 것을 폭로해야 한다. 이러한 폭로는 두 가지 영역, 즉 군비증강이 안전을 보장한다는 것, 소련에 대한 미국의 두려움을 처리할 유일한 길은 군사력뿐이라는 주장에 대해서 이루어져야 한다.

군 장비가 안전을 증가시키는가, 아니면 불안을 증가시키는가? 크루즈 미사일, 트라이던트 잠수함Trident submarine★, MX 미사일, 중성자탄, 핵무기의 저장과 같은 신종의 복잡한 무기개발이 핵전쟁과 인간의 생존을 더욱 위협하고 있다. 이러한 무기들이 전쟁을 방지한다고 보는 일반적으로 지지되는 관점은 신화다. 군비경쟁이 가속화되고 핵무기가 더 많은 나라에 확산되면 핵전쟁이 일어날 가능성도 증가한다. "방어"는 핵 시대에 있을 수 없는 단어다.

로이드 두마스Lloyd Dumas는 군비증강이 안전도를 떨어뜨리는 이유를 설명하는 예리한 글을 썼다.[20] 그의 주장은 비록 "군 체제의 목적이 국가의 안전을 유지하고 개선하는 것이지만, 군 체제의 크기가 커지고 복잡해

---

★옮긴이주 : 트라이던트 잠수함(Trident submarine) - 핵 미사일을 탑재한 원자력 잠수함

질수록 신뢰성이 떨어지고 사망과 파괴의 위험과 국가 통치권에 대한 타협이 지극히 증가한다."[21]

두마스는 군비와 국가의 안전이 함께 갈 수 없는 이유를 네 가지로 설명한다. (1) 우발적 사건의 가능성, (2) 우발적 전쟁의 가능성, (3) 재고 무기를 보존하고 통제하는 능력의 한계, (4) 군의 공격력과 방어력의 큰 차이

(1) 우연이라는 것은 군 체제의 일부 요소들이 인간의 삶을 위협하고 파괴하도록 비의도적으로 오작동 될 가능성이 있음을 의미한다. 두마스는 이러한 오작동의 가능성은 비밀에 쌓여있지만, 이러한 위협을 보여줄 수 있는 충분한 공적자료들이 있음을 지적하면서, 다음과 같은 사건들을 인용하고 있다.

1966년 1월 17일 팔로마. B-52 폭격기가 스페인 팔로마 근처에서 추락했다. 20-25메가톤급의 네 개 수소 폭탄이 비행기에서 차례로 떨어졌다. 하나는 손상 없이 떨어졌고, 다른 두 개 안에 있던 재래식 폭발물이 폭발해서 광범위한 지역에 플루토늄이 흩뿌려졌다. 결과적으로 1,750톤의 방사능에 오염된 흙과 초목들을 제거해야 했다. 나머지 마지막 폭탄은 지중해에 떨어졌는데, 3개월 간의 오랜 수중 수색 끝에 원래 모습 그대로 찾아냈다.

1968년 1월 21일 율리. B-52 폭격기는 4개의 메가톤 급 수소 폭탄을 탑재하고 율리 만Thule Bay에 추락했다. 낮은 정도의 방사능 유출과 함께 일부 폭탄 잔해물이 발견되었다. 하지만, 폭격기 몸체와 폭탄 파편은 2미터 두께의 얼음을 녹이고 들어가 율리만의 물속으로 가라앉았다. 방사능에 오염된 아주 많은 눈이 제거되었다.[22]

그는 1950년부터 1973년에 이르는 24년 동안 범세계적으로 줄잡아서

이와 비슷한 90건의 사건들이 일어났다고 추정한다. 이는 거의 석 달에 한 번 사고가 일어난 격이다. 점점 더 많은 무기가 생산되고, 전 세계에 공급되며, 이 무기들을 실어 나를 비행기나 잠수함, 배와 미사일과 같은 운반기들이 사용되고 있다는 사실은 사고의 위험을 증가시킨다.

⑵ 우연한 전쟁이라고 언급한 것은 정부의 정책방향을 결정하는 정부 관료들의 세밀한 계산 없이 대규모의 살상 무기를 서로 교환하게 되는 것을 의미한다. 두마스는 다음의 두 가지 상황이 우연한 전쟁을 일으킬 수 있다고 말한다. 그 첫 번째 상황은 1963년 쿠바의 미사일위기와 1973년의 중동전쟁 동안 팽배해있던 국제적 긴장이라는 배경상황이 그것이다. 두 번째 상황은 상대 국가가 공격을 개시했다고 믿도록 만드는 촉발 사건이다. 두마스가 공적 기록을 조사하면서 발견한 사실은 만일 심각한 국제위기상황이었더라면 수많은 촉발 사건이 대규모 전쟁을 불러왔을 것이라는 것이다.

1960년 10월 5일 BMEWS. 북미 공군사령부the North American Air Defense Command의 중앙 통제실은 그린랜드의 율리에 있는 탄도 미사일 초기 경고 통제실 기지Ballistic Missile Early Warning System station에서 미국을 겨냥한 미사일 공격이 감행되었다는 최고 수준의top priority 경고를 받았다. 캐나다의 공군 참모총장이 검증에 착수했지만, 15-20분 후에 경고가 잘못된 것임이 드러났다. 사실은 레이더가 달을 반사했던 것이다.

1971년 2월 20일 NEWC. NORAD본부에 있는 국가 긴급경보센터National Emergency Warning Center는 20일 당일의 코드 승인을 거쳐 긴급 메시지를 전송했다. 그 내용은 미국 대통령의 긴급 명령으로 모든 미국의 라디오와 TV 방송국은 정규 방송을 즉시 중지하라는 것이었다. 이 메시지는 적국의 공격과 같은 중대한 국가 비상사태에만 사용하도록 되어 있는 것인데, 미국 전역으로 방송된 지 40분이 지나서야 중지됐다. 이 NORAD본부 건물은 적국의 공격 시에 핵무기로 응수할 수 있도록 메시지를 전송하는 지점이다.

1971년 적어도 두 가지 사건이 일어난 SECT. 잠수정 긴급통신 전송기Submarine Emergency Communications Transmitter가 떠올랐는데, 이는 미국의 폴라리스★ 핵미사일 잠수함에서 우발적으로 전송한 것으로 관련된 잠수함들이 적의 공격으로 침몰당했다는 신호를 보냈다.23)

이러한 사고들은 계속됐다. 1979년 11월 9일 「위치타 이글 비콘」Wichita Eagle-Beacon은 "군 당국자들은 일시적으로 미국이 금요일, 적의 미사일 공격권에 놓여 있다고 믿었다. 미국이 공격을 당하고 있을 때, 작동되는 미사일 경보 체제가 작동되었던 것이다. 국방부가 이러한 사실을 공개했다."라고 보도하고 있다. 이 경우에 군 당국자들은 이 경보는 잘못된 것이라고 결론을 내리고 정부관련 당국자와 군 장성들에게 알리지 않았다. 국방부 당국자들은 "이 경우에는 단지 중간계급의 장성들이 관여했고, 실제 미사일공격이 일어난 것이 아니라고 결정하기까지는 아주 짧은 시간이 걸렸을 뿐이다"라고 말했다.24) 현대 기술의 특징상, 실제 공격이 감행됐는지를 확인하기까지는 몇 분이 걸리지 않는다. 하지만, 국제 위기의 상황에서 각국이 이와 같은 경고를 확인할 수 있을지, 그래서 중대한 전쟁을 우발적으로 일으키게 되지 않을지 믿을 수가 없다.

(3) 세 번째 불안의 근거는 재고 무기를 관리하는 문제다. 두마스는 두 개의 문제를 지적한다. 핵무기가 분실되거나 절취당하고 혹은 파괴되지 않도록 보호해야 하는 문제와 재고 무기의 상태와 위치에 대한 정보가 발

---

★옮긴이주 : 폴라리스 – 잠함 중 잠수함에서 발사하는 중거리 탄도탄

각되는 위험이다. 그는 원자에너지 위원회Atomic Energy Commission는 인정하기를 모든 플루토늄의 행로를 항상 추적할 수는 없다고 했다. 그래서 아주 소량으로도 원자폭탄 한 개를 제조할 수 있는 플루토늄을 훔친 누군가가 협박을 한다면, 이는 심각한 위협이 될 것이다.

1970년 10월 27일 올랜도. 플로리다의 올랜도 시에 한 짧은 편지가 도착했다. 자신이 올랜도를 통째로 날려버릴 수 있는 수소폭탄을 가지고 있으며, 이에 상응하는 가격으로 백만 달러와 함께 미국을 안전히 빠져나갈 수 있도록 보장할 것을 요구하는 내용이었다. 곧이어 가공할 만한 폭탄 도해표와 핵분열 물질이 AEC 함선에서 도난당했다는 메시지, 그리고 협상을 위한 지시사항이 내려왔다. AEC는 그 물질이 도난당하지 않았다는 것을 확신할 수 없었다. 배상금을 준비해서 지급하려던 찰나, 협박범이 붙잡혔다. 협박범은 핵무기에 전혀 접근할 수 없는 14살짜리 학생이었다.25)

또 다른 문제는 핵무기를 소유한 일부 나라가 정치적으로 불안한 상황에서 테러리스트 그룹이 핵무기들을 강탈하는 사태이다. 이란의 최근의 정치적 불안과 미국에 우호적인 정부에서 적대적인 정부로의 변화는 미국 관계 당국자들에게 일련의 불안을 안겨주었다.

1970년 스튜어트 시밍톤Stuart Symington 상원의원은 자신의 경험과 개인적 조사에 근거해서 판단할 때, 미국의 전술 핵무기들은 "일정한 장소에서" 적절하게 보호되지 못하고 있으며, 그러므로 강탈당할 수 있다고 진술했다. 해군제독 라 로크La Roque는 만일 미국 핵무기가 배치돼 있는 "거점"국가가 미국에 비우호적이 된다면, "우리는 무기를 철수하는 대신 무기를 재배치할 방법을 찾아야 할 것이다"라고 했다.26)

핵무기의 수적 증가와 전 세계적으로 무기가 증가하는 현상이 인간의 안전을 점차적으로 위협하고 있다는 것은 분명하다. 많은 사람이 점점 더 테러리스트의 공격과 핵무기 강탈을 염려하고 있다.

미국 핵무기 위치의 안전도를 6개월 동안 조사한 뒤 공화당의 찰스 롱Charles Long은 결정적인 다섯 쪽 분량의 진술서를 공개했는데, 일부 미국 핵무기 위치가 사실상 테러리스트 공격에 취약하며 때로 보편적 공론에 찬성하지 않는 자들의 은신처 가까이에 위치하며, 어떤 경우는 가장 가까운 미국의 군사시설에서 수백 킬로미터나 떨어진 곳에 있다고 말했다.27)

1983년 1월 1일 「위치타 이글 비콘」에 따르면,

미국의 핵무기들은 유럽의 보관 장소에 무방비로 쌓여있어서 전문가들은 일단의 테러리스트들이 이 무기고를 공격해 핵탄두를 강탈할 것을 두려워한다고 한다. 국방장관 캐스퍼 와인버거Casper Weinberger의 핵무기 관련 최고 차관보인 리차드 와그너Richard Wagner는 "전반적인 문제들로 밤에도 깨어있다. 때때로 문자 그대로, 위험이 너무 높기 때문이다…." 와그너는 이 무기고 시설의 안전성 결함은 다음과 같은 문제들 때문이라고 말하고 있다. 부러지고 녹슨 경계 울타리, 야간에 부적절하거나 아예 없는 조명, 권총에도 관통되는 나무로 만든 초소, 침입자를 탐지하기 위한 전지 감지기의 부족, 적대 세력에게 이상적 은신처를 제공할 수 있는 삼림이 일부 군사시설에서 가깝다는 점 등.

(4) 네 번째 불안은 무기 기술 자체가 갖는 본성이다. 이제 문제의 핵심에 이르렀다. 사람들은 폭력적 공격으로부터 자신들을 보호하기 위해 두 가지의 전통적인 방법을 사용해왔다. a) "방어를 위한" 방어다. 이는 경계

선을 둠으로써 공격에 맞서거나 적이 공격해 올 때, 적의 세력을 분쇄함으로써 영토를 보호하는 것이다. b)"공격적인" 방어다. 이는 적이 공격하기 전에 모든 적의 세력을 파괴하거나 선취권을 취하는 것이다. 전쟁억지력은 현대화된 형태의 첫 번째 범주로, 공격대상인 상대편에게 막대한 피해를 줄 준비를 함으로써 방어하는 것이다.

더 전통적인 의미에서의 방어적 방어는 미사일과 핵 시대의 출현과 함께 구식이 되어버렸다. 2차 세계대전의 역사적인 핵무기 사용이 있기까지 각국이 다른 국가의 공격에 대항해서 자국을 방어할 방법을 찾는 것이 합리적이었다. 비행기는 1차 세계 대전 이후로 방어의 개념을 바꿔놓았지만, 제2차 세계대전 동안에도 공중 방어 체제가 감손율을 높이기에 충분한 적국기를 격추시켰었다. 두마스는 "영국본토항공전Battle of Britain 동안 영국은 독일폭격의 10퍼센트를 요격할 수 있었는데, 이는 방어전이 성공적이었다고 하기에 충분한 비율이었다"라고 말했다.28)

이러던 상황이 핵무기와 미사일로 완전히 바뀌었다. 케네스 보울딩의 말이다.

20세기 군 혁명의 핵심은 치명적인 발사체가 대규모로 증가했고, 모든 종류의 조직적 폭력을 수송하는 비용이 실질적으로 감소했다는 점이다. 창과 활을 쓰던 시대에는 기껏해야 위 아래로 몇 미터를 사정거리로 할 수 있었던 치명석인 발사체들이 화약을 사용하던 초기에는 수백 미터를 나갔고, 제2차 세계대전에는 수백 킬로미터을 사격할 수 있었는데, 지금은 2만 킬로미터나 나갈 수 있도록 급속히 발전했다. 이것은 지구 원주의 절반에 해당한다. 무기의 역사는 여기가 끝이다. 2만 킬로미터 이상을 넘지는 못하고 있고, 그 중요성 또한, 더는 의미가 없다. **이것은 미사일이 미치지 못할 곳은 지구상 어디에도 없으며 미사일과 핵탄두가 전통적인 국민국가들을 쇠퇴하게 만들어 버렸음을**

의미한다. 마치 화약의 발명으로 봉건 영주와 성채가 쓸모없어진 것과 같이 말이다.[29)]

핵무기 공격을 막아낼 수 있는 방법은 없다. 공격 무기의 90퍼센트가 공격물을 맞추기 전에 파괴된다고 가정해보자. 사실 이는 너무나 높은 퍼센트여서 일어날 것 같지는 않지만 말이다. 방어벽을 통과한 10퍼센트는 인간 살상과 산업 능력, 물리적 환경을 황폐화시켜, 결국은 문명을 파괴할 것이다. 비록 이들 나라 중 하나가 핵 공격을 견디어 낼 수 있다 해도 보복 공격을 감행해서 다른 나라를 여러 번 파괴할 수 있을 만큼의 충분한 무기를 갖추고 있을 것이다. 예를 들어, 미국의 신형 트리덴트 잠수함은 만 킬로미터를 날아갈 수 있는 장거리 미사일 체제를 갖추는데, 각 미사일에 8개의 탄두로 24개의 미사일을 운반할 수 있다. 이것은 한 개의 트리덴트 잠수함이 192개의 개별 목표물을 조준하고, 192개의 핵 폭발물을 운반할 수 있다는 것을 의미한다. 해군은 30대 이상의 이와 동일한 잠수정 함대를 구축하려고 하고 있다. 이는 5,760개의 목표물에 핵 폭발물을 운반할 수 있는 규모다. 일부 잠수정들의 항로를 추적할 수는 있지만, 그 모두를 신뢰할만한 정도는 아니다.

이러한 대량 핵무기 비축을 뒷받침하는 논거가 "전쟁억지력"이다. 이는 수습 불가능한 피해를 가할 수 있는 파괴적인 무기를 지닌 적국에게 대응하려면 이에 준하는 무기들을 지녀야 한다는 이론이다. 이 이론은 적국의 도시와 인명, 산업시설, 물리적 환경을 위협하면 적국이 공격감행의 의지를 단념할 것이라는 전제를 가지고 있다. 잠시 "전쟁억지력 이론"이 타당하다는 생각이 들지 모르지만, 각 나라가 보유한 수많은 다양한 종류의 무기는 전쟁억지에 필요한 양을 훨씬 넘어서 있는 것이 현실이다.

소련과 미국은 이제 너무나 많은 핵탄두를 가지고 있어서 상대국을 여러 차례 파괴할 수 있을 정도가 되었다. 소위 미국의 방어는 3중 체계를 갖추는데, 이는 공중에서 핵무기들을 쉴 새 없이 실어 나르는 항공기와 지상 발사 탄도탄, 그리고 잠수함 발사 탄도탄으로 이루어져있다. 탄도탄들은 핵무기를 탑재하고 있다. 지표면 90여 미터 상공에서 폭발된 10메가톤의 무기는 다음과 같은 위력을 보여준다.

폭발로 인해 지상에는 73 미터 깊이의 구멍이 생긴다. 이는 아마 횡으로는 1.6 킬로미터에 이를 것이며, 이 거리의 두 배에 달하는 거대한 지역이 파편들로 덮일 것이다. 폭발로 인한 폭풍은 모든 지하의 터널들을 따라 이동해서 16-32 킬로미터까지 미쳐 지하도로 피한 사람들을 죽일 것이다. 35킬로미터 정도의 오픈된 장소에 있던 사람들은 치명적인 화상을 입을 것이고, 불길은 45킬로미 터까지 미칠 것이다.30)

존 콕스John Cox는 그의 저서 『과잉살상』Overkill에서 군의 모든 이동은 이에 상응하는 상대 군의 이동을 불러온다고 지적한다. 핵탄두를 탑재한 공격 미사일이 8 킬로미터 이상 떨어진 곳에서 또 다른 핵무기의 요격으로 파괴할 수 있다는 사실을 전제로 MRVMultiple Reentry Vehicles, 다탄두 재돌입 미사일가 개발되었다. MRV는 미사일이 공격 목표 지점에 가까이 가면 여러 개의 탄두로 분리돼서 방어 미사일이 모든 탄두를 요격할 수 없게 하는 것이다. 하지만, MRV가 그리 정확하지 않기 때문에, MIRVMultiple Independently Targeted Reentry Vehicles, 다탄두 각개 목표 재돌입 미사일이 개발되었다. 이 체제에서는 각각의 미사일마다 그 탄두에 숫자가 적혀 있고, 이 각각의 탄두는 개별적으로 각각의 목표를 향한다. "이제 한 개의 미사일에 MIRV 체제를 지닌 핵탄두 10여개를 탑재하는 것이 가능하다."31)

미국과 소련은 근본적으로 군비를 감축할 수 있었지만, 여전히 상대국에 돌이킬 수 없는 피해를 입힐 무기량을 가지고 있다. 그렇다면, 양국이 대량의 군비를 구축하는 이유는 무엇인가?

문제의 일부는 심리학적인 면에 있다. 미국과 소련은 세계의 문제에 영향을 미칠만한 힘을 소유하고자 한다. 양국의 생각은 자국이 군사적 우월성을 유지하면 더 강력한 영향력을 갖게 될 것이라는 것이다. 수년 동안 미국은 더 강해졌고, 미국의 강성함은 이제 대부분의 사람이 인정하는 바다. 수년 전에도 소련의 강성을 주장했던 사람들이 지금도 소련이 앞서 있다고 주장하지만 말이다. 미국은 처음으로 원자폭탄과 수소 폭탄, MIRV 체제를 갖춘 미사일, 그 외의 다른 무기 체제들을 개발했다. 지난 제2차 세계대전 이후에 미국은 군비를 제한할 동기가 없었는데, 이는 소련이 더는 실질적인 군사적 위협이 되지 못했기 때문이었다.

1962년의 쿠바 미사일 위기는 소련에 있어서 거대한 분기점이었다. 미국의 압도적인 군사적 우월성 때문에 쿠바에서 미사일을 제거하고, 군대를 철수할 수밖에 없게 되자, 당황한 소련은 미국을 따라잡기로 결심했다. 이 시기 이후로 소련은 양국의 힘의 균형이 맞추어질 때까지 군비확충 경쟁에 몰두했다. 적을 10번 죽일만한 무기를 소유한 것이 적을 5번 죽일 수 있는 무기를 소유한 것보다 나을 것이 전혀 없는 이 세상에서, 힘의 균형을 맞추었다는 것이 무슨 의미가 있을지는 모르겠지만 말이다. 양국 어느 쪽도 전쟁을 원하지 않는다는 것은 분명하지만, 양국은 강대국의 이미지를 유지해서 세계에 막대한 영향력을 미치려고 한다. 그래서 사실 무기 체제는 실제 군사안보와는 별로 관계가 없다.

일부에서는 우리가 군비제한을 위한 회담 없이 문제를 악화시킨다고 말할지 모르지만, 우리가 알아야 할 것은, SALT I과 II는 군비제한을 성사시키는 데 거의 아무 역할도 하지 못하고 있다는 사실이다. 군비축소에 대해서도 마찬가지다. 양국은 대중에게 여러 가지 협정들을 선전할 수 있어야 한다. 이것은 소련과 같이 폐쇄된 사회에서 보다 용이하지만, 잊지 말아야 할 것은 이들도 이들만의 군사 전략가들이 있어 최신식의, 최고의 군사 기술을 얻고자 로비를 한다는 것이다. 미국 정치풍토에서 군비제한협정에 대한 강경파들의 찬성과 군의 지지를 받으려고, 새로운 차원으로 군비경쟁을 확대하는 새로운 무기체제 약정이 맺어졌다. SALT I 회담은 탄도탄 요격 미사일 사용을 금지함으로써 세계를 안전하게 했음에도 당시에 이루어지는 가장 핵심적인 군비경쟁에서의 기술 혁신인 MIRV 체제를 완전히 멈추는 데는 실패했다. 이 실패로 1970년대 후반까지 양국은 10년 전보다 수천 배나 많은 무기를 소유하게 됐다.

SALT II 조약은 이와 비슷하게 군비경쟁에 있어서의 신기술 혁신을 중지시키는 데 실패했다. 크루즈 미사일을 1982년 까지는 배치시키지 않도록 했지만, 그리고 이 사실이 당시의 협상 문제였지만, 조기에 미사일 배치를 중지하는 것에 합의하지 못하자 오히려 크루즈 미사일의 발전을 이끌어냈다.

크루즈 미사일은 지상, 해상, 공중의 어떤 수송기에서도 발사할 수 있는 소형 미사일이기 때문에 그 수를 세고 통제하기가 어렵다. 크루즈 미사일을 강제할 수 있는 협정안을 도출하기는 매우 어려울 것이다. 그래서 SALT는 잠정적으로 미국과 소련 사이에 협력의 분위기를 조성해가며 일부 무기를 제한하도록 협의를 이루기는 했지만, 양국이 개발하기 원하지 않았던 무문만 제한하는 데 그쳤을 뿐이다. 그리고 주요한 신무기 기술 발전을 통제하지 못했다.

소련이 선점하고 있었기 때문에 미국인들에게 충분히 알려지지 않았던 SALT협상 실패의 또 다른 좋지 않은 국면은 핵 확산에 미친 영향이다. 핵확산방지조약은 두 가지 국면을 갖는다. (1)비핵 국가들이 핵무기를 갖지 않을 것을 합의하고, (2)미국과 소련이 그들이 보유한 핵무기를 감축할 것을 합의하는 것이다. 두 강대국이 그들이 지닌 무기들을 제한하지 않고 오히려 더 높은 수준으로 확대할 때 제3국가들이 핵무기를 가지지 않는다는 보장이 없다. 새로운 국가들이 핵보유국이 되면, 군비 제한은 점점 더 어려워지게 될 것이다.[32]

군비제한이 성공적이지 못한 이유에 대한 한 가지 다소 좋지 않은 시각은 비록 미국이 믿을만한 전쟁억지력에 관심이 있다고 하지만, 사실은 정치적 목적으로 핵무기를 사용하고자 한다고 보는 것이다. 더욱이 무력 분쇄 공격 전략이나 소련이 공격을 감행하기 전에 모든 소련의 무기를 제압할 수 있는 선제공격 능력을 확보하려고 노력할 수도 있다. 이쯤에서 적이 피해를 가하기 전에 무기를 무기로 파괴하는 능력을 개발하려는 시도인, 두마스가 언급한 '공격적 방어'가 생각난다.

선제 무력분쇄 공격 정책은 특히 위험하고, 현재의 과잉살상 무기량보다 더욱 위험스럽게 안전을 위협한다. 자국의 무기들이 발사되기도 전에 파괴될 수 있다는 전망을 한 국가는 자극에 보다 예민해질 것이다. 1962년의 쿠바미사일 위기나 1973년의 중동전과 같은 주요 국제 위기 상황에서 적의 공격이 임박했다거나 실제 공격이 감행됐다고 믿는다면, 반격 여부를 결정하는 데는 채 몇 분이 걸리지 않을 것이다. 전쟁억지이론에서는 공격을 받은 국가가 대응할 수 있는 능력을 갖추고 있기 때문에 기다릴 수도 있다. 하지만, 무력분쇄 공격 전략은 이러한 체제를 과소평가하고, 한순간의 경고에도 방아쇠를 당겨야 하는 아주 위험한 세계를 만들어낸다. 만일 그러한 무기 체제가 발전되도록 놔둔다면, 핵전쟁을 피할 수 있으리라 기대할 수 없을 것이다.

요약하면, 우리는 지금까지 인간을 안전하게 하려는 목적으로 발전되어온 무기 체제들이 사실은 불안을 증가시켜왔다고 말할 수 있다. 비록 우리가 이 사실을 증명하는 많은 증거들을 제시해지만, 사실 신학적 관점으로 보았을 때에도 이 같은 사실을 충분히 추론해볼 수 있다. 결국 대량살 상무기를 신뢰함으로서 우리는 불가피하게 파괴의 시작점에 서게 되는 것이다. 칼을 의지하는 사람들은 칼로 망할 것이다. 우리는 이 사실을 피해갈 수 없다. 이것은 알파와 오메가요, 우리의 안전의 유일한 근거이신 분을 의도적으로 불신한 인간에게 내리시는 하나님의 심판이다.

그런데 소련의 위협은 현실이 아닌가? 결국 우리는 하나님나라가 아니라 불완전한 죄의 세상에서 살고 있다. 국가는 다른 나라들의 사악한 의도와 목적에 대비해 부단히 경계해서는 안 되는 것인가? 미국이 핵 폐기에 대한 믿을만한 징조를 보이지 않아도, 소련은 미국을 공격하지 않을까? 우리는 이제 두 번째 차원의 분석, 곧 최근의 국제 체제 안에서의 양국의 관계를 심도 있게 분석해봐야 하겠다.

소련의 두려움은 마이클 노박Michael Novak의 「크리스챤 센츄리」*Christian Century*에 실린 1970년의 특별 기고에 극적으로 나타난다. 노박은 "모든 영역에서, 소련 제국의 증가하는 군사력을 보고 자유가 생존하지 못하는 것은 아주 당연하다고 나는 믿게 됐다"라고 말한다. 그는 카터 행정부가 상대의 위협을 부단히 경계하지 않았다고 믿고, SALT II를 반대했다. 왜냐하면, "전략적 무기라는 한 가지에서 미국이 우월하다는 점만 부각시켜 미국에만 제한을 두었다"고 믿었기 때문이다. 노박은 더 나아가 다음과 같이 말하고 있다. "나는 자유주의 국가들과 전체주의 국가들 사이의 문제가 협상을 통해 실제적으로 안정될 거라고 믿지 않는다. 오히려 거대한 군사적 충돌이 임박했다고 생각한다." 한때는 베트남전을 비판했던 노박은 이제 지구 전체를 위협하는 자유를 수호하고자 "싸움터를 바꾸라"고 사람들에게 요청한다.33) 노박의 입장은 또한, 미국이 현재 소련에서 위험에 처해있다고 믿는 군 지도자들과 지식인 그룹이 당면한 위험을 다루는 위원회 Committee on the Present Danger에 반영되고 있다.

노박의 관점이 충격적인 것은 그의 관점이 소련이 가지는 미국에 대한 관점을 그대로 '뒤집어놓은 이미지'라는 점이다. 로버트 카이저Robert Kaiser는 소련의 관점에서 핵무기 확대 경쟁을 상상해서 기술해왔다. 아래는 카이저에게서 인용한 일부다. 카이저의 진술은 소련 정책입안자들이 말하는 것처럼 써졌다.

> 지난 5년 동안 적은 대륙간 탄도 미사일에 3,000개 이상의 핵탄두를 추가했다. 이는 그들이 갖는 주요한 무기체제에 놀라운 신기술을 추가했음을 뜻한다. 적은 세계 바다의 밑바닥에서 탐지하기 불가능한 신형의 미사일 탑재 잠수함을 건조하고 있다. 적은 수 조원을 들여 새로운 체제를 지닌, 기동성이 강하고, 눈에 띄지 않으며, 지상에서 발사할 수 있는 미사일 개발을 고려하고 있다. 다른 한쪽은 유럽에 세계 어느 것보다 우월하다고 판명된 200개의 신형 탱크를 배치했다.34)

소련은 특히 2개의 신형 퍼싱(야전용의 화력 지원용 탄두 미사일)을 유럽에 배치했다는 사실에 놀란다. 이 퍼싱은 1세대 지상발사 크루즈 미사일이다. 미국은 소련의 SS-20 중거리 탄도탄의 900개 탄도를 대응할 무기가 필요하다는 이유로 이 퍼싱2 미사일을 도입했다. 그러나 이는 영국 잠수함에 탑재한 64개의 탄두와 프랑스에 있는 98개와 잠수함에서 발사 가능한 미사일, NATO가 승인한 4척의 미국 포세이돈 전략 잠수함에 탑재한 640개, 중국의 지상발사 미사일에 탑재된 75개 등으로 이미 대응하고도 남는다. 랜달 포스버그Randall Forsberg에 따르면, 실제로 소련의 신형 SS-20은 서유럽에 대한 위협을 감소시키는데, 구식 미사일들이 선제공격으로는 사용되지 않다가 파괴되지 않는 경우에 우선 사용될 것이기 때문이다. 소련은 미국보다 훨씬 더 지상 발사 미사일에 자국의 안전을 거는데, 신형 소련 미사일이 취약점이 덜하기에 사용을 보류했다가 공격을 받을 때만 사용하기 때문이다.35) 이것은 터무니없는 군비경쟁의 역설 가운데 하나다. 소련이 더 안전해질수록 서방이 안전하고, 그들이 더 위협을 받을수록 우리는 더 위험하다.

물론 소련은 세계 정치에서 무고한 방관자가 아니다. 소련은 자국의 이익을 고려하는 군사 강국이다. 하지만, 동시에 소련은 자국의 이익을 뛰어넘어 세계문제에 영향을 미치고 싶어 하고, 그래서 지구촌의 갈등에 개입한다. 하지만, 이러한 입장은 미국도 마찬가지다. 아마 소련보다 더할 것이다. 미국은 소련 주위에 일련의 군사기지를 두고 있고, 또한, 세계 여러 나라의 갈등에 개입했다. 소련은 실제 미국의 의도에 신경을 곤두세웠음이 분명하다. 그러니 양국은 두려움과 그로 인한 방어를 강화한다.

소련은 미국에 대해서만 염려해서는 안 된다. 소련의 국경 국가 중 하나인 중국은 10억 명이 넘는 인구를 가지고 소련의 광대한 영토가 자신들의 영토라고 주장하고 있다. 남쪽으로는 잘 무장돼있을 뿐 아니라 예측이 불가능한 터키족이, 서쪽으로는 핵으로 무장한 프랑스와 영국 그리고 서독의 연방군이 있다. 북쪽으로는 NATO의 회원국인 노르웨이가 해안 잠수정으로 소련의 잠수함을 감시하고 있다.

동서 대치를 연구한 한 상원의원 보좌관은 최근에 미국인들이 캐나다와 멕시코가 강력하고 잘 무장된 미국의 적이 될 수 있다고 보고한다. 소련과의 관계와 비슷한 관계가 될 수 있다는 것이다. "미국인들은 이러한 상황에 어떻게 반응할까?"하고 그는 묻는다.36)

노박의 시각은 소련의 정당한 방어에 대한 두려움을 고려하지 못했을 뿐 아니라 소련의 행동을 소련의 역사 속에서 이해하지 못하고 있다. 소련은 2차 세계대전에서 패전으로 황폐해졌고, 다시 전쟁의 소용돌이 속에 휘말릴 것을 두려워한다. 소련은 특히 미국이 2차 대전 직후 재무장시켰던 서독을 두려워한다. 소련이 동독을 무장시킨 것은 사실이지만, 서독이 무장되는 것을 두려워하는 반응이었다고도 말할 수 있는 것이다. 이와 같이 양국은 상대의 과대망상을 부추기는 것이다. 둘째로, 소련은 쿠바 미사일 위기 동안 쿠바에서 군대를 철수하고, 미사일을 제거하면서 모욕을 당했다. 많은 사람이 소련이 군비를 증강하는 것은 다시는 이와 같은 모욕을 당하지 않으려는 반응이라고 해석한다.

노박은 이 문제를, 자유를 보호하려는 투쟁으로 해석한다. 소련의 체제는 두말할 필요 없이 인간의 권리를 억압한다. 스탈린 시대에 비해 개방되긴 했지만, 지금도 비교적 폐쇄적인 체제이다. 소련식 사회 이해는 서구 스타일의 민주주의 사회와 경쟁하며 계속될 것임은 의심의 여지가 없다. 하지만, 노박은 대외정책의 실행과 한 사회의 내부 구조를 혼동하고 있다. 양 강대국은 자국의 국위, 세력, 경제적 이익에 유리한 방법으로 세계 사건들에 영향을 미치려고 한다. 사회의 본질에 대한 내부 이데올로기와 대외정책 실행의 연관은 매우 느슨하다. 이는 미국이 이란과 스페인, 타이완과 필리핀, 그리스, 베트남, 도미니카 공화국, 그 외의 많은 나라에서 수년 동안 독재정권과 반민주적 정권들을 지원해온 이유를 설명해준다. 또한, 미국이 칠레에서 민주적으로 선출된 알렌드 정권Allende regime을 무너뜨리고 더욱 더 억압적인 체제로 대치하는 일을 도운 이유를 설명한다. 이 모든 사례에서 대외정책은 국가의 이익, 특히 경제적 이익에 전적으로 좌우된다. 자유 이데올로기는 거의 영향을 미치지 못한다. 소련과 미국의 갈등은 더 객관적인 관점에서 봤을 때, 국가 이익을 추구하는 두 주체 사이의 상당히 전통적인 세력 다툼이지, 노박이 이해한 것과 같은 자유와 전체주의와의 다툼이 아니다.

그러므로 한 나라는 빛의 편에, 다른 나라는 어둠의 편에 있다는 환상 속에서 한 초강대국의 군사력을 증강시켜 이 위험한 게임을 지속한다면 미래는 없다. "임박한 군사 충돌"을 피할 유일한 방법은 긴장완화를 증진하고, SALT 회담에서 아주 작은 걸음이라도 합의를 이루면서 두 나라가 군사적 대치에서 물러나도록 설득하는 것이다. 이를 통해, 이들 초강대국이 경제와 문화영역에서 더욱 평화로이 경쟁하는 관계로 나아가게 하는 것이다.

이러한 난국을 타파하기 위한 방법은 미국이 계속해서 소련을 협박해서 적대감과 과대망상을 강화하기보다는 미국 단독이라도 의미 있는 평화로운 방향으로의 주도권을 취하는 것이다. 대부분 정치가들이, 소련은 위협을 해야만 거래할 것이라고 믿지만, 군비확대경쟁의 역사는 미국이 소련에게 대응한 것과 같은 식으로 소련이 대응할 것임을 보여준다. 왜 우리는 그저 말이 아니라 행동으로 진실한 변혁적 주도권을 취해서 기존과는 다른 방향으로 나가기 원하는 진실한 의도를 보여주지 못할까? 미국은 소련의 대규모의 전쟁억지력을 과소평가함 없이 그러한 주도권을 취할 수 있다. 군비확대 경쟁이라는 현재의 악순환을 깨는 새로운 접근방식을 취해야 할 때이다.

## D. 갈등 해결의 대안적 구조들

인간의 발전에서 갈등은 본래적이지만 갈등해결은 항상 국제적 수준에서 필요하다. 핵심문제는 갈등해결을 원하는 인간의 필요를 만족시킬 수 있는 보다 효율적인 제도적 구조를 인간이 창조해낼 수 있느냐이다. 전쟁 발발의 가능성은 국제법, 국제조직, 국가 간 갈등해결조직, 국제평화지킴 세력과 같은 다양한 종류의 제도적 구조들이 약화되거나 결여될 때 더 높아진다.

일부에서는 세계 정부와 같은 종류의 체제를 제안해왔다. 나는 이러한 제안은 현실적이지도 안전하지도 않다고 생각한다. 하나의 획일화된 구조에 힘이 집중되는 것은 바람직하지 않다. 이러한 구조가 권력을 남용하기 때문일 뿐 아니라 국제 체제 안에서 힘을 분산하려는 경향에 반하기 때문이다. 점점 더 많은 상이한 형태의 행동가들이 전체적인 국제 정치학 형성에 더 큰 영향을 미치고 있다. 그리고 하나의 획일화된 체제 아래로 세계를 조직하는 것은 비현실적이다. 또한, 국제법과 구조들은 세계가 먼저 공동체 의식을 가지지 못하면 부여될 수 없다. 갈등해결의 구조들 전 세계적으로 만들어지기 전에 먼저 문화적 사회적 일체감을 강조하는 민족의식이 발전해야 한다고 많은 사람이 주장한다.37)

이것은 우리가 그 특징상 세계적이고 초국가적인 문제들을 해결할 기능적인 국제 조직들을 고안해낼 수 없다는 것을 의미하지는 않는다. 이러한 목적을 위해 국제 체제를 재조직하는 방법을 보여주는 모델들이 도움이 된다. 이 모델들은 대안적 미래를 개념적으로 그려보는 실험으로, 매우 제한적이고 특정한 정책과 제안들을 실행하기 위한 새로운 방향을 보여줄 것이다. 그리고 이 모델들은 또한, 국제체제의 점진적 변화를 이끌어내는 그 첫 번째 걸음이 될 것이다. 이 부분에서 고려할 사항들이 연관이 있도록 하려면 우리는 장기적 관점을 가져야 한다.

그러한 세계질서 모델의 개발에는 두 가지 차원이 있다. (1) 향후 30년 안에 성취가능하고 바람직하고, 신중하게 기술된 세계질서 모델 설계, (2) 현재 체제에서 장래의 설계된 체제로 변화했을 때 얻을 것으로 기대되는 것들에 대한 상세한 기술.

베티 리어던Betty Readon과 사울 멘들로비츠Saul Mendlovitz는 이 두 단계를 "적절한 유토피아의 사용이라고 부를 수 있다"라고 말한다. 멘들로비츠와 리어던에 따르면 세계질서 모델의 궁극적 목표는,

국제 체제를 완전히 고쳐서 국민국가가 국가의 목표를 추구하거나 국가손해를 배상하는 방법으로 서로에게 조직적인 폭력을 사용하지 못하도록 하는 것이다. 그러한 체제는 국제적 충돌을 막으려고 법률을 제정하는 입법체와 이러한 입법체를 통해 제정된 법을 강제하고, 평화를 지키며 갈등을 해결할 조직들을 갖춘 세계적 기관을 필요로 한다.38)

현재의 체제는 태생적으로 불안정하다. 이는 각국이 군비확충을 통해 일방적으로 자국만을 보호하려고 하고, 현재 이용할 수 있거나 앞으로 설계하는 위험한 무기들로 공멸하는 전쟁을 일으킬 수 있는 군비확대경쟁을 계속하고 있기 때문이다. 세계질서 모델이 전제로 하는 것은 어떠한 국민국가의 정치 엘리트도 대안적인 안전 체제가 없는 상황에서 자국의 안전에 대한 관심을 버리지는 않을 것이라는 것이다. 그래서 군비철폐는 대안적인 집단 안전 체제가 개발되어 심각한 다툼들이 무력충돌에 호소하지 않고도 통제될 수 있는 상황에서만이 의미가 있다.

세계질서 모델들은 특히 국가들 사이의 분쟁을 해결하려는 국제조직을 계획하는 데 도움이 된다. 사회에서도 법의 틀 안에서 갈등을 해결하려는 수단으로서 내부적으로 입법체제를 사용하는 것과 마찬가지다. 케네스 보울딩은 정부가 세계 정치조직들world political organizations, 특히 정부 간 조직들intergovernmental organizations을 강화하는 데 목적을 둔 "평화 정책"을 채택해야 한다고 제안한다.

세계 정치 조직 구조에 난 커다란 구멍은 군비철폐를 협상하기 위한 어떠한 조직도 존재하지 않는다는 것이다 … 국제연맹 군비철폐조직United Nations Disarmament Organization은 UNDO라는 유쾌한 두문자로 표기하는데, 이 조직은 일종의 결혼 상담자와 같이 다양한 결정권자들 사이에서 종횡무진하며 이해를 명료하게 하며 의제를 확장하고, 합의에 방해되는 장애물들을 제거했다. 또한, 스웨덴 국제 평화 연구소가 지금 소규모로 시행하는 것처럼 일단 도출된 합의를 감찰하고 유지하며 세계 전쟁관련 사업체를 감시하는 역할을 했다.39)

이러한 형태의 조직이 필요한 이유는 쌍무협상에서 많은 성과를 이루어내기는 심히 어렵기 때문이다. 소련과 미국은 SALT 협상에서 거의 진전을 이루어내지 못했다. 제3자 구조는 군비철폐를 실제로 옮기기 위한 더 안정적인 틀을 제공할 수 있을 것이다.

일부에서는 국가들이 어떠한 주권이든지 포기하고 다른 국가에 자신의 운명을 맡기려고 하지 않을 것이라고 말한다. 현재의 체제에서는 분명한 사실이다. 하지만, 현재의 체제는 우리를 재앙의 끝으로 몰아가고 있다. 우리는 소위 현실주의라는 유토피아적 이상주의 속으로 들어가 틀어박힌 채 완고하게 이 상태를 지속할 것인가? 이와는 다른 방향으로 전환할 때의 위험을 감수할 때가 되지 않았는가?

7장을 시작하면서 들었던 유비로 돌아가 보자. 만일 너무 강한 긴장이 한 사회나 국제 체제에 전반적으로 부과된다면, 전쟁은 일어날 것이다. 어떤 한 요인이 전쟁을 일으키는 것이 아니다. 그보다는 다양한 요인들, 특히 이 모든 요인이 작용하면 극대화된 긴장으로 체제가 무너질 가능성이 증가하는 것이다. 그래서 평화만들기의 임무는 전쟁 가능성을 줄이고 대안적 미래를 계획하기 위해 7장에서 소개한 다양한 방향성들을 동시에 시행해보는 것이다.

# 4부

# 세상 속에서 행동하기
# ACTING
# IN THE WORLD

# 8장

## 교회와 **사회참여**

어떻게 한 개인이 앞에서 기술한 평화만들기 비전을 실행할 수 있을까? 이 책의 서론에서 나는 이 책의 독자들이 보통의 평신도들일 것으로 본다고 말했다. 독자들은 정부 정책을 결정하는 위치에 있지 않을 뿐 아니라 국제 관계 체제를 조정하고 통제하는 위치에 있지 않는 평범한 시민들일 것이다. 그렇다면, 국가가 전쟁을 할 것인지, 국가가 재화와 자원들을 공평하게 분배하는지를 결정하는 중심 세력과는 전혀 상관이 없는 일반 그리스도인과 교회의 역할은 무엇인가?

교회와 정치권력과의 긴밀한 관계를 맺던 중세 이후로 점차적으로 쇠퇴하던 교회는 더는 정치적 결정권자들에게 이전과 동일하게 접근하지 않을뿐더러 정치 엘리트들의 행동을 변하시키는 권력도 가지고 있지 않다. 예외적으로 일부 라틴 아메리카의 나라에서는 여전히 그 권력을 행사하지만 말이다. 그러나 마치 교회의 말씀만이 결정권자들에게 영향을 끼쳤던 것처럼, 교회는 정치·사회·경제를 총망라하는 관계에 대해 선포하는 것처럼 보인다. 사실, 일부 개별 그리스도인은 결정을 하는 위치에 있으면서 중요한 평화와 정의의 문제들을 결정한다. 하지만, 우리는 교회의 선포 너머를 보고 어떻게 보통의 그리스도인들이 사회변화에 공헌할 수 있을지를 신중하게 생각해야 한다.

우리는 교회 자체를 세계에서 일어나는 사건들 안에서 작용하는 한 행위자로 생각해야 한다. 세상의 많은 비정부 조직 중 하나처럼 교회는 실제로 세계의 사건들을 주도해가는 기독교 정책입안자들이라는 의미에서 세계사의 행동가가 아니라, 교회 자체가 세상을 빚어가는 주체이다. 우리는 교회가 계속해서 세계의 사건들에 영향을 미치기 위해 참여할 수 있는 다섯 가지 차원에 대해 살펴보겠다.

## A. 다섯 가지 차원의 행동

### 1. 에토스(ethos, 윤리적 정서): 사회의 성격 형성을 돕기

7장까지 우리는 전쟁을 유발하는 근본 원인 중 하나는 전쟁이 분쟁을 해결하는 가능한 해결책이며, 각국의 행위에서 나오는 필연적인 부산물이라고 정당화하면서 이를 합법화하는 신념 체계라고 지적했다. 교회는 또한, 사회의 기본 구조, 때로는 지극히 불의한 구조들을 합법화하는 일에 중요한 역할을 해왔다.

그래서 교회가 전쟁이라는 제도가 불법이라고 규정하고, 또한, 더욱 정의로운 사회구조를 창조하는 것을 목적으로 하는 비폭력적 형태의 갈등해결법을 사람들이 지지하도록 준비시키는 것은 가능하다. 교회는 사회의 에토스 형성을 도울 수 있다. 에토스는 세계에 대한 사람들의 관점과 기본적 가치를 형성한다. 또한, 정책입안자들이 반응하도록 여론을 형성할 수도 있다. 정책입안자들과 일반 대중이 전쟁을, 갈등해결을 위한 가능한 수단으로 고려하는 한, 전쟁은 계속해서 일어날 것이다. 일반 대중과 특히 정책입안자들이, 전쟁은 얻는 것보다 잃는 것이 더 많으며, 폭력은 평화로운 안정이 아닌 또 다른 폭력을 낳을 것이고, 핵전쟁으로 인류가 공멸할 수도 있는 엄청난 위험 가운데서 전쟁은 반드시 피해야 하는 심각한 위험을 만들어내고 있다는 점을 인식하는 새로운 에토스가 형성되어야 한다. 전쟁과 폭력이 더는 합법적인 갈등해결 수단이라고 생각하지 않고, 더 평화로운 수단과 상법을 찾도록 사람들을 이끌어가는 새로운 갈등해결의 에토스를 개발해야 한다.

갈등을 처리하기 위한 새로운 가능성의 씨는 사회의 교육과정 속에 곧 가족, 학교, 매체에 먼저 뿌려져야 한다. 부모들은 자녀들에게 평화로운 태도를 훈육함으로 평화만들기에 공헌할 수 있다. 초등학교 2학년 교사인 아내는 담당하는 반의 아이들이 다양한 가정과 공동체에서 빚어진 갈등에 대해 근본적으로 다른 태도를 지니고 있음을 관찰했다. 어떤 아이들은 갈등을 해결하려고 거의 자동적으로 폭력에 호소한 반면, 다른 아이들은 본능적으로 평화로운 갈등해결 수단을 찾았다. 이렇게 아주 다른 유형들은 아이들이 자라난 가족 구조에서 만들어지지만, 아이들 대부분은 공립학교라는 환경에서 비폭력적인 갈등 해결을 아주 빠르게 습득한다는 것을 아내는 발견했다.

모든 수준의 교육과정에 관여하는 더 많은 교사가 학생들에게 갈등해결 방법을 가르쳐야 한다. 이 교육은 사회과학 교육과정과 연결해서 아이들에게 비폭력적인 국가 간 갈등해결법에 대해 생각할 기회를 주어야 한다. 불행히도 대부분 공립학교 교육은 전쟁의 역사와 그 결과에 초점을 두고 있어서 학생들로 하여금 전쟁이 국가 간 갈등을 해결할 정상적이며 유일한 방법이라고 생각하게 한다. 하지만, 학생들을 위한 새로운 교과과정과 연구 보조 자료들이 나오고 있으며, 평화연구 프로그램들이 대학에서 개설되고 있다.1) 매체 가운데 특히 텔레비전은 대중의 태도를 형성하고 교육하는 데 커다란 역할을 한다. 불행히도 너무나 많은 텔레비전 프로그램은 폭력이 대부분 갈등을 해결하는 정상적이고 유일한 방법이라고 말하고 있다.

종교 기관은 아마도 태도의 변화를 불러오는 가장 중요한 장소 중 하나
일 것이다. 종교 기관들은 과거에 전쟁과 폭력을 신성화하는 죄를 범했다.
또한, 본인들이 깨닫는 것 이상으로 정책입안자들이 아주 쉽게 폭력을 해
결책으로 고려하도록 만들었다.2) 교회는 폭력적이고 불의한 정책들을 거
부하는 목소리로서 중요한 역할을 감당한다. 세계 여러 곳에서 이루어지
는 교회의 가르침은 여전히 가족에게뿐 아니라 자라나는 아이들이 무엇을
믿어야 하는지에 심오한 영향을 미친다. 그런데 불행히도 이러한 가르침
은 여전히 사람들을 편향적으로 만들어 불의한 구조와 폭력적인 갈등해결
수단에 안주하게 한다. 미국의 교회들은 성서, 특히 신약성서가 정의로운
평화의 에토스로 가득하다는 사실에도, 비폭력적인 갈등해결 수단을 통해
그러한 에토스를 그리스도인들 사이에 창조해내는 일에 완전히 실패했다.

하지만, 지난 10년 동안 에토스는 일부 주요 교단에서 변화하기 시작했
다. 1980년 미국 연합장로교회 총회는 평화만들기가 교회의 중요한 역할
임을 공고히 하는 선언을 했고, 뉴욕시의 리버사이드 교회는 지난 10년 동
안 집회와 출판을 통해 평화만들기에 매진할 것을 고무시키는 아주 중요
한 역할을 해왔다. 미국 전역의 크고 작은 교회 공동체들 안에 위치한 교
회들이 평신도를 교육시켜 평화만들기에 나서게 하고 있다. 1983년의 가
톨릭 주교 총회의 사목 편지인 『평화에의 도전: 하나님의 약속과 우리의
반응』*The Challenge of Peace: God's Promise and Our Response*은 대중들에게 막대
한 영향을 미쳤다. 이 외에도 열거할 수 있는 예시들은 수없이 많다.

## 2. 예시: 교회에서 정의와 비폭력을 보이기

이제 두 번째 차원으로 들어가 보자. 교회는 교회로 이루어져갈 때, 어
느 정도는 사회의 일반적인 관행이나 가치와 갈등관계에 있거나 또는 독
립해서 교회만의 가치를 실현한다. 비정부적 활동 주체로서 교회는 다른

무엇이 아닌 교회 자체로 존재하면서 사회나 정치 체제와 긴장 관계에 있으며, 또 그래야 한다.

교회의 불순응은 종종 심오한 정치적·사회적 중요성을 가진다. 1950년대에 조지아 주의 클라렌스 조단Clarence Jordan의 코이노니아 농장은 흑인과 백인이 공동생활과 공동노동을 통해 대안적인 삶의 방식을 사회에 보여준 사례였다. 이와 같은 대안적인 흑–백 관계의 모델 제시는 당시의 사회에 상당한 위협이 되어서, 조단의 공동체를 위협하는 폭력행동을 일으켰다.3) 인종차별정책이 깊이 뿌리박혀 있는 남아프리카에서 현 체제에 대한 가장 커다란 도전 가운데 하나는 흑인과 백인이 함께 예배하고 활동하는 다인종 교회들이다. 이러한 교회들은 지속적인 가시적 상징으로 인종차별 체제의 거짓을 폭로하고 있으며, 교회 존재 자체가 현 체제를 위협하고 있다.4) 기도, 설교, 성례와 같은 교회의 예배는 사람들이 윤리적 책임에 민감해지도록 만든다. 예배는 사람들을 지구 구석구석의 형제와 자매들과 이어주고, 그래서 공공정책에 대한 견해와 행동에 영향을 미치기 시작한다.

교회가 잊지 말아야 할 것은 때로 교회의 가장 강력한 증거는 교회가 정사와 권세자들에게 싸움에서 지는 것처럼 보이는 지점에서 일어날 수 있다는 것이다. 어느 누구도 상대에게 고통을 요구할 수는 없다. 하지만, 전 엘살바도르 대주교인 로메로가 1980년 암살당한 사건은 로메로 주교의 살아생전의 삶보다 더 웅변적이다. 죽음과 고통이 세상에서의 승리의 증거는 아니지만 국가에 대한 승리의 표시다. 교회가 예수 그리스도의 이름 때문에 당하는 고통과 죽음은 희망과 부활의 신호다. 이러한 고통은 하나의 정치적 행동인데, 세상적인 효율성으로는 계산할 수 없지만 모든 인간의 무가치한 계획 위에 심판하시는 만물 위에 뛰어나신 하나님의 능력을 증거하는 행동이다.

그리스도인들이 전쟁을 지지하는 일에 참여하기를 거부하고 소집을 거부하거나 징병 명부에 등록하지 않거나 군 체제를 지탱하는 세금을 내지 않는 등의 비폭력 방식을 따를 때, 그들의 행동 특히 커다란 그룹으로 눈에 띄게 협력해서 드러나는 행동들은 대안을 시각화한다. 그러한 행동들은 실제 현 상태에 대한 위협으로 간주되는데, 이에 대한 반응이 일종의 억압의 형태를 띠기 때문이다. 일부 국가에서는 단지 가난한 자들에게 연민과 지원을 표시하는 것만으로도 심각한 억압을 부르는 정치적 행동이 된다. 우리는 이미 비폭력이 잠정적으로 권세와 무기가 될 수 있음을 지적한 바 있다.

### 3. 봉사: 인간의 필요를 충족시키기 위한 제도 조직

세 번째 차원에서 교회는 세상에서 일하는 방식으로 세상의 사건들을 형성하는 주체가 된다. 교회는 종종 사람들의 기본적 필요를 충족시키는 것을 목적으로 교회 스스로 조직한다. 가난, 무지, 영양실조, 질병, 공동체 해체와 같은 인간의 필요를 책임지는 제도들을 조직화한다. 이러한 역할에서 교회들은 수많은 제도, 즉 교육과 건강 증진 기관들, 재소자 사회복귀를 위한 프로그램, 농촌과 공동체 발전 프로젝트를 창조해왔고, 계속해서 만들어가고 있다. 지금까지 폭력과 전쟁의 근원을 사회질서의 불공정하고 건강하지 않은 구조적 조건들에서 찾았지만, 이러한 기관들과 프로그램들은 전쟁과 폭력이 필요 없는 환경을 창조하도록 기능할 수 있다. 평화를 지원하는 새로운 태도들과 함께, 우리는 평화와 정의를 더욱 가능하게 하는 새로운 사회적 조건들이 필요하다.

과거에 교회들이 효과적으로 인간의 필요를 충족시켰던 것처럼, 새로운 기관들과 프로그램들은 다른 사람들이 기꺼이 배우고자 하는 모델이 될 수 있다. 예를 들어, 교회들은 기꺼이 환자를 돌보는 병원들을 발전시키는 일을 주도했었다. 또한, 정신적으로 온전하지 못한 이들을 돌보는 가장 혁신적인 프로그램 중 일부는 교회 기관들에서 발전했다.5) 공립기관들은 이러한 새로운 돌봄의 모델들을 채택해서 정신적인 문제를 너무나 잔인하게 처리하는 관행을 극복했다. 자원봉사자연합을 사회가 충분히 받아들인 것은 16세기 종교개혁 당시 급진적인 교회가 실제로 자원봉사자 조직의 모델이 되고 나서부터였다.6)

오늘날 일부 교회는 교도소 체제 밖에서 재소자를 사회에 복귀시키는 대안적 방법을 실험하고 있다. 우리는 현재의 교도소 체제가 또 다른 범죄를 양산하고 있다는 것을 잘 알고 있다. 아마도 교회는 재소자 사회복귀를 위한 더 나은 모델을 찾아서 범죄의 악순환을 끊을 수 있도록 할 것이다. 새로운 모델 중 하나는 피해자-가해자 화해프로그램이다. 이 프로그램은 제3자가 피해자와 가해자를 한 자리에 불러서 가해자가 자신의 범죄행위를 돌이키고, 이로 말미암아 피해자와 화해가 일어나도록 하는 프로그램이다. 이러한 과정을 통해 가해자의 진정한 치료와 변화가 일어나고, 이후에 동일한 범죄가 일어날 가능성을 줄이는 것이다.7)

5장에서 우리는 이미 제3세계 발전을 위한 작업에 대해 언급했었다. 교회는 사람들이 스스로 도움으로써 자신에 대한 존엄성을 발달시킬 수 있는 모델을 제공할 수 있다. 이러한 모델들은 그래서 광범위한 규모로 발전 작업을 만들어갈 수 있다.

교회는 또한, 갈등 해결을 위한 제도 개발의 혁신자가 될 수 있다. 이러한 활동을 하는 두 그리스도인이 존 아담스John P. Adams와 제임스 로James Laue이다. 전미 기독교 협의회National Council of Churches의 대표인 아담스는 1973년 운디드 니Wounded Knee에서 벌어진 미국 정부와 파인 리지 보호구역Pine Ridge Reservation의 인디언들의 충돌을 해결하는데 적극적인 역할을 했다.8) 그는 또한, 1970년 5월 켄트 스테이트 사격에서 죽거나 다친 아이들의 부모들의 주장을 변호하는 데 적극적으로 참여했다. 그는 이러한 경험들을 그의 저서 『회오리 바람의 심장부에서』*At the Heart of the Whirlwind*에서 상세히 적었다.

제임스 로는 사람들이 공동체 위기에 관여하는 방법모델을 발전시켰다. 이 모델에 따르면, 한 단일교회나 교회 내의 그룹, 혹은 다른 공동체 일원과 연합하는 교회 회원들이 공동체 위기에 처한 사람들의 갈등을 창조적으로 해결하도록 돕고자 제3자로 개입할 수 있다. 역할은 다양하다. 활동가, 변호자, 조정자, 연구가 그리고 강제하는 역할도 가능하다.

활동가는 힘이 없거나 안정적이지 못한 쪽과 긴밀한 관계 속에서 그들이 그들의 주장을 진전시킬 수 있도록 돕는다. 이처럼 교회가 가난한 자들, 억압받는 자들과 연합되어 있는 것은 적절한 교회의 사명이라 할 수 있을 것이다.9)

교회는 또한, 변호자가 될 수 있다. 활동가가 자신들의 목소리를 내는 일단의 그룹과 자신을 완전히 동일시한다면, 변호자는 약간은 거리를 두고서 그 그룹에 고문이나 조언자 역할을 하는 것이다. 변호자는 그룹의 목표를 지지하고, 그들의 주장을 촉진시키며 그룹의 권익을 큰 공동체에 설명한다.

세 번째 역할은 조정자다. 조정자는 갈등 중인 어떤 편의 주장에 매이지 않지만, 갈등 당사자들 모두가 조정자의 역할을 신뢰하기 때문에 효과가 있다. 조정자는 그룹들 사이의 커뮤니케이션 장벽을 극복하도록 돕고, 종종 그룹들 간의 접촉점이 되거나 그룹들이 교섭하고 결국은 하나의 입장으로 협상하도록 돕는다.10)

연구자도 갈등 해결에 도움이 될 수 있는데, 이는 연구자가 갈등 자체에서 멀리 떨어져 있기 때문이다. 연구자는 관련 자료를 모아서 분석하고, 이 분석을 가지고 갈등 당사자들이 해결책을 찾게 된다. 이때의 해결책은 환상에 근거한 것이 아니라 상황의 현실성에 근거한다.

마지막으로, 교회는 합의에 이른 결정들을 강제하는 위치에 설 수 있다. 결정을 강제로 이행하는 것은 보통 법정과 경찰의 일이지만, 교회는 비공식적인 방법으로 합의를 이행하도록 할 수 있다. 그리고 갈등당사자들이 합의한 규칙을 이행하는지 상황을 주시하는 것만으로도 합의가 깨어지는 것을 막을 수 있다. 매체는 종종 이와 같은 강제력을 갖는데, 이는 합의를 위반한 사실을 노출하면 해당 조직이나 그룹이 공공연하게 불신임을 받을 것이라는 위협 때문이다. 교회 또한, 합의사항을 합법화하거나 합의사항을 위반하는 사항을 노출시키거나 외부에 알리는 것과 같은 갈등해결을 위한 강제력을 발휘할 수 있다.[11]

이러한 갈등해결 방법들은 제도화되어서 큰 공동체에서도 사용 가능한 모델이 되어야 한다. 그러한 모델을 세우는 것이 교회의 역할이다.[12] 교회가 지역사회 수준에서 그러한 모델들을 세워가는 것이 더 효과적인 것 같지만, 이러한 모델들은 또한, 국제적 차원에서도 채택 가능하다. 아마 간접적으로 공동체 갈등해결 모델들, 특히 협상과 조정하는 기술과 기능은 국제적 차원의 분쟁을 해결하는 데에도 영향을 미칠 것이다.[13]

오늘날 세계의 중요한 갈등들은 라틴 아메리카, 아시아, 아프리카와 같은 제3세계에서 일어나는데, 이러한 상황은 앞으로도 달라지지 않을 것 같다. 이러한 지역에서 지금까지 교회는 가난한 자들을 섬겨왔는데, 종종 공의롭지 못한 상황들을 개혁하고자 원하는 사람들과 긴밀한 관계를 가졌다. 이와는 달리, 미국정부는 이들 제3세계 국가에서 현재의 안정성을 보존하려는 군 엘리트들 그리고 경제계 엘리트들과 연합하고 있다. 가난한 자들과 함께 하는 교회들은 점점 더 미국 정부의 대외정책 목표들과 충돌하게 될 것이라는 것 뿐 아니라, 교회의 자리는 교회가 함께해왔던 국민과 정부를 중재하는 위치임을 인식하게 될 것이다. 전통적으로 국가의 대외

정책은 국가 원수와 대사의 대화라는 공식적인 통로를 통해 주로 시행되어왔다. 하지만, 혁명적인 상황에서 일어나는 제3세계의 많은 문제는 이러한 방식으로 해결될 수 없다. 왜냐하면, 이러한 갈등들은 전통적인 외교통로의 틀 밖에 있는 관계자들을 포함하고 있기 때문이다.

예를 들어, 이란의 인질 문제가 타결된 것은 미국이 이란 주재 미국 주재원들이 이 문제를 해결할 능력이 없음을 깨닫고 제3의 비정부 활동가를 통해 협의 가능한 이란의 당국자들과 접촉하면서부터였다. 일부에서 이란의 경우는 특별한 이슬람 정부 권력이라는 특성 때문에 예외적인 경우라고 주장할지 모르겠다. 하지만, 나는 그렇게 생각하지 않는다. 현재 많은 갈등이 해결되지 않은 채로 남아있는 이유는 갈등의 원인 제공자들이 공식적인 외교협상 기회를 부여받지 못하기 때문이다. 갈등 당사자인 팔레스타인이 평화적으로 갈등을 해결하려는 공식적인 자리에 나오지 못하는 중국의 경우가 바로 그런 경우다. 교회는 조정자의 역할을 하는 제3자로 중요한 기여를 할 수 있을 것인데, 특히 교회 외에는 다른 접촉점을 가지고 있지 않는 양편의 정보와 커뮤니케이션을 연결하는 다리가 될 것이다. 이와 같은 조정자로서의 교회의 이러한 역할은 전무했고, 이러한 과정이 어떻게 일어날지에 대해서는 알려진 것이 거의 없다.

교회는 새로운 평화와 갈등해결 모델들을 개발함에 있어 수행해야 할 특별한 임무가 있다. 불행히도 교회는 새 모델들을 개발하는 일에 리더가 되지 못해왔다. 샬롬의 비전을 가지고 위험을 무릅쓰는 대신 교회는 현 상태를 보존하는 자였고, 평화로운 갈등 해결 방법을 제시하는 기관으로보다는 계속되는 전쟁을 정당화하였다.

혁신적인 제도들을 만드는 것은 주류 문화와 제도들에 대안이 존재한다는 것을 증명한다. 이 혁신적인 제도들은 미래를 위한 실험실이자 사례로 기능할 뿐 아니라, 눈으로 확인되는 구체적인 행동을 제시해서 많은 사람을 조직한다. 여러 가지 점에서 교회는 그 구성원들이 사랑과 용서, 평화의 생활양식을 살아낼 때, 대안적 제도가 될 것이다. 그리고 이러한 사례를 통해서 교회는 대안적 양식이 가능함을 보여주는 증인이 되고, 이와 같은 삶을 살도록 사람들을 변화시킨다.

교회는 하나님나라를 비전으로 삼고 살아가는 만큼, 미래의 가능성을 현재에 실현하고자 한다. 미래의 어떠함을 현재에 보여줌으로써, 교회는 변화의 동인이 되는 것이다. 비전을 가지고 행동한다는 것은 위험을 감수하고 과거의 성공과 같은 어떤 눈에 보이는 보장을 초월해 행동하는 것이다. 이러한 의미에서 볼 때, 교회의 사명 중 하나는 믿음으로 행동하며, 하나님나라를 위해 기꺼이 위험을 감수해야 하는 것이다. 그래서 일단 미래의 가능성들이 제시되면 이 세상 전체가 따라오는 것은 가능한 일이다.

### 4. 정책: 공공정책의 영향

네 번째 차원에서 교회가 의식적으로 자신을 조직해서 공공정책을 만들거나 선출되거나 지명된 관리들이 정책을 결정하는 데 영향을 미치는 것이다.

압력 정치pressure politics와 선거 정치electoral politics는 둘 다 공공정책을 형성하는 데 중요하다.14) 압력 정치는 이미 권력을 가진 사람들에게 영향을 미치고자 하는 것을 의미한다. 대중운동, 항의집회, 문서 캠페인, 매체 보도, 그 외의 다른 수단들을 통해 정치가들에게 영향을 미쳐서 정책을 개정하거나 특정한 입장을 취할게 할 수 있다. 존 아담스는 다양한 교단들과 함께 벌인 교회 로비가 1964년의 시민권운동과 다른 법안 제정에 미친 긍정적이고 결정적인 효과들을 기록했다.15) 이후로 교회가 정책입안자들에게 미치는 직접적인 영향력은 점점 더 분명해지고 있다. 대부분 주요 교단은 워싱턴에 총회 사무실을 두고 있으면서,16) 많은 그룹 중에서 하나의 관심 그룹이나 로비그룹을 대표하고 있다. 이 영역에서 교회는 다른 어떤 관심 그룹과 그 효율면에서 비교했을 때 더하거나 덜하지 않다. 종종 교회 그룹들은 서로의 영향력을 상쇄시키는데, 이는 교회가 거의 모든 공공정책 문제에 관해 모든 관점을 담고 있기 때문이다.

하지만, 정책에 영향을 미치려는 교회의 시도와 위에서 제시한 모델들을 통해 인간의 필요를 충족시키려는 노력을 세상에 증거하는 일과 연결된다면, 정책입안자로서 교회의 신뢰는 공고해지고 그 영향력은 교회의 수보다 훨씬 가치가 있을 것이다. 때로는 교회 구성원들이 다른 사람을 먼저 생각하는 경향 때문에 더 효과적이지만, 압력 정치에 관여하는 사람들이 자신의 이익만을 추구하는 상황이 자주 발생한다. 교회가 모든 평화와 정의의 문제를 반드시 언급해야 하는 것은 아니다. 하지만, 교회가 이미 적극적인 관심을 표한 결과 인간의 필요를 충족시키는 데 일정부분 성공적이었다고 볼 수 있는 문제들에 교회의 에너지를 선별적으로 쏟아야 한다. 그런데 교회의 신뢰도가 근본적으로 떨어지는 경우는 비교적 안전한 장치인 교회 협의회나 위원회 모임에서 나온 공적 선언이나 간곡한 권고를, 교회 구성원들이 세상에서 그대로 살아내지 못할 때이다.17)

공적인 선언들은 공공정책에 미치는 영향이라는 점에서 제한적 가치를 지니지만, 교회 안에서 신학적·윤리적 통찰을 장려하고 토론을 일으키는 역할을 한다. 이러한 선언들은 교회가 중요한 관심 영역에 주의를 기울이도록 동기부여를 하기 때문에 중요한 교육적 도구가 될 수 있다.

대부분 교회의 경우, 왼손이 한 일이 오른손이 한 일을 상쇄시킨다. 가난한 사람들과 함께하는 개발 프로젝트와 같은 외국의 중요하고 창조적인 프로그램은 한 교단에 속한 몇몇 구성원들의 엄청난 희생과 헌신으로 가능하게 된 것인데, 이 교단의 대다수 구성원은 자신이 선호하는 정치적·경제적 관점과 방식을 투표함으로써 그 모든 노력을 허사로 만들어버리는 것이다. 무역정책과 외국 원조 정책 혹은 억압적 정부에 대한 지원은 국외에서 교회들이 벌였던 모든 수고를 물거품 되게 만들 수도 있다. 그런데 그렇게 역효과를 내는 정책들이 교회 구성원의 지지를 받을 수도 있다. 그래서 정책 형성을 위해 일하는 교회의 가장 중요한 기능 중 하나는 교회 구성원들을 먼저 교육하는 것이며, 그래서 이들이 정책입안자들과 자신의 관점을 커뮤니케이션 할 수 있도록 하는 것이다. 그래서 국외에서의 작업과 국내 교회에 긴밀한 연결이 필요하다.

국내 교회는 교회 회원들이 지혜롭고 양심적으로 투표하도록 하는 일에 동참해야 한다. 우리가 공무원으로 선택하는 후보자들은 의미 있는 차이를 만들어 낼 수 있다. 종종 다른 모든 사람과 같이 교회 회원들은 늘 하던 대로, 혹은 자신의 경제적 이익을 좇아 특정 정당에 투표한다. 이 대통령이나 저 대통령의 치세 동안 자신들이 얼마나 유복하게 살 수 있을지, 혹은 세금이 올라갈 것인지, 혹은 직업을 잃게 되지 않을지 등의 자신의 이익을 좇아 결정한다. 1980년의 미국 대통령 캠페인 중에 레이건은 카터 행정부 4년 동안 삶이 더 유복해졌는지 스스로에게 물어볼 것을 국민들에게 요청했다. 이것은 합리적인 질문이었지만, 그리스도인들이 후보자들에게 물어야 하는 우선 질문은 아니다. 우리는 특정 후보가 내놓은 정책들이 비폭력적인 갈등 해결과 사회 정의를 증진시키는지 물어야 한다. 관건은 후보자가 그려주는 이미지가 아니라 그들이 해왔던 일들과 무엇을 할 것인가이다.

불행히도 그리스도인들은 종종 선거 정치electoral politics를 기독교 신앙의 비판적인 성찰이 필요하지 않은 영역으로 분류하는 경향이 있다. 교회 회중은 교단이 국내와 국외에서 벌이는 사회 프로그램들을 지원하려고 헌금하지만, 자신들이 국가 공무원으로 선출한 사람들의 정책이 이를 상쇄하는 것이다. 교회가 관공서에 일할 특정 후보자들을 옹호해야 한다거나 교회로서 특정한 정책들을 추천하는 일을 구체적으로 시행해야 한다고 말하는 것이 아니다. 교회는 비록 특정 후보자나 정책을 보증하거나 선전하지는 말아야 하겠지만, 후보자들과 그들이 내건 정책들을 평가하고자 윤리적 기준Criteria을 확인해줌으로써 분별할 수 있도록 도울 수 있다. 우리가 지지하는 후보자는, 어떤 문제에 어떻게 대처했는가라는 이전의 경력과 후보자 개인의 자질에 대한 우리의 인간적 판단에 영향을 받기 때문에, 우리의 정치적 판단은 직접적인 복음의 결과물은 아니다. 그렇지만, 그리스도인은 투표에 참여해서 후보에 대한 윤리적 평가를 해야 한다. 특정 정당이나 후보자가 이러한 윤리 기준과 완전히 부합될 수는 없겠지만, 한 후보자를 평가하는 데 각각의 그리스도인들은 누가 정의와 비폭력을 증진시킬 것인지 판단할 수 있을 것이다.

국외에서 사역하던 이들이 중요한 역할을 감당하는 때는 특히 그들이 모국에 돌아와서 그들을 파송한 교회에서 순회설교를 할 때이다. 카터 행정부 당시 평화봉사단을 이끌었던 리차드 셀레스트Richard Celeste는 제안하기를, 평화봉사단 단원들의 가장 중요한 역할 중 하나는 고국에 돌아와서 사람들을 교육하는 것이라고 했다. 당시에 그는 기금조성을 준비하고 있었는데, 이는 평화봉사단 단원들이 국외봉사를 마친 후 미국에서 1년을 더 머무르면서 미국인들에게 세계의 정황을 이해시키는 것을 돕기 위한 목적이었다. 미국인들이 국제사회 구성원들의 삶에 지대한 영향을 미치는 것이 사실인 것과 같이 미국 본토의 정책에 영향을 미칠 수 있는 것 또한, 사실이다.

교회가 국외 사역자들을 도와 정책입안자들에게 그들이 아니라면 볼 수 없는 문제들에 대한 세계적 관점을 제공하는 것은 대단히 중요하다. 세상에서 특별한 위치를 차지하는 교회는 어떻게 정부 결정권자들에게, 관료의 역할에 충실하면서 양산한 장벽들 때문에 정부 관료들은 가질 수 없었던 바로 그 통찰력을 제공할 수 있을까? 교회는 어떻게 특별히 가난한 자와 주목받지 못하는 사람들의 옹호자가 될 수 있을까?

대표적인 사례가 중동 전쟁이다. 갈등의 근본적 원인 중 하나는 팔레스타인에 무엇을 해줄 수 있는가였다. 이 문제는 여전히 해결되지 않은 채로 남아있는데, 이는 어느 누구도 팔레스타인인들을 협상 테이블로 나오게 할 방법을 찾지 못했기 때문이다. 팔레스타인 해방기구Palestine Liberation Organization는 팔레스타인 스스로 대변하지 않고 있고, 이스라엘은 PLO와의 협상을 거부하고 있다. 아랍 국가들 또한, 팔레스타인의 입장을 대변해주지 않고 있다. 메노나이트와 퀘이커와 같은 일부 교회는 의회의 일부 의원을 통해 평범한 팔레스타인 농부들과 주민들의 목소리를 전해왔었다. 그런데 이러한 활동은 그만한 대가를 지급해야 했다. 일례로 메노나이트 총회Mennonite Central Committee 사역자인 폴 쿼링Paul Quiring은 웨스트 뱅크West Bank로 되돌아가는 허가를 받지 못했는데, 그가 의회에서 팔레스타인인들의 곤궁함에 대해 연설했기 때문이었다. 이스라엘 관료에 따르면, MCC는 웨스트 뱅크에서 오직 인도주의적 작업만 하도록 허가를 받았는데, 쿼링은 PLO를 대변했으므로 정치적 활동에 관여했다는 것이다. 물론 문제는 누구도 인도주의적 활동과 정치적 활동을 쉽게 분리할 수 없다는 것이다. 예를 들어, MCC는 웨스트 뱅크의 팔레스타인 농부들과 함께 일한다. 이들 팔레스타인 농부들이 새로운 유대 정착민들과 다투는 부족한 자원은 물이다. 사람들이 물을 갖는다는 이 인도주의적인 문제가 웨스트 뱅크에서는 정치적 문제가 되는 것이다.

교회가 직면한 딜레마는 한 국가 안에서 사역하는 일이 위기에 봉착하지 않도록 하면서 그 나라의 억압받는 사람들과 가난한 자의 주장을 얼마나 옹호할 수 있는가이다. 이 문제는 모든 나라의 교회가 직면하는데, 정부 앞에서 가난한 자를 옹호하는 것은 나라와 교회의 관계를 위험에 빠뜨려서 교회가 그 나라에 더는 남아있을 수 없게 한다. 이러한 상황에서 교회의 영향은 강화되고, 미국교회의 프로그램이 해당국가의 지역교회와 직접 연결이 되어 있는 곳에서 교회의 프로그램은 위기가 덜하다. 이러한 예는 로마 가톨릭 교회가 라틴 아메리카 국가들과 이루는 관계에서 찾아볼 수 있다. 이때의 라틴 아메리카 국가들은 특정한 나라, 즉 미국정부정책에 영향력을 행사하기 원하는 초국가 조직에 연계되어 있는 그런 나라들의 가난한 자들을 변호하는 강력한 프로그램을 가지고 있다.

교회가 하는 가장 중요한 일 중 하나는 정의와 평화를 위해 일하는 자원봉사단체들을 지원하는 일이다. 많은 단체가 공공정책과 민족문화에 지속적인 영향력을 행사하는 것을 목적으로 하고 있다. 이러한 자원봉사단체들 가운데 하나에 참여함으로써 개인은 그 단체가 지향하는 주장을 선택하는 것을 연습하고, 그 단체의 회원 수를 증가해서 단체에 더 많은 힘을 실어줄 수 있다. 제임스 루터 아담스James Luther Adams는 이러한 단체들이 사회에 절대로 필요한데, 그 이유는 이 단체들이 개인이 어느 방식으로든 의사결정에 참여하도록 기회를 주기 때문이라고 했다. 그들은 권력을 행사하고, 함께 단결해서 영향력을 행사하며, 정부나 사회 안에서 어떠한 조직적인 표현도 하지 못하는 소수자의 의견을 지켜주는 방식을 제공한다.[18]

자원봉사단체에 참여하는 것은 두 가지 방식으로 평화 운동에 중요한 부분을 담당할 수 있다. 첫째로 이미 언급한 것처럼, 이러한 단체들은 영향력을 행사해서 평화와 정의라는 가치에 더 많은 힘을 실어줄 수 있다. 초교파 평화주의자 단체인 화해자 모임Fellowship Reconciliation은 잡지를 출간하고, 평화 교육을 지원하며, 평화와 관련된 행동을 주도하고 있다. 성직자와 평신도 연합회Clergy and Laity Concerned는 지역과 국가적 차원 모두에서 베트남 전쟁을 반대하고자 조직된, 국가 전역에 산재한 그룹들의 연합이다. 둘째로, 많은 자원봉사단체들은 국가라는 경계를 초월해서 국제적 이해와 공동체를 건설하는 데 공헌한다. 국가라는 경계와 정부를 초월한 관계망이 더 복잡하고 확장될수록 평화를 이룰 가능성은 커진다.

### 5. 사명: 제도적 장치 안에서 일하기

다섯 번째 차원에서 교회 구성원들은 세상 안에서, 즉 기업, 정부 조직들, 사회단체, 학교, 대학, 국제 조직과 같은 조직들을 통해 맡겨진 일을 감당한다. 그리스도인들은 우선적으로 이러한 직업을 통해 얻는 권력이나 지위, 물질적 풍요로 자신의 이익을 만족시킬 수 있다. 그때의 일은 우선 돈을 벌고 생계를 유지해야하기 때문에 하는 일이다. 또 다른 면으로 보면, 기회이자 '사명'인데, 자신들이 일하는 기관 안에서 혹은 기관을 통해 평화와 정의를 증진시킬 수 있기 때문이다.

한 개인은 어떻게 조직이 인간의 필요를 더 잘 충족시킬 수 있는가에 대해 대안적 비전을 창조하고자 하는 혁신가가 될 수 있다. 즉, 기업은 이윤 추구를 위한 여분의 상품이 아니라 기본적인 인간의 필요를 충족시키려고 상품을 디자인하고 판매할 수 있다. 변호사는 정의로운 명분이나 시민의 자유를 수호하고, 부자의 특별 권리를 방어하는 대신 가난한 자를 위해 일할 수 있다. 사회과학을 가르치는 교사는 편협한 국가주의의 관점이 아니라 세계적인 틀에서 본 사회를 가르칠 수 있다. 사회복지사는 사람들을 비인간화하는 사회복지 체제에 무기력하게 협력하는 것이 아니라 가난한 사람들이 스스로 존엄성을 회복하도록 조직하는 것을 도울 수 있다. 이상은 우리의 일상 업무에서 현 상태가 유지되는 일에 일조하기보다는 우리가 어떻게 이 세상에서 평화와 정의를 창조하는 자가 될 수 있을지에 대한 예일 뿐이다. 물론 그러한 행동은 위험하다. 왜냐하면, 이를 위해서 우리는 미래의 비전으로 행동하고, 마치 하나님나라가 현재에 가능한 것처럼 행동해야 하기 때문이다.

그리스도인들은 '평화'를 부르심vocation으로 인식해야 한다. 부르심은 궁극적인 어떤 것으로 개인이 자신의 전 인생을 중심으로 삼는 대의 혹은 목적이다. 그러한 부르심을 갖는다는 것은 모든 상황과 직장과 관계 속에서 그 대의나 목적을 따른다는 것을 포함하고 있다. 전통적으로 기독교 역사에서 부르심은 신의 계획에 일치하도록 사는 삶으로의 부름 혹은 소명과 관계가 있었다.19) 종교개혁 이전의 기독교 수도원 운동들은 좋은 사례를 제시해준다. 수도사들은 자신의 마음을 하나님을 향해 확고히 향하도록 하는 목표를 붙잡아서 인생의 모든 순간을 하나님의 뜻에 따라 결정할 뿐 아니라 하나님의 뜻으로 자신을 완전히 채웠다. 이것이 부르심이다. 궁극적인 그 무엇으로 인생의 방향을 완전히 결정하는 것이다.

종교개혁 이전에 부르심은 가장 고차원적 의미에서 오직 수도사들에게만 적용됐다. 이유는 오직 그들만이 모든 인생에 대한 완전한 신의 간섭을 실제로 성취하고 실행할 수 있기 때문이었다. 하지만, 루터를 통해 부르심의 영역은 변해서 수도원제도에만 국한되지 않고 모든 사람에게 적용되었다. 루터는 분리된 공동체 안에서 뿐만이 아니라 세상의 모든 사건과 일에서도 부르심을 목격했다. 사람들은 곤란과 환멸, 억압과 성공이라는 모든 인생의 짐을 스스로 떠맡았고, 하나님의 영을 매 순간마다 간구했다.

교회는 이러한 부르심의 의식을 가지고 평화에 접근해야 한다. 평화는 분리된 공동체들만의 책임이어서는 안 된다. 평화와 정의는 교회 안에서 각 개인들이 자신의 삶의 모든 영역에서 온전히 이루고자 하는 대의와 목적이어야 한다.

부르심의 개념은 정규직업occupation★, 전문직업profession, 직업job과는 분명 다르다. 이와 같은 용어들은 개인의 삶이 중심이어서 평화 만들기라

---

★옮긴이주 : 정규직업(occupation) – 일반적인 일을 나타내는

는 목표와 양립할 수 없다. 왜냐하면, 평화를 만드는 일로의 부르심은 사회가 독려하는 양식을 거부하는 삶의 양식추구를 함축하고 있기 때문이다.20) 개인은 의료, 교육, 산업과 같은 영역을 전문적으로 연구한 뒤, 의사나 교사, 변호사와 같은 전문직업인이 될 수 있다. 이러한 전문직업의 목표는 종종 해당분야의 발전과 전문가의 지위 격상 그리고 높은 임금 등이다. 그리고 그러한 목표들은 보통 개인이 너무 큰 문제를 일으키지 않고 보편적 사회가 세워놓은 제한과 규칙들 사이를 유연하게 항해하려고 노력만 한다면, 가장 쉽게 획득할 수 있다. 그러한 목표들이 훼방을 받는 경우는 의사가 시골이나 제3세계에서 봉사하기 위해 몰려드는 환자들을 뒤로하고 떠나는 때이며, 교사들이 정부의 정책을 비판하는 학생들 편에 서는 때이다. 또 근로자가 자신이 일하는 회사가 무기 생산을 중단하도록 압력을 행사하는 운동을 조직하는 일을 돕는 때이다. 하지만, 부르심은 개인이 중심이 아니다. 부르심은 개인의 발전 대신 평화와 정의와 같은 폭넓은 문제들과 관련된 사회적 목적을 포함한다. 성공을 담보하고 하루에 8시간 일하는 것으로가 아니라, 이 부르심으로 자신의 전 삶의 모습을 조직하는 것이다. 부르심을 중심으로 사는 사람은 자신의 이력서나 경력보다 자신의 가치들이 사람들에게 알려지기를 원할 것이다.

부르심은 사회 모든 계층, 모든 영역에 해당된다. 평화로의 부르심은 10가지로 요약된 경력 기술로 완전히 표현할 수도 없고, 세밀하게 설명하거나 쉽게 정의할 수도 없다. 개인이 날마다 같은 일을 수행하는 느긋하고 평화로운 상태를 기대하는 것과도 거리가 멀다. 피스메이커peacemaker는 체제 외부에서 활동할 수도 있다. 이는 기존의 사회 제도들을 공격하고 자유학교free schools, 비주류 신문underground newspapers, 변혁그룹revolutionary groups들과 같은 대안 조직들을 만들어 가는 것을 포함한다. 개인은 코먼코즈Common Cause★와 같은 그룹을 통해서나 정치적 로비를 통해서 기존의 제도들을 변하시키거나 개혁할 수 있다. 또한, 제도 내에서 정책 수립을 도울 수도 있다. 평화의 일꾼은 공동체그룹들과 교회 회중들과 함께 지역적 차원에서 일하거나 외교, 국제 조직, 국가와 같은 국제적 차원에서 일할 수도 있다. 평화의 일꾼의 행동은 지역 신문사 주간에게 편지를 쓰거나 자신이 확신하는 바를 사람들에게 알리는 간단한 일부터 시민불복종운동이나 커다란 그룹들을 동원하고, 집중적인 계획을 하는 것을 포함하는 비폭력적 직접 행동에 이르기까지 다양하다.

보는 각도가 어떠하든지 평화로의 부르심은 한정적으로 정의하거나 단일 개념으로 끼워 넣을 수 없다. 부르심은 평화로운 세상을 목표로 하는 수많은 행동 유형과 운동의 차원을 광범위하게 포함하고 있기 때문이다. 평화로운 세상을 창조하는 데 일조하기 원하는 사람들이 우선적으로 고려해야 할 것은 어떠한 행동을 취할 것인지를 결정하는 것이 아니라, 부르심 혹은 소명에 대한 의식을 갖는 것이다. 특정한 직업을 갖는 것은 이 일을 하게 하는 가치만큼 중요하지는 않다.

생활방식은 평화로의 부르심을 추구함에 있어 중요한 고려사항이 될 것이다. 하지만, 처음 해야 하는 질문은 "올바른 생활방식은 무엇인가?"가 아니라 "어떻게 나의 평화로의 부르심을 가장 잘 실현해낼 수 있는가?"이다. 하나의 올바른 생활방식이란 존재하지 않는다. 평화로의 부르심을 택한 사람은 가난하게 살고, 자신의 차를 팔고, 육식을 중단하고, 세금을 내지 않는 것과 같은 도덕적 의무를 자동적으로 갖는 것이 아니다. 많은 사회변화 직업군은 적은 예산만을 확보하고 있고, 평화활동은 보이콧이나 세금거부 그리고 다른 형태의 자기 부인 등을 포함하기 때문에 평화로의 부르심이 효과적이려면 더욱 더 금욕적인 생활방식을 필요로 하는 것은

---

★옮긴이주 : 코먼 코즈(Common Cause) – 1970년 미국에 결성된 시민 단체로, 국민의 요구·호소에 따르는 행정 개혁을 목적으로 함.

사실이다. 하지만, 다양한 사회의 그룹들을 순회하고, 나라 구석구석을 여행하며 특정한 것을 소유할 필요가 있는 지도자적 위치를 필요로 하는 직업이 분명히 있다. 하지만, 무엇보다도 평화로의 부르심을 추구하는 것이 우선한다. 개인의 생활방식은 부르심을 가장 효과적으로 도울 수 있는 모든 것을 포함해야 하는 것이다.

경력이 아니라 부르심의 관점에서 직업을 찾는 사람들에게 전문직업은 평화만들기를 진척시키고자 자신이 가진 기술들을 사용할 다양한 기회들을 제공한다. 미디어와 커뮤니케이션 전문가들은 기존의 미디어 세계 안에서 현재의 관행들을 비판하고 평화로운 방식들을 형성하는 데 도움이 되는 프로그램과 기사들을 만들 수 있다. 또 대안 미디어나 신문 잡지 쪽으로 영역을 확장할 수도 있다. 이런 예에는, 대안 TV, 라디오 프로그램, 영화제작, 극장, 자유 기고가, 출판 등을 들 수 있겠다. 대학, 공립학교, 주간보호센터, 성인교육프로그램의 교육가들은 학생들에게 평화적 태도와 갈등해결 방법들을 가르침으로써 평화만들기에 기여할 수 있다. 변호사와 법률 전문가들은 시민의 자유와 인간의 권리를 지킬 수 있도록 돕고, 정부와 다른 기관들이 법을 책임 있게 준수하고, 모든 차원에서 평화를 위해 일하는 사람들의 소송 사건이나 법률문제에 도움을 줄 수 있다. 경제, 과학, 기술 전문가들은 미국과 국외의 경제 발전을 지원하거나 자신의 영역에 있는 다른 전문가들을 정치적으로 조직하고자 영향력을 미칠 수 있다.

## B. 행동전략 선택

그리스도인들과 교회는 모두 다양한 평화만들기 방법들을 살펴보고 선택을 해야 한다. 그렇다면, 어떻게 하나의 전략이나 방법을 선택할까? 이 전략들을 실천하는 데 누가 필요한가? 변화시키기 원하는 대상은 누구인가?

하나의 전략을 선택하는 과정에서 두 가지 아주 중요한 고려할 점이 있다. 우선, 그 전략은 개인의 윤리 원칙들에 부합해야 하며, 둘째로 그 전략은 효과적이어야 한다. 이 두 조건사이의 긴장은 수많은 윤리적 논쟁의 주제였고, 종종 특정한 문제들을 수면위로 떠오르게 한다. 유일하게 호소할 수 있는 것이라고는 평등과 정의라는 목표를 달성하기 위해 폭력을 사용하는 것뿐이라고 보이는 제3세계 해방 운동을 교회는 지원해야 하는가? 정책 형성의 효과를 위해 강력한 정치력을 가져야 하는가? 아니면 그저 '교회가 됨'으로서 국가에 증거해야 하는가? 군사비 지출에 대해 항의하려고 비록 그 행동이 비효과적인 것 같아도 정부에 소득세를 내지 말아야 하는가?

한 극에는 중요한 목적을 당성하려면 무엇이든 희생하는 완전한 실용주의적 입장이 있고, 다른 한 극에는 오직 수단에만 관심이 있고 어떤 목적을 향하는지는 무관심해 보이는 입장이 있다. 앞장에서 비폭력에 관해 아주 상세히 다루었던 대로, 이 두 입장 중 어느 입장도 적절하지 않다. 목적하는 바의 실현을 위해서 윤리학의 원리들을 어길 수는 없다. 방법이 목적을 만든다. 만일 한 사람의 윤리가 비폭력에 높은 가치를 둔다면, 그것이 얼마나 효과적인지 관계없이 폭력을 포함하는 어떠한 행동도 분명히 제외할 것이다. 마찬가지로 한 행동이 한 사람의 윤리적 성찰을 모두 만족시킨다 해도 어떤 일을 성취하는 데 비효과적이라면 가치가 없다. 일단 한 행동이 윤리의 시험대를 통과하면, 효율성 여무를 살펴보는 병가가 또한, 뒤따라야 한다. 이러한 평가를 위해 우리는 다음 사항들을 살펴보겠다.

우리는 계획된 행동을 측정하고 신중하게 판단해야 한다.21) 특정한 한 사람이 아니라 보통의 모든 사람을 향해 소리치는 것이 옳은 일일지는 모르지만, 평화로운 세상을 만드는 일에는 거의 효과가 없다. 하나의 전략을 선택할 때 고려해야 할 다섯 가지 질문이 있다.

## 1. 자원들

어떤 자원들을 가지고 누가 행동할 것인가? 개인은 우선 자신이 혼자 할 것인지, 소수의 사람과 연계할 것인지, 또는 한 거대 그룹의 일원으로 행할 것인지를 판단해야 한다. 일단 누가 행동에 관여할지가 정확히 결정이 되면, 이제는 본인들이 가진 자원들을 살펴보아야 한다. 우선, 연합 가능한 사람들은 누구인가? 어떤 조직이나 정치적 인물들이 이 행동을 지원할 것인가? 이 행동을 지원할 것으로 확신하는 사람들은 누구이며 얼마나 될까? 이 특별한 문제에 관해 이미 활동하는 그룹이나 조직들은 있는가? 참여자들은 어떠한 외부 접촉점을 가지고 있나? 둘째, 참여자들이 얼마큼의 시간과 에너지를 기꺼이 투자할 수 있는가? 항상? 일주일에 하루? 셋째, 참여자들이 가지는 전문적 기술과 재능은 무엇인가? 언변? 조직? 예술? 이전의 교육? 이전의 경험? 전문적인 훈련? 넷째, 얼마큼의 영향을 미칠 수 있는가? 참여자들의 현재 지위는 무엇인가? 이들이 속한 조직은 무엇인가? 영향을 미칠 수 있는 사람들은 어떤 사람들인가? 어떤 종류의 의사결정유형을 취하는가? 얼마만큼의 돈을 통제할 수 있는가?

## 2. 누가

행동가가 목표를 하는 이들은 누구인가? 행동가들은 모든 가능성을 열어두고 그들이 목표로 하는 사람들을 정한다. 한 개인이나 그룹은 지역적 차원이나 국제적 차원 모두에서 그 대상을 선택할 수 있다. 개인이 이 스펙트럼 중 어디에서 활동할 것인지, 누구에게 목표를 둘지는 혼자 활동할 것인지, 아니면 그룹으로 활동할 것인지, 그리고 참여자들이 위에서 논의한 것과 같은 자신이 가진 자원들을 어떻게 평가하는가에 달렸다. 만일 5장에서 살펴본 것처럼 문제를 조직적으로 이해하면 그룹들은 지역적이면서도 국제적 차원을 모두 마음에 품은 채 행동할 것이다.

### 3. 무엇을

정확히 어떤 변화가 일어나기를 기대하는가? 목표, 목적, 행동의 필요를 명확히 해야 하고 특정한 문제나 사건에 초점을 두어야 한다. 상대에게 우리는 그저 평화로운 세상을 원한다고 말하는 것은 상황을 악화시킬 뿐이다. 상대는 아마도 행동가들보다 더 목적을 성취하는 방법을 잘 알지 못할지도 모른다. 요구는 상대가 할 수 있는 구체적인 행동이어야 하는데, 예를 들어, 특정한 무장 체제를 중단하거나 특정한 방식으로 투표하는 일, 또는 양보하는 일 등이다. 너무 많은 문제나 너무 넓은 스펙트럼에 집중하면 행동가들이 활기를 잃게 되고, 결국 실패할 확률이 높아진다. 더 나은 전략은 움직이기 전에 하나의 특정한 투쟁 방향과 경험 결과에 집중하는 것이다. 킹 목사와 다른 시민권운동 지도자들은 이 개념을 효과적으로 사용했다. 이들은 비폭력 행동을 시작했던 각각의 시기에 반드시 이루고자 했던 특정한 요구를 하고 있었다.22) 몽고메리에서는 흑인들이 버스 어디에나 앉을 수 있는 권리를 갖기 원했고, 셀마Selma에서는 점심 먹을 공간과 대기실을 흑인과 백인이 공용할 수 있기를 원했다. 시카고에서는 공평한 주택관계 법을 원했다. 시민권 운동가들은 항상 인종 간 평등이라는 커다란 목적을 위해 일했지만, 그 요구들은 항상 구체적이었다.

에너지, 식량, 건강과 같은 세계적 문제들은 수많은 개인과 그룹이 자원들과 기술들을 집중하고 협력해서 해결할 수 있는 상위의 목표로 접근해야 한다.

무자퍼 쉐리프Muzafer Sherif는 저명한 심리학자로 1950년대에 여름 캠프에서 두 그룹의 소년들에게 실험을 시행했다.23) 그는 이들이 두 그룹의 발달을 위해 갈등과 경쟁이 일어나도록 했다. 그리고는 다양한 방법들로 갈등을 해결하려고 노력했다. 권고와 훈계를 했고, 감수성 훈련에서는 서로의 감정을 나누고 대화를 통해 서로의 차이를 해결할 방법을 찾아보았다. 마지막으로는 캠프에 물 공급을 중단했다. 실험을 통해 그가 발견한 것은 두 그룹이 그룹 사이의 경쟁의식을 가장 잘 해결한 때는 캠프에 물이 부족해서 두 그룹이 공동의 문제를 해결해야 했던 때였다.

국제상황에 적용해보면, 국가들이 전쟁을 촉발하는 적대적인 경쟁에서 한 발짝 물러나는 때는 각국이 하나의 상위의 목표가 있어서 상호 간의 이익이 걸려 있는 문제를 해결할 때라는 것이다. 상위의 목표는 관여하는 모든 그룹의 구성원에게 영향을 미치는 문제나 그룹의 구성원들이 추구하는 목표를 이르는 것으로, 다른 그룹이 참여하지 않으면 어떤 그룹도 해결하거나 성취할 수 없는 특징이 있다. 두 나라가, 갈등을 일으키는 요인들이 아니라 양국의 공동 이익에 초점을 맞추게 하려면 제3국의 개입이 필요할 수도 있다. 상위 목표의 예로는 태양 에너지 개발, 사막을 개간해서 식료품을 생산하는 일, 오염 통제, 의료와 건강 서비스를 확대하는 일 등이 있다.24)

## 4. 언제

언제 행동에 옮겨야 하는가? 그리고 그 목표는 얼마 만에 성취되어야 하는가? 대안적 제도 만들기나 평화를 이루기 위해 전문기술을 사용하는 등의 행동유형에서 "빠를수록 좋다"는 "때를 알고 행동하라"는 원리보다 낫다. 하지만, 행동가들은 자신들의 행동이 가장 효과적이고 영향력이 있을지, 또한, 사람들이 대의를 위해 몰려드는 것은 언제인지에 민감해야 한다. 이외에 또 고려할 사항은 궁극적인 목표의 성취다. 행동가들이 자신의 유익을 위해서 자신의 행동이 어떠한 목표를 즉각적으로 성취할 수 있는 것인지, 반대로 시간을 필요로 하는지를 알아야 한다. 또한, 만일 행동가들이 상대에게 어떠한 요구를 한다면 양편은 언제 그 요구가 충족되어야 하는지, 그 요구가 충족되지 않으면 어떤 결과들이 일어날지에 대해서 분명히 알고 있어야 한다.

평화주의자들은 종종 비평화주의자들의 비난을 받는데, 그 이유는 평화주의자들의 입장이 일방적이고 즉각적인 무장해제를 불러온다고 믿기 때문이다. 전 세계 국가가 보유한 무기의 양과 종류를 생각하면, 그런 일이 일어나기를 기대하는 것은 물론 정치적으로 비현실적이다. 만일 초강대국 중 한 나라가 즉시 그리고 단독으로 무장해제를 한다면, 세계는 오히려 더욱 위기에 처할 것이다. 현실적인 평화주의자의 입장은 차근차근 평화를 향한 한 걸음을 시작하자고 요청하는 것이다. 이는 인도에서 영국 제국주의에 맞서 간디가 취했던 방식이며, 킹 목사가 미국의 시민권 운동에 취했던 방법과 유사하다.

간디와 킹 목사의 경우 모두 장기적 목표가 있었지만, 그 목표를 이루려고 제한적이고 구체적인 정치적 목표들을 찾아냈다. 군비확대경쟁은 알콜 중독과 같다. 자신의 병을 아는 알콜 중독자는 평생 이 질병을 이겨내는 것을 목표로 하지만, 이 문제를 해결하는 방법은 하루에 한 번도 술을 마시지 않는 것이다. 평화주의자 역시 종국에는 무장해제를 목표로 하지만, 구체적인 정치적 결정들이 옳은 방향으로 나아가도록 한 번에 한 걸음씩만 나아가야 한다.

이러한 모델은 정부도 취할 수 있다. 찰스 오스굿Charles Osgood은 그의 저서 『전쟁의 대안 또는 항복』Alternative to War or Surrender에서 GRIT Graduated Reciprocation in Tension Reduction, 긴장 완화의 등급별 대응 과정을 기술하고 있다. 이 과정은 한 국가가 작지만 의미 있고 일방적인 주도권을 행사하고, 상대방의 반응을 기다리고, 그 후에 또 다른 주도권을 갖는 것이다. 이러한 과정은 군비경쟁이나 폭력의 악순환적 확대를 뒤엎을 수 있다. 오스굿은 이 과정이 케네디와 흐루시초프 시대 동안 성공적으로 이루어졌음을 지적했다. 안와들 사다트Anwar Sadat 이집트 대통령은 이러한 방식을 과감히 받아들여 예루살렘 방문이라는 극적인 행동을 취했다. 비록 사다트의 방문이 이스라엘과 이집트 사이에 완전한 평화를 가져오지는 못했지만 이후 수년 동안 양국의 거대한 관계개선을 가져오는 견인차 구실을 했다.

### 5. 왜

무슨 이유에서 변화를 요구하는가? 상대편이 제안된 변화들을 공정하고, 도덕적으로 옳으며, 사회의 최대 유익으로 여겨야 하는 이유는 무엇인가? 행동가들이 변화시키고자 원하는 사람들을 포함해서, 모든 사람에게 영향을 미치는 것은 자신이 옳다고 믿는 어떤 것이다. 그래서 신중히 생각을 하면 다음과 같은 질문을 하지 않을 수 없다. 우리의 요구가 정당화될 수 있는가? 이 요구는 우리가 변화시키고자 하는 사람들 눈에 합법적으로 보일까? 우리와 상대가 행했던 과거의 행동들과 도덕성으로 봤을 때, 이 요구는 어떻게 보일까? 만일 행동가들이 상대에게 확신을 주어서 그가 자신의 가치 체계로 판단했을 때 자신이 받는 요구가 옳은 일이라고 생각하게 된다면 그 효과는 극대화될 것이다.

요약하면, 평화 만들기에 관심이 있는 개인이나 그룹은 그 목적을 이루고자 선택할 다양한 방법들이 있음을 알아야 한다. 선택의 기준은 계획하는 방법이 개인이나 그룹의 윤리에 부합하는가, 그리고 그 방법이 효과적인가이다. 최상의 효과를 거두려면 자신이 가진 자원들은 무엇인지, 자신이 성취하고자 하는 것이 무엇인지, 언제 성취하기를 원하는지, 왜 성취하기를 원하는지를 신중하게 생각해야 한다. 이러한 기준들이 모든 것을 총망라하고 있지는 않지만, 현명하게 행동을 선택하는 일과 지혜롭고도 신중하게 행동을 옮기는 것의 중요성을 설명해주고 있다.

정치적 행동 유형은 대부분 사람이 사는 그 시대의 본질이 판단하는 것
에 달렸다. 개인과 공공단체의 판단은 신학적·윤리적·실제적 판단이라
는 이성적 계산과 함께 행동을 결정하게 하는 하나의 원인이다. 우리가 살
아가는 현재라는 순간에 어떻게 행동하는 것이 적합한가에 대한 지각은
복잡하게 얽혀 있는 요소들에서 얻을 수 있다. 이 요소들은 개인의 미적
감성과 이성적 범주에 포함되지 않는 역사만이 갖는 뉘앙스를 지각하는
것을 포함하고 있다. 또한, 현재 자아의 양심을 찌르는 과거의 특별한 기
억, 다른 사람이나 그룹과의 깊은 연대와 충성심, 가능한 시간과 에너지에
대한 지각, 자신의 관심과 능력도 포함한다.

모든 것이 때와 시기가 있다는 전도서의 말씀은 적절하다. 제임스 러셀
로웰James Russell Lowell의 시 또한, 마찬가지다. "새로운 계절은 새로운 의
무들을 가르치고, 시간은 고대의 선good을 낯설게 만든다." 예언자적 사회
행동이라는 영역에서 정의롭고 평화로운 사회로의 변화에 열려 있었던 시
대와 반동적이고 억압적인 사회, 곧 사회변화의 노력들이 폭력과 고문 등
에 부딪혔던 시대 사이에는 하나의 모순이 존재한다.

1930년대와 40년대에 나치 정권하에 살았던 사람들이 히틀러에게 대
안을 제시하려고 했을 때 광포한 공포정치를 경험했다. 이와 같은 상황에
서 본회퍼는 다음과 같이 말했다.

누군가는 물을지 모른다. 역사상 이토록이나 사람들이 딛고 서 있을 존재 이
유가 부재한 적이 있었던가 라고 말이다. 사람들에게 모든 가능한 대안은 한
결같이 참을 수 없고, 불쾌하며, 무익하게 보인다 … 역사적 전환기에 서 있는
세대의 책임 있는 사고를 하는 사람들이 단순히 새로운 어떤 것이 나타났고
그것이 기존의 대안들에서는 볼 수 없었다는 이유만으로 우리가 지금 느끼는
것과 같이 느끼지 않았을까라고 또 물을지 모른다.25)

때때로 모든 가능한 정치적 대안은 부적절하고 쓸모없는 것처럼 보인다. 그 대안이 선거 정책electoral politics이든, 활동정책이든movement politics, 개인의 직업을 통해 드러난 관심의 표현이든, 자원봉사자 연합 활동이든, 비폭력 직접 행동이든 말이다. 그러면 무엇인가? 폭력이나 억압적인 폭력의 세력을 분쇄하고 무너뜨리려고 노력하는 레지스탕스만이 유일한 대안인가? 우리는 그러한 상황에서 종종 폭력으로 분출되는 절망과 분노에 공감할 수 있다. 비교적 평화롭고 안전한 위치에서 이해하기 어려운 상황에 있는 사람들의 행동을 비난하는 것은 정말 부적절하다.

또한, 만일 우리가 수 세기 동안 억압적 폭력에 다른 반응을 하기로 선택했던 수많은 사람의 예를 적시하지 않는 것은 부주의한 일이다.26) 그들은 우리에게 하나의 사례로 남아있다. 우리의 의식에서 자동적으로 배제되어서는 안 되는 행동의 모델과 우리 자신을 위한 실행 가능한 행동으로 말이다. 역설적이게도 때로 삶을 긍정하는 유일한 방법은 적의 손에 죽는 것을 받아들이는 것이다. 그리스도의 희생적 죽음은 초대 교회의 모델이었고, 이제 우리의 모델이라는 것을 잊어서는 안 된다. 초기 그리스도인들은 그리스도의 주되심을 살아있는 실재로 확신하고 카이사르의 주권에 절하기를 거절하면서 죽음을 받아들였다. 나치 독일 상황에서, 죽음의 나치 이데올로기에 저항해서 생명을 외치는 것은 어떤 이들에게는 확신 있는 행동이었고 죽음 앞에서 의미를 확인하는 자유의 행동이었다. 폭력으로 나치 공포주의에 반응하는 것은 그들에게 죽음과 악의 세력에 굴복하는 표시로 보였을 것이다. 생에 대한 긍정은 붙잡히면 죽을 위험을 알면서도 유대인들의 안전한 탈출을 도왔던 사람들의 행동에 드러난다. 그들은 죽어가면서도 생을 긍정했다.

오늘날 남아프리카 공화국은 본회퍼가 처했던 상황과 같이 모든 가능한 선택이 거의 쓸모가 없는 것처럼 보인다. 교회는 구류되었거나 추방당하는 개인과 조직들에 대한 정부의 억압적인 폭력에 대한 반응으로 무엇을 해야 하는가? 물론 분노와 좌절의 폭력적 대응은 이해할만하다. 하지만, 그러한 상황에서도, 교회가 사회에 전하는 메시지의 생명력을 최고로 표현해주는 하나의 가능성은 다인종 교회다. 흑인과 백인이 함께 예배하며 함께 일하는 살아있는 생명 운동은 남아프리카 공화국에서 새로운 생활양식의 가능성을 지속적이고도 생명력 있게 증거하고 있다. 남아프리카 공화국에서 억압적 폭력에 저항하는 흑인들의 폭력적 대응은 충분히 이해할만하다. 북아메리카의 평화롭고 안전한 기준에서 비난할 수는 없는 일이다. 그럼에도, 다인종 교회들의 비폭력 증거는 정확히 남아프리카 공화국에서 오늘날 사회적 책임을 말해주는 방법이다. 왜냐하면, 이것은 남아프리카 공화국의 폭력적 수단들을 받아들이기보다 생명에 대한 긍정을 더 잘 나타내고 있기 때문이다.

# 9장

## 지속적 행동 : 영향력 있는 활동을 위한 **영적 자원들**

9장은 평화만들기를 자신의 부르심으로 인식하고, 공의롭지 못한 현 상황을 보존하는 자가 아니라 평화와 정의의 창조자로 일하는 사람들에게 초점을 맞추고 있다. 이들은 미래비전에 대해 확신과 영감으로 행동하는 평화의 일꾼들이며, 오실 하나님나라를 위해 잠깐의 현재를 기꺼이 포기하며 살아가는 사람들이다. 평화만들기는 부르심이다. 기독교의 부르심이다. 루터에게 그러했던 것처럼, 부르심의 영역은 넓어져서 성직자와 수도자뿐 아니라 그리스도인들의 모든 걸음과 행위를 아우르고 있다. 그래서 평화만들기로의 부르심은 명목상의 행동가 그룹들뿐 아니라 평화의 왕의 주권 아래에 일하고 살아가는 모든 사람에 해당한다.

우리는 적극적 반응으로 성장하고 열매 맺은 바를 통해, 이러한 부르심의 사명이 어떻게 발전해 가는지를 신학적 기반에서 추적해보았다. 9장에서, 우리는 초월자의 감동하심으로, 또 비전에 이끌려, 때로는 혼자서 때로는 동역자와 함께, 희망에 붙들려 일하는 전인적 남성들과 여성들을 기술할 것이다.

이러한 사람들에 관한 검토에서 다룰 문제들은 다음과 같다. 평화의 일꾼peacemaker을 개발하고 육성하여 성장하게 하는 자원들은 무엇인가? 어떻게 성품이 형성되는가? 무엇이 개인의 역사 속으로 편입되는가? 사람들로 하여금 평화의 도구가 되도록 확신케 하고 영감을 주는 비전은 무엇인가? 어떻게 이 비전이 평화의 일꾼 본인에게뿐 아니라 타인과의 관계맺음에 힘empower을 주고 그 일을 지속하게 하는가?

이제 초월자가 개인의 순례여행과 공동체 생활 속에서 말씀하는 방법들을 상세하게 다룰 것이다. 각각의 개인은 홀로 유한함에 직면하고, 유한한 존재가 무한한 존재의 만지심을 느끼는 카이로스kairos의 순간을 경험한다. 종교성을 띤 평화의 일꾼들의 이야기를 특징짓는 이미지들은 무엇인가? 개인은 어떻게 기도와 자연과 공동체와 문화를 통해 격려를 받을 수 있는가?

우리 존재의 기초는 한 샬롬의 민족을 모으려고 역사 속에서 일하는 한 분이시다. 함께 모인 공동체는 어떻게 서로에게서 그리고 그 기초에서 자양분과 교훈을 발견하는가? 공동체가 이 세상에서 그 사명을 시작할 때, 그 공동체를 유지하는 구조와 핵심, 기능과 열망은 무엇인가?

마지막으로 샬롬의 부르심에 신실하게 응답하는 삶은 때로 그를 둘러싼 사회와 불화하고 그 사회에 속하지 않는다는 것을 우리는 알고 있다. 하나님의 아들과 딸들은 의로 말미암아 핍박을 받을지도 모른다. 침묵의 어둠 속에서 비전의 부활과 선포할 말씀과 희망의 여명은 언제 오는가?

## A. 전인적 남성 그리고 여성

여기서는 3, 4장에서 자세히 다루었던 신학적 관점으로 인간의 특성을 형성하고 만들어가는 요소들을 살펴볼 것이다. 신학적 관점에서 창조주인 하나님은 인간을 하나님 자신의 이미지로 만들고 인간에게 사회적·관계적·상징적 능력들을 부여해서 인간이 사회와 문화의 공동 창조자가 되도록 하셨다. 하나님은 인간을 고립된 개인이 아니라 사회적 존재로 창조하셨다. 이는 혼자가 아니라 함께함으로써 완벽한 인간성을 갖게 된다는 것을 의미한다.

그런데 창조주의 형상을 입은 사람들은 뛰어난 동물 그 이상이다. 창조 시의 인류만이 "이마고 데이"imago dei, 신의 형상라는 특별한 표식을 갖게 된 것이다. 이는 달리 말하면, 기호체계를 사용할 수 있는 특별한 능력의 소유자가 된 것을 의미한다. 남자와 여자는 사물의 이름을 지을 수 있고, 대표적 상징을 부여할 수 있게 되었고, 시편 기자가 말한 것처럼 인간을 신과 같이 만들었다. 이와 같은 특별한 능력으로 인간은 언어를 사용하고, 사상과 사건들을 상징 기호로 번역해냄으로써 시간과 거리를 초월해서 대화할 수 있게 되었다. 언어는 회상을 통해 과거를 살려낸다. 언어는 소리로 전달되고, 종이 위에 적을 수 있고, 시각적으로 감지할 수 있는 모습을 비시각적인 기관에 전달할 수 있다. 기억과 상상을 통해 남자와 여자들은 시간을 과거나 미래에 묶어둘 수 있고, 이야기와 아이디어를 창조하거나 축적할 수 있다.

인식의 차원과 정서적 차원 모두에서 인간의 상징화 능력은 인간을 문화의 창조자로 만든다. 추상적 표현은 다양한 매체를 통해 유형과 체제를 창조한다. 개념과 수, 소리와 색채, 나무와 돌이 그 예이다. 강렬한 경험의 깊이와 넓이는 음악과 드라마, 예술과 이야기, 의식과 관습의 형태로 담아진다. 남자와 여자, 곧 인식과 정서를 지닌 인간은 노래와 춤, 예술과 건축, 학과와 제도, 신념을 만들어냈다. 이러한 창조성은 사물을 상징화하는 인간의 능력으로 드러난 하나님 이미지를 보여줄 뿐 아니라, 새로운 존재의 탄생을 가능케 한다.

인간의 사회 상징적socio-symbolic 본성은 인간이 문화와 사회 제도의 창조자일 뿐 아니라, 이러한 제도와 문화가 반대로 인간을 형성한다는 것을 의미한다. 이는 인간이 맥락, 즉 사회와 문화라는 맥락 안에 존재하기 때문이다. 그리고 이 맥락을 통해, 인간성의 온전함을 깨닫기 때문이다. 인간은 상황 속에서 관련을 맺고, 관계적 존재로서의 삶은 그러한 상황에 반응하는 지속적인 지각과 통합의 대화이자 창조와 창조됨의 리듬이다. 서머셋 모홈W. Somerset Maugham은 창조행위에 의해 창조되는 상황을 다음과 같이 기술한다.

> 남자와 여자는 단지 그들만이 아니다. 그들은 그들이 태어난 지역이고, 그들이 걸음마를 배운 도시의 아파트와 시골 농장이며, 어릴 적 놀던 놀이이다. 또한, 수없이 들었던 할머니들의 이야기이며, 그들이 먹었던 음식이며, 출석했었던 학교이며, 즐겨했던 스포츠이다. 그들이 읽었던 시이며, 그들이 믿었던 하나님이다.1)

그리고 책으로 읽었거나 영화로 보았던 이야기들, 예술작품들, 존경할 만하다고 배웠던 영웅들과 전형들, 부모님과 선생님과 멘토들의 살아가는 힘들을 이 목록에 덧붙일 수 있을 것이다. 이런 모든 영향은 상상함에 있어 행동의 과정과 삶의 방식과 반응하는 방법의 중요함을 더한다.

사람들에게 평화의 일꾼peacemaker이 될 것을 요청하는 샬롬의 메시지는 사건과 사람들, 아이디어와의 중요한 만남을 통해 전파된다. 대표적으로 간디의 예를 들 수 있다. 간디의 사상은 비폭력불복종주의satyagraha로 정의와 화해라는 목표를 이루고자 비폭력행동이라는 채널을 통해 일하는 진실의 힘인데, 이는 톨스토이의 작품 『하나님의 나라가 네 안에 있다』*The Kingdom of God Is Within You*와 쏘로우Thoreau의 작품 『시민 불복종』*Civil Disobedience*과 신약성경의 산상수훈에서 영감을 얻었다.2) 그리고 간디는 킹 목사에게 영감을 주었는데, 킹 목사는 자신의 시민권 운동의 기초로 간디의 방법과 그리스도의 사랑의 윤리를 결합했다.3) 또한, 간디의 글들은 켄터키의 겟세마네 수도원에서 수도하던 트라피스트회★ 수사인 토마스 머튼Thomas Merton에게도 전해져서 머튼의 명상과 사회 비평에 영향을 미쳤고, 동양의 신비적 경험을 탐험하도록 이끌었다.4) 사회개혁가인 다닐로 돌치Danilo Dolci는 마피아로 찌든 시실리의 협동조합과 교육과 경제적 발전을 위해 일했는데, 그가 간디에 대한 소식을 전해들은 것은 한 저널리스트가 돌치의 방법을 간디의 방법에 견주어 본 후였다. 돌치는 "시실리의 간디"로 알려져 있다.5)

하지만, 인간은 영향들의 총합 그 이상이다. 만일 우리가 인간성을 단순한 사회결정론의 산물로 이해한다면 잘못이다. 왜냐하면, 남자와 여자는 지각기관의 자료를 담는 수동적인 그릇이 아니기 때문이다. 사람의 마음은 빈 액자나 날인이 찍혀있는 왁스 바른 판목이 아니라 새로운 자료가 끊임없이 처리되고, 역동적인 지각의 스크린으로 통합되는 곳이다. 그리고 마음과 감정은 이러한 적극적 활동에 공동으로 참여한다. 성숙은 자아에 대한 소유권, 자신의 책임에 대한 자각이라는 특징을 갖는다.

더 나아가 인간은 행동을 하거나 결정을 할 때 타인을 신뢰함으로 행동하고 결정하는 개인임을 스스로 경험하는 존재들이다. 개인의 자율성은 타인의 영향으로 부인되는 것이 아니라 균형을 갖는다. 예를 들어, 한 그룹의 방침은 자발적으로 탐구되거나 강제적으로 전파되지만, 결정을 하는 순간에는 각 개인이 홀로 서게 된다. 최후의 예, 아니오를 할 수 있는 자유는 부인할 수도 피할 수도 없다. 우리는 홀로 궁극적 관심을 결정하고, 홀로 우리의 유한성과 우리의 창조주와 대면하고, 홀로 우리 존재의 근거를 자각하는 경험을 한다. 우리가 제자도로의 부르심을 듣고 응답하는 것도 홀로 하는 것이라고 본회퍼는 말한다.

---

★옮긴이주 : 트라피스트회 - 1664년 프랑스의 La Trappe에 창립된 가톨릭 수도회

예수의 부르심을 통해 사람은 개체가 된다. 싫든 좋든, 사람들은 결정해야 하고, 그 결정은 스스로만 내릴 수 있다. 그들을 개체가 되게 하는 것은 그들 자신의 선택이 아니다. 그들을 부르심으로 그들을 개체되게 하는 이는 그리스도다. 모든 사람은 한 명 한 명 부름 받고 홀로 따라야한다.6)

비록 모든 사람이 함께 결정해야 할 필요를 공유할 수는 있지만, 실제 결정은 개인이 한다. 비록 개인들이 같은 문화와 세계관을 공유하더라도, 또 같은 부모님과 함께 가족생활을 하더라도 그들의 사고와 개성은 절대 같지 않다. 어떠한 두 존재도 모든 경험과 사고를 공유할 수 없는 것처럼, 내면의 존재의 깊이와 그 총체를 이해할 수는 없다. 이러한 의미에서 우리 각자는 본질적으로 혼자다. 하지만, 우리는 충분히 공유함으로써 총체적인 유아론唯我論의 한계에 갇히지 않을 수 있다. 우리는 우리 자신보다는 다른 존재를 인식하고 교통하고 영향을 미친다. 우리는 그들 없이 우리일 수가 없다. 창조적 공생에서도 이와 같아서 개인들은 공동체를 형성해가고 양육한다. 개인은 공동체를 만들고 풍성하게 한다. 각 개인의 경험은 그것이 아무리 모두가 경험하는 것일지라도, 어떤 식으로든 유일한 것으로 남는다. 어떤 두 개의 자서전도 완전히 똑같지 않다.

## B. 비전으로 영감을 받다

초월적이거나 종말적인 비전은 평화와 정의를 위한 모든 일의 토대요 맥락이며 근원이다. "비전이 없으면 백성이 망한다"잠29:18 평화의 일꾼들을 개인적으로 또 공동체 안에서 지지하고 능력을 부여하는 것은 실제로 샬롬에 대한 비전이다. 남자와 여자 곧 모든 존재의 삶 속에 스며 있는 이 초월적 비전은 타락한 창조세계를 구원하고 다시 샬롬의 도구가 되도록 변화시키는 능력이다. 이 비전은 역사적인 구원의 드라마 안에서 다시 또 다시 분명해진다. 이 비전의 필수불가결한 요소는 궁극적 실재가 보편적 의미에서 선하고 정의롭다는 흔들리지 않는 확신이다. 이는 해체되어 있는 부분들을 조화로운 한 통일체가 되도록 하는 창조적 세력을 우주 안에서 인식하는 것이다. 이 세력의 이름을 무엇이라 하든지 상관없이 말이다. 이 비전은 메시아주의를 거부하고, 우주 위에 존재하는 특별한 존재에 대한 예배, 그리고 모든 것 위의 "나의 백성"의 "나의 신"을 거부한다. 오히려 오직 한 분, 만유시며, 모든 존재의 창조자, 모든 존재의 가치가 되는 분을 예배하라고 우리를 초청한다. 이 비전은 인류의 하나 됨과 모든 존재의 상호관계와 상호의존에 대한 비전이다.

이 비전은 정의가 내포하는 바는 영적일 뿐 아니라 경제적인 것임을 명확히 인식하며, 악이 폭력으로 극복될 수 있다는 환상으로 희미해지지 않는다. 진정한 정의는 비폭력적 사랑의 방식으로 이루어진다. 오직 구속받은 방법만이 구속의 목적을 이룰 수 있다.

역사를 통틀어, 서로 다른 시대와 장소에 살았던 비슷한 마음을 지닌 이들이 이와 같은 비전을 공유했다. 간디의 사티아그라하satyagraha-비폭력 전사에서 우리는 궁극적인 선 그리고 조화의 힘과 유사한 것을 인식한다. 어원학적으로 사티아satya는 '존재'를 의미하는 "샛"sat에서 왔는데, 사랑과 진실을 의미한다. 그라하graha는 '견고함, 힘'을 의미한다. 그래서 사티아그라하는 존재와 더불어 있는 진실과 사랑의 힘이다. 사티아그라히satyagrahi의 목적은 적의 마음이 변화하도록 강요하는 것이 아니라 전환시켜 주는 것이다.[7] 킹 목사의 미래에 대한 깊은 믿음은 이 우주가 정의의 편에 있다는 믿음에 근거하고 있다. 킹 목사는 이에 대해서 이 신앙이 비폭력 저항가들이 보복하지 않고 고통을 받아들이며, 이로울 것이 없는 고통을 구원으로 인식하게 한다고 했다. 저항가는 자신이 "우주적 동료애"를 가지고 있음을 알기에 억압하는 자를 사랑해서 우정과 이해의 관계로 이끌어갈 힘을 가지게 된다.8) 다닐로 돌치는 서유럽에서 최초의 성공적인 시민 불복종 사티아그라하를 조직한 사람이다. 그는 가톨릭이 억압자들의 대리인임을 알게 되자 시실리의 가톨릭교회 밖에서 일을 시작했다. 하지만, 돌치는 모든 인류의 공동체와 결속에 대한 종교적 믿음을 가지고 있었다.9) 말콤X와 같은 비그리스도인과 비평화주의 지도자들도 하나 됨에 대한 비슷한 비전을 공유했다. 말콤은 메카로의 순례에서, 수만 명의 서로 다른 인종과 피부색을 가진 이들이 하나 되는 광경을 목격하고 유일한 하나의 신의 힘, 그 하나의 신 아래에서 인류의 하나 됨이 갖는 저력을 확신했다.10)

이러한 것들은 평화의 일꾼들이 홀로 있을 때에나 관계 가운데 있을 때에 그들을 구속하고 지지해주는 비전의 요소들이다. 이제부터는 두 가지 차원에서 이 비전에 대해 살펴볼 것이다. 홀로 걷는 걸음과 사회공동체로의 여정이다. 우리는 다함이 없는 희망을 전하면서, 구속의 드라마를 분명히 보여주는 다양한 방법과 구조들을 상세히 살펴보겠다.

## C. 고독 속에서

먼저 개인적 순례의 길에서 온전하게 구속받은 사람들에게 주의를 기울이고, 고독한 경험 속에서 그들이 풍성해질 수 있었던 방법을 살펴보려고 한다. 초월자는 개인에게 여러 가지 방법으로 말한다. 하나님 앞에 선 한 인격체의 침묵을 통해, 명상적이고 신비적인 경험을 통해, 규칙적인 묵상과 기도를 통해, 자연을 창조하신 하나님께 감사함을 통해, 예술과 음악, 이야기들을 만들어내는 인간의 창조성을 통해. 개인의 종교 체험의 가능성들은 개별 존재처럼 다양하고, 무한자처럼 제한이 없으며, 오직 개별적이고 외로운 만남을 통해서만 체험된다.11) 알프레드 화이트헤드Alfred North Whitehead는 종교는 개인이 자신의 고독과 함께 하는 바로 그것이라고 말했다.

## 1. 종교체험

여기서는 종교체험religious story을 갖는 두 개의 대조적 방법에 대해 간단히 기술하고자 한다. 그리고 평화활동가들에게 가장 일반적인 경험인 신비적이고 명상적인 종교체험에 대해 더 면밀한 탐색을 하려고 한다.

태어날 때부터 종교적 은유와 이미지들을 갖는 많은 사람은 특별한 하나의 종교체험이 자신의 것이 된 구체적 장소와 시기를 지적할 수 없다. 그들은 종교 체험의 강에서 씻기고, 신성한 신화의 공기로 호흡하고, 신앙 안에서 자라나는 과정이 곧 성숙인 그런 사람들이다. 의심과 질문, 일시적인 부인과 같은 피할 수 없는 시기도 아마 그들 존재의 일부가 되어버린 종교체험에서 그들을 분리할 수 없었다. 어떤 개인들에게는 형식적 신앙의 요소들을 수용하고 체내화 하고, 공중 앞에서 확증을 받은 시기와 장소가 정확할 수 있다. 하지만, 그들의 기본 방향과 신앙의 관점은 삶이라는 직물을 종횡무진하며 계속해서 변함없이 수놓고 있다.

다른 이들에게 개인의 종교적 삶은 "다메섹 도상", "거듭남"과 같은 회심의 경험으로 표현된다. 옛 생활에서 새로운 삶을 향한 변화는 극적이고 분명하다. 이 변화의 대리인은 거대한 하나의 힘인데, 이는 변화를 받은 사람의 업적이나 가치에 대한 반응으로 활동하지 않고 완전한 은혜로 말미암아 움직인다. 윌리암 제임스William James는 회심의 경험을 다음과 같은 일련의 사건으로 기술했다. 첫째, 보다 높고 통제하는 힘에 사로잡힘을 느끼고, 스스로를 부인하며, 무지하고 완전히 무가치한 존재로 인식한다. 그러면 구원의 선물과 자비의 행위가 뒤따라오는데, 이는 그 사람을 확신에 거하게 한다. 염려가 사라지고 평화와 조화, 황홀한 행복이 그 자리를 대신한다. 내적으로 전에는 알지 못했던 진리가 보이고, 이를 받아들인다.

자신 외부에 있는 온 창조물은 신생newness의 기운을 갖는다. 제임스에 따르면, 회심의 경험은 삶에 대한 태도를 변화시키고, 종교적 열정이 쇠퇴할 때나 엄청난 타락을 경험하더라도 바래지 않는 새로운 방향성을 부여한다.12)

종종 위에서 언급한 두 가지 유형 중 하나에 속하는 사람들은 다른 유형의 사람들을 의심한다. 한 유형에 속한 이들은 다른 유형에 속한 사람들의 종교체험이 진정으로 거듭난 것이었는지 의문을 제기하고(너도 알다시피 "너는 거듭나야 해"라고 말한다.), 또 다른 유형에 속한 사람들은 더 "감정적 높이"로 고무된 이들의 헌신이 지속력이 있을지 미심쩍어한다. 그러한 의심은 근거가 있을 수도, 근거가 없을 수도 있다. 어쨌든 타당성을 가졌는지는 우리가 결정할 문제는 아니다. 궁극적 진리를 소유하거나 하나님의 자리에 앉아있지 않는 우리는 한 개인과 하나님 사이의 관계를 심판하는 자리에 설 수 없다. 아마 의심을 품는 사람들은 수세에 몰려서 자신의 종교체험을 확신할 수 없을 것이다.

또 다른 애매한 실수는 은혜를 받아 한번으로 영원한 회심 체험을 하는 것에 지나친 강조를 할 때 일어난다. 한쪽 편에서는, 은혜는 값없이 주어지고 누구도 그것을 살 수 없으므로 어떤 사람들은 무슨 일을 하든지 관계없이 그 은혜를 받도록 예정되어 있다고 주장한다. 다른 한편에서, 어떤 사람들은 행위로 다른 사람에 비해 종교체험을 더 잘할 수 있기 때문에 복음전도의 에너지는 복음을 잘 받아늘이게 하는 쪽으로 흘러가야 한나고 주장한다. 복음을 수용하는 것을 지나치게 계산하거나 교조주의적 예정으로 피하는 것 모두 은혜를 분명히 이해하지 못하고 있다. 은혜는 선물이다. 이 선물은 각양각색의 사람에게 각기 다른 방법으로 주어진다. 선물이기 때문에 그것은 살 수 없지만, 그 선물에 믿음으로 반응하는 것은 은혜받은 자의 일과 삶 속에 분명히 드러날 것이다. 때때로 은혜는 필요에 따라 폭포수처럼 쏟아질 수도 있고, 다시 또다시 주어지기도 한다. 왜냐하면, 사도 바울과 같이 우리는 우리가 너무나 죄를 짓고 있으며, 부족한 사람들이며, 계속되는 삶 속에서 구원이 필요한 존재임을 알고 있기 때문이다. 사도 바울과 같이 우리는 매일 죽고 매일 새로워진다. 사도 바울과 같이 우리도 "주님의 은혜가 넘칩니다"라는 말씀을 기억해야 한다. 하지만, 마지막에 은혜는 신비로 남는다. 그리고 우리는 이 신비를 받아들이고자 은혜가 필요하다. 종종 신비를 설명하려는 열심 있는 시도들이 우상숭배를 낳기도 한다.

모든 존재를 포용하는 은혜와 끝없는 사랑에 대한 경험은, 가치를 자각하고 소망의 삶을 지속하게 하는 힘이다. 존재가 사랑스럽고 다정하며, 한 인간으로서 내가 가치가 있다는 확신이 없다면, 평화의 비전은 성취가 가능하다 하더라도 유지되기가 어렵다. 구속받은 공동체는 다른 사람을 사랑하고 받아들이는 데 자유롭다. 왜냐하면, 공동체 구성원들이 이미 끝없는 사랑을 받았고, 궁극적 실재의 무조건적인 수용을 경험했으며, 하나님의 은혜로 문제없다는 선고를 받았기 때문이다. 이와 같은 흔들림 없는 심리학적 토대 때문에, 샬롬의 종말론적 비전은 실행 가능한 삶의 방식이 된다. 인간은 유한자에게로 충돌해 들어오시는 무한자에 의존한다. 하나님은 만지시고 인간은 반응한다. 그리고 이러한 상호작용을 통해 샬롬의 가능성이 자라난다.

은혜와 사랑의 체험은 심리학적 차원에서 상응하는 부분이 있다. 에릭 에릭슨Erik Erikson은 아동의 초기 경험이 한 사람의 온 생애 동안의 정신 상태를 결정하는 자기 존중감에 얼마나 지대한 영향을 미치는지를 보여준다.13) 정확한 자아 개념과 건강한 자기 존중감을 가지고 내적으로 자기 가치감을 중심에 가진 사람은 차이 때문에 위협받지 않고, 쉽게 수세를 취하지 않으며, 문제 해결 시 폭력에 호소하지 않는다. 자아 수용은 다른 사람을 수용하는 것을 가능하게 하고, 자아의 자각은 다른 사람을 자각하게 한다. 사람들은 다른 사람의 성격, 권리, 차이를 존중할 수 있기 전에 자신을 존중하고 알아야 한다.

아이들의 자아 개념은 비록 여러 가지 경험을 통합하면서 계속 이루어져 가는 역동적인 실체이기는 하지만, 학령기에 이르면 거의 형성된다. 그래서 초기 환경의 역동성은 최고로 중요하다. 건강한 자아 개념은 개방적이고 긍정적인 환경에서 강화되는데, 이러한 환경의 특징은 감정의 주인으로 자유롭게 감정을 표현하며, 양방향 대화를 하며, 지배자―복종하는 자 관계가 아니라 친구와 친구의 관계를 갖는다.14)

평화의 비전을 적극적으로 지지하게 되는 사람들의 공통점은 신비적이거나 명상적인 종교체험 유형을 갖고 있다는 것이다. 우리는 이러한 사람들에 대한 이야기를 서너 개 간단히 살펴볼 것이다. 일부는 잘 알려져 있는 경우도 있지만, 그렇지 않은 경우도 있다. 흥미 있는 것은 이들의 이야기가 다양한 문화적 사회적 맥락 속에서 표현되고 해석되었음에도, 깊은 차원에서 살펴본 서로 다른 이들의 이야기는 놀랍도록 유사하다는 것이다.

6장에서 이야기했던 선지자 이사야의 경험에서부터 시작해보자. 이사야 기사는 네 부분으로 나누어볼 수 있다. 첫째, 이사야 선지자가 스랍들 seraphs에 둘러싸여 영광의 보좌에 앉으신 주님을 환상가운데 보고 놀라움과 경탄에 사로잡힌다. 둘째, 기조가 흔들리고, 연기로 가득차서 이사야가 말한다. "재앙이 나에게 닥치겠구나! 이제 나는 죽게 되었구나. 나는 입술이 부정한 사람인데, 입술이 부정한 사람들 가운데 살고 있으면서 왕이신 만군의 주님을 만나 뵙다니!" 이 체험에서 처음의 경외와 경배의 의식은 자신의 무가치함과 유한함에 대한 자각에서 나왔음을 알 수 있다. 셋째, 주님이 불타는 숯으로 이사야의 부정한 입술을 정결케 하시고 물으신다.

"내가 누구를 보낼까? 누가 우리를 대신하여 갈 것인가?" 불로 정결케 하는 것은 하나님의 부르심에 대한 반응을 준비하는 것이다. 넷째, 이사야는 대답한다. "제가 여기에 있습니다. 저를 보내어 주십시오." 환상과 무의미함, 깨끗케 하시는 용서를 경험하고 강해진 이사야는 그때서야 주님의 메시지를 가지고 그분의 백성에게 나아간다.

불로 깨끗하게 되고, 약할 때 강해지고, 십자가로 자유케 되며 신비한 갱생과 같은 죽음을 통한 새 삶은 역설이다. 무의미함emptiness, 부인, 자기부정, 죽음에 가까운 고통을 통해 옛것이 새것이 되고, 궁극적인 진실의 힘이 광대해진다는 주제는 현재와 과거 그리고 동양과 서양의 신비주의 서적들에 되풀이되고 있다. 이 신비체험은 일시적이다. 하지만, 지속적인 영향을 미친다. 씨는 죽어야 새 생명으로 자라서 열매를 맺기 때문이다. 내적 여행은 외부 세상으로의 여행을 견인하고, 성취할 임무를 가지고 세상으로 나아가게 한다.

이 신비한 무emptiness의 경험과 사회참여운동의 관계는 대학교 교수이자 혁명적인 비폭력 전략의 대표자인 제임스 더글라스James Douglass가 경험하고 분석했다. 『저항과 명상』Resistance and Contemplation에서 명상과 저항이 상보적이며, 음양이 사회적 저항의 '방법'을 형성하기 위해 결합한다는 논제를 상세히 설명하고 있다. 타자를 희생해서 긍정될 수 있는 것은 없다. 왜냐하면, 이 "방법"은 음양의 역동 안에 있기도 하고, 또 그 역동을 초월하기도 하기 때문이다. 더글라스는 "진실-힘truth-force과 존재의 능력의 혁명에서 내려가지 않고 올라가는 길은 없고, 포기하지 않고 권세를 갖는 방법이 없고, 무無를 통하지 않고 존재하는 방법이 없다"라고 썼다.[15]

더글라스에 의하면, 자유liberation하기 위한 명상 방법은 "자아의 처절한 빈곤을 인식하는 충격"과 함께 시작된다.[16] 또 자신의 아내 쉘리Shelley의 말을 인용한 것처럼, "우리는 어떤 실제적 힘을 받기 전에 우리의 무력함을 수용하는 데 강해져야 한다."17) 결과는 아직 나오지 않았지만, 그것은 사람의 능력이 아니라 하나님 능력의 행하심이다. 더글라스는 계속해서 "사막에서, 험준한 산 위에서, 사람은 자신의 능력을 부인하고 아무것도 아니게 됨으로써 신이 된다. 이제 음과 양 그리고 수 시간 동안 십자가에서 그 모습이 변화하고, 신의 힘에 저항한다. 세계가 변한다."라고 말한다.18)

변화는 그 사람의 없음emptiness 통해서 일하시는 초월적 존재의 솜씨다. 각각의 사람들은 적절한 공식을 이용해서 신의 능력행사를 셈하거나 결정할 수도 없고, 그 능력의 솜씨를 자신의 것으로 삼을 수도 없다. 간디가 깨달았던 것처럼, 각각의 사람들은 진리를 찾는 순전한 동기에서 행동해야 하고 자신의 행동 열매와는 분리되어야 한다.19) 이러한 이해 안에서 효과적인 변화가 일어날 수 있는 것은 개인의 사회적 정치적 영향력을 포기할 때이다. 사제이자 활동가인 다니엘 베리건Daniel Berrigan은 "나는 정말로 정치적이라는 말을 경멸한다. 내 말은 우리가 신비주의자든 아무것도 아니든 우리는 정말로 아무것도 아니라는 것이다"라고 말한 바 있다.

유사하지만 같지는 않은 경험을 시실리의 간디인 다닐로 돌치의 삶에서 엿볼 수 있다. 촉망받는 건축과 학생이었던 돌치는 자신이 살았던 안락한 사회와 어렸을 적 목격했던 시골 시실리의 지독한 가난에 대한 잊을 수 없는 기억 때문에 자신의 길에 대해 의문을 품기 시작했다. 시골길을 걸어가던 중에 돌치는 한 비전을 품게 되었고, 이로 발미암아 가톨릭 공동체에 들어가게 되었다. 이후에 그는 트라페토Trappeto에 사는 가난한 자들에게 한 사람의 형제로 들어갔다. 돌치는 자신의 체험을 다음과 같이 기술한다.

잎은 떨어지지만 씨는 남아있는 것을 보았다. 그리고 그 씨가 땅으로 돌아가는 것도 보았다. 이 씨가 사라짐으로써 씨가 다시 살아나는 것을 보았다. 그리고 계속해서 씨는 떨어지고 열매가 되어 먹을 수 있게 된다. 모든 계절도 과거에 그랬던 것처럼 안으로부터 이와 같다는 것을 나는 알았다. 나는 전체 삶의 순환이었다. 자연이, 모든 살아있는 것이 죽은 것을 삼켜버린 곳에서는 모든 것이 비극이었다. 나는 이것을 이해한 것이 아니라 느꼈다. 그러고 나서 천천히 자신을 갈아엎기 위해서 씨처럼 소비되어야 한다는 것을 천천히 느낄 수 있었다. 그러고 나서 합일communion의 가치를 이해했다. 그것은 모든 사람은 함께 존재해야 한다는 것이다.20)

비록 돌치의 방법들이 실용적이고, 권력자들을 당혹하게 하고, 여론을 깨우고, 상대를 변화시키기보다는 변화를 가져왔지만, 소비되어야 할 필요와 우주적 합일의 추구는 간디의 이해와 유사하다.

이제 세 개의 이야기를 간단히 언급하려고 한다. 이들 가운데, 20세기 여성 철학자들 가운데 하나이며 선불교를 믿었던 트라피스트 수도사가 있다. 시몬느 베이유Simone Weil는 프랑스인이고 유대인이자 그리스도인으로 대단히 명석했다. 그녀는 1909년에 태어났고, 22살에 프랑스 리세lycee에서 여학생들에게 철학을 가르치기 시작했다. 그녀는 가르치는 동안 두 번 공장 노동을 했다. 그녀의 글들은 모두 유작으로 출판됐는데, 작가이자 철학자이며, 역사가이자 정치적 참여자며, 비정통적인 신비주의자로써의 다양한 천재성을 드러내고 있다.21) 환상을 완전히 벗어버린 현실 그리고 진리에 대한 베이유의 지적 추구는 신비적인 분리의 과정과 욕망의 포기, 이유 없는 고통 뒤에 왔다. 그녀는 자신의 저널에서 다음과 같이 인용한 것처럼 "철학화하는 것은 죽기를 배우는 것"임을 알고 있었다. 이어서 베이유는 "진리를 사랑하는 것은 공허를 인내하는 것을 의미한다. 그리고 결과적으로 죽음을 받아들이는 것이다"라고 말한다.22) 또한, 은혜 자체만이 우리를 하나님에게서 멀어지게 하는 중력을 극복하며, 은혜는 발가벗고

빈 영혼이 받을 수 있다고 주장한다. "은혜는 빈 공간을 채운다. 하지만, 은혜는 은혜를 받을 수 있는 공허함 속으로만 들어갈 수 있다. 그리고 이 공허를 만들어낸 것 그것이 바로 은혜다."23) 베이유는 34살이라는 젊은 나이로 런던에서 사망했는데, 자발적 영양실조가 그녀의 죽음을 재촉했다. 이 자발적 영양실조는 전쟁 중인 시민들에게 배급되는 식량으로 살아가던 프랑스 사람들과의 연대를 위한 선택이었다.

진실을 마주하고 환상을 벗어던진, 현실을 인지하고 정화된 시각으로 사물을 보려는 운동drive은 윤리적 반응을 드러내는 동기가 된다. 왜냐하면, 우리는 볼 수 있는 세상에만 반응할 수 있기 때문이다. 우리는 이러한 깊이 성찰하고 명상하는 체험이 우리를 현실에서 멀어지게 하는 대신, 현실을 향해서 나아가도록 하고 현실에 대한 비전을 분명하게 할뿐 아니라 확장하도록 해야 한다. 비전의 정화가 내포하는 환상을 파괴하는 일이 고통이나 분노를 수반하지 않을 수는 없다. 하지만, 무無 체험이 희망의 이유는 자아를 초월한 존재 곧 생명유지의 근원을 계시하기 때문이다.

선불교 수도승인 틱낫한Thich Nhat Hanh은 베트남전 당시에 활동했던 비폭력 운동가였는데, 『깨어있음의 기적』The Miracle of Mindfulness이라는 소책자를 써서 평화운동가들이 자신의 비전을 발전시키는 데 도움을 주었다.24) 베트남전 동안 파리에서 베트남 불교도들을 대표하는 평화사절단의 대표이자, 화해자들 모임의 공동의장이었던 틱낫한은 평화운동에 명상적 차원이 필요함을 대중에게 환기시켰다. 선불교는 가르지지 않고 가리킨다. 선불교는 선포적(케리그마틱) 메시지나 계시를 제시하는 대신, 깨달음, 곧 이 세상 한가운데 지금 여기에 있는 우리 자신의 존재론적 근거에 대한 의식을 교통한다. 틱낫한의 책은 매일의 깨달음을 증진하는데 도움이 되는 훈련들을 제시하는데, 이는 선불교의 명상이 세속과 분리된 활동이 아니기 때문이다. 오히려 생활의 모든 행동은 명상하는 방식으로 이루어져야 한다. 마찬가지로 평화에 이르는 "길"은 없다. 평화가 그 길이다.

무, 초월, 상호의존과 같은 주제들을 명상함으로써 평화의 일꾼들은 말할 수 없는 연민을 품게 된다. 타인의 고통과 즐거움과 하나가 되고 생명의 우주적 조화 속으로 들어가기 때문이다. 이와 같은 해방적 체험 속에서 가슴은 연민으로 넘치고, 이 연민의 눈으로 세상을 보게 된다. 이러한 연민의 눈으로 보는 평화사역자들은 자신이 보는 것에 적합하게 반응할 수 있고, 절망으로 눈이 멀지는 않는다.

트라피스트 수사 토마스 머튼이 인류를 향한 비폭력의 연민을 발견한 것이 이와 같은 혼자만의 깊은 명상을 통해서였다. 그는 홀로 명상하는 가운데 자신 안에 세상의 악이 존재함을 인식하고 용서를 발견하고, 모든 살아있는 것과 하나가 되었다. 홀로 명상하는 가운데 그는 폭력적 사회가 가진 환상을 글을 통해 벗겨버리는 것이 자신의 부르심임을 발견했다.

머튼의 부르심에 대한 반응이 그를 수도원생활로 이끌었다는 것이 모순처럼 보인다. 수도원생활은 종종 사회참여활동과는 정반대인 것으로 보이기 때문이다. 앞으로 나아가기보다는 뒤로 후퇴하고, 악한 세상에서 아무런 관계가 없는 안전한 곳으로 물러나는 것처럼 보인다. 머튼은 이러한 비판에 대해 말한다. "수도사들과 히피들과 시인들과 관계가 있는가? 아니, 우리는 일부러라도 관계가 없다. 우리는 모든 인간에게 적절한, 철저한 무관계로 살아간다."25) 이러한 무관계는 하나님과 타자들을 인식하도록 하며, 그리고 적절한 반응을 하도록 한다.

머튼에게 진정한 관계의 길은 기도와 관상contemplation의 길이었다. 그의 삶과 작업은 수도원생활이 현실의 도피가 아니라는 것을 보여주었는데, 그의 사회정치학 비판이 수도원의 고행과 침묵의 삶을 통해 체득한 연민의 열매였기 때문이다.

지금까지 두 종류의 종교체험 방법으로 시작해서 일반적인 종교체험들을 기술하면서 동시에 평화의 일꾼들의 삶을 따라가면서 신비체험의 공통적 요소들을 자세히 살펴보았다. 이제 초월자가 각 사람에게 살아갈 힘을 주는 특별한 방법들, 즉 기도와 자연과 문화를 살펴보겠다.

## 2. 기도

기도는 새롭게 하는 연료이며 다함이 없는 원천에서 흘러나오는 활력제다. 기도는 하나님에게 자신을 몰입하는 것이며, 자아와 세상에 대해 죽음으로 창조적이고 두려움 없는 삶이 시작되는 것이다. 기도는 기도하는 사람을 먼저 변화시킴으로 세상을 변화시킨다. 헨리 나우웬Henry Nouwen은 "기도는 사람을 관조적이며 경청하게 만든다. 조종을 하는 대신에 기도하는 사람은 세상 앞에서 수용하는 자세를 갖는다. 더는 부여잡지 않고 쓰다듬으며, 더는 깨물지 않고 키스하고, 조사하지 않고 경외한다."26)

우리는 기도를 통해 그리스도의 나라에서 새로운 존재로 태어난다. 그리고 파괴적인 세상 한가운데에서도 기쁨과 희망으로 그 나라를 살아갈 수 있는 힘을 얻는다. 우리는 기도를 통해 높으신 분께 충성을 맹세하며, 높으신 능력 안에서 안전을 발견한다. 그리고 마침내 기도는 변혁의 행동이 되는데, 기도는 모든 행동의 기초이며 근원이기 때문이다. 기도 없이는 성실한 행동은 없다.

물론 명상적 생활만이 기도와 부르심을 조화롭게 하는 유일한 방법은 아니다. 평화와 정의를 위해 일하는 사람들은 기도를 올리거나, 버스와 기차 혹은 비행기 안에서나 행진할 때, 연단에 설 때나 승강장에 있을 때도, 노동쟁의의 현장에서나 교도소에서도 그들은 "관상의 자기장"force-field contemplation으로 자신을 둘러싼다. "항상 기도하라"는 말씀은 진지하게 받아들여야 하는 명령이다. 그래서 각각의 행동은 기도의 태도로 행해지고, 또 모든 행동은 하나의 기도가 된다.

이들은 또한, 날마다 규칙적인 기도와 명상으로 생명력을 유지하는 힘을 받았음을 증언한다. 온 생애가 "살아있는 기도"였던 테레사 수녀는 하나님과 홀로 있는 시간을, 거리에서 사역하는 것만큼 중요하게 여겼다. 사랑의 선교회Missionaries of Charity의 하루는 미사, 반 시간의 묵상, 아침 기도와 오후기도, 한 시간 동안의 저녁 경배시간으로 이루어진다. 테레사 수녀는 "적어도 아침에 반시간과 저녁에 한 시간은 기도로 보내야 합니다. 일하면서도 기도할 수 있어요. 일이 기도를 멈추지도 않고, 기도가 일을 멈추지도 않아요. 기도는 다만 그분에게 작은 마음을 올려드리는 겁니다. '하나님, 나는 당신을 사랑합니다. 나는 당신을 믿습니다. 나는 당신을 신뢰합니다. 지금 당신이 필요합니다.' 작은 일들도 이러한 기도를 좋아합니다. 하지만, 위대한 기도입니다."27)

닥 함머슐드Dag Hammarskjöld는 외부적으로 활동적인 정치활동을 펼친 스웨덴 정치계의 저명한 인사인데, UN의 사무총장으로써 UN과 카탄자Katanja 세력과의 종전을 협상하는 중에 비행기 추락으로 사망했다. 사후에 그가 기도와 관상의 사람이었음을 보여주는 기록이 공개됐다. 이 기록에서 그는 자신 안에서 일어나는 갈등을 "하나님과 나 자신과의 협상에 관한 일종의 백서"라고 적고 있다. 그의 마지막 기도 중의 하나는 1961년 7월 19일에 썼는데, 기도하는 자로서의 삶과 세계 각국의 평화를 위해 일하는 세계인 사이의 긴밀한 관계를 드러내고 있다.28)

우리에게 자비를

우리가 기울이는 노력들에 자비를

우리는 당신 앞에 있으니

사랑과 믿음으로

정의와 겸손이

당신을 따를 것이니

자기부인과 불변과 용기를 가지고

당신을 만나리

침묵 속에서


우리에게

순결한 마음을

우리가 당신을 볼 수 있도록

겸손한 마음을

우리가 당신을 들을 수 있도록

사랑의 마음을

우리가 당신을 섬길 수 있도록

믿음의 마음을

우리가 당신을 살아낼 수 있도록


당신은

내가 알지 못하지만

나는 당신의 것


당신은

내가 이해할 수 없지만

나를 봉헌한 분

나의 운명에게

당신은-

은둔생활의 엄격함 바깥에 있는 사역자들에게 율법주의에 따라서가 아니라 엄격한 신실함으로 날마다 헌신을 훈련하는 것은 규칙적으로 영적 자양분을 공급하는 것이다. 인기 있는 어린이 작가이며 사서인 메들린 랭글Madeleine L'Engle은 기도훈련과 "그 기술을 지속할" 필요를 강조한다. 랭글은 그 예로 세르킨Serkin이 베토벤의 "격정 소나타"Passionate Sonata를 연주했을 때, "세르킨이 할 수 있는 그 이상으로 잘했을 때", 세르킨이 자신이 지닌 기술을 계속 사용했기 때문에 "은혜의 순간"이 될 수 있었다고 말했다. 랭글은 "기도는 피아노를 연주하는 것과 같다"라고 말하면서 유비를 끝내고 있다. "날마다 잘할 수는 없다. 하지만, 매일 하지 않는다면, 결코 잘할 수 없을 것이다."29)

## 3. 자연

자연 속에 분명한 하나님의 창조는 초월자가 인간을 만나는 한 매개체가 된다. 하늘은 하나님의 영광을 말하고, 땅은 그의 광대하심을 증언한다. 자연만물 속에서 인간만이 그들을 만드신 분 앞에서 저항할 수 없는 비천함과 겸손함을 느낀다. 동시에 인간들은 변화하는 시절과 창조와 소멸과 삶과 죽음의 리듬을 목격하며 모든 사물의 상호연관성과 우주적 통일성을 경험한다. 다닐로 돌치의 생애처럼, 그러한 경험은 앞으로 나아가도록 하시는 부르심과 소비되게 하시는 부르심에 대한 이해를 도와준다.

나는 자연에 대한 어떤 경험을 통해 심오한 종교적 중요성을 발견했다. 수년 전 아내와 나는 테톤산맥 높은 곳에 있는 알프스의 작은 호수로 등반했다. 나는 호수의 다른 편을 굽어볼 수 있을까 해서 조금 더 멀리, 호수 윗부분 산마루까지 올라가기로 했다. 올라갈수록 또 다른 산마루가 펼쳐졌다. 마침내, 나는 멈추고 뒤를 돌아보았는데, 나는 이미 호수 위 높은 곳에 있었다. 나는 완전히 혼자였다. 어떤 인간의 목소리도 들리지 않았고, 어떤 인간문명의 표시도 보이지 않았고, 울퉁불퉁한 정상의 거대한 바위 턱을 따라 바람 소리만 들렸다. 그곳에 앉아 숨을 고르고 있다가 나는 동시에 두 개의 완전히 모순된 감정에 압도됐다. 산의 거대하고 광대한 아름다움에 대한 경탄과 경외심이었다. 일종의 공포심과 같은 두려움에 사로잡혔다. 그것은 나의 약함과 무가치함을 압도하는 광활한 공간과 그 힘 때문이었다.

많은 사람이 살면서 비슷한 경험들을 할 것이다. 별들을 보면서 그 공간의 광활함에, 동부 콜로라도에서 펼쳐진 초원의 광활함에, 로키 산맥의 장엄함에, 평야에 형성된 소나기구름과 이 구름이 몰고 오는 엄청난 세력에, 땅의 한계를 끝없이 몰아쳐서 그 무한한 힘을 뻗치는 바다에 우리는 놀란다. 폴 틸리히Paul Tillich는 바다에서 자신의 신학의 기본 이미지를 끌어왔다. 자신의 책 『경계선에서』On the Boundary 그는 거의 유한자로 볼 수 있는 무한자에 대한 개념이 그의 사상에 하나의 은유를 제공했다고 쓰고 있다. 나는 온종일 마인 해변가의 스쿠딕 반도에 앉아 파도가 해안에 부딪치며 철썩거리는 것을 지켜봤던 것을 기억한다. 잔잔한 파도들은 계속해서 생겨나 결국 하나의 거대한 파도가 되어 바위를 때리고 공기 중으로 하얀 물보라를 뿜는다. 그러면 바다는 잠잠해지고, 정적이 찾아오고, 다시 작은 파도들이 생겨난다. 이것이 계속해서 반복된다. 바다는 무한함의 상징이다. 알파와 오메가이신 하나님의 상징이다. 땅은 유한하고 상하고 세파에 지치고 침식되기 쉬운 인간의 상황을 상징한다.

테톤산맥의 장엄함과 유한한 땅에 근접한 바다의 무한함에 무가치함과 쓸쓸함을 느끼는 것과 같은 이러한 이미지들은 인간의 상황을 그리고 있다. 이러한 이미지들은 전망perspective에 실재를 덧입힌다. 그들은 이사야가 성전에서 경험했었던 것을 표현하고 있다. "거룩하다, 거룩하다, 거룩하다, 만군의 주님! 온 땅에 그의 영광이 가득하다." "재앙이 내게 닥치겠구나! 나는 입술이 부정한 사람이기 때문이다."

### 4. 문화

문화의 다양한 차원에서 나타나는 사람들의 창작품들은 사랑과 진리의 도구가 된다. 왜냐하면, 문화적 창작품들은 보편적 경험의 구체적 "상세항목" 혹은 "체화"이기 때문이다. 이러한 창작품들이 초월적 방식으로 기능하는 때는 이 창작품들이 구체성과 특이성을 넘어 보편성을 이야기하고, 창작품들을 탄생시킨 심오한 경험의 세계를 말해줄 때이다. 예술은 인간 생활의 보편적 주제들을 표현해낼 수 있고, 이러한 주제들을 개인의 의식 세계로 불러온다. 훌륭한 예술은 깨닫게 하고 긍정하며, 죄를 깨닫게 하고 영감을 주기도 하는데, 항상 반응을 요구한다.

프러시아 태생의 케테 콜비츠kathe Kollwitz의 삽화와 조각은 예술의 초월적 힘을 가장 잘 설명해준다. 그리고 어떻게 그 힘이 평화와 정의 운동을 증진할 수 있는지를 말해준다. 노동자, 외과의사 남편의 환자들, 가난한 자와 같은 그녀가 발견한 아름다운 주제들을 선별함으로써 콜비츠의 예술은 사랑과 죽음이라는 보편적 주제들과 모성과 비통함이라는 그녀 자신의 경험 사이의 카타르시스적인 화해를 이루었다.30) (콜비츠는 제1차 세계대전에서 아들 하나를 잃고, 2차 세계대전에서 손자 하나를 잃었다.) 억압받는 자와 가난과 전쟁의 희생자들을 묘사했던 콜비츠의 작품들은 사회의 불의에 저항해서 외쳤고, 전쟁의 잔혹성을 너무나 강력하게 비난해서 히틀러 통치 아래 독일 제국은 이 작품들에 "변절자"라는 딱지를 붙여서 출판을 금지했다.

예술과의 만남처럼, 음악과 이야기와의 만남도 초월적 황홀경을 전달하는 수단이 될 수 있다. 음악은 오랫동안 보편적 언어라고 불려왔다. 지휘자 겸 작곡가인 레오나르드 번스타인Leonard Bernstein은 아이들 노래를 언어학적으로 연구한 결과가 이와 같은 상투적인 표현을 지지하고 있다고 주장한다." 전 세계의 어린이들이 동일한 단조로운 노래로 서로못살게 굴고, 너무나 비슷한 곡조로 노래 부르기 놀이를 한다. 기본적인 형식과 예를 들면 5음과 같은 음렬의 구조는 진지하고도 과학적으로 보편적이라고 불릴 만한다.[31]

민속 음악부터 고전까지, 또 성악부터 기악까지 음악적 표현의 전 영역은 청각적 심상을 담고 있어서 모든 존재의 연합에 대한 비전과 보편적 경험과 보편적 가치에 대한 비전을 상기시킨다. 성악과 오케스트라의 조화로운 협연은 많은 부분으로 이루어진 몸과 같다. 한 주제에 대한 변이와 동화는 인간의 문화가 갖는 특징이다. 인간 경험의 주제들은 바로 그 "하나"이자 전체이며, "많은" 개별 표현과 관계하고 있다. 불가피한 화음의 불일치나 두서없는 선율을 잘 뒷받침함으로써 불협화음을 줄이고 바탕음으로 돌아가고자 하는데, 이러한 음악의 구조는 화해와 조화를 추구하는 진실-힘truth-force과 비슷하다.

예리한 경고의 말이나 유비는 유용한 도구지만 그 효력은 제한적이다. 말로 음악을 논한다는 것은 우리가 음악을 듣고 말로 창작하는 것에 그칠 뿐, 실제음악을 듣고 창작하는 경험을 대체하지는 못한다. 이는 음악이 다른 어떤 것으로도 표현할 수 없는 것을 표현하는 음악자체의 매개체이기 때문이다. 다른 모든 예술처럼 음악은 음악만이 할 수 있는 방식을 가지고 있고, 힘을 가지고 있다. 대중음악과 영가를 듣고 그 파토스★를 느끼지 못할 사람이 누구일까? 베토벤의 교향곡 9번과 헨델의 메시아에 감동받지 않을 사람이 있을까?

도로시 데이Dorothy Day는 의식적으로 음악과 예술을 가톨릭 노동자Catholic Worker운동에 집어넣었다. 도로시는 가난한 자들이 최고의 것을 누

---

★옮긴이주 : 파토스 – 음악이 주는 연민의 정, 혹은 비애감

릴 권리가 있다고 믿었다. 그래서 종종, 음악그룹과 시인들이 가톨릭 노동 자회에서 공연을 하곤 했다. 신문은 가난한 자들에 대한 관심을 끄는 방법으로 시각 예술작품들을 실었다. 이것은 글만큼이나 중요한 수단이었다.

"움직이게"하는 힘인 예술이 가진 초월적 기능은 구어와 문어로 이루어지는 다양한 형태의 모든 훌륭한 예술작품에서 똑같이 작용된다. 이와 같은 예술작품을 "이야기"story라고 분류해보자.32) 이야기들은 사건들의 유형과 시간을 결부시킨다. 이야기들은 이미지이며 은유들이고, 사람들의 삶과 문화를 통합하고 연속되게 하는 세계관이다. 이야기들은 종교체험 안에 스며 있다. 그리고 인간 실존의 깊은 문제들에 대해 시간이 고증하고 잠정적으로 해석된 답을 준다. 도덕에 관한 이야기들은 구체적인 맥락 안에서 원리들을 제시하고, 윤리적 행동과 반응을 할 수 있는 밑그림과 방향을 제시해준다. 이야기들은 평범함과 비범함을 다루고, 인생의 기이하고 다양한 주제들을 다룬다. 각각의 인간의 삶은 또한, "계속되는 이야기"라고 표현할 수 있을 것이다. 그래서 모든 사람은 이것이 나의 이야기다, 이것이 내 민족의 이야기다, 이것이 방법이며, 이유라고 말할 수 있다. 엘리 바이젤Elie Wiesel은 말한다. "하나님이 사람을 만드셨다. 하나님은 이야기들을 사랑하셨기 때문이다."33)

이야기들을 나눔으로써 우리의 경험을 확장하고, 서로 다른 이야기들 속에 있는 보편적 요소들을 인식함으로써 상이한 관점들에 대해 감사하게 된다. 아니스 더프Annis Duff는 어린이를 위한 양질의 문학을 장려한 작가인데, "일단 사람들과 식사를 함께하면, 그것이 책 속에서일지라도, 사람들의 관습과 믿음을 참을 수 있게 될 것이다"라고 말했다.34) 인생의 이야기를 나누고 경청하는 것은 평화를 만드는 과정에 지대한 영향을 미칠 수 있다. 이스라엘과 팔레스타인은 프랭크 엡Frank Epp이 두 권의 책 『이스라엘』The Israelis과 『팔레스타인』The Palesinians에서 이야기하는 것처럼 서로의 이야기에 정말로 귀 기울일 수 있을까? 이 책들은 서로에게 깊은 고통을 주고, 이제는 한 땅에 함께 내던져진 두 민족의 이야기다. 이 땅에서 그들은 비극적으로 서로 다투고 싸우도록 운명 지어진 것처럼 보인다. 비록 그들이 서로의 이야기에 공감할 수 있도록 공통의 불행과 비애를 나눈다 해도 말이다.

앞에서 우리는 톨스토이의 작품이 간디에게, 간디는 킹과 돌치에게 영향을 주었다는 점을 언급했다. 우리는 또한, 사람들이 죄를 깨닫고 영감을 받으며, 이야기 속에서 사실처럼 들리는 줄거리로 격려받은 셀 수 없이 많은 사례가 있다. 우리가 만나는 이 이야기들이 드라마나 동화나 위대한 문학이나 성스러운 책 등 어떤 형태를 갖든 상관이 없다.

요약하면, 평화에 대한 비전은 인간의 문화를 통해 다양한 방식으로 전달될 수 있다. 예술, 음악, 이야기 그리고 여러 형태들은 인간의 경험을 실어 나르는 수단이며 초월적 샬롬의 비전에 따라 움직인다.

## D. 관계성

우리는 두 가지 차원 곧 개인의 차원과 공동체 차원에서 평화의 일꾼들을 만들어가고 뒷받침하는 것과 경험 그리고 샬롬의 비전으로 일하는 것을 설명했다. 이것은 이 둘이 서로필요로 하고 중요하며, 상호 배타적이지 않다는 것을 설명하려는 의도 때문이었다. 이들의 관계는 상호의존적이다. 왜냐하면, 하나의 존재는 다른 하나의 존재에 달렸기 때문이다. 혼자서 그리고 공동으로 갖게 되는 경험의 질은 상호의존적이지만 구분이 되며, 각각은 공통되면서도 독특한 요소들을 포함한다. 공통의 요소 가운데 우리가 여기서 다루고 싶은 것은 샬롬의 비전shalom-vision이다. 샬롬의 비전으로 일하고 경험하는 것은 혼자서도, 그룹으로도 가능하다. 개인이 경험하는 형태와 방법은 이미 기술했다. 이제 그룹 경험에 대해 살펴볼 차례다. 공동의 경험에서 구속과 희망의 비전을 분명히 드러내는 방법과 구조들은 무엇인가? 함께 할 때의 비전은 어떻게 나누고 실행되는가?

우리가 사회적 경험, 공동의 경험이라고 부르는 것은 많은 유형의 사회적 상호작용을 포함하고 있다. 함께 예배하고 깨달으려고 모였다가 다양한 분야에서 일하려고 흩어지는, 긴밀하게 맺어진 종교적 모임부터, 함께 일하고 함께 고통을 나눌 것을 요청하는 비전에 고무된 사회운동과 특별한 하나의 목적을 이루고자 함께 모인 과업중심의 조직들에 이르기까지 다양하다. 그리고 이 각각의 수준과 유형에서, 전인적 인간의 창조적 능력들은 평화를 만드는 일의 도구이자 초월적인 생활의 매개자 역할을 한다.

## 1. 함께하는 종교 공동체

종교 공동체에 대한 기술로 시작해보자. 종교 공동체의 존재 근거는 역사 속에서 샬롬의 백성을 세우시기 위해 일하시는 한 분 하나님이다. 이는 개인이 전개되는 공동의 역사에 참여할 때, 상호 간의 용서와 지원, 공동의 기억과 비전을 발견하는 곳이 공동체 안이기 때문이다. 샬롬의 메시지와 화해의 경험은 공동체를 통해 개인들에게 전달된다. 공동체 안에서 화해를 이룬 구성원들은 세상에 샬롬을 전달하는 도구들이 된다.

이러한 샬롬의 민족의식shalom-peoplehood은 다른 사회적 모임과는 구별되며, 이 땅에 샬롬을 이루시기 원하는 하나님의 소망에 대한 반응들인 윤리와 예배 그리고 그 모든 공동체의 특징들을 조합하고 있다. 이러한 공동체는 사도시대 교회와 같은 유형을 취하고, 코이노니아 교제를 나누며, 급진적 제자도와 비폭력적 사랑에 헌신하며, 정기적인 경배와 분별하는 모임을 한다.35)

이 땅의 샬롬의 왕국은 그리스도 안에서 드러난 하나님의 역사적 계시에 순종하는 사람들과 하나님의 공동 창조물이다. 승리하는 공동체는 신자들의 모임이며, 하나님나라를 섬기는 일에 서로에게 서로의 삶을 자발적으로 드린다. 공동체는 제도 그 이상이며, 신성한 사역을 선포하기 위한 도구 그 이상이고, 개인 경건 생활 지원그룹 그 이상이다. 이러한 교회는 코이노니아와 교제와 사랑의 나눔이 있는 공동체로 그리스도의 가르침과 삶을 통해 해석할 수 있는 초대 교회를 모델로 하고 있다.

사도 시대부터 현재까지 다양한 그룹들이 초대교회 공동체에 대해 엄격한 명령을 실천하고자 "모든 것을 공동으로 소유"했다는 성서의 묘사를 받아들였고, 이에 상응하는 사회적·경제적 상황을 조직했다. 그 한 예가 후터라이트 형제공동체Hutterian Brethren이다. 이 공동체는 아나뱁티스트의 한 지류로, 1528년 식민지에서 기독교 공동체로 시작되어 오늘날까지 이어지고 있다.36)

공동체 안에서 구성원들은 용서를 주고받고, 지원을 받는다. 구성원들은 서로 친밀히 알고 그리스도의 아가페 사랑으로 사랑하며, 교회 회원들의 다양한 필요가 충족되고, 교제를 통해 하나님이 모든 존재에게 원하시는 사랑과 평화를 세상에 드러낸다.

비록 교회가 사회와 문화의 중간 지점에 존재하지만, 믿음과 행위의 방식은 어떤 다른 권위에 종속되어서는 안 된다. 교회는 세상 속에서가 아니라 세상 가운데 빛나는 불순응자가 되어야 한다. 이것은 변화시키시는 은혜의 결과다. 은혜는 거룩한 삶을 살게 한다. 이 거룩함은 내적 경건함으로 물러나는 것이 아니며, 또한, 신앙이 깊은 척 세속에서 밀어시는 깃을 의미하는 것도 아니다. 오히려 거룩은 삶의 모든 영역에서 이루어져야 한다. 평화교회 공동체 안에서 구성원들은 서로에게 거룩하고 의로운 삶을 살 것을 부탁하고, 삶의 양식으로 자신의 종말론을 증거한다. 오실 하나님나라를 현재에 살아내는 것이다. 그들은 세상의 빛과 소금이다.

이와 같은 평화의 일꾼들의 교회는 근본적으로, 그리 평범하지 않은 윤리적 반응을 실천하는 특징을 갖고 있다. 그 가운데 하나가 비폭력적 사랑에 근거한 급진적 제자도의 실천인데, 이는 고통 중에서도 순종하는 것이다. 제자들은 평화의 왕이신 그리스도를 따르는 자들인데, 그리스도를 믿는다는 것은 삶으로 그리스도를 따라간다는 것을 의미하기 때문이다. 제자들이 참고하는 틀은 그리스도의 삶과 가르침, 특별히 산상설교의 가르침이고, 제자도의 형태는 그리스도의 인격과 사역 안에 이미 드러나 있다. 제자도가 구체적으로 드러날 때는 선교와 봉사 그리고 활동적인 비폭력 사랑을 의미한다.

지상명령에 대한 반응인 선교의 사명은 모든 민족에게 샬롬의 왕국을 전파하고자 하는 것이다. 선교의 사명을 감당할 때의 태도는 그리스도가 보여주신 종의 모습이어야 한다. 그리스도께서 율법이요 선지자라고 했던 아가페 사랑은 모든 행위의 형태를 결정하는 원리다. 그러므로 제자도는 평화의 왕의 방법, 그리스도의 삶의 방식을 따르는 것이다.

더 나아가 이 급진적 제자도는 혼자가 아니라 공동체로의 부르심이다. 공동체는 일제히 급진적으로 행동하고, 구성원들이 불일치를 경험할 때, 그들을 재정적으로, 영적으로, 감정적으로, 신체적으로 지원하며, 적절한 형태의 행동과 반응을 함께 분별한다.

은혜 체험과 그 결과로 일어나는 변화는 급진적 제자도의 핵심이다. 보통 보이는 것과는 달리 은혜는 윤리적 행동에 개입하거나 자극하지도 않고 완전히 분리되어 있다. 일부 전통에서는 은혜 받은 표시가 성례전에 참여하는 것이고, 루터교의 전통은 복음에 대한 내적인 믿음의 반응을 강조한다. 하지만, 샬롬의 교회는 은혜가 갖는 내적 측면과 성례전적 상징적 측면을 인정하면서, 인정을 넘어 모든 인간의 행동과 관계에 은혜를 적용하고 그로 말미암은 결과와 변화를 강조한다. 이러한 은혜는 급진적이며 값비싼 은혜이다.

그러므로 이러한 공동체회원membership은 성숙한 자발적 결정권을 행사하는데, 성인 침례는 이러한 자발적 결정권 행사를 보여주는 사례이다. 이러한 공동체는 침례를 그리스도의 존재와 가르침에 온전히 헌신하는 언약으로 본다. 그리스도인으로 침례를 받는다는 것은 물과 불과 피의 침례를 받으신 그리스도의 침례로 침례받는 것을 의미한다. 예수께서는 자신의 죽음을 언급하면서, "나는 받아야 할 침례가 있다"눅12:50라고 말씀하신다. 평화의 왕의 침례에 참여하는 교회는 또한, 그분과 함께 고통을 당하고, 십자가에 죽기까지 해야 할 것이다.

제자 공동체의 삶은 분별력이 있어야 한다. 이 분별력은 회중이 제자로써의 자신의 정체성을 형성해가고, 세상에서의 윤리적 책임을 이해하는 과정이다. 간단히 말하면, 분별은 윤리적인 결정을 내리는 것이다. 이 분별이 일어나는 구조는 성직자의 판단으로 결정하는 계급구조가 아니다. 또한, 공동체의 감정을 희생하고 소수자의 의견을 대립시키고 소외시키는 경향이 있는 방법들인 공개토론과 다수결에 따라 내려지지도 않는다. 오히려 분별을 연습하는 회중은 상호의존적 분위기 속에서 상호적 주고받음의 과정에 함께 참여해서 의견의 일치에 이른다. 일치를 향한 추진력은 화해와 조화를 향한 진리-힘의 추진력과 같다.

하지만, 목표보다 더 중요한 것은 성령의 인도하심에 따라 이루어지는 성서 본문의 조명하심과 토론 과정 그 자체다. 토론에서 가장 어려운 문제는 듣는 것인데, 마음과 의지를 열고 다른 사람의 관점을 듣고 이해하는 것이다. 진실한 경청은 내적 침묵이 필요하고, 완전한 이해는 누구의 것도 아니라는 고백이 있어야 한다. 진실한 경청은 또한, 정직한 탐색의 태도를 의미한다. 곧 기꺼이 이해하고, 고려하며, 바꾸어보려는 의지까지도 포함한다. 친구들의 사회The Society of Friends는 17세기 영국에서, 청교도 운동의 급진적인 한 분파에서 유래했는데, 분별의 형태를 최고로 잘 보여준다.

성서 본문을 분별해서 해석하는 것은 성령의 지도함을 받는 공동의 모험이어야 한다. 성서학자들은 회중이 성서 각 권의 원문과 의미와 목적을 이해하도록 도와서 오늘날에 그 의미와 적용을 명확하게 말할 수 있도록 도울 수 있다. 하지만, 이 모든 것을 총괄하는 기획은 공동의 노력이다. 회원들은 함께 통찰을 나누고 불확실한 해석을 논박하여 조언할 수 있다.

이 분별의 과정이 완성되었을 때는 모든 사람이 충분히 듣고 말한 뒤여야 한다. 이러한 과정을 통해 각자는 서로에게 배우고 성숙해간다. 동의가 이루어지면 교회는 한 목소리를 낼 수 있다. 그렇지 않다면 여전히 배우고 습득해야 할 것이 많다는 것을 의미한다. 왜냐하면, 모든 구성원은 대화 가운데 함께 성장하고, 건강한 공동체에 필수적인 소통의 통로는 여전히 열려 있기 때문이다. 공동체의 분별에 헌신한다는 것은 본질적으로 지속적인 대화에 헌신하는 것이다.

공동체의 분별 외의 또 다른 활동은 예배다. 앞서 우리는 개인의 신적 경험에 대해 논의했다. 예배는 집단적인 거룩한 경험이다. 예배 모임은 또한, 공통의 기억을 생생하게 지속시켜 비전을 유지하게 한다. 거룩한 경험과 의미 있는 역사적 사건들은 너무나 중요해서 남자와 여자들은 특정한 시간을 구별해서 기념하고 축하한다. 연간 성일annual holy days과 축전들이 달력을 수놓고, 일주일에 하루는 안식과 경배의 날인 안식일로 정해진다. 이러한 행사들은 일주일을 가득 채우던 물질과 일상에서 구별하는 것을 의미하며, 거룩한 시간을 따로 떼어놓는 것을 의미한다.

유대교는 안식일을 이해하는 데 도움이 된다. 아브라함 헤셸Abraham Heschel은 『안식』The Sabbath에서 유대교는 공간이 아닌 시간의 종교라고 기술하고 있다. 유대교의 안식일은 시간의 성화를 상징하기 때문에, 안식일은 유대교의 "위대한 성당"이다. 안식일 의식의 특징은 "시간 안에 이루어지는 의미 있는 형식의 예술"과 "시간의 건축"이라고 불린다.37) 디지털 손목시계와 복잡한 세속주의의 파편적인 지배 아래 있는 20세기의 남자와 여자는 오랫동안 잊혔지만, 여전히 근본적인 예배의식과 거룩한 시간에 대한 생의 리듬이 필요하다.

그래서 안식일은 거룩한 시간이다. 이날은 예배를 위해 모이고, 공동의 기억을 되새기며, 집단의 역사를 나누며 축하하는 날이다. 비전과 기억은 떼려야 뗄 수 없는 관계로 연결되어 있다. 왜냐하면, 미래에 대한 비전을 제공하는 것은 기억이 갖는 활력이기 때문이다. 과거에 대한 불안과 정체성에 대한 의문은 현재에 느끼는 안전감을 손상하며, 미래에 대한 확신을 앗아간다. 민족은 자신들이 누구인지를 상기할 필요가 있다. 곧 비전을 가진 민족은 스스로 이 비전을 상기시켜야 한다. 이것은 다양한 매체를 통해 공동체의 역사적 사건들을 나누고 반복함으로써 가능하다. 성경을 읽고, 역사적 이야기들을 하며, 찬송을 부르고, 기도를 올려드리며, 성례전과 같은 예식이 주는 풍성함이 그러한 매체가 될 수 있다.

성경은 문서상으로 신성에 대한 근본적 경험과 역사상의 카이로스와 계시의 순간을 진술하고 있으며, 이 책을 읽음으로써 책 본문의 원 경험에서 나온 비전을 전달받는다. 민족의 역사 이야기들과 신앙의 영웅들과 여걸들에 관한 이야기는 젊은이를 교육하고, 노인들을 계몽하기 위해 반복해서 전해주어야 한다.

예를 들어, 주님이 이스라엘을 노예의 속박에서 구원하려고 이집트의 장자를 죽이며 이집트를 넘어가실 때, 주님은 이스라엘 민족에게 희생제물의 피를 문설주에 바르고, 누룩을 넣지 않은 빵과 쓴 나물을 먹도록 지시했다. 또한, 주께서는 그날을 기념하여 영원히 지키도록 명했다.

17, 18세기에 메노나이트들은 고난과 핍박 중에서도 두 권의 책을 반드시 가지고 다녔다. 그것은 성경과 『순교자의 거울』*Martyrs Mirror*이다. 성경은 메노나이트들에게 결코 빼앗을 수 없고, 모두 돌려가면서 읽는 것을 금

지할 수도 없는 유일한 책이었다. 『순교자의 거울』은 죽기까지 신앙을 지킨 남자들과 여자들의 이야기 모음집이었다. 이 두 권에 추가할 수 있는 것이 『어즈번드』*Ausbund*인데, 이 책은 메노나이트들의 찬송집이다. 이 문서들은 메노나이트들의 비전을 지탱하는 '일지'로 이들의 경험에 대한 기억을 담고 있다. 당시의 세속의 학자들에게 이러한 문서들은 "곤경에 처한 사람들의 음울하고, 쉽사리 믿은 믿음에 대한 변명"으로 보였음이 분명하다.[38]

성찬 의식은 거룩한 경험을 모사하고, 한 민족의 정체성을 기록할 수 있는 특별한 형태를 제공한다. 각 사람의 목소리가 전통 성가를 부를 때 섞이듯이 회중들은 연합과 동일시로 하나 됨을 나타낸다. 합심기도를 통해서는 신자들의 공동체는 한목소리로 부르짖거나 하나님 앞에서 침묵함으로 하나 됨을 나타낸다.

가장 중요한 기념 축전은 성만찬 예식이다. 이 예식은 교회의 가장 의미 있고 강력한 상징 중의 하나다. 많은 사람이 성만찬이 풍성한 의미를 지니며, 평화 비전이 지속되게 하는 능력이라고 증언하고 있다.

본회퍼에게 성찬식은 그리스도 안에 사는 일상생활의 정점이었다. 하나님과 사람과 화목하고, 함께 모여 즐거이 교제하며, 그리스도의 몸과 피로 연합하는 것이다. "여기 이 공동체는 그 목적에 다다랐다. 여기 이 공동체는 그리스도 안에서 기뻐하며 완전하다. 말씀 안에서 하나 된 그리스도인의 삶은 성례전을 통해 완전해진다."[39]

가톨릭 농민운동의 공동창립자인 도로시 데이*Dorothy Day*는 성례전이 어린 아이가 엄마에게서 받는 돌봄과 유사하다는 것을 발견한다. "우리는 엄마의 가슴에서 젖을 먹는다. 우리는 아직 엄마의 자궁 안에 있으면서도 엄마 가슴의 피로 살찌운다. 이 세상 안으로 들어오기 전에 엄마의 살과 엄마의 피를 먹고 자라는 것처럼, 예수의 몸과 피를 통해 영원한 생명으로 살찌운다."40) 도로시 데이는 자신에게 처음으로 신앙을 갖게 했던 근원적 기쁨이 예배에서 "우리의 주"를 매일 받아먹어 계속 새로워진 것임을 발견했다.41)

캘커타의 빈민들을 섬긴 공로를 인정받아 1979년 노벨 평화상을 받은 테레사 수녀에게 성례전의 충만함을 입는 것은 테레사 사역의 근간이었다. 테레사 수녀는 다음과 같이 말하고 있다.

> 만일 우리가 빵 속에서 예수님을 볼 수 있고, 가난한 사람들의 깨진 육체 속에서 예수님을 볼 수 있다면 … 우리가 그리스도와 깊이 연합하고 그분을 온전히 받아들일 수 있을 때, 우리는 깨어진 육체들을 만져줄 수 있습니다. 우리는 즉시로 실천에 옮길 수 있습니다. … 당신은 주의 성체로 자신을 배부르게 하고, 자신이 배부른 뒤에 그 힘을 사용하기를, 그 힘을 나누어주기를 원할 겁니다. 이런 이유 때문에 수녀님들이 달려가는 겁니다. 수녀님들은 절대 걷지 않아요. 사람들은 우리를 "달려가는 교회"라고 부릅니다.42)

로마 가톨릭 미사의 중심에는 평화의 표시가 있다. 회중이 빵을 함께 나누기 전에 사람들은 서로서로 사랑의 인사를 하고 교회 안과 모든 인류와의 연합과 평화를 기원한다.

사도 바울은 빵을 떼어 먹는 것을 예수의 찢긴 몸을 기념하면서 그리스도의 몸에 참여하는 것으로 묘사하고 있다. 포도주를 마시는 것은 그리스도의 피에 참예하는 것으로, 예수의 희생을 기념하는 것이다.고전11:24, 25, 10:16 모든 인간의 양식인 빵은 너무나 단순하고 너무나 기본적인데, 함께 모인 사람들이 떼어 나눌 때에 영양물과 연합과 그리고 영적 교통의 상징이 된다. 식사를 함께하는 것은 우정과 사랑, 그리고 세계를 이해하고 포용하는 몸짓이다.

샬롬 공동체 안에서 그리스도를 따르는 이들은 빵을 떼고 포도주를 마심으로 예수님을 마음과 생각에 기억하고 있음을 보여준다. 주의 만찬에 참여하는 것은 또한, 공동체적 사랑과 연합의 표시이다. 왜냐하면, 한 알의 곡식이 모두가 참여하는 한 덩이의 빵이 되는 것처럼, 한 몸을 이루는 여러 지체도 그러하기 때문이다.고전10:17 성찬은 성도를 살찌우고, 기념하게 하는 중요한 의식이며 한 몸 된 신자들의 교제와 정체성을 유지해준다.

## 2. 운동들과 조직들

지금까지 기술해온 교회는 정기적으로 모여 제자 됨을 확인하고, 기도와 찬양, 예배를 통해 함께 경배함으로써 스스로에게 도전을 주는 샬롬의 사람들이다. 경배를 통해 공급받고 고양된 교회는 말할 수 없는 능력을 힘입고 자신이 속한 곳으로 흩어져 평화를 이루어낸다. 어떤 이들은 조직 안에서 평화를 이루어 낼 방법을 구체적으로 구현해내고, 어떤 이들은 세상의 직업 현장에서 평화적 관점을 심기를 힘쓴다.

앞에서 언급했던 일부 그룹들은 자신들이 속한 종교 공동체에 사회공동체와 경제공동체를 접목시켰는데, 결과적으로 모였다 흩어지는 역동을 경험하지는 못하고 있다. 어떤 사람들에게는 가톨릭 농민회 운동Catholic Worker movement과 같은 공동체 안에서의 일상의 노동이 바로 운동이다.

가톨릭 농민 운동은 1933년 뉴욕의 로워 이스트 사이드Lower East Side에서 태동했는데, 프랑스 농부이자 사회철학자였던 피터 모린Peter Maurin과 좌파 저널리스트로 후에 가톨릭교도가 된 도로시 데이가 공동 창설했다. 이 운동은 독립된 한 개인의 행동, 비폭력, 자발적 빈곤과 같은 공동체의 이상들을 결합시켜서 사회 내부에 '독립된 자아의 혁명'을 촉구했는데, 이러한 혁명은 '예배와 문화 그리고 수련'을 통해 달성될 수 있다고 믿었다. 이러한 요소들이 결합하여 결국 실업자들에게 음식과 쉼터를 제공하는 도시공동체 창설과 도시 경제권에서 밀려난 사람들에게 기회를 제공하는 농촌 공동 마을을 만들어내게 되었다. 현재 미국 전 지역에는 약 50여 개의 이와 같은 공동 마을이 산재해 있다.43)

이러한 운동을 대변하는 목소리가 「가톨릭 농민회」*The Catholic Worker*라는 신문이었는데, 이 신문은 지속적으로 사회 개혁과 비폭력 평화주의를 주장했다. 이 신문의 발간에 기여해온 사람들은 종종 당면한 문제들을 경험하지 않고 문제에 대해 기사를 쓸 수는 없다고 느꼈고, 이 때문에 이들은 시위와 시민 불복종 운동에 참여했다. 이 신문의 목적은 "뉴스를 찍어내는 것이 아니라, 만들어내는 것"이었다. 피터 모린의 말을 빌리자면 가톨릭 농민 신문은 "의견을 싣는 신문이 아니라 혁명이자 삶의 방식"이었다.44)

또 다른 형태의 공동 마을이 신사회 운동the Movement of a New Society-MNS이다. 이 운동은 1971년 퀘이커 참여 그룹A Quaker Action Group에서 기원하여 교제와 지원을 제공하는 생활센터와 프로젝트들을 제공하고 있으며, 소박하고 단순한 삶의 양식을 추구한다. MNS에서 빠뜨릴 수 없는 것이 정치적, 경제적 상황들에 대한 분석과 집단노동, 공동체로서의 관여, 책임감 있고 즐거운 삶뿐 아니라 정치적 행동까지 관여하는 비폭력 비전이다.45)

일부 샬롬의 비전을 반영하는 사회적 노력들은 공동체의 구조를 갖지 못했을 뿐 아니라 교회들의 협력도 이루어내지 못하고 있다. 하지만, 종교적 열의와 영감으로 그들만의 목적을 이루고자 일하는 것은 사실이다. 이러한 운동 중 한 예는 마틴 루터 킹 목사를 필두로 하는 시민권 운동이다. 킹 목사의 비폭력 운동은 1955년의 몽고메리 버스 보이콧에서의 지도력으로 시작되었다. 이 시기는 몽고메리의 덱스트가의 침례교회 목사로 이사한 지 겨우 1년 뒤였다.

몽고메리 버스 보이콧은 전략과 조직 그리고 카리스마 있는 지도력의 중요성을 극명하게 보여주는 예이다. 도시 전역에서 이루어진 보이콧은 로사 파크Rosa Park가 버스 좌석을 백인에게 양보하고 곧바로 체포된 역사적인 사건이 있은 지 겨우 4일 후인, 12월 5일 월요일에 실행됐다. 자신들을 몽고메리 진보연합Montgomery Improvement Association-MIA으로 지칭하는 킹 목사 그룹은 흑인 택시 운전자들로 이루어진 대안 교통체제를 만들었다. 이들은 버스 요금과 동일한 요금으로 택시 운행을 했다. 경찰국장이 모든 택시 운전자에게 정상적인 요금을 부과하라는 명령을 내리자, 킹 목사와 진보연합은 4일 만에 300대의 자동차를 동원해서 자동차 노선과 같이 탈 사람을 태울 정거장들을 정하는 등 자동차 같이 타기 운동을 시작했다.

이 보이콧은 1년이나 지속됐지만 날이 갈수록 더 많은 사람이 동참해서 노래하고, 기도하며, 용기를 북돋웠고 지도자들의 말을 따랐다. 이러한 모임들에는 언제나 킹 목사의 카리스마 넘치는 지도력이 빛을 발했다.

킹 목사의 정의와 비폭력 사랑이라는 커다란 목적을 향한 헌신에 수백, 수천의 사람이 이 운동의 지지자가 되었고, 그의 말은 비폭력 방식의 철학과 실행방법을 논의하는 수많은 사람에게 영향을 미쳤다.[46]

지도자들은 조직하고 고무시켜서만은 안 된다. 자신을 따르는 이들을 결속시키고, 운동 내부에 분열을 일으키는 요소들을 해결할 수 있어야 한다. 킹 목사는 버스 보이콧 이후에 일어날 수 있었던 위기를 성공적으로 막아냈는데, 당시 MIA의 기록 비서관이었던 필드U. J. Fields 목사는 사임하면서 킹 목사를 개인 주머니를 채우면서 사람들을 대변하지 않고 기금을 유용하고 있다고 고발했었다. 이러한 필드 목사의 고발이 있은 후, 이 두 사람은 직접 대면을 했다. 필드는 자신이 킹 목사를 고발한 것은 몇 명의 MIA 이사회 회원들과의 개인적 갈등에서 일어난 것이었음을 고백하면서,

자신이 고발한 킹 목사의 부적절한 행동은 완전히 근거가 없으며 분노로
가득 찼을 때 만들어낸 말이라고 했다.

필드 목사에 대한 좋지 않은 감정이 흑인 공동체 안에 급속히 퍼졌고,
킹 목사는 이와 같은 틈을 메우고, 용서로 연합을 이루어내려고 했다. 두
사람의 회합이 있은 당일 저녁 모임에서 킹 목사는 자신이 MIA 체제를 얼
마나 신뢰하는지 연설하면서, 기금 유용은 절대 없었다고 주장했다. 그러
고 나서 그는 군중에게 비폭력 운동의 정신으로 필드 목사를 용서해 달라
고 요청했다. 그때 그는 예수님의 말씀인 "죄 없는 자가 돌로 쳐라"라는 말
씀을 인용하면서 돌아온 탕자의 비유를 다시 언급했다. 필드 목사가 군중
에게 용서를 구하면서 MIA의 기금 유용이 사실이 아님을 재차 확인하자,
군중은 우레와 같은 박수로 지지를 보냈다. MIA를 파괴할 뻔 했던 상황이
비폭력 사랑의 방식을 취한 킹 목사의 조정을 통해 오히려 이전보다 더욱
견고해졌다.47)

간디 또한, 인도에서 활동한 첫해에 이와 비슷한 문제에 직면했다. 당
시 그는 미세한 도발에도 폭력으로 발화할 수 있었던 분노를 진화했어야
했다. 그는 대혼란을 막기 위해 질서와 규율 유지에 집중했다. 간디는 또
한, 훌륭한 지도자들은 자신의 권력욕을 버리고 자신의 부재 시에도 사람
들이 지속적으로 나아갈 수 있도록 훈련해야 한다는 것을 알았다. 간디가
2년이나 교도소에 있었지만, 그 운동이 쇠퇴하지 않았던 것은 그를 따르
던 이들이 간디의 방법을 사용해서 전진하는 방법을 이미 배웠기 때문이
었다.48)

지도자는 삶의 전체 영역에서 일어나는 불의에 저항해서 사람들이 용
기 있게 일어서게 할 상징적인 행동을 찾아내고, 또 그 행동을 실천할 수
있어야 한다. 신사회 운동의 전략가인 조지 래키George Lakey는 이러한 행
동들을 "선전적 행위"라고 부르는데, 극적인 행동을 통해 메시지를 전하는

것을 일컫는다.49) 간디는 범례적 행동의 달인이었다. 간디가 소금세 폐지 행진Salt March으로 종국에는 영국에서 인도의 독립을 얻어내는 비폭력 혁명을 시작할 때, 그는 허리를 굽히고 해변가의 소금 한 줌을 움켜쥐는 아주 단순한 행동을 취했었다.

세자르 차베스Cesar Chavez가 이끄는 농장 노동자 연합기구The United Farm Workers Organization는 앞에서 언급한 조직과 전략의 중요성을 여실히 보여준다. 차베스는 조직과 유연성을 다음과 같이 강조한다.

> 진정한 조직, 살아있는 조직이 필요하다 … 행동하는 사람들은 훈련이 필요하다 … 우리는 너무나 유연하지만 많은 규율이 있다. 이런저런 일을 하지만 그 일에 대해서는 말하지 않는다 … 예를 들어, 우리는 오늘 파업을 할 수도 있고, 내일 아침이나 며칠 후에는 보이콧에 들어갈 수도 있다. 우리는 변화와 리듬을 가지고 있다. 이러한 변화가 차이를 만든다.50)

효과적인 조직과 전략에 앞서는 것이 연구다. 이는 상황에 대한 철저한 조사를 말한다. 차베스의 성공적인 포도 농장 파업과 국제 포도 보이콧 조직은 소규모 농장 노동자들이 처한 상황에 대한 철저한 조사와 그들과의 인터뷰로 시작됐다. 그런 다음에야 이 운동의 조직의 뼈대인, 헌신한 사람들이 참여하는 광범위한 조직망이 이루어졌다.

어떠한 조직이나 운동의 근저에도 공동의 명분을 가진 연대가 있기 마련이다. 또한, 운동은 비전이 없다면 왕성해질 수 없다. 킹 목사의 운동을 이끌었던 비전은 정의의 추구였고, 비폭력적 사랑이라는 방법을 통해 이루어졌다. 간디와 그를 따르는 사람들은 화해를 추구하는 진실의 힘인 사티아그라하satyagraha를 따랐다. 연합 농장 노동자들을 하나 되게 했던 것은 지도자인 차베스를 포함해서 그들 모두가 가난했다는 것이었다. 이러

한 가난은 공동체와 "모순 없는 주장의 힘"과 결합해서 차베스의 조직을 더욱 견고하게 했다.51)

그래서 평화와 정의를 위해 일하는 운동과 조직들은 다양한 형태를 취하고 있다. 일부는 종교적 자극과 자신의 목표를 결합하기도 하고, 일부는 신앙과 일을 할 수 있는 기초적 사회 공동체를 이루기도 한다. 과업 지향적인 조직이나 자원봉사 조직들도 있다. 하지만, 이들 모든 조직에게 공통적으로 필요한 것은 훌륭한 지도자와 조직과 비전인데, 이 모든 것은 샬롬의 도구가 될 수 있을 것이다.

또한 사회 안에 샬롬을 퍼뜨리는 것은 음악이나 시각 자료와 문서와 같은 형태의 문화를 통해서도 가능하다. 예를 들어, 음악은 인간의 역사 가운데서 인간의 모든 운동과 함께 있었다. 미국의 역사는 그들만의 찬란한 유산인 민속 음악을 품고 있다. 민속 음악은 사람들의 음악이다. 혁명과 남북전쟁, 서부개척과 노예제도, 노동조합과 노동자 조직의 투쟁, 경제대공황, 시민권운동, 베트남 참전 반대 운동들과 함께 음악이 있었다. 그래서 노동조합 노래가 있고, 여성참정권론자의 노래, 금주의 노래, 풍자곡, 발라드, 영가 등이 있었다. 톰 글래저Tom Glazer는 이러한 노래들을 160곡을 모아서 『평화, 자유, 그리고 저항의 노래들』Songs of Peace, Freedom and Protest이라는 책으로 출간했다.

가수와 작곡가들의 사진도 담고 있다. 존 바에즈Joan Baez, 밥 딜런Bob Dylan, 피트 시거Pete Seeger를 생각해보자. 이들의 음악은 지면을 관통하는 빛처럼 퍼져 나갔다. 노래의 가사는 이야기를 담고 있고, 경험에서 나오는 페이소스(비애감)를 전해준다. 신학자 제임스 콘James Cone은 흑인 영가가 흑인 신학과 종말론의 표현이라고까지 말한 바 있다. "블루스"blues는 하나님 중심적 관점을 거부하는 "세상의" 영가였다.52)

가수들은 또한, 사람들에게 영감을 주고, 결속시킨다. 시민권 운동 동안 마하리아 잭슨Mahalia Jackson의 카리스마 넘치는 영가가 보여준 매혹적인 그 열기를 기억할 것이다. 간디 또한, 음악이 미치는 거대한 영향력을 알고서 자신이 이끄는 운동에 음악이 없음을 슬퍼했다. "가장 애석한 일은 우리가 음악을 소홀히 했다는 것이다. 음악은 리듬과 질서를 의미한다. … 나는 회사마다 적절한 노래들을 필수적으로 부르도록 하고 싶다. 그러다 보면 나중에는 의회나 회의에도 위대한 음악가들이 있게 될 것이고, 대중을 위한 음악을 가르칠 수 있으리라 생각한다."53)

마지막으로 음악은 결과를 가져온다. 바울과 실라는 감옥에 갇혀 있던 밤에 찬양하고 기도했다. 자정이 되자, 지진이 일어나 그들의 족쇄가 풀렸고, 감옥의 문이 열렸다. 바울과 실라는 도망가지 않고, 간수에게 처분을 맡겼고, 결국 간수와 그 온 집안이 믿게 되었다. 물론 바울과 실라는 나중에 풀려나게 되었다.행16:25~36 1900년이 지난 펜실베니아의 그린스버그에 사는 파업 중인 광부의 아내들은 평화를 저해한다는 이유로 체포됐다. 광부의 아내들은 교도소에서 밤이든 낮이든 노래를 불렀고, 그러자 교도소 근처의 호텔 투숙자들과 거주민들은 화가 머리끝까지 올랐다. 결국, 5일이 지나자 판사는 이들을 석방하지 않을 수 없었다.54)

도표, 포스터, 전단, 광고판 그리고 더 나아가 의상 등의 형태로 대화하는 시각적 장치는 사회 내부에 평화의 메시지를 퍼뜨린다. 예술가들은 자신들이 지닌 매개물을 통해 불의와 억압을 표현할 수 있다. 자신들의 작품을 보는 사람들의 목전에 문제들을 전시함으로 주의와 반응을 유도한다. 케테콜비츠Kathe Kollwitz의 작품은 피카소의 "게르니카"Guernica와 마찬가지로 전쟁의 공포에 대해 너무나 강렬한 정치적 메시지를 담고 있다.

활자화한 언어가 정보를 주고 무언가를 기억하게 하는 힘은 하나의 세력에 날개를 달아주는 것과 같다. 예를 들어, 가톨릭 농민회는 신문으로 자신들의 메시지를 널리 알리면서 신랄한 풍자가 곁들여진 목판화를 첨가해서 6만 명이 넘는 구독자를 갖고 있었다. 이 신문은 사회비평과 가난한 이들의 이야기를 싣고 있어서 "우리는 모두 끊임없이 회개하며 다시 시작해야 할 것이다. 하나님이 우리를 도우실 것이다."55)

사회비평가인 토마스 머튼은 켄터키의 트라피스트 수도원에서 침묵하면서 심오한 신학적 저서들뿐 아니라 정확하고도 통찰력 있는 사회분석과 논평을 썼다. 시실리의 간디, 다닐로 돌치는 수십 권의 시집과 이야기책, 사례연구서, 재판의사록, 여러 가지 문서들을 저술했다. 이러한 저술 활동을 통해 그는 대중의 주의를 끌었으며, 심각한 사회의 질병들을 폭로하고, 시실리 마피아 세력을 존속하게 하던 침묵을 깨뜨렸다.

지금까지 미술과 음악, 이야기가 사회 운동을 지원하는 방법을 간략하게나마 살펴봤다. 춤, 영화, 연극 등 샬롬의 비전을 발전시키기 위한 모든 다른 인간의 활동 또한, 언급할 가치가 있다. 이런 모든 것은 구속함을 입고 변화된다면 사회 안에서 샬롬을 이루는 도구가 될 수 있다.

## E. 희망으로 지속하다

이 장에서 언급한 문제는 개인적으로 그리고 공동체 안에서 평화를 만드는 자로서 어떻게 훈련되고 또 지속할 힘을 얻을 수 있는가였다. 우리는 개인의 경험을 살펴봄으로써 내부로의 여행을 했고, 공동체적 노력의 기록들을 매개로 일하고 경배해왔다. 마침내 우리는 개인과 공동체를 고무하고 유지하는 비전으로 돌아왔고, 다시 종말적 희망의 능력에 대해 듣고 있다. 때로 샬롬의 비전에 신실하게 반응하며 사는 사람들의 삶이 주위와 불협화음을 내기도 한다. 평화의 제자들은 때로는 홀로, 또 때로는 함께 고통과 핍박을 직면할 수도 있고, 그들이 따르던 비전이 변색하거나 유지할 수 없는 것처럼 보일 수도 있다. 특별히 성마른 열정과 초기의 순진함조차 닳아진 뒤 완전히 지쳐서 추악한 현실과 개인의 경건성이 정면으로 대치할 때, 평화의 일꾼들은 녹초가 되거나 절망하고 환멸에 빠지기 쉽다. 어째서 비전의 갱신과 전할 말씀과 희망의 새벽은 침묵의 깊은 밤을 통해 오는가?

더 많은 에너지를 요구하는 대신 고갈된 공급원을 충전하고 새롭게 할 에너지가 필요하다. 마가렛 메드는 에너지가 필요 없는 자원들을 언급한 바 있는데, 이는 우리에게 대안 자원들이 존재함을 상기시켜준다. "기도는 어떠한 인공의 에너지도 고갈시키지 않는다. 기도는 어떤 화석연료도 다 태우지 않는다. 오염시키지도 않는다. 찬양도 그러하고, 사랑도 그러하며, 춤도 그러하다." 기도와 찬양, 사랑 그리고 춤과 같은 것들은 자양물이다. 평화의 일꾼들에게 균형 잡힌 매일의 식사이다.

허무감이 위기의 순간에 다가오면 작지만, 진실한 행동의 중요성은 과소평가되고, 절망감이 찾아온다. 도로시 데이는 『빵과 물고기』*Loaves and Fishes*라는 책에서 가톨릭 농민운동의 이야기를 자세히 떠올리면서 이렇게 말하고 있다.

젊은이들은 말하기를 우리가 하는 작은 노력이 무슨 의미가 있느냐고 한다. 그들은 우리가 한 번에 한 장의 벽돌을 놓아야만 한다는 것을, 한 번에 한발자국만 내딛어야 한다는 것을 이해할 수 없다. 우리는 현재의 한 가지 행동에 대해서만 책임질 수 있다. 하지만, 우리는 우리 모든 사람의 행위에 생명을 불어넣고 변화시킬 사랑을 우리 가슴에 키워나가기를 간구할 수 있다. 그리고 우리는 하나님이 그 행동들을 취하셔서 왕성하게 하실 것을 안다. 마치 예수께서 빵과 물고기를 셀 수 없이 많게 하셨던 것처럼 말이다.[56]

오늘날의 최대 도전은 각 사람의 심장에 어떻게 혁명을 일으키는가이다. 이 혁명은 우리 각자에서 시작되어야한다. 우리가 가장 낮은 자리로 내려가고,

다른 사람의 발을 씻기고, 불타는 사랑으로 형제를 사랑하기 시작할 때, 그리고 그 사랑이 십자가로 우리를 이끌어갈 때, 그때 비로소 우리는 이렇게 말할 수 있다. "이제서야 나는 시작했다."

하루하루 우리는 실패를 받아들인다. 하지만, 우리가 실패를 받아들이는 이유는 십자가의 승리를 알기 때문이다. 하나님은 우리에게 우리의 사명을 주셨다. 예수께서, 수많은 사람을 먹이는 데 도우려고 자신의 빵 몇 덩이와 물고기 몇 마리를 내놓았던 작은 소년에게 사명을 주셨던 것처럼 말이다. 예수님은 그것을 받아 셀 수 없이 많게 하셨고, 5천 명을 먹이셨다.57)

위에서 언급한 것처럼 핵심은 샬롬의 사역이 모든 행위를 가능하게 하고, 힘을 내게 하며, 지속적으로 열매 맺게 하는 능력의 사역이라는 확신을 신실하게 붙잡는 것이다. 바로 이 능력이 광야에서 만나를 공급했고, 성령께서 안위하시고 송사를 당할 때 할 말을 주실 것이라고 약속했기 때문이다. 이 능력은 역사 가운데 샬롬의 왕국을 주도했고, 그리스도 안에서 충만해졌고, 지금 여기에 하나님나라가 실재하게 한다. 부활하신 그리스도는 그분의 왕국이 죽음과 파괴의 세력을 반드시 이기리라 확신하셨다. 그리스도 때문에 그 왕국은 여기에, 이 세상 한가운데 현존하는 것이다. 그리스도 안에서 그 사역이 완성되어가고 있다.

하나님을 찬양하라. 그리스도께서 사회가 준비되기 전에, 더 나아가 교회가 준비되기 전에 사람들을 자유케 하셨다. 가족은 소박한 삶을 살기로 하고 가난한 자에게 나누어줄 수 있다. 부부는 전쟁 수행에 요구되는 세금 내기를 거절할 수 있다. 또 개인은 인종에 대한 선입관에서 자유로울 수 있다. 또 어떤 이는 권력과 자신감을 추구하는 것에서 자유로울 수 있다. … 그리스도는 우리에게 갈등 한가운데서 어떻게 사랑하는지를 가르쳐주셨다. 그분의 성령은 우리 가운데 계셔서 우리를 인도하시며 아픔을 치유하신다. 그리고 약속하시기를 이 세상을 이길 은혜를 주신다고 하셨다.[58]

절망의 때에 희망을 붙잡는 것으로 문제를 완화할 수 있다. 이는 샬롬의 사역이 역사 가운데 행하신 하나님의 사역이며, 승리는 그리스도 안에서 이미 온전히 이루어졌기 때문이다. 마지막으로 국제 화해자 모임International Fellowship of Reconciliation의 중재자인 제임스 포레스트James Forest의 말을 인용한다. "결국, 바라는 이는 우리가 아니라 우리 안에 계신 하나님이시다. 이 희망을 가진 분이 하나님이기 때문에, 이 희망은 안전하다."[59] 아멘, 아멘!

# 후주



## 1장

1) Roland Bainton, 『전쟁과 평화에 대한 기독교의 입장』(*Christian Attitudes Toward War and Peace*), 1장

2) 연구서적들에는 이 두 대조적인 강조점이 "소극적 평화"와 "적극적 평화"라는 말과 동일하게 쓰였다. 요한 갈퉁(Johann Galtung)은 국제 사회과학 백과사전 2권 487-496쪽(International Encyclopedia of the Social Sciences)에서 소극적 평화를 명백한 폭력이 결여된 상태로, 적극적 평화는 사회 정의가 실재하는 상태로 정의하고 있다.

   이와 비슷한 구분을 폴 베어(Paul Wehr)도 하는데, 그는 적극적 평화를 "사회, 경제, 정치적으로 비폭력적이고 비착취적이며, 평등하며 정의로운 개인들과 그룹들 그리고 국가 간의 관계"로 정의하고 있다(1972년 Paul Wehr가 몬트리올에서 응용인류학 학회(Society for Applied Anthropology)와 전미민족학회(American Ethnological Society) 그리고 인류학과 교육학 위원회(Council on Anthropology and Education)의 연합 모임에서 발표한 논문, 「평화와 갈등 발전 연구」(Developing the Study of Peace and Conflict)의 7쪽. 아담 컬(Adam Curle)의 경우는, 일반적으로 평화나 그 반대의 경우를 다루는 책들이 국가와 그룹, 개인들 사이의 적대관계와 갈등을 억제할 수 있거나 미연에 방지할 수 있는 방법들을 다루고 있음을 지적했다(아담 컬, 『평화이루기』(*Making Peace*), 2쪽). 하지만, 나는 갈퉁의 관점을 따르는데, 그는 주장하기를 "한 개인의 잠재적인 정신적·신체적 발달이 관계라는 조건들에 갇힐 때는 언제나 폭력은 존재한다."라고 했다.

3) 정당한 전쟁 이론에 대한 간략한 기술은 랄프 포터(Ralph Potter)의 『전쟁의 도덕 논리』(*The Moral Logic of War*)를 참고하라. 기독교 사상에서 이 이론은 암브로스와 어거스틴에게로 거슬러 올라간다. 샬롬이라는 개념은 히브리 예언자들에게는 종말론적 개념으로, 정의와 의로움이 땅 위에 가득한 장래에 대한 소망이다. 인류는 완전한 의미에서 정의가 가득한 평화로운 상태가 없다는 것을 알기 때문에, 그리고 사실 대부분 인간의 환경은 샬롬과는 거리가 있기 때문에, 이 땅 위에 온전한 평화가 없어질 가능성에 대한 비관론이 발달했다. 교회는 이 세상의 영속적인 악을 인정하고 체념하는 정당한 전쟁이론을 교회의 입장으로 발전시켰고, 또한, 전쟁은 불행한 것이지만, 인간의 악 때문에 어쩔 수 없는 필요한 제도라고 보는 관점을 취했다. 전쟁이 죄 때문에 피할 수 없는 것 어쩔 수 없는 제도가 되자, 교회는 평화와 질서유지를 위한 폭력사용이 허용되도록 이에 필요한 조건들을 만족하는 윤리적 지침을 세웠다.

4) 칼빈주의자들의 신정(神政)에 대한 비전을 탁월하게 기술하는 책으로는 마이클 월저(Michael Walzer)의 『성인들의 혁명』(*The Revolution of the Saints*)이 있다.

5) 비폭력 방어에 관해서는 다음의 책들을 참고하라. Anders Boserup, Andrew Mark, 『*War Without Weapons:Nonviolence in National defense*』; Robin Remington, ed., 『*Winter in Prague:Documents on Czechoslovakia Communism in Crisis*』; Olar Riste, and Berit Nokleby, 「Norway: 1940-1945」: 「The Resistance Movement」; Adam Roberts, 『*Civilian Resistance as a National Defense*』; Yuri Suhl, ed., 『They fought Back:the story of Jewish Resistance in Nazi Europe』; Werner

Warmbrunn, 『*The dutch Under German Occupation 1940-45*』; Philip Windsor, and adam Roberts, 『*Czechoslovakia 1968:Reform, Repression and Resistance*』 또 이 사상에 관한 짧은 기술을 보려면 세계질서를 위한 기구(Institute for World Order)가 소장하는 Gene sharp, 『*Making the abolition of War a Realistic Goal*』을 보라

6) 보울딩(Kenneth Boulding), 『*the Meaning of the 20th Century*』, 90쪽

7) 로버트슨(D.B.Robertson)이 편집한 제임스 아담스(James L. Adams)를 기념하는 에세이집, 『자발적 연합과 자유 사회 모임에 관한 연구』(*A Study of Groups in Free Societies*)를 참고하라.

8) 샤프(Gene sharp), 『*the Politics of Nonviolent action, and George Lakey, strategy for a Living Revolution*』.

---

## 2장

1) 라이트(Quincy Wright), 『전쟁에 관한 연구』(*a study of War*, 요약본), 124쪽

2) 앞의 책.

3) 코헨과 나이(Robert O. Keohane and Koseph Nye)의, 『권력 그리고 상호의존』(*Power and Interdependence*), 27쪽. 이들이 편집한 『초국가적 관계와 세계 정치』(*Transnational Relations and World Politics*)를 보라.

4) 국제관계이론에서 가장 중요한 의제들 중 하나는 어떤 모델이 국가 간 행동을 가장 잘 설명할 수 있는가이다. 세계화 대 현실주의: 국제관계에 관한 세 번째 논쟁(Globalism Versus Realism: International Realtions Third Debatal에서 편집자인 레이 매그루리(Ray Maghroori)와 베네트 람버그(Bennett Ramberg)는 다음과 같이 말하고 있다. "비록 현실주의자들과 세계화주의자들이 이 국제 체제의 본질이 무엇인가에 대해서는 의견을 달리하지만, 한 가지 관점에 대해서는 이견이 없다. 즉, 모델들이 가치가 있다는 것이다. 그들이 주장하는 것은 세계 정치에 대한 한 사람의 가정이 그가 보는 것과 사건들을 설명할 이론들을 구조화하는 방식에 심오한 영향을 미친다는 것이다."(Keohane and Nye, op. cit., p. 23). 더욱 더 중요한 것은 그들이 "우리가 세상에 제시한 그 모델이 바로 우리가 명령하는 정책들에 직접적으로 영향을 미친다"고 믿는다는 것이다.(Michael P. Sullivan, "Cometing Frameworks and the Study of Contemporary International Studies," 『Millennium: Journal of International Studies』[Autumn 1978], p. 73).

5) 바넷(Richard Barnet), 『초강대국: 러시아 그리고 미국』(*The Giants: Russia and America*), 145쪽. Copyright 1977 by Richard J. Barnet. Reprinted by permission of simon & schuster, Inc.

6) 레이샤우어(Edwin O. Reischauer), 『21세기를 향해: 변화하는 세계를 위한 교육』(*Toward the 21st Century: Education for a Changing World*), 43쪽.

7. 위의 책 52쪽

8. 러셋(Russett)의 관점으로, 베이트와 허만(Charles R. Beitz and Theodore Herman), 『평화와 전쟁』(*Peace and War*), 214쪽에 요약되어 있다. W. H. Freeman and Company. Copyright 1973.

9. 바넷과 뮬러(Richard Barnet and Ronald Muller), 『지구촌 너머까지 : 다국적 기업의 힘』(*Global Reach: the Power of Multinational Corporations*), 14-19쪽. Copyright 1974 by Richard J. Barnet and Ronald E. Muller. Reprinted by permission of

Simon & schuster, Inc.

10) 도치(Karl deutsch), 『국제관계분석』(The analysis of International Relations), 17-18쪽

11) 샤프(Gene sharp), 『비폭력행동의 정치학』(The Politics of Nonviolent action), 8-9쪽

12) 보울딩(Kenneth Boulding), 『20세기의 의미』(The Meaning of the 20th Century), 87쪽

13) 램지(Paul Ramsey), "전략적 사고를 위한 정치윤리학 상황(A Political Ethics Context for strategic Thinking)", 카플란(Morton A. Kaplan)이 편집한 『전략적 사고 그리고 도덕적 함의』(Strategic Thinking and Its Moral Implications), 104쪽

14) 코닝(Peter A. Corning)이 다음의 책에서 인용함. "Human violence: some Causes and Implications", in 『Peace and War』, ed. by Charles R. Beitz and Theodore Herman, 120쪽.

15) 앞의 책, 120쪽

16) 앞의 책, 120쪽

17) 폴 베허(Paul Wehr)의 『갈등 조정』Conflict Regulation, 15-16쪽. "인간의 본성" 이론에 대해서는 서너 개 관점이 더 추가될 수 있을 것이다. 생물학적 이론들은 인간의 세력권 의식이라는 측면에서 전쟁을 설명하는데, 심각한 경험적 오류들을 지니고 있다. 그 가운데 한 가지 문제는 동물의 행동에서 인간의 행동으로 일반화하는 것이 적법한가이다. 명백한 것은 인간은 조직적 그룹의 일원이 되어 종내 대량 살상을 자행하는 식으로 공격성을 표현한다는 점에서 동물과는 근본적으로 다르다는 점이다. 동물의 왕국에서 공격성은 짝짓기를 하고, 어린 새끼들을 기르고, 먹을 것을 공급할 목적으로 어떤 특정한 영역을 보호함으로써 종족을 생존케 하는 것을 목적으로 한다. 보통 같은 종의 동물들은 일종의 신호 체제로 다른 동물의 영역을 침범하지 않도록 경고를 받는다. 다른 동물 종의 영역을 침범해서 싸움이 일어나는 경우에는 필연적으로 한 동물 종이 다른 동물 종을 죽이게 된다. 하지만 보통의 경우는 이동을 한다. 공격 이론이 갖는 또 다른 문제는 이 이론이 인간의 유전형질 속에는 협동성과 같은 요인들이 존재한다는 것을 충분히 고려하지 못한다는 점이다. 물론 이토록 오랫동안 인류가 생존하기 위해서 인류는 협동과 같은 특성들을 깊이 뿌리내릴 필요가 있었다. 이것은 특별히 인간의 경우에 해당하는데, 새 생명을 낳고 양육하는 것은 너무나 긴 과정이기 때문이다. 협력은 또한, 기술의 발달이나 한 세대에서 다른 세대로 정보를 전달하고, 먹을 것을 사냥해서 보존하는 일을 위해 필요했다. 그리고 인간의 생존이 서로에게 달려있는 고도로 분화된 사회에서는 절대적으로 필요하다. 로렌즈(Lorenz)와 다른 사람들의 "공격 이론들"에 대한 탁월한 비평을 확인하려면 애쉴리 몬테그(Ashley Montague)의 『인간 공격의 본질(The Nature of Human Aggression)』을 보라.

18. 베넷과 세이퍼(John C. Bennett and Harvey Seifert)의, 『미국의 대외정책과 기독교윤리학』(U.S. Foreign Policy and Christian Ethics), 17-18쪽.

19. 램지(Ramsey), 같은 책, 104쪽.

<hr>

3장

1) 윤리학에 미치는 성서의 역할을 이해하도록 돕는 책으로는 래리 라스무센(Larry Rasmussen)과 브루스 버크(Bruce C. Birch)의 그리스도인의 삶 속에서의 성서의 윤리학(The Bible and Ethics in the Christian Life)이 있다. 이들은 기독교 윤리학 입장에서 임의로 성서를 선별해서 이용하는 대신 성서 전체를 진지하게 참조해야 한다고 보는데, 나는 이러한 그들의 관점에 동의한다.

2) 오늘날 교회가 따를 지침을 정하는데 있어 성서를 잘못 사용하는 예는 남자와 여자의 역할에 대한 토론에서 볼 수 있다. 바울의 가르침을 직접적이고, 문자적으로 적용하면 여성들은 남성에게 종속된다는 논리를 지지하게 된다. 하지만, 만일 우리가 당시의 문화적 맥락에서 신약성경의 관점을 이해한다면, 여성들은 이웃하는 문화와 비교해보았을 때 놀라울 정도의 자유와 책임을 가졌음을 알 수 있다. 이와 같은 새로운 역할들은 이웃 문화와 날카로운 대조를 이루고 있어서, 그 새로운 문화양식이 교회에는 다소 당혹스럽고 수치스러운 것이 되었다. 바울이 여성들에게 다소간의 낡은 유대인의 양식을 따를 것을 촉구한 것은 바로 이러한 맥락에서였다. 바울의 명령은 고대 사회에서 교회를 세우기 위해 분명하고도 명확하게 이루어졌다. 우리의 상황은 바울 당시의 상황과는 다르다. 그러므로 우리가 사는 시대와 상황에서 일어나는 남성과 여성의 역할의 변화를 금하기 위해 바울의 명령을 그대로 적용하는 것은 잘못일 것이다. 문제는 "남자도 여자도 없다"라는 그리스도의 복음 메시지를 우리 시대에 어떻게 적용하는가이다. 이 문제에 관해서 성서를 어떻게 해석할 수 있는가에 대해 고민하는 책으로는 크리스터 스탕달(Krister Stendahl)의 『성서와 여성의 역할』(The Bible and the Role of Women)과 폴 쥬웨트(Paul Jewett)의 『남성과 여성으로서의 인간』(Man as Male and Female)이 있다. 또한, 윌라드 스와클리(Willard Swartley)의 『노예, 안식일, 전쟁, 그리고 여성』(Slavery, Sabbath, War and Women)은 이 문제에 대해 사용된 성서 해석 방법을 철저히 파헤치고 있다.

3) 이러한 네 가지 영역에 관한 나의 사상 체계는 리차드 모우(Richard Mouw)의 『정치학과 성서의 드라마』(Politics and the Biblical Drama) 영향을 받았다.

4) 요더(John H. Yoder)의 『예수의 정치학』(The Politics of Jesus), 13쪽. 요더는 핸드릭 벌코프(Hendrik Berkhof)의 『그리스도와 권력들』(Christ and the Powers)을 참고하고 있다. 요더의 같은 책 142쪽에 있는 다른 참고 서적들을 참조하라.

5) 인간 안의 하나님의 이미지가 의미하는 바에 대해서, 신학적인 고찰들이 오래전부터 이루어져왔다. 대부분의 신학적 관점은 이 이미지를 인간의 이성으로 정의하려 하든가, 인간의 영적 혹은 종교적 측면으로 정의하려고 했다. 이러한 관점들이 문제가 있는 이유는 이러한 관점에서는 필연적으로 사람들 안에 어떤 "신적인" 광휘가 있다고 가정하게 된다는 것이다. 마치 인간 안에는 유한하지 않은 어떤 신적인 특별한 소양이 있는 것처럼 보게 한다는 점이다. 그래서 타락 후에 어떤 면으로든 인간 안에 이 이미지가 남아 있는가가 논점이 되어버렸다. 신의 이미지와, 인간을 문화의 창조자로 만드는 사회성을 결합시킴으로써 이러한 "신적인" 광휘가 갖는 문제들을 피할 수 있는 접근법을 제시할 수 있다. 고든 카프만(Gordon Kaufman)은 이러한 접근법을 발전시켜 "인간 역사 안에서의 신의 이미지"라는 자신의 관점을 이루어냈다. "인간은 탁월한, 역사적 존재다. 왜냐하면, 인간은 인간의 역사에 의해 만들어지는 동시에 인간 스스로 역사를 만들기 때문이다(333쪽). 타자와의 모든 관계에서 타자들은 우리를 만들어가고, 우리는 그들을 만들어낸다. 자아는 독립적이고 고립된 원자들이 아니라, 자신들이 위치하는 곳에서 맺는 관계를 통해 존재의 형태와 본질을 얻어가는 관계적 실체이다"(334쪽). 사람들이 문화를 창조하는 이유는 사람들 스스로가 언어능력을 가지고 사회적 상호작용을 하는 사회적 창조물들이기 때문이다. 이러한 창조적 능력으로 인간은 역동적인 사회적, 문화적 변형의 과정을 통해 자신 안에 하나님을 '그리는' 것이다.

이러한 접근 방식은 하나님의 이미지가 타락으로 소멸되었는가라는 문제를 피할 수 있게 한다. 이러한 관점에서는 인간은 인간으로서의 기본적 능력으로 신적인 이미지를 표현하기 때문이다. 우리는 이러한 이미지가 사라진다고 보거나, 인간이 어떤 식으로든 특별한 신적 광휘를 소유하고 있다고 결론 내릴 필요가 없다. 고든 카프만(Gordon Kaufman)의 『조직신학: 역사적 관점(*Systematic Theology:a Historicist Perspective*)』, 329f을 참조하라. 인간의 사회성을 "이마고 데이"(imago dei)와 연결시키는 또 다른 신학자들을 참조하라. 칼 바르트의 『교의학3권』(*Church Dogmatics III*), 192쪽, 리차드 모우(Richard Mouw)의 『정치학과 성서의 드라마』(*Politics and the Biblical Drama*), 24쪽, 폴 쥬웨트(Paul Jewett)의 『남성과 여성으로서의 인간』(*Man as Male and Female*), 32쪽을 참조하라.

6) 내가 인간을 사회적 관점으로 바라보는 데 많은 이들의 도움을 입었다. 특히 하버드 신학대학원 지도교수인 제임스 아담스(James L. Adams)의 지도 아래 언스트 트로엘치(Ernst Troeltsch)의 연구를 근거로 논문을 진척할 수 있었다. 자아에 관한 사회적 관점은 많은 사회과학 서적에서 다루고는 있지만, 특히 나는 죠지 메드(George H.Mead)가 쓴 『자아와 사회』(*Self and Society*)를 언급하고 싶다. 나는 또한, 메노나이트로부터 삶의 커다란 영향을 받았다. 메노나이트의 사회 공동체 영향력은 내 자신의 가치와 신학에 대한 관점을 형성했다.

7) 몬테그(Ashly Montagu), 『인간의 공격본능』(*The Nature of Human Aggression*), 160-161쪽

8) 도이치(Karl deutsch), 『국제관계분석』(*An Analysis of International Relations*), 17족

9) 카프만(Kaufman), 같은 책 336-337쪽.

10) 앞의 책, 343쪽

11) 이 문제에 관한 탁월한 설명을 싣는 니버의 책, 『도덕적 인간과 비도덕적 사회』(*Moral Man and Immoral Society*)을 참고하라. 니버는 인간은 그룹을 이루어 집단적으로 움직일 때 자기의 이익을 따라 움직이는 경향이 있음을 상당히 설득력 있게 주장한다. 그래서 마치 그룹들이 이타적인 개인들인 것처럼 양심에 호소하는 것은 비현실적이고 비효과적이다.

12) 신약성서에 나오는 "세상 나라들"(principalities), "권세들"(powers), "천지만물들"이라는 관점으로 사회적 실재의 본질을 이해하고자 할 때 스티븐 모트(Stephen Mott)의 『성서적 윤리학과 사회변화(*Biblical Ethics and Social change*)』, 10쪽이 도움이 될 것이다. 모트는 사회적 삶(social life)을 다음과 같이 설명한다. 하나, 사회적 삶을 이루는 공식적 요소들은 사회를 이루는 개인들보다 한참이나 오래됐다. 둘, 사회적 삶은 비교적 개인의 의식적 결정이나 책임감에 의존하지 않는다. 셋, 사회적 삶은 종종 전혀 해결책이 보이지 않는 복잡한 문제들로 이루어진다.

13) 요더(John H. Yoder), 『예수의 정치학』(*The Politics of Jesus*), 143쪽

14) 에리히 프롬(Erich Fromm), 『자유로의 도피』(*Escape to Freedom*), 50쪽

15) 같은 책, 39-41쪽에 실린 모우(Mouw)의 프롬에 대한 비평을 보라. 이러한 몰이해(misunderstanding)는 칸트의 실천이성과 순수이성사이의 이분법을 벗어나, 서구 사상에서 부분적으로 일어난다. 순수이성의 영역 내에서 인간성은 완전히 결정되지만, 실천이성 안에서 행동은 완전히 자율적인 행동이다. 이는 경험적 실재의 영향을 받지 않는 자기 주도적 행동이다. 칸트의 자유에 대한 이해는 현대 실존주의 사상의 전제다.

16) 모우(Mouw), 같은 책, 41쪽.

17) 월터 라우센부시(Walter Rauschenbush)의 『사회적 복음으로서의 신학』(theology for a social Gospel)에서 구스타보 구띠에레즈(Gustavo Gutierrez)의 『해방의 신학』(a theology of Liberation)에 이르기까지, 구원이 사회구조와 관련이 있음은 수많은 신학 서적에서 볼 수있다. 구조적이고 사회적인 악의 본질에 대한 강조는 신약성서의 "정사와 권세"논쟁 연구에 분명히 나타난다. 하지만, 이는 또한, 종교사회주의자들과 사회적 복음운동에서 이미 강조해왔다. 본인의 지난 경험으로 볼 때, 악의 사회적 본질을 교회가 이해하지 못한 것은 이사야 1장 18절("너희 죄가 주홍빛 같을지라도 눈과 같이 희게 될 것이다)과 같은 구절들을 사회적 맥락(이사야에서 언급된 죄들은 불의와 억압이었다)과 는 별개로 이해하고, 개인의 죄를 씻고 하나님께 대한 개인적 회심으로 이해했다는 데서 분명히 볼 수 있다.

18) 창세기 11장 1–9절에 나오는 바벨탑은 인간의 문화와 언어의 다원론 자체가 인간의 죄의 결과라는 관점을 지지하는 것 같다. 하지만, 바벨탑 프로젝트의 죄는 다원론이 아니다. 그 반대다. 이 이야기는 하나님과 같고자 하는 인간의 소망을 표현하는 연합 노력을 상징 하고 있다(탑 꼭대기를 하늘에 이르게 하자: 창11:4). 창세기 설화 가운데 이 본문의 의도 는 인간의 죄(바벨탑 이야기에 이어 홍수 사건이 나온다)가 지니는 일반적 양식을 지적하 는 것이다. 이 죄 때문에 하나님께서 인간의 역사에 개입하시고, 아브라함의 씨로부터 한 특별한 민족을 만들어내시게 된다.

19) 이 부분에 있어 나는 니버의 영향을 크게 받았는데, 특히 급진적인 유일신론과 단일신론 (henotheism)을 구분함에 있어 더욱 그렇다. 니버의 『급진적 유일신론과 서구 문화』 (Radical Monotheism and Western Culture)를 참조하라. 이러한 우상숭배는 경건한 기도생활로도 표현된다. 폭탄을 가득 실은 비행기 조종사가, 자신들을 보호해주시기를 기도하는 도시에 폭탄을 떨어뜨리면서 하나님께 자신을 보호해달라고 기도하는 것을 생 각해보자. 이러한 기도는 모든 사람을 사랑하시는 주 하나님께 드리는 기도라기보다는 오직 "나의" 백성의 하나님이 되는 단일신 곧 우상에게 기도하는 것 아니겠는가?

20) 자끄 엘륄의 『폭력』(Violence), 94, 98쪽을 보라. 또 존 스웜리(John Swomley)의 『특정 한 혁명 운동에 관한 연구서인 해방 윤리학』(Liberation Ethics)에서 그 운동들의 수단 과 목적에 대한 분석을 참조하라.

---

## 4장

1) 키텔(Gerhard Kittel)이 편집한 『신약성서 신학 사전(Theological Dictionary of the New Testament)』, 2권 402쪽, 라드(Gerhard von Rad)의 "구약성서의 샬롬(Shalom in the Old Testanebt)" 참조. 또 샬롬에 대한 성서적 관점을 이해하는데, 다음의 책이 도 움이 된다. 브루거만(Walter Brueggemann)이 쓴 『비전을 향한 삶: 샬롬을 성서적으로 고찰함』(Living Toward a Vision: Biblical Reflections on Shalom).

2) 앞의 책, 406쪽

3) 앞의 책, 403쪽

4) 멘덴홀(George E. Mendenhall)의 『이스라엘과 고대 근동의 법과 언약』(Law and Covenant in Israel and the Ancient Near East)

5) 앞의 책, 25쪽

6) 브라이트(John Bright)의 『이스라엘의 역사』(A history of Israel), 135쪽

7) 멘덴홀의 같은 책, 19쪽. 린드(Millard Lind)의 『야훼는 전사다: 고대 이스라엘에서의 전쟁 신학』(Yahweh Is a Warrior: The Theology of Warfare in Ancient Israel)은 왕권(kingship)에 대한 전통적 관점이 지니는 긴장을 분석하고 있다. 특히 114쪽을 보라.

8) 특히 티아맛을 이긴 마르둑의 승리를 축하하는 바빌론의 신년 의식에서, 바빌로니아인들은 동시적으로 마르둑의 현신인 왕과 마르둑에 대한 충성을 맹세했다. 종교 상징체계는 왕과 신을 구별하지 않고, 신의 이름으로 왕이 예언자적 심판을 하도록 했다. 엘리아드(Mircea Eliade)의 『신성과 비속』(The Sacred and the Profane), 77쪽

9) 헤스켈(Abraham Heschel)의 『예언자들』(The Prophets), 1권 135쪽.

10) 구띠에레즈(Gustavo Gutierrez)의 『해방의 신학』(A Theology of Liberation), 157쪽.

11) 멘덴홀, 앞의 책, 19쪽

12) 칼 바르트는 공산 치하에 있던 동독의 그리스도인들에게 쓴 편지에서 이 본문을 사용했다.

13) 구띠에레즈, 앞의 책, 161쪽

14) 앞의 책, 161쪽

15) 페린(Norman Perrin)의 『예수의 가르침에 나타난 하나님 왕국』(The Kingdom of God in the Teaching of Jesus), 158쪽. 이는 슐라이허마흐(Schleiermacher)와 리첼(Ritschl)로 거슬러 올라가는, 이 주제에 대한 거의 모든 학자들의 논쟁의 역사를 보여준다.

16) 앞의 책, 159쪽.

17) 도드(C.H.Dodd)의 『그리스도의 오심』(Coming of Christ), 15쪽. 이 입장은 슈나켄버그(Rudolf Schnackenburg)의 하나님의 법과 왕국(God's Rule and Kingdom)에서 비슷하게 언급되어있다.

18) 쿨만(Oscar Cullmann)의 『그리스도와 시대』(Christ and Time), 쿰멜(Werner Kummel)의 『약속과 성취』(priomise and Fufilment)에서도 강조하고 있다.

19) 페린(Perinn)의 같은 책, 159쪽

20) 와일더(Amos Wilder)의 『예수의 가르침에 나타난 종말론과 윤리학』(Eschatology and Ethics in the Teaching of Jesus), 145쪽.

21) 앞의 책, 160쪽

22) 앞의 책, 163쪽

23) 요더, 『예수의 정치학』(The Politics of Jesus), 28쪽

24) 앞의 책, 34쪽. 일부 신약성서 학자들은 예수의 메시지가 레위기 25장에서 기술하는 희년을 선포하고 있다고 본다.(요더, 36쪽과 64쪽) 희년의 근본 사상은 다음의 4가지 명령을 포함하고 있다. 첫째, 땅을 경작하지 말고 쉬게 하라. 둘째, 빚을 탕감해주라. 셋째, 노예를 해방하라. 넷째, 개인에게 가족의 부동산을 돌려주어라.

희년을 엄격히 지키는 데 있어서의 문제 중 하나는 안식년이 다가오면, 부자들은 돈을 잃게 될까 두려워서 가난한 이들에게 돈을 꾸어주려 하지 않았다는 것이다. 바리새인인 힐렐(Hillel)은 이 문제의 해결책으로 "프로스보울"(prosboul:재판소에서 결정된 법령이란 뜻으로 재판관과 증인이 서명하면 채권자가 재판소를 통해 안식년에 잃었던 채권을 되찾을 수 있는 법령—역자 주)을 만들었다. "이는 '재판 전에 이루어진 행동' 이라는 뜻의 그

리스어다. 미슈나(Mishnah)의 Gittin을 따라, 힐렐은 이런 식으로 채권자가 안식년에
잃었던 권리를 회복하기 위해 자신의 권리를 법정에 이양하는 것을 가능하게 했다"(요
더, 69쪽) 요더에 의하면, "프로스보울"이 실제로 존재했다는 것은 희년의 채무 면제 규
정이 예수의 시대에도 적용할 수 있는 것으로 간주되고 있음을 증명한다.

예수는 모세의 율법이 인간을 위한 규범이라고 강력하게 주장함으로써 당시의 권세자들
과 갈등을 빚었다. 예수가 "'하나님은 안식일을 사람을 위해 만들었다'고 말했을 때, 이
는 하나님께서 유대인을 이집트에서 이끌어내어 해방하셨다는 것을 의미했다. 안식일과
마찬가지로 안식년은 실행되어져야 한다. 이 둘 모두 사람을 해방하는 것을 의미한다. 사
람을 노예 삼는 것이 아니다. 이런 이유로 다른 모든 인간의 유전들과 마찬가지로, 희년
의 혁명적이며 해방적인 특성을 약화시키기 위해 법령에 추가한 프로스보울이 예수의 분
노를 샀다.(요더, 71쪽)

25) 구띠에레즈의 같은 책, 298-299쪽.

26) 여성에 대한 예수의 시각을 훌륭하게 요약해놓은 책으로는 폴 쥬웨트(Paul Jewett)의
『남성과 여성으로서의 인간』(*Man as Male and Female*)이 있는데, 그 책, 94-105쪽을
보라.

27) 포스터(Werner Foerster)의 『신약성서 신학 사전』(*Theological dictionary of the
New Testament*), 408, 411쪽.

28) 앞의 책, 401, 411.

29) 앞의 책, 412쪽

30) 이 이원론 때문에 고대의 평화사상(The Idea of Peace in Antiquity)을 쓴 잠파리온
(Gerardo Zampaglione)은 신약성서의 평화가 의미하는 바를 왜곡했다. 비록 그가 "평
화"라는 단어가 히브리 단어인 "샬롬"이 갖는 근본적인 내용에 상응한다고 여러 번 지적
하고는 있지만(201쪽), 초기 그리스도인에 관해서는 "초기 그리스도인들의 목적과 소망
은 완전히 영의 가치에 집중하고 있다. 이 세상의 조직이 아니다"(208쪽)라고 말한다.
"그리스도인들은 물질과는 분리된 행복을 받아들이도록 부름 받았다. 믿음으로 살며, 덕
을 실천하고 … 주로 초자연적인 세계에 관심을 가져야한다"(208쪽). 잠파리온은 구약성
서와 신약성서를 어떻게 연결할 수 있는가에 있어, 아주 오래된 해석 원리를 사용하고 있
다. 예를 들어 "신약성서는 구약성서를 영적으로 해석하고 있다"라는 것이다. 구띠에레
즈는 이러한 접근에 대해 탁월한 비판을 하고 있다. 같은 책, 165쪽.

31) 포스터(Foerster)의 같은 책, 413쪽

32) 앞의 책 409쪽.

33) 앞의 책 419쪽.

34) 폰 라드(Gerhard von Rad)의 책, 『구약 이스라엘의 거룩한 전쟁』(*Der Heilige Krieg
im alten Israel*)을 보라. 또한, 인디애나주의 엘크하르트에 있는 연합메노나이트 신학
교의 구약학 교수인 밀라드 린드(Millard Lind)의 글들을 많이 참고했다. 윌리암 키니
(William Keeney)의 책 『섬기는 로드쉽』(*Lordship as Sevanthood*), 84쪽에 있는 인터
뷰 기사를 보라. 린드의 입장을 더욱 더 분명하고도 학문적으로 다루는, 『야훼는 전사다:
고대 이스라엘에서의 전쟁 신학』(*Yaweh Is a Warrior: The Theology of Warfare in
Ancient Israel*)을 보라.

35) 브라이트(Bright)의 같은 책, 275-276쪽

36) 키니(Keeney)의 같은 책, 89쪽. 성전(holy war)에 관한 이 문맥에서, 전쟁에 관한 도덕적 정당성, 곧 옳고 그름의 문제는 우선적 문제가 아니다. 이 문제는 이 본문에 유입된 현대적 질문으로, 전쟁을 종교의식이라는 카테고리로 분류하는 역사적 맥락에 초점을 두고 있지 않다. 현대적 맥락에서 전쟁을 도덕적으로 정당화하려고 본문을 사용하는 것은 두 가지 이유로 오류가 있다. 첫째, 정치적 명분을 위해 폭력을 도덕적으로 정당화하는 것을 본문에서 고려하고 있지 않다. 그러한 사고는 한참 후에야 일어났다. 즉, 콘스탄틴 이후에 암브로스와 어거스틴이 그리스도인이 참전하는 것을 도덕적으로 정당화할 수 있는가에 의문을 던지기 시작할 때였다. 둘째, 현대의 전쟁을 도덕적으로 정당화함으로 우리는 군대, 무기체계, 전쟁수행을 위해 인간을 조직하는 거대한 군 당국, 필수적인 무기 체계를 제공하는 군수산업, 군 체제를 지원하기 위해 기꺼이 엄청난 세금을 지급하는 시민들을 연결시켜주는 정부 체제 등을 지지하게 된다. 이 세상은 구약성서의 성전 전통과는 너무나 동떨어져있다. 구약성서의 성전 전통에서 강조점은 야훼에 대한 신앙과 위기의 순간에 출현하게 될 강력한 지도자에 대한 믿음에 있었다.

37) 요더의 앞의 책, 87-88쪽. 야훼를 "의지하는" 모습을 보여주는 이와 같은 맥락에서 권세자들과 세상 주관자들에 대한 승리와 그들에게서의 해방에 대한 예수의 관점을 이해해야 한다. 또한, 이러한 맥락에서 예수의 행동은 제자들이 따라야할 윤리와 종의 모습이었음을 이해해야 한다.

38) 이 문제는 예수와 열심당과의 관계 배경에 반하여 가장 잘 볼 수 있다. 쿨만은 자신의 책 『신약성서에 나타나는 국민국가』(the State in the New Testament)에서 예수의 사역이 열심당의 명분과 얼마나 밀접하게 연관이 있는지 설명하고 있다. 복음서의 많은 부분에서 제자들은 예수가 열심당의 전통적인 방법인 폭력으로 로마를 몰아내기를 기대했다는 것을 말해주고 있다. 예수님이 자신은 예루살렘으로 올라가 고난 받고 죽게 될 것이라고 말하기 시작했을 때, 제자들은 예수님을 전혀 이해하지 못했다. 또한, 예수의 나라에서 누가 가장 큰 자가 될 것인가, 그리고 어떤 자리를 차지할 것인가에 대한 제자들의 논쟁은 그들이 가지는 전통적인 열심당의 기대와 잘 연결이 된다.

모트(Stephen Mott)(같은 책)는 예수의 관점을 열심당의 존재 여부 측면에서 해석해서는 안 된다고 주장하는데, 왜냐하면, 당시에는 잘 조직된 열심당이 아직 존재하지 않았기 때문이라고 한다. 하지만, 열심당의 무장 봉기 경향이 당시에 예수가 취했던 입장과는 반대되는 삶의 방식이었다는 쿨만과 요더의 주장을 뒷받침하기 위해 잘 조직된 열심당이 존재했어야 한다고는 생각하지 않는다.

39) 요더의 같은 책 52쪽. 요더는 주장하기를 예수가 당한 세 가지 시험은 정치적 권력을 획득하는 전통적 방법을 반영하고 있다고 주장한다. 누가복음에서 시험은 경제적인 것에서 시작한다. "예수가 굶주림의 고통을 새롭게 감각함으로써 강화된 옵션은 예수의 메시아 성이 제자들에게 잔치를 베풂으로써 표현될 수 있다는 것이었다."(31쪽)

요더는 성전 꼭대기에서 떨어져 내리라는 세 번째 시험을 예수에게 종교개혁가의 역할과 하늘의 메신저요, 모든 것을 제자리로 위치시키기 위해 하늘에서 내려온 신비로운 존재로 보이도록 생각해보라고 시험한 것이라고 해석한다.(31쪽). 요더는 슈내켄버그(Rudolf Schnackenburg)의 말을 인용하는데, 그는 다음과 같이 질문한다. "그렇게 상징적인 장소에서 그렇게 뛰어내리는 것이 종교적·정치적 자유를 위한 투쟁을 상징하는가? 신약성경과 요세푸스가 당대에 그토록 자주 언급했던 가짜 메시아들이 추구한 방법으로 예수를 궁극적인 승리자로 만들면서?"(34쪽)

이 시험에 대한 반응으로 예수가 제자들에게 자신이 주는 구원은 정말로 "영적"이라거나, 제자들이 복음을 사회정치적인 의미로 오해했다고 말했다는 증거를 누가복음은 전혀 제시하고 있지 않다. 예수는 가르치기를 멈추지 않았고, 병자를 고쳤으며, 권세자들에게 맞서 끝까지 새 윤리질서를 붙들었다. 에세네파와 같이 메시아의 도래를 앞당기려면 자신들을 정결케하고 이를 위해 사막으로 분리되어 나가라고 제자들을 가르쳤다거나, 정치적 권세가들(바리새파와 사두개파)과 야합하거나 혹은 그들에게서 분리되어야 한다고 가르친 증거는 어디에도 없다.

정치적 관점으로 예수를 판단했다는 것은 "시저에게 세금을 내야 하는가"와 같이 덫에 걸리도록 하는 질문에서 분명히 나타난다. 만일 예수가 시저에게 세금을 내는 것에 "아니다"라고 했다면, 예수는 혁명가로 고소를 당했을 것이고, "그렇다"라고 했다면 예수는 또한, 변절자가 되는 것이다.(눅20:20-25) 요더는 다음과 같이 말한다. "이 난해한 함정을 파 놓은 사람들이 데나리온 질문을 어떻게 생각해냈을지 우리가 알기는 어렵다. 예수가 로마의 통치를 거부하는 것을 당연하게 여기지 않고, 그래서 예수가 맹비난을 받을 대답을 낼 거라고 기대했었다면 말이다. … 예수를 '영적 해석가' 곧 그의 유일한 정치적 관심은 자신이 정치에 관심이 없다는 것을 분명히 보여주는 것이라고 보는 관점은 이 질문이 나왔다는 사실로 반박할 수 있다. 예수의 대답에서 '하나님의 것'은 보통 '영적인 것'을 의미하지는 않는다. 즉, '가이사의 것은 가이사에게, 하나님의 것은 하나님에게' 바치라는 것은 오히려 일치하거나 혹은 충돌하거나, 또 연결되어야 할 요구들이나 특권들을 지적하고 있다." 여기서의 요점은 종교와 정치 영역을 구분하자는 것이 아니고, 두 영역 모두 충성을 요구한다는 점, 곧 정치적인 면을 가지고 있다는 것이다. 하나님의 나라는 분명히 정치적 억압으로부터의 해방의 메시지였다. 하지만, 또한, 하나님나라는 열심당이 추구하는 폭력혁명과는 다른 방식으로 정치적이다.

40) 리차드 모우(Richard Mouw)의 『정치학과 성서 드라마』(*Politics and the Biblical Drama*), 72쪽, 삭개오 이야기의 의미를 설명한 곳을 참고하라.

41) 요더는 흠정역으로 본 마태복음 5장 48절의 "너의 아버지가 완전한 것처럼 너희도 완전해라"는 구절이 오랫동안 산상설교의 핵심으로 여겨왔다고 말한다. 완전주의적인 설교가들은 이 구절이 인간의 무죄가능성을 약속한다고 보았다. 반면 주류 윤리학자들은 이 설교의 의도는 그대로 살라는 것이 아니라 도저히 이를 수 없는 하나님을 닮기 위해 자신을 철저히 부수고 은혜를 입어야 한다는 것을 증명한다고 말한다. 이 두 극단에 서 있는 이들은 모두 틀렸다. 왜냐하면, 그들은 설자리가 없는 현대적 개념의 '완전'을 차용하고 있기 때문이다. 우리는 누가복음의 의미를 무조건적이고, 무차별적인 것으로 이해해야 한다. 같은 책, 119-120쪽.

42) 하나님나라에서의 믿음과 사회윤리의 의미는 이 세상 권세자들에 의해 십자가에 죽음으로 끝내는 방식으로 정의와 의를 가르치고 살아냈던, 역사상 존재했던 실체인 예수 안에서 이해되어야 한다. 하나님나라에 대한 예수의 메시지가 어떻게 인간의 제도안에서의 삶과 연결되는지 이해하려면 역사상 실존했던 예수를 아는 것이 핵심이다. 이러한 역사적 사실들을 "뒤로 한 채" 예수의 삶을 연구할 방법은 없다. 이와 함께, 초대 교회의 "신앙"은 팔레스타인에서 살다가 죽은 역사상의 실재 예수를 통해, 그리고 그 안에서 하나님의 계시가 나타났음을 믿는 것이다. 예수를 그리스도로 보았던 초대교회의 시각과 관계있는 역사적 예수에 대한 구체적이고 역사적인 기록에 대해 무엇이라 말할 수 있을까? 우리가 거부해야하는 한 극단적 관점 중 하나는 키에르케고르의 관점이다. 그는 우리가

신앙하는 데 필요한 것은 오직 하나님께서 역사 속에서 구체적인 형상으로 자신을 계시하셨다는 것을 확신하는 것이라고 주장했다. 역사적 계시를 품은 그 구체적 형상이 또한, 신앙의 내용이라고 했다. 우리는 여기에서 요더의 『예수의 정치학』의 논조에 동의한다. 이 책에서 요더는 신앙의 주이자 십자가에서 고난 받고 죽은 한 종은 실재했던 예수에 대해 자신의 역사적 기억이라고 주장한다. 우리가 예수의 삶을 구성해내고자 근거들의 이면을 짚어보고 싶지는 않다. 오히려, 근거들 자체와 역사적 맥락에 대한 지식으로 우리는 예수가 하나님의 나라를 선포했다는 점과 예수를 십자가의 죽음으로 내몰았던 제도들과의 충돌이라는 점에서 정확하게 역사와 신앙 사이의 중요한 연관을 볼 수 있다.

나는 또한, 내 입장을 지지할 신학적 이유들을 가지고 있다. 레싱(Lessing)과 칸트(Kant)(역사적 사상의 중흥) 이래로, 신학자들은 역사와 우연한 사건들이 만들어내는 문제들과 씨름해왔다. 역사라는 것이 정의상 보면 우연한 사건들이며 따라서 변화하는 실재이기 때문에 보편적이면서도 필연적이라고 보려는 여러 시도들이 있었다. 그래서 칸트는 보편적인 도덕 이성이라는 기초 위에 신학을 세우려고 했고, 슐라이허마흐는 전적의존(absolute dependence)이라는 일반적인 종교적 감정위에, 그리고 폴 틸리히는 존재와 비존재에 대한 공통의 존재론적 구조 안에 신학을 세우려고 했다. 그리스도론에 근거해야 한다고 주장하는 바르트 신학과 같은 신학에서조차도 "히스토리에"(historie)와 "게쉬크테"(Geschichte)를 구분하는 것은 바르트로 하여금 그리스도를 하나님을 계시하는 자요, 말씀이며, 로고스로 생각하도록 만들었다. 로고스는 그 보편적 차원에서 팔레스타인에서 살다가 30년경 어딘가에서 죽은 한 유대인이었던 역사적이며 구체적인 예수와 잘 연결되지 않는다. 우발성이라는 함정을 피하려는 시도는 내 생각에 신학을 도케티즘적(docety: 가현설) 소종파로 잘못 이끌었다. 예수가 완전한 인간이라는 모든 주장에도, 우발성과 역사성에 대한 위협은 신학이 구체적이고 역사적인 예수에 집중하지 못하도록 했다. 내가 주장하고 싶은 바는 예수는 신학적으로 그리고 정확하게 기준이 되시는 분으로, 섬김을 보여준 종으로서 주로 높임을 받은 실재하신 인간이었다는 점이다.(빌립보서 2장)

43) 요더의 앞의 책, 각주 118은 우리에게 예수의 삶의 방식을 따르도록 촉구하는 본문들과 기본 주제들을 정리해주고 있다. 하나님의 초월성을 보호하려는 구약성서의 집중에도, 구약성서는 인격을 지닌 사람이 하나님 그분의 존재와 다소간 일치한다는 것을 전제로 하고 있다. 이러한 생각은 창조기사에 투영될 뿐 아니라, 이러한 하나님과의 일치로 말미암아 하나님께서 자신의 백성에게 행한 것과 같은 일을 사람이 다른 사람에게 행하도록 하는 윤리적 왜곡이 일어났다. 월터 에이크로드(Walter Eichrodt)는 『구약성서 신학』(*Theology of the Old Testament*)에서 거룩함이라는 기본 주제를 "신의 형태를 따라 인간의 본성을 형성하는" 것으로 특징지었다(2권, 373쪽). 이는 우리가 앞에서 하나님의 형상 혹은 하나님의 시각과 자기 지식 혹은 자아인식 사이의 긴밀한 관계에 대해 언급한 것과 꼭 맞는다.(요더, 116-117쪽)

44) 지난 25년 동안, 학자들은 "주관자들"(principalities), "권세들"(powers), "왕들"(thrones), "주권"(dominion)과 같은 용어들의 의미를 해석하려고 엄청난 에너지를 쏟았다. 결과적으로 요약조차 할 수 없을 정도로 많은 해석이 나왔지만, 이러한 단어들이 쓰인 본문에 대한 해석은 지극히 적다.  내 연구에서는 지금까지의 해석들을 이용하고자 사회정치적 구조들을 참고했다. 이러한 논의에 대한 리차드 모우의 요약을 보라.(같은 책, 85-116쪽) 같은 주제에 대한 요더의 논지도 보라. 같은 책, 135-162쪽. 같은 책, 스티브 모트의 글도 참조하라.

45) "권세들"(powers)에 대한 논의는 비록 신약성경을 이해하는 데 큰 도움이 되기는 했지만, 최근의 석의학(exegesis) 발전이 가져온 유익을 받지 못했던 명민한 분석가들 내부에 여전히 내재하는 것처럼 보인다. 예를 들어, 월터 라우센부쉬(Walter Rauschenbusch)는 『사회복음을 위한 신학』(Theology for the Social Gospel)에서 사회구조적 악의 본질을 인식하고 있다. 라우센부쉬에게 예수는 사람들에 의해서 뿐 아니라 "종교적 편협주의, 불의하고 정치적인 세력의 결합, 부패한 정의, 군중심리, 군국주의, 계급 간 멸시"와 같은 "악의 왕국의 구조적 세력"에 의해 죽임을 당했다.(257쪽 주석).

46) 도이치(Karl W. Deutsch)의 『국제관계 분석』(The Analysis of International Relations), 2쇄, 19쪽.

47) 샤프(Gene Sharp)의 『비폭력행동의 정치학』(The Politics of Nonviolent Action), 8쪽 주석. 비폭력저항의 가능성은 예수가 살던 시대에 불가능하지 않았다. 요세푸스는 유대인들이 빌라도가 시저의 동상을 세우는 것에 대해 비폭력적인 저항을 벌인 흥미로운 사건을 소개하고 있다. 유대인들은 빌라도에게 탄원을 계속해서 결국 "그들은 흙바닥에 주저앉아서 이마를 땅에 대고는 자신들의 율법의 지혜가 범해지는 것을 보느니, 차라리 죽는 편이 낫다고 하는 지경에까지 이르렀다. 이에 빌라도는 유대인들이 율법을 어기지 않으려는 확고한 태도에 감명을 받고, 그 동상을 예루살렘에서 가이사랴(Caesarea) 지역으로 철거했다." 요세푸스, 『고대사』(Antiquities), 18권 3.

48) 칼 바르트, 『공산주의 사회에서 하나님을 섬기는 법』(How to Serve God in a Marxist Land). 찰스 웨스트(Charles West)의 『공산주의와 신학자』(Communism and the Theologians)를 보라.

49) 이 점을 설명하기 위해 잠깐 메노나이트 교회의 역사를 살펴보자. 원래 아나뱁티스트들은 16세기 제도들(주로 교회)을 변화시키려는 상당히 급진적인 사람들이었다. 그들은 원래 츠빙글리를 따르는 자들로서 취리히의 교회들이 자체적으로 개혁하기를 바랐다. 이들은 정열적으로 대화를 시도했는데, 특히 개혁교회 신학자들과 접촉했다. 또한, 활동적인 선교 사업에도 관여했으며, 농부들의 처지에 깊이 공감을 했다. 혹독한 박해가 다가오자, 이들은 지하로 피신하거나, 자신들을 받아주는 지역이나 깊은 산속으로 피난했다. 1527년의 슐레이트하임 신앙고백(Schleitheim Confession of Faith)은 교회와 세상을 확연히 분리하여 "그리스도의 완전함 안에" 거하는 사람들과 "그리스도의 완전함 밖에 있는 사람들"에 대해 언급하고 있다. 또한, 아나뱁티스트들이 신앙 때문에 겪는 엄청난 고난을 적고 있다. 가톨릭과 개신교 양자 모두 아나뱁티스트를 소종파로 분류해서 지하로 들어갈 수밖에 없도록, 혹은 비교적 안전한 지역으로 피신할 수밖에 없도록 내몰았던 일들을 적고 있다. 그래서 교회와 세상을 나누는 이분법적 신학은 처음에는 강력한 행동주의로 나타났다. 일단 아나뱁티스트들이 분리된 소종파가 되자 더는 세상의 변화를 촉구하는 위치를 갖지 못했고, 신학은 세상에서 분리되는 입장을 지지하게 되었다. 아나뱁티스트들이 기본적으로 지역적 인종적 공동체가 됨에 따라, 교회와 세상의 이분법적 신학은 완전히 분리된 사회 그룹을 정당화하게 됐다.

누구든지 혹독한 박해로 말미암아 소종파를 이룬 이들의 "분리"(withdrawal) 심리학과 사회학을 이해하고 동감할 것이다. 하지만, 우리는 예수 그리스도의 십자가는 권세자들과의 마찰을 통한 것이었음을 강조해야 한다. 이는 동족 유대인과 그들의 제도들을 향한 예수의 연민 때문이었다. 예수는 병을 고치고, 가르치고, 말씀을 전파하고, 도시 한가운데에서 정치적으로 행동했다. 예수의 자발적인 십자가 사건은 두 가치 체계의 충돌을 피하지 않고, 넘어선 것이었다.

50) 이 주제에 대한 더욱 더 훌륭한 작품과 계시록 본문에 대한 다양한 해석을 분석한 앞의 모우의 책, 117-139쪽을 참조하라.

51) 우리는 "자기 의"와 합리적인 예언자적 비평을 조심스럽게 구별해야 한다. 사람의 상황에 따라 심판이 내려지고, 회개가 촉구될 때마다, 한 사람 혹은 자기 의로 가득한 그룹을 고발하는 것은 일부 그리스도인(회개에 이르기를 원치 않는)의 책략이다. 자기 의는 자신의 우월한 의에 대한 교만함에서 나오는 것이지, 하나님께서 자신의 백성에게 그 뜻을 알려주시는 방법이 되는 예언자적 입장에서 나오는 것이 아니다. 그렇지 않다면, 어떻게 우리가 구약성서 예언자들의 행동을 이해할 수 있을까?

52) 니버의 관점에서 보면, 죄는 창조 때에 인간을 고유한 존재로 만든 그 원인이다. 곧 인간 스스로를 높이고, 충성과 헌신의 대상을 선택할 수 있도록 한 인간의 자유 말이다. 하지만, 사람이 스스로를 높일 자유가 있으면서도 자신의 유한성을 벗어날 수 없었기 때문에 이 자유는 불안을 초래한다. 이 불안은 하나님을 신뢰함으로써만 해결될 수 있지만, 인간은 자신에게 무조건적으로 헌신하고, 이기심과 타인 위에 군림하고자 하는 자신의 제한적인 집단성으로 자유를 드러낸다.

53) 니버에 대한 나의 비평은 신학자들 가운데에서는 꽤 보편적이다. 다니엘 데이 윌리암스(Daniel Day Williams)는 『하나님의 은혜와 사람의 희망』(God's Grace and Man's Hope)에서 니버와 다른 신 정통 신학자들이 죄를 너무나 강조한 나머지 "희망의 신경"을 잘라버렸다고 비판하고 있다. 머스티(A.J.Muste)는 자신의 에세이 『평화주의와 완전주의』(Pacifism and Perfectionism)에서 같은 이유를 들어 니버를 비판하고 있다.(Nat Hentoff 편집, 『A.J.Muste의 에세이집』, 각주 312. 요더(John H.Yoder) 또한, 『라인홀더 니버와 기독교 평화주의』(Reinhold Niebuhr and Christian Pacifism)에서 이와 비슷한 비판을 하고 있다. 이와 유사한 관점은 또한, 예일대 논문집에 실린 로렌스 알란 레츠(Laurence Alan Letts)의 1975년 논문, 「평화와 복음:머스티의 급진적 평화주의와 니버의 기독교 현실주의가 갖는 신학적, 윤리적 기초에 관한 비교 연구」(Peace and Gospel: A Comparative Study of the Theological and Ethical Foundations of A.J.Muste's Radical Pacifism and Reinhold Niebuhr's 'Christian Realism')에서도 보인다. 레츠는 니버가 루터와 칼빈과 같은 신앙 혁신에 거대한 역할을 했던 종교 개혁자들을 오해하고 있다고 믿었다.(89쪽). 레츠는 또한, 니버가 주류 종교개혁의 시각에서 멀어졌다고 믿는 폴 레흐만(Paul Lehmann), 다니엘 데이 윌리암스(Daniel Day Williams), 아브라함 헤셸(Abraham Heschel), 조지 허만 델브루거(Georg Hermann Dellbruger)와 같은 신학자들을 열거하고 있다.

54) 아브라함 헤셸은 한편으로는 니버에게 깊은 감사를 전하면서도 위와 비슷한 이유로 니버를 비판한다. 나는 니버에 대한 헤셸의 평가에 동의한다. 헤셸은 니버가 현대의 역사의 문화에 침투한 악의 현존과 신비를 옳게 지적했다고 보았다. 둘째로, 악조차도 표현할 수 있는 자아의 자유는 급진적이고 이성의 통제를 쉽게 받지 않는다는 니버의 지적에도 동의한다. 세 번째로, 문제를 선과 악으로 보지 않고, "선에 내재한 악 혹은 보다 정확하게는 선과 악의 혼재"(134쪽)라고 보는 니버의 시각에 동의한다. 하지만, "악은 인간 실존의 피할 수 없는 사실"이라는 니버의 선언에는 동의하지 않는다. 만일 모든 선한 행위가 타락할 수 있다면, 하나님을 경배하고 섬기는 것이 무슨 가치가 있으며, 어떤 타당성을 가질 수 있을까? 하나님의 은혜는 신성한 행위가 악에 의해 더럽혀지지 않도록 보호하는

데 있지 않나? 선이 잔인함으로 바뀌고, 경건함이 광신으로, 신앙이 교만으로 바뀌는 것은 진정한 사실이다. 하지만, 우리는 이것이 필요성이라기보다는 끊임없이 반복하는 가능성이라고 보고, 불가항력적인 결과라기보다는 위협이라고 본다. 성서의 역사는 인간이 지속적으로 타락하고 있음을 증거하고 있다. 하지만, 어떤 순간에도 궁극적 존재의 불가항력적 타락을 가르치고 있지는 않다. … 또한, 역사상에는 어떠한 후속적 악도 지우지 못한 선한 순간들도 있다.(142-143쪽) 시내산에서 주신 하나님의 십계명은 인간의 타락 위에 내려진 것이었는데, 이것은 헤셸에 따르면, 하나님의 뜻을 행할 수 있는 가능성을 지적하는 것이다. 그러므로 종교적 행위(미스바) 실천은 사람들에게는 계속적인 기회로써 주어지는 것이다. 자유의 위험으로부터(From The Insecurity of Freedom).


## 5장

1) 신앙 공동체와 정치적 영역 간의 간극을 이어보려는 시도들이 끊임없이 있었다. 나는 비록 "middle axioms"라는 말을 사용하지는 않지만, 기독교 복음을 신앙의 다양성을 구성하는 폭넓은 공동체와 연결하려는 시도로 이 말을 사용하려는 사람들의 의도에는 심정적으로 동의를 한다. "middle axioms"는 1937년의 삶과 일에 관한 옥스퍼드 컨퍼런스(the Oxford Conference on Life and Work)와 함께한 에큐메니컬 운동에서 연유했다. 특히 존 베넷(John Benett)은 이 용어를 더 정확하게 사용하고자 했다. 필립 워가만(J. Philip wogaman)의 『기독교의 도덕적 판단 방법』(A Christian Method of Moral Judgment), 21쪽의 간략한 설명을 참고하라.

2) 특히 『진실과 비극』(Truthfulness and Tragedy), 1장 "시스템에서 이야기까지: 윤리학에서 이성주의에 대한 대안적 유형(From System to Story: An Alternative Pattern for Rationality in Ethics)"을 보라. 그리고 자신의 입장에 대한 완벽한 설명은 『평화가 가능한 왕국: 기독교 윤리학 입문서』(The Peaceable Kingdom: A Primer in Christian Ethics)를 보라. 로마 가톨릭의 도덕 교육은 자연법사상으로 점철되어왔다. 비록 교회가 자연법을 거부하지는 않았지만, 이에 대한 비판은 날로 커져왔다. 이러한 비판은 자연법을 사회의 중심 제도들인 가족과 재산, 정부의 근간이 되는 하나의 원리체계로 한정하는 경향에 집중되어왔다. 조셉 그레밀리온(Joseph Gremillion)은 보고하기를, 교황 요한 23세 이후로 가톨릭의 사회 지도(social teaching)는 "인간의 본질적 가치가 촉진한 인간의 권리와 인간 능력의 성취를" 더욱 강조하려고 인간의 본성에 대한 정적인 관점을 더욱 강조하지 않게 되었다. "또한 2차 바티칸 공의회는 그리스도 안에서, 그리고 그를 통하여 알려진 대로 인간의 인격에 대해 보다 심도 있게 다뤘다. 이와 함께 최근의 인간의 과학지식(신 인류학)과 현대 기술 사회에 처한 인간 공동체의 경험을 끌고했다."(『평화와 정의의 복음: 교황 요한 이후의 가톨릭 사회 지도』, 8쪽). 로마 가톨릭의 사회지도가 성서의 관점과 조화를 이룬다는 생각이 들자, 나는 로마 가톨릭이 지향하는 방행성에 공감하게 되었다. 이러한 의제들을 다루기 위한 풍부한 자원들이 로마 가톨릭 안에 존재한다. 그 가운데 특별히 1968년 메델린 컨퍼런스(Medellin Conference: 2차 라틴 아메리카 주교 총회)를 살펴볼 것을 권고한다. 그레밀리온 445쪽을 보라.

3) 개인과 효율이 아니라 구조와 명분과의 관련의 중요성을 논의하려면 존 스웜리(John swomley)의 『해방윤리학』(Liberation Ethics), 특히 3장 "압제와 폭력의 구조"를 보라. 또 『평화: 연구, 교육, 행동: 평화연구에 관한 논문』(Peace: Research, Education, Action; Essays in Peace Research), 1권 348쪽과 스티븐 모트(Stephen Mott)의 『성서적 윤리학과 사회적 변화』(Biblical Ethics and Social Change), 3-21쪽을 보라.

4) 존 라울스(Jhon Rawls)의 『정의 이론』(A Theory of Justice), 17쪽을 보라.

5) 앞의 책, 60쪽

6) 앞의 책, 83쪽

7) 교회와 국가가 연합한 주류 개혁주의와 가톨릭 양쪽의 비판을 받은 16세기 급진 개혁주의
는 이 원리를 내포하고 있었다. 급진주의자들은 양심의 자유와 종교문제에서의 선택의 자
유는 특별한 종교적 관점의 지지를 받으면서 국가와 연합하여 지지받을 수는 없다고 주장
했다. 특정 지역의 종교를 수용하는 여부가 시민권을 주는 조건이 될 수 없었는데, 왜냐하
면, 다른 입장을 가진 사람들에게 이와 동등한 자유를 줄 수 없었기 때문이다. 유아세례
대 성인 침례가 16세기에 논쟁의 핵심이 되었던 이유는 유아세례가 특정 지역 종교로의
편입을 상징적으로 나타냈고, 따라서 동시에 국가의 시민권을 받는 의식이 되었기 때문이
다. 급진주의자들이 양심의 자유에 근거해서 종교를 선택할 수 있는 여지를 찾았던 것은
모든 사람은 영아기에 침례를 받아야 한다는 원칙을 공격함으로써였다. 내 생각에 많은
사람이 급진적 종교개혁 대부분을 반 정치적인 것으로 잘못 분류하는 것 같다. 이러한 분
류는 급진적 종교개혁주의자 다수가 정치권력의 본질로 간주되었던 폭력이라는 도구를
사용하기를 거절했다는 사실 때문이다. 이 연구의 입장은 급진적 개혁주의가 예시해준 사
실인 폭력을 사용하지 않고도 정치적일 수 있는 방법들이 존재한다는 것이다. 사실 급진
주의자들은 사회 구조에 심오한 영향을 미쳐서 마침내, 종교의 자유에 관한 이들의 관점
은 각국 정부 헌법에 녹아들어갔다.

8) 라울스, 같은 책, 14–15쪽

9) 스탠리 하우어워스의 『진실과 비극』(Truthfulness and Tragedy), 16쪽의 비평 부분을
특별히 주목해보라. 프레스톤 윌리암스(Preston Williams)는 주장하기를, 인간은 공동체
속에서 살게 되어 있어서, 인종과 성 정체성과 관련하여 본래 가지고 있던 편향되지 않는
입장을 견지할 수 없다고 했다. 1983년 출판된 『기독교 윤리학 협회 연감』(The annual
of the Society of Christian Ethics), 147쪽을 참조하라.

10) 모트(Mott), 같은 책, 67쪽

11) 앞의 책, 79–80쪽

12) 1978년 「종교윤리학 저널」(The Journal of Religious Ethics) 가을호의 “인종 정의와
미국 자유주의의 한계(Racial Justice and the Limits of American Liberalism)”. 데이
비드 윌스(david Wills)지음.

13) 앞의 책, 191–92쪽

14) 앞의 책, 194족

15) 앞의 책, 197쪽

16) 필립 우가만(J. Philip Wogaman)이 자신의 책 『거대한 경제논쟁: 윤리적 분석』(The
Great Economic debate: an Ethical Analysis), 133쪽에서 쓰고 있다. 우가만의 책은
다섯 가지 상이한 유형의 경제 시스템에 대한 분석과 평가를 싣고 있다. 우가만 자신은
민주 사회주의가 기독교적 관점의 사회정의에 가장 가깝다고 주장한다. 기독교 신앙과
마르크스주의자 그리고 사회주의자의 관점 사이에 유사점을 찾아낸 해방신학자들은 무
수히 많다. 3장에서 나는 나에게 해방신학을 소개한 구띠에레즈의 사상을 주로 언급했
다. 내가 해방신학과 부딪치는 문제는 해방신학의 정의에 대한 관점이 아니라, 해방신학
에서는 시스템을 바꾸기 위해 폭력을 기꺼이 사용할 준비가 되어 있다는 점이다. 또한,
때로 해방신학자들은 교회가 하나님께서 이 세상에서 일하시는 중요한 장소라는 것을 충
분하게 강조하지 않는다.

17) 각기 다른 수준의 인간의 권리에 대한 나의 논문은 아이오와 대학의 국제법 교수인 번스 웨스톤(Burns Weston)이 1978-79년에 베델 대학에서 "연속 평화 강연"에서 언급한 연설에 근거하고 있다.

18) 모트, 같은 책, 51-53쪽

19) 이는 폴 램지가 시애틀의 스웨덴 병원에서 공공 위원회가 제기한 문제점들을 토론하는 자리에서 주장했던 방법이다. 당시는 신장투석기가 모든 이들에게 제공되지 못해서 누가 그 혜택을 받아야 하는가에 대한 협의가 있었던 60년대였다. 『인격체로서의 환자』(The Patient as Person), 256쪽. 이 문제에 관한 논의를 살펴보려면 1974년 「종교 윤리학 저널」(The Journal of Religious Ethics) 봄호 11-31쪽에 실린 진 아웃카(Gene Outka)의 "사회정의, 그리고 건강을 향한 동등한 접근"(Social Justice and Equal access to Health Care)을 참고하라.

20) 가렛 하든(Garrett Harden)의 『생존을 위한 신 윤리학 탐험: 우주비행선 비글호의 항해』(Exploring New Ethics for Survival: The Voyage of the Spaceship Beagle) 부록 250쪽에 있는 글, "서민 됨의 비극"(The Tragedy of Commons)을 보라.

21) 윌리암 탭(William K. Tabb)은 레이건의 철학을 "반동적"(reactionary)이라고 부른다. 왜냐하면, 그의 철학은 고전이 된 아담 스미스의 경제 철학을 아담스가 자신의 관점을 발전시켰던 시대와는 근본적으로 다른 세계에서 부활시키고자 하기 때문이다. 스미스는 자유경쟁시장에 비교적 많은 수의 소기업이 등장할 것이라고 믿었다. 레이건과 이와 비슷한 신념을 갖는 이들은 시장이 제 기능을 다하지 못한다는 이유로 정부가 간섭하는 것을 비난한다. 탭에 따르면, "당시의 경제 위기를 초래한 것은 거대 정부(Big Government)가 아니라 통제되지 않는 자본주의 팽창이 갖는 본질이다."(192쪽) "고전적인 경제 이론에서는 기업은 수송, 에너지, 노동력, 원자재 가격, 시장, 세금과 서비스 등을 고려해서 값싼 공장 부지를 찾는다. 이 이론에서는 어떤 한 기업도 단독으로 시장에 영향을 미칠 수는 없는, 수많은 경쟁 요소가 있다고 본다. 비자발적 실업은 이 모델에서는 가능하지 않다. 오늘날의 세상은 높은 실업률과 서로 영향을 주고받는 경쟁으로 가득하다. 주어진 최고의 기회들을 수동적으로 받아들이기보다는 이러한 조건들 아래에서 기업들은 협상하고, 자신들이 원하는 조건을 만들어내기 위해 압력을 가한다." 시장은 자유로이 작동하지 않는데, 이는 정부의 간섭 때문이 아니라, "거대 다국적 기업들이 상대 기업이 불리하도록 노동자들과 과세단위를 조율하기 때문이다. 반영구적인 고 실업률과 재정 위기에서는 새로운 경쟁이 일어난다. 이러한 상황은 자본의 유동성이 증가하고, 개인이 기술을 통제함으로 초래된다."(198-199). 레이거노믹스(Reaganimics)의 원리는 기업에게 보다 자유로운 활동을 부장하고, 세금을 완화시켜줌으로써 결국은 이윤이 대중에게 "서서히 흘러가도록" 한다는 것이다. 하지만, 장기적으로 거대 다국적 기업들의 세력을 강화시키고, 소수 부유층과 다수의 대중들 사이에 격차가 벌어졌다. 이 대중들은 더욱 더 경제생활에 대한 통제를 잃어가게 된다. 1983년의 『기독교 윤리학 연감』(The Annual of the Society of Christian Ethics), 185-216쪽의 "레이건 정부 정책의 사회적, 정치적, 윤리적 의미"(Social, Political and Ethical Meaning of the Reagan Revolution)를 보라.

22) 고전적인 공리주의는 제레미 벤담(Jeremy Bentham)과 존 스튜어드 밀(John Stuart Mill)이 완성했다. 이 공리주의 관점에 대한 가장 새로운 언급은 헨리 시드윅(Henry Sidgwick)의 『윤리학 방법론』(Methods of Ethics)에서 볼 수 있다. 존 라울스는 『정의론』(A Theory of Justice)에서 로크(Locke)와 칸트(Kant)의 시민계약사상(contract

tradition)에서 한 입장을 발전시켰다. 로크와 칸트는 공리주의적 입장 반대편에 서 있다.

23) 라울스, 앞의 책 378쪽.

24) 정의를 국제적 문제로 보는 최근의 유행하는 윤리적 개념들 가운데 하나가 '분류'(Triage) 이론이나 가렛 하든(Garrett Harden)의 "구명 보트의 윤리" 이론이다. 이러한 개념들에 대한 윤리적 판단을 둘러싼 토론은 토마스 오글레트리(Thomas Ogletree)와 조지 루카스(George Lucas)가 편집한 『구명보트의 윤리학: 배고픈 세상의 도덕적 딜레마』(Lifeboat Ethics: The Moral Dilemmas of World Hunger)에서 발견할 수 있다. '분류'(triage) 이론은 모든 부상자들에게 필요한 의료품들이 부족한 전쟁 상황에서 상상할 수 있는 상황에서 나온 이론이다. 이러한 상황에 존재하는 세 부류의 사람들이 있다. 이들은 도움을 입는다 해도 생존하지 못하는 부류, 도움 없이 생존하는 부류, 도움이 있어야만 생존할 수 있는 부류다. 의료품이 부족하기 때문에 의료행위를 하는 사람들은 도움이 있으면 생존할 수 있는 사람들을 돕는 것이 의무다. 어찌됐든 생존할 수 있는 사람들과 생존가망이 없는 사람들은 처치를 하지 않고 말이다. 이 이론을 국제 상황에 적용해보자. 어떤 국가들은 원조를 받고 생존할 수 있는 반면 또 어떤 국가들은 원조 없이도 생존한다. 세 번째 유형의 국가들은 원조를 받더라도 생존할 수 없다. 그래서 이 세 번째 국가들은 파산하도록 놔둔다.

윤리적 개념으로서의 분류(triage)는 모호하다. 전쟁터에서 살아날 수 있는 사람들을 구하기 위해 행동하는 것처럼, 모든 생명은 본질적 가치를 지니고 있으므로 생명을 구해야 한다는 것인가? 아니면, 최대 다수의 최대 행복을 추구하라는 말인가? 모두가 생존할 수 없기 때문에 우리는 가능한 한 많은 사람을 살리도록 행동한다. 비록 다수를 위해 소수를 희생할지라도 말이다. 이렇게 후자의 해석을 취하면, 분류(triage)라는 개념은 앞에서 만든 정의의 원리들에 위배한다. 공리주의식으로 해석한 분류는 모든 인간을 목적으로 보지 않고, 다수를 위해 소수를 기꺼이 희생하는 것이다. 이는 나에게는 몇 명만을 구할 수 있음이 확실한 전쟁터에서 분류 개념이 정의와 조화를 이루는 원리로 기능할 수는 있겠지만, 국가 공동체에 적용했을 때, 즉 어떤 나라가, 어떤 조건에서 생존할 수 있는가에 대한 의구심이 있는 그런 국가에 적용했을 때는 불의를 합법화하는 공리주의 원리로 기능한다.

가렛 하든의 "구명보트 윤리"는 사람들로 가득해서 침몰하는, 여기에 타려고 아우성치는 사람들로 가득한 구명보트 이미지를 갖고 있다. 물론 모든 사람이 보트에 탄다면, 이 보트는 가라앉고 이 모든 사람은 익사하게 될 것이다. 하든은 이 이미지를 지구 환경에 적용한다. 부유국들은 이미 구명보트에 안착했고, 생존하려고 분투하는 빈국들은 안전한 보트에 승선하려고 아우성이다. 상상할 수 있듯이 모든 사람을 구하려 한다면 모두 망할 것이다.

지구촌의 생존은 살아남고자 하는 빈곤 국가들의 소망 때문에 문제가 되는가? 아니면 부유한 국가의 잉여 소비 때문인가? 하든은 분배 정의의 문제는 언급하지 않는다. 하든의 이론은 소수의 부국들의 최대 만족이라는 공리주의 윤리를 지지하고 있다. 하든은 그러한 국가들의 이익을 위해 일부 국가들을 기꺼이 희생시킨다. 이것은 우리가 제시한 정의의 원리들에 위배된다.

25) 『지구촌 전역: 다국적 기업들의 힘』(Global Reach: The Power of Multinational Corporations)에서 리차드 바넷(Richard Barnet)과 로날드 뮬러(Ronald Mueller)는

다국적 기업들이 빈국의 이익에 반해서 일하고 있다고 주장한다. 이들 기업들의 대표들이 전 세계에 만들어내는 일자리로 가난한 사람들의 삶을 향상시키는 데 기여하고 있다고 주장하는 바와는 달리 말이다.

26) 도덕적 판단에 있어 기술적이면서 실제적인 전문가의 역할이 어떠한지에 대해 탁월하게 다루는 책으로는 필립 우가만(J. Philip Wogaman)의 『그리스도인의 도덕적 판단 방법』(A Christian Method of Moral Judgement)이 있는데, 특별히 이 책의 170쪽을 보라. 우가만은 교회가 정치적이고 사회적인 문제들에 관해 너무나 세밀하게 판단을 내리는 경향이 있다고 비판하는 폴 램지와 격론을 벌이고 있다. 폴 램지의 『누가 교회의 대변자인가?』(Who speaks for the Church?)를 보라. 우가만은 "교회가 도덕적 교훈이라는 특수성을 포기한다면, 도덕적 교훈 전체 영역을 포기하는 것이다"라고 주장했다.(173쪽)

27) 리차드 바넷, 『흉년』(The Lean Years), 97-98쪽

28) 피터 버거, 『희생의 피라미드』(Pyramids of Sacrifice), 47-48쪽

29) 바넷, 같은 책, 230쪽

30) 앞의 책, 260쪽

31) 버거, 같은 책, 72쪽

32) 현대 테크놀로지가 전통적인 국민국가 시스템을 어떻게 바꾸어 놓았는지를 훌륭하게 설명하는 책으로는 레스터 브라운(Lester Brown)의 『국경 없는 세계』(World Without Borders)가 있다.

33) 착취를 정의함에 있어 나는 바링톤 무어(Barrington Moore, Jr)의 도움을 받았다. 그의 책 『인간의 불행의 원인과 불행을 제거하기 위한 다소간의 제안에 대한 고찰』(Reflections on the Causes of Human Misery and upon Certain Proposals to Eliminate Them), 53쪽을 보라.

34) 바넷, 같은 책, 122쪽

35) 앞의 책 139쪽

36) 바넷이 인용함, 같은 책, 141-142쪽

37) 바넷과 세이퍼트, 같은 책, 203f

38) 찰스 파워스(Charles Powers)가 편집한 『사람/이윤: 투자 윤리학』(People/Profits: The Ethics of Investment)과 올리버 윌리암스(Oliver Williams)와 존 후크(John W. Houck)가 편집한 『온전한 가치: 기독교 기업 윤리학 사례』(Full Value: Cases in Christian Business Ethics)를 보라.

39) 바넷과 세이퍼드, 같은 책, 204쪽

40) 1960년 이후의 세계의 사회비용과 군사비용을 완벽하게 요약해 놓은 연속물로 연도별로 출판된 루스 시바드(Ruth Sivard)의 『세계의 군사비용과 사회비용』(World Military and Social Expenditures)를 보라. 이 자료는 1983년도 판에서 가져왔다.

41) 시바드, 같은 책, 7쪽

42) 시바드, 『세계의 군사비용과 사회비용』, 1978년도 판

43) 앞의 책, 12쪽

44) 앞의 책, 14쪽

45) 앞의 책, 13쪽

46) 자료는 워싱턴DC 20002, 514C가의 SANE의 제공임.

47) 군사비지출이 어떻게 미국 경제에 영향을 미쳤는가를 분석해놓은 로이드 듀마스(Lloyd Dumas)의 "경제의 전환, 생산성 향상과 사회 복지"(Economic Conversion, Productive Efficiency and Social Welfare)를 보라. 이 글은 1977년 「사회복지 저널」(The Journal of Social Welfare), 3월호 합본 567-596에 게재되어 있다.

48) 바넷이 인용함, 같은 책, 229쪽

49) 듀마스, 같은 책, 570쪽

50) 지난 10년간 미국의 경제가 군사비 지출에 의존하는 정부에서 "전환"하는 방법에 대해 수많은 서적들이 출간되었다. 이 문제에 대한 최근의 연구와 자료들을 살펴보기 원하면 SANE과 연락을 취할 수 있다. SANE의 위치는 다음과 같다. SANE, 318 Mass Ave., N.E., Washington, DC 20002.

51) 에드가 스토에즈(Edgar Stoesz), 「발전에 관한 고찰」(Thoughts on Development), 펜실베니아, 아크론 출판사, 메노나이트 중앙회 발전 논문집 1권, 2쪽

52) 메릴 이워트(Merrill Ewert), 「인간화와 발전」(Humanization and Development), (펜실베니아, 아크론 출판사, 메노나이트 중앙회 (MCC)발전 논문집 2권, 32쪽

53) 내가 주장하는 몇 가지 발전유형은 다음과 같다. 1975년 4월, 방글라데시에 있는 MCC 프로그램이 농업부분 대통령 금상을 받았다. 이 프로그램은 방글라데시의 노아칼리(Noakhali)에 야채와 콩류, 해바라기와 곡물을 포함하는 새로운 농작물들을 들여와 경작하는 것이었다. 이 곡물들은 벼를 심기에 너무나 메마른 시기인 겨울철 몇 달 동안 키워졌다. 또한, 이 프로그램은 4명으로 이루어진 팀을 구성해서 그 지역을 순회하면서 농부들과 마을의 여자들과 학교에 이 새로운 농작물들이 어떻게 사용될 수 있는가를 보여주었다. 이들은 평범한 방글라데시 가정에서 구할 수 있는 도구와 양념만을 사용했고, 높은 영양가와 단백질이 풍부한 새롭고도 모두가 먹을 수 있는 음식을 준비했다. 「메노나이트」(The Mennonite), 1975년 5월 6일자, 289쪽. MCC 뉴스 서비스, 1975년 4월 4일. 캐나다 연합교회의 가족농장(Family Farms)은 잠비아 남부 시골의 어부들과 성공적으로 일하고 있다. 이 어부들은 어부라는 직업 때문에 노마드(nomad)의 생활양식을 따를 수밖에 없었고, 신뢰를 받지 못했다. 자연히 이들에게는 적절한 의료혜택이나 교육시설이 제공되지 않았다. 이러한 상황에서 가족농장은 이들 어부들에게 경제와 고기잡이의 기본 훈련을 제공해서 그물과 고기잡이 어선에 달 모터를 새로 바꾸기 위해 대부를 받을 수 있도록 했다. 결과는 8개의 오랜 시골 마을에 거대한 진보와 함께 어획량이 세배로 뛰었다. "가족농장"(Family Farm), 「Z 매거진」, 1974년 4월호, 6-11쪽.
발전에 관한 다른 근거들은 다음과 같다. 프레리(Paulo Freire), 「피압제자의 교육학」(Pedagogy of the Oppressed). 데니스 고우렛(Dennis Goulet), 「신 도덕 질서」(A New Moral Order). 레스터 브라운(Lester Brown), 「시골발전 기자인」(The Design of Rural Development). 슈마허(E.F.Schumacher), 「작은 것이 아름답다」(Small is Beautiful). MCC발전 논문집, 이 연속간행물에서는 특히 에드가 스토에즈의 「선한 의도를 너머」(Beyond Good Intentions)를 보라.


6장

1) "폭력"에 대한 정의와 이 용어가 갖는 다양한 차원을 보려면, 1969년 「평화연구 저널」 (Journal of Peace Research), 3권 167-191쪽에 실린 요한 갈퉁의 "폭력, 평화, 그리고 평화연구"(Violence, Peace 폭력, Peace Research)를 보라. 갈퉁은 "구조적 폭력"이라는 말을 내가 사용한 "불의"와 동의어로 사용하고 있다. 이와 마찬가지로 로버트 메카피 브라운(Robert McAfee Brown)은 『종교와 폭력』(Religion and Violence)에서 "구조적 폭력"과 불의를 동일하게 사용하고 있다. 그는 이 책에서 브라질 레시페(Recife)의 로마 가톨릭 주교인 돔 헬더 카마라(Dom Helder Camara)의 "폭력의 기본 형태이자 최고의 폭력은 불의다."라는 말을 언급하고 있다. 브라운은 이 폭력을 "희미하지만 조직화된, 인간의 가능성을 파괴하는 힘으로 항상 우리들 주변에 존재한다. 하지만, 이미 그러한 상황에 길들여진 사람들에게는 폭력[역자 강조]이 보이지 않는다."고 묘사하고 있다.(9쪽) 이와 같은 개념이 또한, 1973년 WCC 연구자료인 "폭력, 비폭력, 그리고 사회정의를 향한 투쟁"(Violence, Nonviolence and the Struggle for Social Justice)에도 보인다. 이 자료에서는 "특히 World Conferences on Church and Society(제네바 1966) 이후로 세계교회회의로 인해 우리는 세상의 사회적 · 정치적 · 경제적 구조들 안에 이미 존재하는 폭력을 명료하게 인식하게 됐다"라고 언급하고 있다. 1973년 10월 「에큐메니칼 비평」(the Ecumenical Review) 15집 4권 5번째 단락.

2) "구조적 폭력"이라는 용어의 문제점은 수많은 요인, 특별히 "폭력"이라는 말이 본래 가지는 수많은 윤리적 요소를 하나로 뒤섞어버린다는 것이다. 엘리스가 험프티 덤프티와 나눈 말은 정확히 나의 느낌을 표현하고 있다. 엘리스가 신중한 어조로 "한 단어에 의미를 부여하는 것은 굉장한 일이에요."라고 하자, 험프티 덤프티는 "한 단어에 여러 가지 뜻을 부여할 때, 난 언제나 다른 의미를 추가하지." 한 단어에 다른 의미를 추가하는 대신 우리가 관계를 기술하고 평가할 수 있는 다양한 용어들을 사용했으면 한다. '정의'와 '불의'는 사람들이 '구조적 폭력'이라는 개념에서 생각하는 것들을 묘사하고 있다.

3) 마틴 루터 킹, 『자유를 향한 행진』(Stride Towar Freedom), 103-104쪽.

4) 앞의 책.

5) 사랑이 폭력적 행동으로 나타날 수도 있다는 주장에 대해서는 우가만의 『도덕적 판단을 위한 기독교적 방법』(A Christian Method of Moral Judgement), 129쪽을 보라.

6) 이 단어는 중세 영어 'power'와 고대 불란서어 'poeir' 그리고 벌게이트 본 'potere'에서 왔는데, '-할수 있는'을 의미하는 라틴 동사 'posse, potesse'가 그 원형이다.

7) 1976년 겨울 「기준」(Criterion), 15집 1권, 11f 15집 버나드 루머의 『두 종류의 힘』(two Kinds of Power) 이 강의는 D. R. Sharpe 사회윤리학 강좌의 첫 공개강의로 1975년 10월 29일 시카고 대학 신학대학에서 이루어졌다. 힘에 대한 이 관점은 제임스 아담스의 논문집인 「종교적으로 인간화되는 과정」(On Being Human Religiously)에도 잘 드러나 있나.

8) 힘에 대한 이 관점은 두 가지 점에서 나의 신학적 소전제와 잘 부합한다. 하나님에 관한 교리에서, 하나님은 우주 변혁의 힘일 뿐 아니라 십자가에서 악을 자신 속으로 받아들일 만큼 깊은 사랑으로 자신의 힘을 보여주신 분이다. 이와 같이 하나님은 인간의 필요에 반응하시는 분이기도 하다. 인간에 관한 교리에서, 사람은 하나님의 이미지를 갖고 있으면서 자신에 대한 하나님의 일하심에 반응함으로써 자신의 의미를 발견하는 존재다. 이와 동시에 인간은 적극적이고 창조적인, 역사를 이루는 대리인이다. 이와 같은 힘에 대한 관점은 니버의 책임 있는 자아(The Responsible Self)에 잘 드러나 있는데, 이 책에서 기독교 윤리학은 하나님이 하시는 일에 응답하고 반응하는, '잘 들어 맞는다'는 의미로 쓰였다. 또한, 이 관점은 퀘이커교의 성령의 음성을 듣는다는 개념과, 분별에 대한 아나뱁티스트의 개념 안에 잘 반영되어 있는데, "행함"을 해석하는 기준이 되는 맥락으로 본다.

9) 한스 모겐타우의 『각국의 정치학』(*Politics among the Nations*), 26쪽. 베레니스 캐롤 (Berenice Carroll)의 힘에 대한 관점을 참고하라. 그녀는 힘에 대한 한 관점이 또한, 많은 평화 연구자들의 시각을 부적절하게 지배해왔다고 했다.(1972년 「갈등해결 저널」 (Journal of Conflict Resolution), 16집 4권 12월호) 캐롤은 평화 연구자들이 힘에 대한 이러한 정의를 수용하면서 힘에 관련된 제도와 그룹 그리고 사람들을 동일시하기 시작했다고 주장한다.

이와 유사한 문제가 개신교의 주류 사회윤리학에 분명하게 드러난다. 복음주의권의 사회 전략은 힘의 중심에 있는 이들을 어떻게 변화시킬 것인지에 초점을 두는 경향이 있다. 1948년 이후로 복음주의권의 대화는 다음과 같은 전제에 바탕을 주고 있다. 즉 "역사의 진행을 실제로 결정하는 세력들은 군대와 시장의 지도자들이며, 만일 그리스도인이 사회 변혁에 공헌하고자 한다면, 다른 사람과 같이 경쟁을 통해 국가의 수장이 되거나 경제계의 거물이 되어 자신이 이루고자 소망하는 목적에 그 힘을 사용해야 한다는 것이다."(요더, 『예수의 정치학』, 156쪽) 니버를 따르는 현실주의자들도 마찬가지다. 존 스윔리는 다음과 같이 말한다. "현실주의자의 힘에 관한 분석은 논란의 여지가 있다. 현실주의자에게 힘이란 변화를 일으키는 능력이 아니라 누군가의 의지를 다른 사람들에게 부과하는 능력이다. 현실주의자의 입장을 잘 설명해주는 것으로 종종 회자되는 슬로건이 있다. 협상하려면, '힘'으로 협상해야 한다가 그것이다. 하지만, 만일 이와 같은 협상으로 얻어진 언약이 지속되려면, 상호간에 만족스러운 것이어야 한다. 어느 강력한 한 나라의 이해가 아니라 언약에 참여하는 모든 당사국들의 이해를 만족시키는 협상이어야 한다."(『아메리카 제국: 20세기 정복자의 정치 윤리학』(*american Empire: the Political Ethics of Twentieth Century Conquest*), 21쪽)

케네스 보울딩의 분석은 세 가지 형태의 힘을 구별하고, 힘을 "위에 군림하는" 개념으로 보는 것이 왜 그렇게 부적절한지를 보여준다. 힘의 한 가지 형태는 "위협"이다. "당신은 나에게 친절하게 대해야 한다. 그렇지 않다면 당신 재미없을 거야"라고 하는 것이다. 이것은 부정적인 대략의 의미(sum notion)이다. 이 위협이 진짜 위협으로 인지되려면 위협을 하는 자는 신뢰성을 창조할 수 있어야 하다. 예를 들어, 위협을 **할 수 있어야** 하고, 또 **기꺼이** 위협을 해야 한다. 보울딩은 네 가지 반응을 다음과 같이 열거하고 있다. 1)복종, 2)반항, 3)응전, 혹은 억제, 4)통합적 반응. 마지막 통합적 반응은 공통의 가치와 공통의 이해를 창조해냄으로써 위협하는 자와 위협 당하는 자 사이에 공동체 의식을 만들어내는 반응이다. 생존이나 쌍방의 파멸을 피하기 위한 복종, 또는 위협자의 위협을 감소시키는 비폭력 저항은 모두 어느 정도의 통합을 이끌어낸다. 하지만, 응전이나 억제력을 행사하는 것은 가장 불안전한 방법이다. 이 방법은 위협을 **실행할 능력과 의지**를 과시하고 있기 때문에 필연적으로 나누는 경향이 있다. 어떤 점에서, 위협이 실행되려면 한편에서는 위협을 할 수 있다는 능력을 과시해야 한다고 느낄 것이다. 다른 쪽에서는 상대의 그 위협이 신빙성이 있다면, 그 위협에 응전할 필요를 느낄 것이다. 그러면 전쟁이 일어나는 것이다.

힘의 두 번째 유형은 "교환력"이다. 곧 "네가 나에게 우호적이면 나도 너에게 우호적일 것이다." 이는 긍정적인 sum notion이며, 일반적으로 경제영역에서 통하고 있다. 보울딩은 위협하는 힘이 실행가능성(viability)이 부족하기 때문에 힘이 교환력으로, 그리고 다시 그 세 번째 힘의 관점인 통합력으로 이동하는 경향이 있다고 주장한다.(국민국가는 핵전쟁시대의 기술 때문에 무조건적인 실행가능성이 부족하다. 예를 들어, 국민국가는 위협을 실행할 수 없는데, 이는 양 국가의 불이익이 너무나 분명하기 때문이다.)

통합력(Integrative power)은 의견의 일치를 통해 나오는 힘이다. 이때 힘은 공통의 필요와 목적들을 만족시키고자 협력해서 다른 그룹과 상황에 반응하는 능력이다. 오늘날 우리가 사는 세상 가운데, 힘이란 위협과는 점점 더 거리가 멀고, 전쟁방지, 상호간의 이익을 위한 정책들을 고안해내기 위한 지식과 기술력, 경제적 실행가능성, 외교적 협상과 더 관계가 있다고 보울딩은 말한다. 보울딩의 "순전한 위협적 체계이론을 향해"(Toward a Pure Theory of Threat Systems)를 보라. 로데릭(Roderich Bell), 데이비드 에드워즈(david V. Edward). 해리슨(R. Harrison)이 편집한 『정치적 힘: 이론과 연구 독본』(Political Power: a Reader in Theory and Research)에 실려 있다. 또 그의 책 『갈등과 방어』(Conflict and defense)를 보라.

이와 비슷한 논쟁에서 실비우 브루칸(silviu Brucan)은 세계정치학에 부는 최근의 변화의 바람은 힘의 역동을 바꾸어놓았다고 주장한다. 군사적 요인이 차지하는 무게가 경제, 기술, 정치-외교적 요인들에 비해 감소해왔다는 것이다. 새로운 종류의 '조직적' 힘은 상호의존적인 국가들의 통합시스템 내에 혼란을 초래할 수 있는데, 다음의 세 가지 요인이 그 이유를 설명해준다. 현 세계에 존재하는 많은 정치적 조직으로 힘이 분산되고 있다는 점, 세계시장과 국제통화체계에 국가들이 상호의존하고 있다는 점, 군사력에 덜 무게가 실리면서 힘의 역동에 변화가 일어나고 있다는 점이다. 1975년 「평화연구지」(Journal of Peace Research, 121) 63-70쪽에 실린 브루칸의 "조직적 힘"(the systemic Power)을 보라.

10) 도이치(Karl deutsch), 『국제관계분석』(the analysis of International Relations), 17-18쪽

11) 이 정의는 베레니스 캐롤(Berenice Carroll)의 앞의 책에서 가져왔다.

12) 진 샤프, 『비폭력행동의 정치학』(the Politics Of Nonviolent action), 8쪽

13) 진 샤프는 『비폭력행동의 정치학』에서 다른 어떤 학자들보다 이 역사를 기술하고 분석하는 데 심혈을 기울이고 있다. 그는 이 책에서 다음과 같이 말한다.

분석가들과 행동가들을 기다리는 거대한 자료들이 있다는 사실은 분명하다. 현재의 초기 단계 조사에서조차 자료를 찾기만 하면 수많은 사례를 발견할 수 있다. 고대 로마에서부터 미국의 시민권투쟁과 1968년 소련의 침공에 맞섰던 체코와 슬로바키아의 레지스탕스에 이르기까지 말이다. 산재해있는 자료들을 부지런히 수집하면서, 샤프는 16세기 중엽의 유럽을 지배했던 스페인에 맞선 네덜란드의 레지스탕스를 추적해간다. 하지만, 이즈음의 비폭력투쟁의 역사는 여전히 더 많이 기록되어야 한다. 현재 우리가 가지는 것은 지극히 단편적인 것뿐이다.

하지만, 근대에는 그림이 더 복잡해져서 중요한 비폭력 행동과 투쟁의 예들이 지극히 다양한 배경에서 일어난다. 예를 들어, 북미의 이주자들의 경우는 거의 주목을 받지 못했지만, 영국 식민정책에 맞서 비폭력저항을 사용했다. 세금과 채무를 이행하기를 거절하고, 수입과 불공정하다고 여기는 법을 준수하기를 거절했으며, 독립적인 정치기구들을 이용해서 영국제국주의와 영국 이후의 식민주의자 모두와의 경제적·사회적 접촉을 끊어버렸다.

나중에, 특히 19세기 말과 20세기 초에 수많은 국가의 노동자가 파업과 보이콧과 같은 형태의 비협력 운동을 통해 조건들을 향상시키고 세력을 얻고자 했다. 1905년의 러시아 혁명은 "피의 일요일"에 대한 비폭력 반응으로 가득하다. 즉, 파업, 검열규칙에 따르기를 거부하기, 정부에 '병행' 하는 조직을 만들기 등이 그것이다. 이중 마지막의 경우는 전제 군주정부를 더 해방적인 정부조직으로 만들어가기 위한 약간의 압력을 의미한다. 1917년 러시아 제정이 붕괴된 것은 볼셰비키가 10월에 정권을 얻기 전 수 개월 전에 이미 세력을 얻고 있던 비폭력혁명 때문이었다. 비폭력적 압력이 항상 '저항' 하는 것일 필요는 없다. 즉 비폭력적 압력이 '지지' 일 수도 있다. 이는 1920년 베를린에서 분명히 나타난다. 당시 에버르트(Ebert) 정부에 충성하던 당국자와 국민들은 군국주의자인 카프 푸치

(Kapp Putsch)에 협력하기를 거절함으로써 그를 하야시켰다.

간디는 비폭력행동가로서는 탁월한 전략가로, 비폭력투쟁은 세력들을 조화롭게 하는 수 단이며 진정한 자유와 정의를 이루어낼 위대한 능력이라고 생각했다. 전형적이고 전국적 인 간디의 투쟁은 1930-31년의 캠페인이었다. 이 캠페인은 그 유명한 소금행진(salt March)으로 영국의 전매제도에 대항한 시민불복종 운동의 서막으로 여겨진다. 뒤이어 1 년 동안의 긴 비폭력 캠페인이 이어졌다. 이 캠페인은 인도에서의 영국의 지배력을 뒤흔 들고, 결국 양자 간의 협상을 이끌어냈다.

지독히도 비우호적인 환경에도, 비폭력저항은 때로 2차 대전 당시 나치가 점령하고 있던 여러 국가에서 정치적 진동을 일으켰다. 친 나치주의자였던 퀴슬링(Quisling)의 나치협 력정부수립이 비폭력저항으로 좌절되었던 노르웨이의 경우처럼, 전쟁에서 승리하는 경 우가 종종 있다. 은밀하게 협력하지 않거나, 비폭력적으로 반항함으로써 유대인들의 생 명을 구하기도 했다. 같은 기간에 세계 반대편에서는 널리 알려진 비폭력행동이 두 명의 중앙아메리카 독재자의 권력을 성공적으로 해체했다. 1953년 동독이 출현할 당시, 즉 공 산주의 체제에서도 비폭력행동이 감지됐다. 소련의 수감자들 캠프에서 일어난 파업과 1956년 헝가리 혁명에서의 비폭력적 양상도 마찬가지다. 미국에서 비폭력행동은 아프리 카계 미국인들이 몽고메리 버스를 보이콧하면서 절정에 다다랐다. 그리고 1968년, 국가 방위를 목적으로 하는 가장 위대한, 그러나 예견되지 않았던 비폭력 저항시위가 러시아 침략 직후 체코슬로바키아에서 일어났다. 이 시위는 성공을 하지는 못했지만, 체코와 슬 로바키아는 군사적 저항으로 견딜 수 있던 기간보다 훨씬 더 긴, 8월부터 이듬해 4월까 지 저항을 이끌었다.(4-6쪽). 3권의 책으로 정리된 진 샤프의 『비폭력행동의 정치학』 *(the Politics of Nonviolent action)*에서 허락을 맡고 출판함. 1권은 『힘과 투쟁』*(Power and struggle)*, 2권은 『비폭력행동 방식』*(the Methods of Nonviolent action)*, 3권은 『비폭력행동의 역동』*(Dynamics of Nonviolent action)*(메사추세스 02108, 보스톤 비 컨 11번가, porter sargent 출판사).

14) 마틴 루터 킹, 『우리가 기다릴 수 없는 이유』*(Why We Can't Wait)*, 80쪽.

15) 샤프, 앞의 책, 109-110쪽.

16) 샤프는 비폭력행동방식을 다음과 같은 4가지 범주로 분류했다.

   a. 비폭력저항과 설득

   b. 사회적 비협력방식

   c.경제적 비협력방식(1.경제적 보이콧, 2.파업)

   d.정치적 비협력 방식

   e.비폭력적 개입 방식.

   그는 비폭력행동가들이 취해왔던 198가지의 변화와 저항의 방식들을 목록화 했다. 『비 폭력행동 정치학』, 117-435쪽을 보라.

17) 윌리암 밀러(William Miller)의 『비폭력: 기독교적 해석』*(Nonviolent: a Christian Interpretation)*, 34쪽

18) 라인홀드 니버, 『사랑과 정의』*(Love and Justice)*, 250쪽

19) 니버의 사랑과 비폭력적 사회변화를 대조한 연구에는 모호함이 있다. 니버가 사랑을 자 기포기나 세상에서 분리되는 것과 같은 소극적인 비폭력적 아가페로 설명했을 때, 이때 의 사랑은 모든 종류의 완력을 사용하는 것과 날카로운 긴장관계에 있게 된다. 그래서 니

버는 비폭력의 힘과 폭력의 힘이 동등하다고 보았다. 반면, 니버가 사랑을 세상에서 구원하는 과정(이는 내가 이해하는 사랑에 훨씬 더 가깝다. 또 내 생각에 이 관점이 신약성서 관점과 훨씬 더 가깝다.)으로 보았다면, 이는 그가 폭력적 힘과 비폭력적 힘을 서로 정 반대되는 것으로 여긴 것이 된다. 후자가 폭력적 힘보다 구속적 사랑과 일치한다.

20) 비폭력의 유형을 분류하는 데에는 수많은 방법이 있었다. 윌리암 밀러는 무저항, 수동적 저항, 비폭력적 직접 행동을 구분한다. 밀러의 분류방식이 갖는 문제는 비폭력저항과 다른 두 가지 유형의 구분이 한 차원에서는 신학적 혹은 철학적 차이로 한정된다는 것이며, 또 다른 차원에서는 수동적 저항과 비폭력적 직접행동 사이의 구분은 행동전략에 있어서의 차이라는 점이다. 후자의 두 가지 유형은 서로 융합되어 한 차원에서 다른 차원으로 쉽게 움직이는 경향이 있다. 카두(C. J. Cadoux)는 비강제적 행동유형과 강제적 행동유형을 구분하는 더욱 더 상향된 분류를 하고 있다. 이 강제유형은 다시 두 가지 유형으로 세분된다. 즉, 상해를 끼치는 유형과 그렇지 않은 유형이다. 이러한 그의 분류는 철학적 차이를 고려하지 않은 것이며, 또한, 비강제적 행동이 상해를 끼칠 가능성을 고려하지 않은 것이다. 이 분류는 다양한 유형의 비폭력적 강제행동 개발에는 그리 도움이 도지 않는다. 비폭력행동의 기술을 더욱 더 잘 기술하는 것은 사회학자인 클라렌스 마쉬 케이스(Clarence Marsh Case)의 분류다. 그는 다양한 종류의 설득과 비폭력적 강제와 폭력적 강제를 구분한다.(밀러의 앞의 책, 46쪽 참고, 카두(Cadoux)의 『기독교 평화주의 재고』(Christian Pacifism Re-examined), 45쪽, 참고, 케이스(C.M.Case)의 『비폭력적 강압』(Non-Violent Coercion), 397쪽 참고)

최근에, 진 샤프는 비폭력행동을 정치적 방식으로 분류했다.(각주 16번) 어떠한 분류 방법이 최선인가를 돌아봄에 있어 변수를 구별하는 것이 필요하다. 우리만의 분류방법을 만들고자 할 때 명심해야 할 일이기도 하다. 밀러의 방식과 같은 분류는 가장 혼란스러운 것인데, 이 분류에서는 변수들이 섞여버리고, 변수들의 적용에 조화가 이루어지 않기 때문이다. 반면 샤프의 분류는 1차원적이기는 하지만 가장 분명하다. 내 생각에 유형들을 구별하고자 할 때, 다음의 4가지 변수가 작용한다고 본다. 첫째, 종교적 혹은 철학적 방향성이다. 둘째, 설득에서 강제로의 연속성이다. 셋째, 비폭력에서 폭력으로의 연속성이다. 넷째, 비폭력행동방법들이다. 요더가 자신의 책『그럼에도 불구하고: 다양한 종교적 평화주의』(Nevertheless: The Varieties of Religious)에서 18가지의 유형을 지적한 것처럼 종교적 차원에의 비폭력의 유형은 많이 있다. 이 책에서는 모든 분류 유형을 탐구하고 싶지는 않고, 주요한 두 가지 유형만 살펴보려고 한다. 이 두 가지 유형은 비저항이 담는 완전히 종교적인 기독교 평화주의와 실용주의적인 비폭력 사회행동이다. 이것은 니버의 유형학인데, 하지만 니버는 이 유형학 안에 복음이 원리가 되고 뿌리가 되는 적극적 비폭력에 대한 이해와 기술을 담고 있지 못했다.(킹 목사, 그리고 그와 동시대인인 머스트(A. J. Muste)의 경우는 달랐다.-알렌 레트(Alan Lett)의 니버와 머스트 비교연구논문을 참조하라.) 이 평화주의는 단순히 실용적이거나 자유롭고 긍정적인 진보에 대한 가정들에 근거하지 않을 뿐 아니라, 니버가 기술한 비저항이 그랬던 것처럼, 세상에서 떨어져나가 정치적 고립주의를 취하는 것도 아니다.

21) 모든 사람이 사건에 개입해서 다른 사람들이 살인하는 것을 막아내야 한다고 주장하는 것이 아니다. 예를 들어, 베트남 전쟁 당시 분신자살이라는 상징적 저항을 보여줬던 스님은 생명존중의 원리를 버리고 자살했다. 그의 행동은 생명경시풍조를 질타하며 보여준 극단의 행동이었다. 그의 행동은 공동체를 위한 자기희생이라는 양심적 행동일 수 있었기 때문에 결코 자살은 아니다. 그러므로 자신을 죽이지 못하도록 그를 막는 것은 그가

양심적으로 사건을 바라보면서 말하려고 했던 그의 자유를 부정하고, 결국은 한 인간으로서 지니는 자신의 존엄성을 훼손하는 것이 될 수도 있다.

22) 예수께서 성전을 정화하신 신약성서의 사건은 종종 평화주의자들을 당황하게 만든다. 예수님은 완력을 사용해서, 가죽 끈을 휘둘러 동물들을 내쫓고, 돈 바꾸는 탁자를 뒤엎어 버리고, 이들을 강도라고 부르셨다. 그래서 신약성서의 사랑을 무저항적이며, 수동적이면서도 강제적이지 않게 갈등상황에서 물러서는 것이라고 생각했던 사람들이게 이 사건은 심각한 문제로 느껴진다. 나에게 이 사건은 내가 이 장에서 말하려고 했던 것을 정확하게 설명하고 있다. 즉, 비폭력적이면서도 구속적인, 힘과 세력을 실행할 방법이 있다는 것이다. 이 사건에서 예수님은 악을 극적으로 드러내신다. 그리고 심판을 선포하신다. 비록 예수님의 행동이 환전가들의 삶에 부정적인 영향을 주었을지 모르지만, 예수님은 그들이 회개할 기회를 주시고, 착취와 통제가 필요 없는 인간적인 직업을 갖도록 권고하신다. 그 결과는 구원을 안고 있었다. 비록 이 사건으로 예수님은 십자가에 더 가까워졌지만 말이다. 기득권자들의 이해관계가 크게 저항했다. 십자가는 이러한 저항의 상징이다. 권력에 대처하신 예수님에 대해서는 로날드 사이더(Ronald Sider)의 책 『그리스도와 폭력』(Christ and Violence)중에서 "그리스도와 권력"(Christ and Power) 부분을 보라.

23) 요더 『예수의 정치학』, 234쪽

24) 앞의 책, 234쪽

25) 같은 책, 235쪽

26) 앞의 책, 238쪽

27) 마틴 루터 킹, 『자유를 향한 걸음』, 92쪽

28) 아브라함 허셀, 『자유의 불안』, (The Insecurity of Freedom), 145-146쪽

29) 로스(W. D. Ross)의 『권리와 선』(the Right and the Good)

30) 윤리학 실천방법론은 최근에 이르러서 우가만의 『도덕적 심판에 대한 기독교적 방법』(a Christian Method of Moral Judgement)에서 진보를 보인다. 그는 "방법론적 가정"(Methodological Presumption)이라는 개념을 발전시켰다. 이 개념은 한 압도적인 증거가 다른 한 증거를 압도해서 그 반대의 결론을 내지 못한다면 그 증거는 진리이거나 혹은 옳은 것으로 간주하는 개념이다.

31) 평화주의에 대한 비판들 중 하나는 사람에 대한 도덕적 요구들이 다양하다는 것을 인식하지 못하고, 한 가지 원리 즉 비폭력만을 절대화한다는 것이다. 예를 들어, 랄프 포터(Ralph Potter)는 평화주의자에 대해 다음과 같이 언급하고 있다.

평화주의자들은 … 신자는 결코 폭력을 사용하는 일에 참여할 수 없음을 알고 있다고 고백한다. 그래서 윤리적 논증에 대한 필요성은 이러한 문제들이 미묘한 문제가 아니라는 확신 때문에 논외가 돼버린다. 어떤 형태로든 폭력을 행사하는 것은 기독교 제자도와 양립할 수 없는 것이다. 이러한 확신이 있기 때문에 다음의 두 가지 기본적 질문의 답은 단순하면서도 즉각적이다. 즉, 선한 양심을 가지는 나는 언제 힘을 사용하는 일에 관여할 수 있는가? 절대 안 된다. 내가 취할 수 있는 폭력의 형태는 무엇이 있을까? 아무것도 없다(『전쟁과 도덕 담화』(War and Moral discourse), 51쪽).

테드 쿤츠(Tedd Koontz)는 평화주의자로써 주장하기를, 평화주의자들은 도덕적 논거를 사용함에 있어서 일관성이 있어야 한다고 한다. 예를 들어, 만일 임신중절문제에 있어 엄마에게 도덕성 문제를 제기하고자 하는 평화주의자들이라면, 전쟁과 평화 문제에 대해서는 이 문제의 복잡성을 더 신중하게 고려해야 하지 않을까? 만일 낙태가 도덕성에 대한

요구가 갖는 복잡함 때문에 정당화된다면, 전쟁은 왜 정당화되지 못하나? 1978년 2월 28일 출간된 『메노나이트』(the Mennonite), 132-34쪽의 테드 쿤츠의 "어려운 선택들: 낙태와 전쟁"(Hard Choices: abortion and War).

전반적으로 나는 포터와 쿤츠의 의견에 동의한다. 우리는 우리에게 질문을 던지는 정의와 비폭력 양편의 요청을 인식함으로써 그 복잡성을 인식할 필요가 있다. 나는 또한, 어떤 한 율법적 윤리가 있어 어떤 상황이 절대적으로 옳다든가 혹은 잘못되었다고 미리 말할 수는 없음을 발견했다. 셀 수 없이 많은 평화주의자도 이와 같이 느꼈다. 예를 들어, 본회퍼는 1930년대에 자신을 평화주의자로 여겼는데, 히틀러에 저항하는 레지스탕스에 참여한 것은 그 이후였다. 당시 그는 앞으로 전쟁에서 무엇을 할 것인가를 묻는 개인적 질문에, 직접적인 대답은 회피하면서, 대신 하나님께서 그에게 무기사용을 거절할 힘을 주시기를 원한다고 대답했다.

래리 라스무센과 다른 본회퍼 분석가들은 본회퍼의 평화주의를 관계적이고, 조건적이며, 일시적인 것으로 제한하는 경향이 있다. 하지만, 그에게 적용된 이러한 형용어들은 절대적 원리로서 평화주의자의 전형과 풍자에서 왔다고 데일 브라운(dale Brown)은 말한다. 브라운은 말하기를, 두 가지 요인이 본회퍼의 "일시적" 평화주의 유형과 절대적 원리로서의 평화주의의 날카로운 대조를 완화시킨다고 말한다. 역사상의 평화교회들이 지니는 비교의적 태도는 개혁교회의 권고인 "새로운 빛이 말씀에서 비춰게 하라"를 실존적으로 승인해왔고, 그래서 모든 경우에 절대적 확실성을 거부해왔다. 둘째로, 앞으로 있을 전쟁에 무엇을 할 것인가에 대한 본회퍼의 대답은 가상 상황에서 무엇을 할지 확고히 말할 수는 없지만 자신의 주인에게 신실할 수 있기를 기도할 것이라고 징병위원회 앞에서 말하는 평화주의자들의 대답과 맥을 같이 한다."(데일 브라운, "본회퍼와 평화주의"(Bonhoeffer and Pacifism) 11쪽. 1976년 10월 29일 세인트루이스에서 전미 종교 아카데미 본회퍼 협회(Bonhoeffer Consultation of the american academy of Religion)에서 발표한 논문). 위의 포터의 말은 평화주의의 한 유형을 기술한 것일 뿐 도덕성의 복잡함을 인식해야함을 알고 있으며, 미래에 대해 열려있으면서도 가변적이라고 여기는 많은 다른 평화주의자가 지지하는 관점은 아니다.

32) 에밀 브루너, 『신성한 명령』(the divine Imperative), 470-471쪽.

33) 이 원리들에 대한 간략하면서도 분명한 기술을 보려면 랠프 포터의 『전쟁의 도덕 논리』(the Moral Logic of War)를 보라.

34) 그리스도인들은 다양한 방식의 무력사용을 신학적으로 정당해왔다. 일부는 성서를 가지고 자신들의 입장을 변호하려 했고, 일부는 자연법사상을 끌어오기도 했다. 또 일부는 일반적인 사랑의 원리에 따르면, 불의한 공격자의 공격 하에 놓여있는 순진한 제3자를 방어하고자 때로는 완력을 사용하는 것이 필요하다고 주장한다. 언스트 트로엘치(Ernst Troeltsch)와 니버는 예수가 평화주의자의 윤리를 변호하고 있다는 것에 동의하지만, 이는 다만 1:1 관계라는 단순한 구조에만 한정될 뿐, 더 복잡하고, 현대적이며 정치적인 세계에는 맞지 않는다고 믿는다. 그러므로 더 복잡한 상황에서는 평화주의는 작동하지 않는다. 그리고 예수의 단순한 평화주의 윤리는 다른 기준으로 실행되어져야 한다.

스티븐 모트(stephen Mott)(앞의 책 167쪽)는 최근에 이와 아주 유사한 주장을 했다. 그는 양자관계와 제3자의 명분을 변호하는 다자관계를 구분했다. 그는 주장하기를, 예수님의 평화주의는 양자 관계에 한정되었지, 다자간, 정치적 상황에 대해 언급한 것이 아니라고 한다. 그래서 예수는 다변적 상황에 관련한 평화주의자라고 말하는 것은 소용이 없다.

예수는 이러한 상황에 대해 말하지 않았을 뿐이다. 모트의 주장의 핵심은 바로 그가 예수의 평화주의는 열심당이라는 정치적 대안에 맞서기 위해 발전된 것이 아니라는 것을 보여주었다는 점이다. 이는 만일 예수의 평화주의가 정당한 명분을 위해 폭력사용을 신뢰했던 열심당에 대한 대안적 반응이라면, 예수가 다각적 상황에 대해 침묵하셨다고 말할 수 없기 때문이다. 사실 그 반대의 경우가 가능하다. 예수평화주의를 발전한 것은 열심당에 반대해서이다. 우리는 이미 모트의 사례가 갖는 약점에 대해 토론했다.(4장 각주 38을 보라) 만일 모트의 주장을 제시하지 않으려면, 예수가 단순히 이 문제에 있어서 권위가 아니라는 것을 주장해야 한다. 하지만, 만일 주장하려면, 성서의 권위에서 더욱 더 어려운 신학적 문제를 갖게 될 것이다. 일부 신학자들에게 이것은 문제가 아닐 수도 있지만, 모트에게 그것은 복음주의 신학의 방향이다.

35) 1976년 7-8월 「세계관」(*Worldview*), 42쪽의 제임스 존슨의 "정의로운 전쟁이론: 어디에 효용이 있나?"(Just War Theory: What's the Use?)

36) 앞의 책, 42쪽

37) 앞의 책, 43쪽

38) 이것은 램지의 주요한 전쟁관련 서적인 「전쟁과 기독교 양심」(*War and the christian Conscience*)의 부제목이다. 찰스 쿠란(Charles Curran)은 램지의 입장에 비판적인데, 이는 램지의 입장이 정당한 전쟁이론을 jus in belo(전쟁행위의 정당성)로 변형시키기 때문이다. 「정치학, 의학, 기독교 윤리학: 폴 램지와의 대화」(*Politics, Medeicine and Christian Ethics: a dialogue with Paul Ramsey*), 75-76쪽.

39) 마이클 월저(Michael Walzer), 「정의롭고 불의한 전쟁들」(*Just and Unjust Wars*), 53쪽

40) 폴 램지, 「정의로운 전쟁」(*the Just War*), 143쪽

41) 이와 같은 사상의 일부에는 요더의 영향이 묻어있다. 1974년 가을에 출판된 「종교윤리학 저널」(Journal of Religious Ethics), 81쪽에 실린 "~라면, 당신은 어떻게 할 것인가?"

42) 존 스월리, 「미국 제국」(*american Empire*), 앞의 책, 84f

43) 요더, 「당신이라면?」, 89쪽

44) 월저, 앞의 책, 151쪽

45) 램지, 「정의로운 전쟁」, 235쪽

46) 쿠란, 앞의 책, 94쪽. 정의로운 전쟁 기준을 정치현실에 적용할 때의 딜레마가 전쟁억지력에 대한 로마 가톨릭 교리에 반영되어있다. 1983년 5월 3일 국가 가톨릭 주교회의의 전쟁과 평화에 관한 목회서신인 「평화의 도전: 하나님의 약속과 우리의 반응」(*the Challenge of Peace: God's Promise and Our Response*)에서, 주교들은 핵무기사용은 구별의 원칙(수많은 무고한 시민과 민간인을 살해하게 된다.)과 비례의 원칙(결과적으로 유익보다는 거대한 파괴가 많을 것이다.)을 깨뜨릴 것이므로 허락되어서는 안 된다고 했다. 그래서 "구별과 비례의 원칙을 깨트리는 핵무기사용에 대한 금지가 전쟁억지전략 안에 들어갈 수 있을 것이다."(3항) 하지만, 초강대국들 사이에서 최소한의 전쟁억지 균형을 유지함으로써 "일종의 평화"가 가능한 세상이기 때문에, 주교들은 "오직 무기제한과 무장해제를 추구하기 위한 단호한 결정과 관련한"(4항) 변혁적 전략으로써의 전쟁억지력을 허락한다. 이 논쟁에 관한 상세한 설명은 51쪽에 있다.

여전히 남아있는 문제는 어떻게 한 사람이 핵무기는 사용되어서는 안 된다고 하면서 동

시에 여전히 전쟁억지력에 대한 신뢰를 유지할 수 있는가이다. 전쟁억지력은 상대편이, 핵무기가 사용될 것이라고 믿을 때에만 확실해진다. 누군가는 무기를 소유하는 것 자체만으로 신뢰할만한 전쟁억지력을 갖는다고 말할지도 모르겠다. 그 무기가 사용될지도 모르기 때문에 말이다. 하지만, 이러한 "일어날지 모르는" 일이 갖는 신빙성은 교회가 핵무기는 절대로 사용되어서는 안 된다고 가르칠수록 심각하게 훼손된다. 이러한 무기들을 사용하는 것은 구별과 비례형의 원리를 깨트리는 것이라고 주교들이 언급한 이후로, 이러한 딜레마를 벗어나는 유일한 방법은 어느 한 나라의 한쪽이 무기들을 사용해서는 안 된다고 교육을 받았음에도, 적국으로 하여금 그 다른 한쪽이 무기를 사용할 수 있다고 믿게 만들 수 있는가이다. 하지만, 어떻게 한편에는 무기사용이 도덕적으로 불의한 일이라고 하면서 다른 편에게는 필요하다면 사용할 수도 있다고 믿도록 가르칠 수 있는가?

47) 알랜 뉴컴브(alan Newcombe)와 제임스 워트(james Wert), 『전쟁을 예견하는 국가 간 표면장력』(An Inter-nation tensiometer for the Prediction of War), 23쪽

48) 같은 책, 1쪽

49) 존슨, 앞의 책 44쪽. 흔히, 선전이나 스파이활동, 기밀활동에 대항하는 모든 종류의 비폭력적 방어수단이 있다.(샤프의 앞의 책을 참고하라.) 존슨은 한 국가가 취하는 이러한 종류의 행동들은 합법적인 전쟁 선포를 위한 빌미가 될 수 있다고 보는 듯하다. 하지만, 내 판단에 이러한 행동들이 합법적인 전쟁포고의 빌미가 될 수 없는 이유는 전쟁을 이끌어 내기에는 약간 부족한 그러한 행동에 대한 방어책들을 우리는 가지고 있기 때문이다.

50) 램지, 『정의로운 전쟁』, 195쪽

51) 쿠란, 앞의 책, 82-83쪽

52) 내가 우가만에게서 찾을 수 있는 유일한 지침은 객관적으로 선한 목적은 폭력으로 이루어져야한다는 것과 이때 취한 어떠한 폭력행동도 적에게는 증오가 아니라 선한의도에 의한 것이라고 이해돼야 한다는 것이다(129쪽). 후자는 내게는 완전히 비현실적으로 들리는데, 특히 전쟁의 경우는 더욱 그렇다. 전자는 그렇게 명확하게 들리지 않는다. 선한 목적이 폭력으로 만들어진 악을 압도하면서, 폭력을 사용해서 도출될 수 있음을 어떻게 알 수 있는지 의문이다. 필립 우가만의 『기독교의 도덕 판단 방법』(A Christian Method of Moral Judgment), 117쪽.

---

## 7장

1) 케네스 보울딩, 『안정적 평화』(Stable Peace), 31쪽, 47쪽.
2) "힘"이라는 말은 군사력과 같은 특징한 종류의 힘을 의미하지 않는다. 안정적 평화 상태에서 사회 시스템을 유지하기 위해 그 사회체제가 지니는 안정성을 의미한다. 무엇이 이러한 상황을 만들어내는가는 이미 기술했다.
3) 찰스 베이트(Charles K. Beitz)와 테오도르 허만(theodore Herman)이 편집한 『평화와 전쟁』(Peace and War), 117쪽의 마가렛 미드가 쓴 "전쟁은 단지 창조됐을 뿐이다-생물학적 필요가 아니다."
4) 존 스웜리(John swomley)가 인용한 『아메리카 제국:20세기 정복자의 정치윤리학』(Americal Empire: the Political Ethics of twentieth Century Conquest), 165-166쪽
5) 베넷(John C.Bernett)과 세이퍼트(Harvey Seifert), 『미국의 대외정책, 그리고 기독교 윤리』, 17-18쪽

6) 루이스 코저(Lewis Coser)의 『사회갈등의 기능들』(functions of social Conflict), 48쪽. "행동주의"적 접근은 비현실적인 갈등을 야기하는 국제관계 연구에 붙여진 다른 이름이다. 로버트 노스(robert Nort)와 허버트 켈만(Herbert Kelman)은 국제관계 분야의 대표적 학자들로, 행동주의 접근법을 이용했다. 데이빗 할버스탐(david Hallberstam)의 책 최고와 최고영재(the Best and the Brightest)는 미국이 오판과 오인과 실수를 연발하면서 어떻게 베트남전에 참전하게 됐는지를 기술하고 있다.
"행동 갈등 연구가들은 갈등상황에 처한 다양한 행동유형들, 즉 국가 지도자들의 중대 사안 결정 방식, 갈등 당사국의 인식과 대화, 그리고 결정과정에 영향을 미치는 변수들, 갈등을 일으키는 행동을 야기하는 가치와 태도들, 개인적 변수들, 그리고 평화와 전쟁을 결정하는 요소들에 초점을 두고 있다."(폴 베허, 『갈등 법칙』, 15–16쪽)

7) 아담 컬(adam Curle), 『평화만들기』(Making peace), 3쪽

8) 폴 베허는 자신의 책 『갈등법칙』(Conflict Regulation)에서 갈등 중재자의 기능과 본성에 관한 기본 문헌 요약과 기본 방향을 제시하고 있다. 이란에 인질로 잡혀있는 미국인 석방을 위한 협상은 이 위기를 해결하는 3세계 중재자의 중요성을 말해주는 흥미로운 사례연구이다. 이 협상과정은 3시간여의 ABC 프로그램에 방영됐다. ABC 뉴스에서 이 프로그램을 다시 볼 수 있다.

9) 컬, 앞의 책, 261쪽

10) 교황 요한 23세, 『땅위에 평화』(pacem in terris-Peace on earth), par.127

11) 존 베넷과 하비 세이퍼트의 『미국의 대외정책과 기독교 윤리학』(U.S. Foreign Policy and Christian Ethics), 99쪽. 존 버넷의 『급진적 명령』(the Radical Imperative), 183–184쪽도 참조하라.

12) 찰스 베이트와 테오도르 허만이 편집한 『평화와 전쟁』(Peace and War)의 113쪽에 실린 마가렛 메드의 "전쟁은 발명품일 뿐 필연적 사건이 아니다."(Warfare is the Only an Invention-Not a Biological Necessity)

13) 멜코, 『메튜의 52개 평화 사회』(Fifty-two Peaceful societies)

14) 메드, 위의 책, 113쪽

15) 리차드 폴크와 사울 멘드로비츠가 편집한 네 권의 기획 시리즈물인 『세계질서 전략』(the strategy of World Order), 1권 151쪽에 실린 워너 레비의 "전쟁과 평화의 원인들"(the Causes of War and Peace).

16) 앞의 책, 153쪽

17) 앞의 책, 154쪽

18) 랠프 포터는 자신의 책 『전쟁과 도덕 담론』(War and Moral Discourse)에서 주장하기를 평화주의는 전쟁의 횡포에 대해 책임이 있다고 했다. 이는 평화주의가 정당한 전쟁 이론이 제시하는 전쟁행위를 적절하게 억제할 수 없기 때문이라는 것이다. 이 주장은 두 가지 문제점을 갖는다. 하나는 랠프가 전쟁은 불가피하고, 그러므로 전쟁을 억제하는 한 가지 체계가 전쟁 자체를 방지하고 제거하려는 시도보다 더 현실적이라고 믿는다는 데 있다. 이것은 전쟁 발발 가능성을 증폭시키는 합법화의 오류다. 두 번째 문제는 그의 주장은 역사적인 경험을 고찰해볼 때 지지받기 어렵다는 것이다. 전쟁이 갖는 억제 불가능한 성질 때문에 평화주의를 비난할 수 없다. 세계대전의 와중에도 평화주의는 비교적 알려져 있었고, 소수자이기는 하지만 일단의 평화주의 그룹이 존재했었다. 전쟁은 세계 각국이 전쟁 준비를 절대 포기하지 않기 때문에 갖게 되는 긴장으로 인해 발발해왔고, 그래서 전쟁 준비는 항상 가능한 한 가장 진보된 형태의 기술을 도입해왔다. 도덕적 사상으로 전쟁을

억제하려는 희망을 갖는 것은 환상이다. 일단 전쟁이 발발하면, 과거에 그랬던 것처럼, 각국은 자신들이 사용가능한 기술을 사용할 것이다. 더욱 더 현실적인 접근은 전쟁 방지를 최우선으로 하는 것이다. 이 장에서 우리가 기술했던 문제들을 다루면서 말이다.


19) 존 스윔리, 『해방 윤리학』(*Liberation Ethics*), 147쪽.

20) 『핵 과학자 회보』(Bulletin of the atomic scientists), 1976년 5월 호에 실린 로이드 두마스의 "핵시대의 국가가 겪는 불안"(National Insecurity in the Nuclear Age).

21) 앞의 책, 24쪽

22) 앞의 책, 27쪽. 과학과 세계사건 수록 잡지 가운데 하나인 핵 과학자 회보의 허락을 얻어 재인쇄함. 일리노이주 시카고의 원자 과학의 교육 재단(Educationall foundation for Nuvlear science)이 1976년 판권 소유함.

23) 앞의 책, 28-29쪽

24) 1979년 『위치타 이글 비콘』(Wichita Eagle-Beacon) 11월 9일

25) 두마스, 앞의 책, 31쪽

26) 앞의 책, 31쪽

27) 앞의 책, 32쪽

28) 앞의 책, 49쪽

29) 케네스 보울딩, 『20세기의 의미』(*the Meaning of the Twentieth Century*), 87쪽

30) 존 콕스의 『과잉살륙:핵 시대의 무기들』(*Overkill: Weapons of the Nuclear age*), 45쪽

31) 앞의 책, 80쪽

32) SALT과정에 대한 탁월한 분석을 보려면 엘렌 게이어가 제작한 팜플렛 『군비 제한과 SALT의 한계: 핵무기 무장해제를 위한 강대국들의 역할』(*arms Limits and SALT Limits: The superpowers' Role in Nuclear disarmament*)을 참고하라. 신학과 공공 정책 센터(Center for theology and Public Policy)가 펴냈다.

33) 마이클 노박이 1972년 2월 21일 쓴 『기독교 1세기』(*the Christian Century*), 127쪽.

34) 로버트 카이저, "핵무기 군비확대 경쟁: 소련의 관점"(the Nuclear Arms Race: A Soviet View), 1977년 2월 21일자 『워싱턴 포스트』

35) 랜달 포스버그, "쌍방간의 핵 동결"(A Bilateral Nuclear Freeze), 『싸이언티픽 어메리칸』(Scientific American), 1982년 11월호 9-10쪽

36) 카이저, 앞의 책

37) 라인홀드 니버 논문집인 『기독교 현실주의와 정치적 현안들』(Christian Realism and Political Problems)에 실린, 세상 정부를 비판한 "세상 정부에 대한 환상"(the Illusion of World Government)을 보라.

38) 베이츠와 허만의 책 159쪽, 베티 리어던과 사울 멘드로비츠의 『세상의 법과 세상 질서의 모델』(*World Law and Models of World Order*). 이들의 입장은 그린빌 클락과 루이스 손의 세상의 법으로 이룬 세상의 평화(World Peace through World Law)와 거의 유사하다.

39) 케네스 보울딩, 『안정적 평화』(*stable Peace*), 117쪽.

1) 평화교육 분야에서 엄청난 자료들이 쏟아지고 있다. 이 자료들에 대한 정보를 얻을 수 있는 곳으로 일리노이 어바나의 일리노이 대학에 있는 평화연구, 교육과 개발 컨소시엄(COPRED)이 있다. 내가 발견한 아주 유용한 책들은 다음과 같다. 수잔 카펜터(susan Carpenter), 『평화만드는 기술 레퍼토리』(a Repertoire of Peacemaking skills)(COPRED에서 구할 수 있다.), 폴 베허(Paul Wehr)와 마이클 워시번(Michael Washburn)의 『평화와 세상질서체계: 교수와 연구』(Peace and World Order systems: Teaching and Research), 찰스 베이츠(Charles Beitz)와 마이클 워시번의 『미래를 창조한다』(Creating the future), 폴 베허의 『갈등법칙』(Conflict Regulation), 로저 휘셔(Roger fisher)의 『초보자를 위한 국제분쟁』(International Conflict for Beginners), 바바라 스텐포드(Barbara stanford)가 편집한 『평화만들기』(Peacemaking), 아담 컬(adam Curle)의 『평화만들기』(Making Peace), 스테파니 저드슨(stephanie Judson)의 『비폭력과 아동 매뉴얼』(A Manual on Nonviolence and Children), 『전쟁을 끝내기 위해』(To End War)(전쟁위원회 없는 세상), 그리고 그 외의 많은 책이 있다. 카펜터스 책들은 사람들이 더 많은 정보를 필요로 하는 책과 기구들 목록을 제공하고 있다.

2) 빌리 그레이엄(Billy Graham)은 예를 들어, 베트남전이 최고조에 이르렀을 당시 미국참전을 지지하는 린든 존슨 대통령과 함께 연단에 섰었다. 그래함이 당시 어떤 정치적 입장도 염두에 두지 않았다고 주장했지만, 대부분의 미국인은 그래함이 베트남전에 처하는 미국의 입장을 기본적으로 지지하는 것으로 해석했다. 그래도 고무적인 일은 그래함이 최근에 상당한 정도로 자신의 관점을 바꿨다는 것이다. 이제는 군비확대에 대해 아주 비판적이며, 과거 자신의 태도와 행동에 대해 비판적으로 회고하고 있다. 1979년 소저너스 8월호의 그래함과의 인터뷰 기사를 참고하라.

3) 달라스 리(dallas Lee)의 『면 보자기 증거』(Cotton Patch Evidence). 클라렌스 조단(Clarence Jordan) 가족과 여러 명의 친구들이 1942년 죠지아의 아메리쿠스 근처에서 코이노니아 농장을 시작했다. 이 그룹은 이 지역에 과학적인 영농법을 도입했고, 그 결과는 아주 성공적이었다. 하지만, 흑인과 백인이 함께 살면서 인종분리를 거부했기 때문에 1956년 초에 이 농장 생산품은 거의 완전히 보이콧을 당했고, 어떤 사업적인 거래도 아메리쿠스와 하는 것이라면 거절했다. 이 농장의 가판대는 두 번이나 폭탄테러를 당했고, 농장건물은 총격을 받았다.

4) 남아프리카 공화국의 신도인 존 디그루치(John deGruchy)는 남아프리카 공화국 교회연합회에 속한 교회들이 1948년 이후로 적어도 원리에 있어서만은 인종분리정책을 반대해왔다고 증언한다. 교회의 목표는 화해다. 정부의 목표는 분리다. 이 둘이 확연히 충돌하고, 이 충돌은 사회생활의 전 영역에서 갈등을 양산한다. 이러한 상황에서 흑인과 백인이 성찬을 함께 나누고 함께 예배하는 것은 중요하다. 이와 같은 화해의 표식은 이에 참여하는 사람들을 결속시키고, 문제를 극복할 희망을 준다. 존 이그루치, "남아프리카 공화국에서의 교회의 투쟁"(The Church Struggle in South Africa).

5) 종교는 중동 전 지역에 병원을 세우는데 지대한 영향을 미쳤다. 주후 335년에 공표된 콘스탄틴 신조에서부터 기독교 병원들이 로마, 콘스탄티노플, 에베소, 그 외의 다른 로마제국의 여러 변방에서 발전되었다. 수도사들과 다양한 수도회들이 병자를 돌보는 일에 헌신했다. 수도원은 부속진료실을 가지고 있었는데, 이는 평신도들이 활동할 수 있는 여지를 제공했고, 이곳에서 환자들은 적절한 치료를 받았으며, 약국과 같은 곳이 있을 뿐 아니라, 치료약재가 되는 식물 정원도 있었다. 2차 세계대전을 의식적으로 반대했던 많은 메노나이트 젊은이은 정신건강을 다루는 기구에서 일했다. 이 경험을 바탕으로 메노나이트들은 수많은 정신병원을 세우고, 그 나라에 가장 혁신적인 정신건강지원센터를 열었다. 베르농

뉴펠드(Vernon Neufeld)가 쓴 『우리가 사랑할 수 있다면: 메노나이트 정신건강 이야기』
(If We Can Love: the Mennonite Mental Health Story)를 보라

6) 제임스 루터 아담스(James Luther adams)는 "문화 인간의 정치적 책임"(The Poilitical
Responsibility of the Man of Culture)(venice, Italy: Comprendre, Société
Européenne de Culture, No. 16, 1956)에서 주장하기를 종교그룹들의 비국교주의가 결
정적으로 자유연합의 개념과 현대 민주주의 발달에 기여했다고 했다. 비국교주의가 약하
고 금지되는 곳에서는 민주주의와 자유연합도 느리게 발달해왔다. 초기 기독교 분파들과
종교개혁가인 아나뱁티스트들 그리고 이들이 살던 획일화된 사회에 도전을 던진 종교 그
룹들은 현대에 만들어지는 자발적 협회들의 전형이다. 이들의 행동은 사회개혁이라는 명
분과 문화적 관심 등을 함께하는 사람들이 자발적으로 협회를 구성할 수 있도록 한 다원
주의 사회의 기초를 놓았다. D. B. Robertson이 편집한 『자원자 연합: 자유주의 사회 연
구』(Voluntary Associations: A Study in Free Societies).

7) 하워드 제어(Howard Zehr)의 『희생자-가해자 화해 프로그램』(The Victim Offender
Reconciliation Program)을 보라.(필라델피아의 아크론에 소재한 메노나이트 중앙회에
서 자료를 얻을 수 있다). 신 사회 운동(The Movement for a New Society-MNS)은 아
마도 대안적 제도를 만드는 가장 좋은 예가 될 것이다. 필라델피아에서 이 운동의 회원들
은 무엇이든 단단히 잠가두고 의심하는 정신을 깨트리고, 이웃에 대한 공동체의식을 세우
고자 노력함으로써 대안이 되는 범죄억제책을 연구해왔다. 이 프로그램의 일환으로, 24
블록마다 각 블록의 리더가 생겼고, 월 1회의 모임을 갖게 되었다. 주민들은 범죄율이 가
장 높은 시간대에 다만 프레온 호른(horn)만 소지하고 거리에 나간다. MNS 회원들은 또
한, 음식협동조합과 진료소, 노동자가 주도하는 산업체에서 일했다. 조지 라케이(George
Lakey)의 『살아있는 혁명 전략』(strategy for a Living Revolution)을 보라.

8) 존 아담스(John P. adams)의 『혁명의 중심에서』(At the Heart of the Whirlwind),
1973년 3월, 아메리카인디언운동(American Indian Movement) 소속의 인디언들이 남
다코타의 운디드 니(wounded knee)지역을 접수했다. 연방정부는 군대를 보냈고, 아담스
는 당시에 양편의 중재를 맡았다. 양편은 아담스를 신뢰했으므로 아담스는 중재를 성공적
으로 이끌 수 있었다. 한쪽편의 견해를 다른 편에 전하는 것을 멈추지 않았을 뿐 아니라
인디언들에게 음식과 물자를 공급해주기도 했다.

9) 북 캐롤라이나 애쉬빌의 공공주택정책에 따라 입주한 주민들은 곳곳에 수리가 되지 않은
주택문제로 골치를 앓고 있었다. 이들 중 한 사람인 칼 존슨은 제3당 활동가로 일했는데,
입주자들이 세입자 파업을 조직하도록 했다. 그는 활동가로서 다만 제안을 했을 뿐, 파업
을 주동하지는 않았다. 이 파업은 1년이나 지속됐고, 결국 세입자들은 요구한 주택 수리를
받을 수 있었고, 집세 감면을 받았다. 세인트 루이스의 워싱턴 대학이 1972년 8월에 펴낸
『위기와 변화』(Crisis and Change), 2권 4호(Vol.2. No.4.) 6-7쪽.

세인트 루이스에서는 부적절한 도시주택법 시행에 관심을 가진 한 공동체가 자신들의 명
분을 호소할 활동가로 핸리 프런드를 고용한 바가 있다. 프런드는 도시의 기록들을 연구
하고, 법적 용어들을 설명하고, 공동체가 스스로 자신들의 주장을 문서화해서 시의원들
을 공청회로 이끌어냈다. 결국 시는 그동안 효과적인 주택법시행을 위해 노력해왔던 두
명의 판사들이 주택법원(Housing Court)의 판사로 선임되었고, 결국 법정에서 더욱 더
확신 있고, 개선된 법 시행을 기대할 수 있게 되었다. 세인트 루이스, 워싱턴 대학, 『위기
와 변화』, 1972년 봄, 2권 2호.

10) 알라스카의 주노(Juneau)에서는 미성년 학생들조차 징계하는 주노 학교 행정에 대해 수
십 건의 불만이 접수됐다. 이때 한 조정자가 조정에 나서서 시민그룹 대표와 학교 이사회
의 대화를 조정했다. 결과로 많은 권고사항들이 나왔는데, 예를 들면, 징계에 대한 재고,

학교 상담 강화, 행정직원들의 인간관계와 문화인식 훈련, 학생안내책자에 학부모가 관여하는 것 등이 있었다. 알라스카 주노의 『남동 알라스카 제국』(*Southeast Alaska Empire*), 1977년 1월 26일.

11) 세인트 루이스, 『워싱턴 대학의 위기와 변화』, 1973년 3권 3호

12) 지난 수 년 동안, 메노나이트 중앙회는 메노나이트 중재 서비스라 불리는 한 기관을 발전시켜왔다. 이 기관은 갈등을 겪고 있지만, 평화적으로 분쟁을 해결하기 원하는 개인과 그룹에게 자문과 자료를 제공한다.

13) 퀘이커교도들은 다른 어떤 기독교 그룹보다 국제적 차원에서 더 활발한 활동을 해오고 있다. 국제문제 중재자로서의 퀘이커교도들의 노력에 대한 기술과 분석은 마이크 야로우(C. H. Mike Yarrow)의 책 『퀘이커교도의 국제문제 중재 사례』(*Quaker Experience in International conciliation*)에서 볼 수 있다.

14) 캠페인과 다양한 정치적 활동을 조직하기 위한 지침서이자 선거구문제, 중요사안들 상정, 상대 후보자에 대한 압력 행사와 같은 선거 정치에 관한 토론서로는 마이클 월저(Michael Walzer)의 『정치적 행동: 운동정치학의 실제 가이드』(*Political Action: A Practical Guide to Movement Politics*)를 보라.

15) 존 아담스, 『워싱톤에서의 증가하는 교회 로비』(*The Growing Church Lobby in Washington*). 많은 사람에게 1964년의 시민권운동은 옳고 그름에 대한 분명한 선택을 제시해서, 그 대의에 대한 광범위한 지지를 만들어낼 수 있었다. 수많은 교단과 연합하는 NCC(National Council of Churches)는 네 가지 방식을 발전시켰다. 첫째, 75개 그룹의 연합으로 이루어진 시민권운동에 관한 리더쉽 컨퍼런스(Leadership Conference on Civil Rights)와 동역하기. 둘째, 교단들 사이에 연합을 형성하기. 셋째, 종교지도자들을 워싱턴에 보내 국회의원들을 만나도록 하기. 넷째, 여러 명이 팀을 이루어 지지자들을 찾으러 나가도록 하기. 이와 같은 형식적인 수단들 외에도 많은 교회 회원은 시위에 참여하거나 국회의원들이 상정한 법안을 고무적으로 처리하도록 촉구했다. 1964년 여름, 상원은 최초이자 강력한 교회 로비 압력 아래 남부의 의사진행 방해자들이 시민권 운동을 핍박하지 못하도록 하는데 표를 던졌고, 이후 그해 여름이 끝나기 전에 양원은 법령을 통과시켰다.

16) 메노나이트 중앙회 평화분과(the Mennonite Central Committee Peace section)는 워싱턴과 오타와에 사무실을 두고 있으면서, 메모(Memo)를 발행해 교회 유권자들이 현재 계류 중인 법안과 정부 활동에 대해 늘 최신소식을 접하게 할 뿐 아니라, 세계의 평화관련 프로젝트들을 수행하고 있다.

국가입법 관련 친구위원회(the Friends Committee on National Legislation)는 등록된 워싱턴 로비기구이자 프랜즈(Friends) 집행 위원회로, 퀘이커교도들의 신앙을 행동으로 옮기려는 시도를 하는데, 이를 위해 국회위원들에게 적극적으로 영향을 미치거나, 정기 회보나 선거와 법률제정 과정과 관련한 인쇄물들을 발행하고 있다.

17) 폴 램지의 책, 『누가 교회를 대신해서 말하는가』(*Who speaks for the church*)를 보라. 이 책에서 램지는 교회가 공공의 문제에 관해 말할 때 제기되는 신뢰성의 문제를 제기한다.

1978년 3월 NCC 지도자와의 회합에서 카터 대통령은 일부 교회지도자들의 비판에 대해 다음과 같이 말했다. "정부는 우리 사회의 커다란 갈등 중 하나인 인종분리주의를 제거하기 위해 그간 많은 노력을 해왔다. 교회는 그렇지 못했다. 나는 정부가 가야할 길이 아

직 멀다고 생각한다. 하지만, 균형상 봤을 때, 정부는 교회보다 확실히 잘해왔다. 나는 교회와 정부 둘 다의 구성원으로 이렇게 말하고 있다." 1978년 『크리스찬 센츄리』(*Christian Century*), 3월 15일, 264쪽.

18) 제임스 루더 아담스(James Luther adams)는 인류가 연합이라는 의미로 이해되어져야 한다는 것과 자발적 연합은 사회에 영향을 미치는 요소일 수 있다는 생각을 강조한다. 디비 로버트슨(D. B. Rpbertson)이 편집한 『자발적 연합: 자유주의사회에서의 그룹들 연구』(*Voluntary associations : a study of Groups in Free Societies*)는 제임스 루더 아담스를 기념하여 자발적 연합에 관한 그의 저서들을 선별한 것으로 아담스 저서 목록을 담고 있다.

19) 칼 홀(Karl Holl)의 "말씀사역의 역사(a History of the Word Vocation)"는 기독교적 맥락 안에서 사역의 개념이 지닌 역사와 그 발전에 대한 광범위한 분석을 제시하고 있다.

20) 이 문제에 관한 더 많은 논의는 마이클 워시번(Michael Washburn)과 폴 베허(Paul Wehr)의 『평화와 세계질서 시스템』(*Peace and World Order systems*), 101-117쪽을 보라.

21) 로저 피셔(Roger fisher)의 『초보자를 위한 국제분쟁』(*International Conflict for Beginners*)은 정치가들과 정부가 다른 국가나 그룹을 어떤 특정한 방향으로 영향을 미치고자 할 때, 건설적으로 행동을 계산하는 것이 필요하다는 것을 강조한다. 그는 다음 나오는 도표에서 영향을 미치는 문제들의 특징과, 각 질문에 대한 답으로 상정되는 행동 그리고 이 행동으로 발생할 예상 문제들을 보여주고 있다.
전략문제에 관한 논의가 더 필요하면 필립 오가만의 책 『도덕 판단을 위한 기독교적 방법』(*A Christian Method of Moral Judgement*)을 보라.

| | 바람 | 유익 | 문제 |
|---|---|---|---|
| | 우리가 바라는 결정 | 결정이 가져오는 결과 | 결정하지 못했을 때의 결과 |
| 누구 | 누가 결정할 것인가? | 결정이 되면 누가 유익을 얻는가? | 결정이 나지 않으면 누가 다치는가? |
| 무엇? | 정확히 어떤 결정을 바라는가? | 결정이 나면, 어떤 유익을 기대해볼 수 있는가? 대가는 무엇인가? | 결정이 나지 않으면 어떤 어려움이 있는가? 그리고 잠재적인 유익은 무엇인가? |
| 언제? | 언제까지 결정을 내려야 하는가? | 유익이 있다면, 언제 그 유익이 발생할까? | 결정을 내리지 않은 결과는 언제쯤 알아차리는가? |
| 왜? | 이 결정을 바르고, 적절하며, 합법적으로 만드는 것은 무엇인가? | 이 결과를 공평하고 합법적이도록 하는 것은 무엇인가? | 이 결과를 공평하고 합법적이도록 하는 것은 무엇인가? |

22) 1962년 남부 기독교 지도자 회의(Southern Christian Leadership Conference, SCLC)에서 버밍햄으로 캠페인을 확장하고자 할 때, 킹 목사는 알바니에서 일어났던 최근의 행동을 회고했다. "우리는 인종분리주의를 공격하는 다양한 일에 연계되어 있어서 하나의 주요한 사안을 효과적으로 밀고 나가는 데는 실패했다." 이러한 분석이 있은 후, SCLC는 아주 철저하고 지속적인 노력을 기울여 전략을 개발했고, 초점을 두어야 하는

목표는 제한을 했다. 윌리암 밀러(William R.Miller), 「마틴 루터 킹」(*Martin Luther King*), 132쪽.

시민권운동투쟁 동안 SCLC는 불 코너(bull Conner)와 보다 온건파인 알버트 보트웰(Albert Boutwell)의 1963년 4월 2일 시장선거전의 결과가 나오기까지 버밍햄에서 예정했던 비폭력 캠페인을 미루었다. 윌리암 밀러, 「마틴 루터 킹」, 133쪽.

1924년과 25년 사이에 간디는 불가촉천민들이 사원으로 가는 길을 이용할 권리를 얻기 위한 캠페인을 이끌었다. 1928년 운동의 목표는 정부가 바르돌리(Bardoli)지역의 토지세 평가에 대한 공정한 조사를 시작하도록 당국을 설득하는 것이었고, 1930-31년에는 영국이 부과한 소금법을 폐지하는 것이 목표였다. 조앤 본두란트(Joan Bondurant), 「폭력을 정복하다: 갈등에 대한 간디의 철학」(*Conquest of Violence: The Gandhian Philosophy of Conflict*), 45-104쪽

23) 무자퍼 쉐리프(Muzafer Sherif), 「일상의 곤경에서: 그룹 간 갈등과 협력으로 본 사회심리」(*In Common Predicament: Social Psychology of Intergroup Conflict and Cooperation*).

24) 톰 스토니어(Tom Stonier)는 국가 간 협력을 증진하고 문제를 해결하기 위한 상위의 목표로, 공기오염을 제거하고 사막에서 식량을 생산하는 두 가지 세계적 난제들을 해결할 광범위한 제안을 제시해오고 있다. 그 제안 중 일부는 1972년 「핵 과학자 회보」(Bulletin of the Atomic Scientists) 5월호 31-34쪽에 "지구촌 협력 제안"(A Proposal for Global Cooperation)에 나와 있다. 1975년 1월 출판된 「평화연구 고찰」(Peace Research Review), 6권 3호에 진 키스(Gene Keyes)와 스콧트 세이무어(Scott Seymour)가 쓴 "사하라 삼림과 그 외의 최우선 목표들"(the sahara forest and Other Superordinate Goals)을 보라.

25) 본회퍼, 「옥중 서신」(*Letters and Papers from Prison*), 3-4쪽

26) 존 폭스(John Fox)와 윌리암 포부쉬(William forbush)가 편집한 「폭스의 순교자들의 책: 초기 기독교 순교자와 신교 순교자들의 삶, 고난, 승리에 찬 죽음의 역사」(*fox's Book of Martyrs: a History of the Live, sufferings and triumphant deaths of the Early Christian and Protestant Martyrs*), 틸리만 잔스 반 브라트(thieleman Jansz can Braght)의 「피의 극장 혹은 순교자의 거울」(*the Bloody theater or Martyrs Mirror*), 제프리 너탈(Geoffrey Nuttall)의 「역사상의 기독교 평화주의」(*Christian Pacifism in History*).


## 9장

1) 서머셋 모흠(W. Somerset Maugham)의 「면도날」(*The Razor's Eddge*)을 잭 캔필드(Jack Canfield)와 해롤드 웰스(Harold Wells)가 「교실에서 자아개념을 증진하는 100가지 방법」(*100 Ways to Enhance Self-Concept in the Classroom*)에 인용함, 29쪽

2) 로매인 롤랜드(Romain Rolland), 「간디」(*Gandhi*), 40쪽

3) 킹(M. L. King), 「자유를 향한 걸음」(*Stride Toward Freedom*) 5장 "비폭력으로의 순례"(Pilgrimage to Nonviolence).

4) 헨리 나우웬(Henri Nouwen), 「삶을 위한 기도」(*Pray to Live*), 63쪽

5) 마조리 호프(Marjorie Hope)와 제임스 영(James Young), 『인간성 회복을 위한 투쟁』 *(The Struggle for Humanity)*, 73쪽

6) 본회퍼, 『나를 따르라』*(The Cost of Discipleship)*, 84쪽

7) 제임스 더글라스(James Douglass), 『저항과 명상』*(resistance and Contemplation)*, 145쪽

8) 킹. 앞의 책, 102-107

9) 호프와 영의 앞의 책, 105-106

10) 말콤 리틀(Malcolm Little), 『자서전』*(Autobiography)*, 340-341쪽

11) 여기서 방대한 종교체험의 영역을 열거하는 것은 부적절하리라고 생각한다. 이 분야에 관해 더 알기 원한다면 윌리암 제임스(William James)의 『종교체험의 다양성』*(Varieties of Religious Experience)*을 참고하라.

12) 윌리암 제임스(William James), 『종교체험의 다양성』, 188-258쪽

13) 에릭 에릭슨(Erik Erikson)의 저서 『정체성: 청소년과 위기』*(Identity: Youth and Crisis)*를 보라. 제임스 파울러(James Fowler)는 심리사회적 발달 단계가 신앙 발달 단계와 얼마나 밀접한 관련이 있는지를 보여줬다. 『신앙발달단계』*(Stages of Faith)*

14) 교사와 학부모를 위한 평화교육 매뉴얼은 종종 개방적이고 지지하는 분위기에서 창조적으로 자신을 표현하고, 개인의 자아존중감을 확신하거나 증진시키도록 고안된 활동들로 시작한다. 이어서 초점은 타인과의 관계에 집중되고, 협동과 다양성을 인정하고, 평화적인 갈등해결방법을 고무하는 활동들을 하게 된다.(캔필드(Canfield)와 웰스(Wells)의 앞의 책, 스테파니 저드슨(Stephanie Judson)의 『비폭력과 아동에 관한 매뉴얼』*(A Manual on Nonviolence and Children)*, 그레이스 아브람스(Grace Abrams)와 프란 슈미트(Fran Schmidt)의 『평화는 우리 손에 달렸다』*(Peace Is in Our Hands)*. 강조한 순서는 중요도와는 관계가 없다. 타인에 대한 사랑은 자아에 대한 사랑 이후에 가능하고, 타인의 가치에 대한 공감은 자아의 가치에 대한 인식 이후에 가능하기 때문이다.

15) 더글라스, 앞의 책, 149쪽.

16) 앞의 책, 25쪽

17) 앞의 책, 10쪽

18) 앞의 책, 77쪽

19) 앞의 책, 91쪽

20) 호프와 영의 책, 76쪽

21) 시몬느 베이유의 저서들, 『하나님을 기다리며』*(Waiting for God)*, 『뿌리의 필요』*(The Need for Roots)*, 『인력과 은총』*(Gravity and Grace)*, 『70통의 편지』*(Seventy Letters)*, 『에세이 선집』*(Selected Essays)*을 보라.

22) 시몬느 베이유, 『인력과 은총』, 11쪽

23) 앞의 책, 10쪽

24) 틱낫한(Thich Nhat Honh)은 다니엘 베리건(Daniel Berrigan)과 공동으로 『평화이야기』*(The Raft Is Not the Shore)*를 집필했다.

25) 토마스 머튼(Thomas Merton), 『아시아 저널』*(Asian Journal)*, 306쪽

26) 나우웬, 위의 책, 24쪽

27) 데스몬드 도이그(Desmond Doig)의 『테레사 수녀』*(Mother Teresa)*, 155, 166쪽

28) 다그 함마르셸드(Dag Hammarskjold)의 『표시』(marking), Leif Sjoberg와 W. H. Auden이 번역함(1964년 New York:Alfred A. knopf 출간; 1964년 London: Faber and Faber 출간), 214-215쪽. 기존 출판인들의 허락 아래 재출간함.

29) 존 알렉산더(John Alexander), 1977년 10월 『다른 편』(The Other Side)의 20쪽 "흑인 영가의 재발견"(Rediscovering the Spiritual)

30) 미나 씨(Mina C)와 아서 클레인(H. Arthur Klein)의 책 『케테 콜비츠: 예술가의 삶』(Käthe Kollwitz: Life in Art)을 보라.

31) 레오날드 번스타인(Leonard Bernstein)의 "서론"(Introduction), 1972년 미국 유니세프 위원회(U.S. Committee for UNICEF)의 칼 밀러(Carl S. Miller)가 편집한 『노래하라, 아이들아, 노래하라』(Sing, Children, Sing)에서.

32) "이야기"(story)에 관한 공교한 아이디어와 "자서전으로서의 이야기" 개념을 잘 보여주는 책으로는, 마이클 노박(Michael Novak)의 『산의 상승(Ascent of the Mountain)과 비둘기의 비행』(Flight of the Dove)을 보라. 이야기와 윤리학의 관계에 관한 고찰로는 스탄 하우어워스(Stan Hauerwas)의 『비전과 덕』(Vision and Virtue)을 참고하라.

33) 노박, 앞의 책, 109쪽

34) 아니스 어프(Annis Duff), 『진영의 유산』(Bequest of Wings), 135쪽

35) 샬롬-교회에 대한 기술은 아나뱁티스트적인 교회와 제자도에 관한 관점을 포함하고 있다. 이는 다음의 저서들에 잘 드러나 있다. 가이 허쉬버거(Guy F. Hershberger)의 『아나뱁티스트 비전의 회복』(Recovery of the Anabaptist Vision), 프랭클린 리텔(Franklin H. Littell)의 『아나뱁티스트의 교회관』(Anabaptist View of the Church), 로렌스 버콜더(Lawrence Burkholder)의 "분별 공동체로서의 평화 교회"(The Peace Churches as Communities of Discernment). 마지막 글은 1963년 9월 4일 『기독교세기』(Christian Century)에 게재되었음.

36) 해롤드 벤더(Harold S.Bender)의 책으로 가이 허쉬버거(Guy Hershberger)가 편집한 『아나뱁티스트 비전의 회복』(Recovery of the Anabaptist Vision)의 "아나뱁티스트 비전"(Anabaptist Vision) 50쪽.

37) 아브라함 헤셸(Abraham Heschel), 『안식』(The Sabbath).

38) 리텔, 앞의 책, 10쪽.

39) 본회퍼, 『신도의 공동생활』(Life Together), 122쪽

40) 도로시 데이(Dorothy Day), 『빵과 물고기』(Loaves and Fishes), 122쪽

41) 도로시 데이, 『순례의 길』(On Pilgrimage), 86쪽.

42) 도익, 앞의 책, 165쪽

43) 로버트 쿠니(Robert Cooney)와 헬렌 미쉘로브키(Helen Michalowoki) 편집, 『사람의 힘: 미국에서의 적극적 비폭력』(The Power of the People: Active Nonviolence in the United States), 85-87쪽

44) 데이, 『순례의 길』, 8쪽

45) 쿠니와 미쉘로브키, 『앞의 책』, 131쪽

46) 킹, 앞의 책, 4장 53-89쪽

47) 앞의 책, 153-157쪽

48) 롤랜드(Rolland), 앞의 책, 95쪽

49) 조지 라키(George Lakey), 「살아있는 혁명 전략」(*Strategy for a Living Revolution*), 102쪽.

50) 더글라스, 앞의 책, 40쪽

51) 앞의 책, 39쪽

52) 제임스 콘(James Cone), 「흑인영가와 블루스」(*The Spirituals and the Blues*).

53) 롤랜드, 앞의 책, 96쪽

54) 메리 해리스 존스(Mary Harris Jones)이 쓰고, 바바라 스탠포드(Barbara Stanford)가 편집한 「평화만들기」(*Peacemaking*)에서 "여자 죄수들이 감옥 밖 세상으로 자신을 노래하는 법"(How the Women Sang Themselves Out of Jail).

55) 데이, 「순례의 길」, 60쪽

56) 데이, 「빵과 물고기」, 69쪽

57) 앞의 책, 210쪽

58) 안나 정크(Anna Juhnke)가 1978년 캔자스 위치타에서 열린 세계 메노나이트 컨퍼런스에서 한 연설을 도로시 요더 니체(Dorothy Yoder Nyce)가 편집한 「여자들은 어느 쪽인가?」(*Which Way Women*), 156쪽에 인용됨.

59) 제임스 포레스트(James H. Forest)의 글, "놀라운 희망"(Astonishing Hope). 1980년 2월 18일 「소저너스」(Sojourners).

# 기독교평화문고

## 심화 연구자를 위한 평화의 글


Durland, William R. *No King but Caesar?* (1975). A Catholic lawyer looks at Christian violence.

Enz, Jacob J. *The Christian and Warfare* (1972). The roots of pacifism in the Old Testament.

Friesen, Duane K. 「정의와 비폭력으로 여는 평화-국제 갈등과 기독교적 실천」*Christian Peacemaking and International Conflict* (1986). Realistic pacifism in the context of international conflict.(대장간 역간, 2012)

Hershberger, Guy F. 「정쟁 평화 무저항」War, *Peace, and Nonresistance* (Third Edition, 1969). A classic comprehensive work on nonresistance in faith and history.(대장간 역간, 2012 )

Hornus, Jean-Michel. *It Is Not Lawful for Me to Fight* (1980). Early Christian attitudes toward war, violence, and the state.

Kaufman, Donald D. *What Belongs to Caesar?*(1969). Basic arguments against voluntary payment of war taxes.

Lasserre, Jean. *War and the Gospel* (1962). An analysis of Scriptures related to the ethical problem of war.

Lind, Millard C. *Yahweh Is a Warrior* (1980). The theology of warfare in ancient Israel.

Ramseyer, Robert L. *Mission and the Peace Witness* (1979). Implications of the biblical peace testimony for the evangelizing mission of the church.

Trocmé, André. *Jesus and the Nonviolent Revolution* (1975). The social and political implications of the year of Jubilee in the teachings of Jesus.

Yoder, John H. 「근원적 혁명」*The Original Revolution* (1972). Essays on Christian pacifism.(대장간 역간, 2011)

__________. 「그럼에도 불구하고」*Nevertheless* (1971). The varieties and shortcomings of religious pacifism.(대장간 역간, 2012. )

__________. 「어린양의 전쟁」*The WAR of the LAMB* (2009). The Ethics of Nonviolence and Peacemaking.(대장간 역간, 2012. )



## 입문자를 위한 평화의 글


Beachey, Duane. *Faith in a Nuclear Age*(1983). A Christian response to war.

Drescher, John M. *Why I Am a Conscientious Objector* (1982). A personal summary of basic issues for every Christian facing military involvements.

Eller, Vernard. *War and Peace from Genisis to Revelation*(1981). Explores peace as a consistent theme developing throughout the Old and New Testaments.

Kaufman, Donald D. *The Tax Dilemma: Praying for Peace, Paying for War*(1978). Biblical, historical, and practical considerations on the war tax issue.

Kraybill, Donald B. *Facing Nuclear War* (1982). Relates Christian faith to the chief moral issue of our time.

______________. 『예수가 바라본 하나님 나라』*The Upside-Down Kingdom* (1978). A fresh study of the synoptic Gospels on affluence, war-making, status-seeking, and religious exclusivism.(복있는사람 역간, 2011)

McSorley, Richard. *New Testament Basis of Peacemaking* (1985). A Jesuit makes the case for biblical pacifism.

Miller, John W. *The Christian Way* (1969). A guide to the Christian life based on the Sermon on the Mount.

Miller, Melissa, and Phil M. Shenk. *The Path of Most Resistance* (1982). Stories of Mennonite conscientious objectors who did not cooperate with the Vietman draft.

Sider, Ronald J. 『그리스도와 폭력』*Christ and Violence* (1979). A sweeping reappraisal of the church's teaching on violence.(대장간 역간, 2012)

Steiner, Susan Clemmer. *Joining the Army That Sheds No Blood* (1982). The case for biblical pacifism written for teens.

Wenger, J. C. *The Way of Peace* (1977). A brief treatment on Christ's teachings and the way of peace through the centuries.

Yoder, John H. 『예수가 평화다』*He Came Preaching Peace* (1985). Bible lectures addressed to persons already involved in the Christian peace movement.(대장간 역간 예정)

______________. 『당신이라면?』*What Would You Do?* (1983). A serious answer to a standard question.(대장간 역간, 2011)


## 어린이를 위한 평화의 글

Bauman, Elizabeth Hershberger. *Coals of Fire* (1954). Stories of people who returned good for evil.

Lenski, Lois, and Clyde Robert Bulla. *Sing for Peace* (1985). Simple hymns on the theme of living with others.

Moore, Ruth Nulton. *Peace Treaty* (1977). A historical novel involving the efforts of Moravian missionary Christian Frederick Post to bring peace to the Ohio Valley in 1758.

Smucker, Barbara Claassen. *Henry's Red Sea* (1955). The dramatic escape of 1,000 Russian Mennonites from Berlin following World War II.